中国社会科学院研究生重点教材

MAJOR TEXTBOOKS FOR POSTGRADUATE STUDENTS
CHINESE ACADEMY OF SOCIAL SCIENCES

中国民法总论

The General Parts of Civil Law

主编·孙宪忠　副主编·谢鸿飞　常鹏翱

中国社会科学出版社

图书在版编目（CIP）数据

中国民法总论／孙宪忠等编．—北京：中国社会科学
出版社，2009.4
（中国社会科学院研究生重点教材系列）
ISBN 978 - 7 - 5004 - 7629 - 0

Ⅰ．中…　Ⅱ．孙…　Ⅲ．民法 - 中国　Ⅳ．D923

中国版本图书馆 CIP 数据核字（2009）第 022392 号

责任编辑　丁玉灵
责任校对　张报婕
封面设计　王　华
版式设计　王炳图

出版发行　中国社会科学出版社
社　　址　北京鼓楼西大街甲 158 号　　　邮　编　100720
电　　话　010 - 84029450（邮购）
网　　址　http://www.csspw.cn
经　　销　新华书店
印　　刷　北京奥隆印刷厂　　　　　　　装　订　厂增装订厂
版　　次　2009 年 4 月第 1 版　　　　　印　次　2009 年 4 月第 1 次印刷
开　　本　710×980　1/16
印　　张　20.75　　　　　　　　　　　插　页　2
字　　数　350 千字
定　　价　39.00 元

中国社会科学院
研究生重点教材工程领导小组

中国社会科学院
研究生重点教材编审委员会

（按姓氏笔画排序）

总　序

中国社会科学院研究生院是经邓小平等国家领导人批准于 1978 年建立的我国第一所人文和社会科学研究生院，其主要任务是培养人文和社会科学的博士研究生和硕士研究生。1998 年江泽民同志又题词强调要"把中国社会科学院研究生院办成一流的人文社会科学人才培养基地"。在党中央的关怀和各相关部门的支持下，在院党组的正确领导下，中国社会科学院研究生院持续健康发展。目前已拥有理论经济学、应用经济学、哲学、法学、社会学、中国语言文学、历史学等 9 个博士学位一级学科授权、68 个博士学位授权点和 78 个硕士学位授权点以及自主设置硕士学位授权点 5 个、硕士专业学位 2 个，是目前我国人文和社会科学学科设置最完整的一所研究生院。建院以来，她已为国家培养出了一大批优秀人才，其中绝大多数已成为各条战线的骨干，有的已成长为国家高级干部，有的已成长为学术带头人。实践证明，办好研究生院，培养大批高素质人文和社会科学人才，不仅要有一流的导师和老师队伍、丰富的图书报刊资料、完善高效的后勤服务系统，而且要有高质量的教材。

20 多年来，围绕研究生教学是否要有教材的问题，曾经有过争论。随着研究生教育的迅速发展，研究生的课程体系迈上了规范化轨道，故而教材建设也随之提上议事日程。研究生院虽然一直重视教材建设，但由于主客观条件限制，研究生教材建设未能跟上研究生教育事业发展的需要。因此，组织和实施具有我院特色的"中国社会科学院研究生重点教材"工程，是摆在我们面前的一项重要任务。

"中国社会科学院研究生重点教材工程"的一项基本任务，就是经过几年的努力，先期研究、编写和出版100部左右研究生专业基础课和专业课教材，力争使全院教材达到"门类较为齐全、结构较为合理"、"国内同行认可、学生比较满意"、"国内最具权威性和系统性"的要求。这一套研究生重点教材的研究与编写将与国务院学位委员会的学科分类相衔接，以二级学科为主，适当扩展到三级学科。其中，二级学科的教材主要面向硕士研究生，三级学科的教材主要面向博士研究生。

中国社会科学院研究生重点教材的研究与编写要站在学科前沿，综合本学科共同的学术研究成果，注重知识的系统性和完整性，坚持学术性和应用性的统一，强调原创性和前沿性，既坚持理论体系的稳定性又反映学术研究的最新成果，既照顾研究生教材自身的规律与特点又不恪守过于僵化的教材范式，坚决避免出现将教材的研究与编写同科研论著相混淆、甚至用学术专著或论文代替教材的现象。教材的研究与编写要全面坚持胡锦涛总书记在2005年5月19日我院向中央常委汇报工作时对我院和我国哲学社会科学研究工作提出的要求，即"必须把握好两条：一是要毫不动摇地坚持马克思主义基本原理，坚持正确的政治方向。马克思主义是我国哲学社会科学的根本指导思想。老祖宗不能丢。必须把马克思主义的基本原理同中国具体实际相结合，把马克思主义的立场观点方法贯穿到哲学社会科学工作中，用发展着的马克思主义指导哲学社会科学。二是要坚持解放思想、实事求是、与时俱进，积极推进理论创新"。

为加强对中国社会科学院研究生重点教材工程的领导，院里专门成立了教材编审领导小组，负责统揽教材总体规划、立项与资助审批、教材编写成果验收等等。教材编审领导小组下设教材编审委员会。教材编审委员会负责立项审核和组织与监管工作，并按规定特邀请国内 2—3 位同行专家，负责对每个立项申请进行严格审议和鉴定以及对已经批准立项的同一项目的最后成稿进行质量审查、提出修改意见和是否同意送交出版社正式出版等鉴定意见。各所（系）要根据教材编审委员会的要求和有关规定，负责选好教材及其编写主持人，做好教材的研究与编写工作。

为加强对教材编写与出版工作的管理与监督，领导小组专门制定了《中国社会科学院研究生重点教材工程实施和管理办法（暂行）》和《中国社会科学院研究生重点教材工程编写规范和体例》。《办法》和《编写规范和体例》既是各所（系）领导和教材研究与编写主持人的一个遵循，也是教材研究与编写质量的一个保证。整套教材，从内容、体例到语言文字，从案例选择和运用到逻辑结构和论证，从篇章划分到每章小结，从阅读参考书目到思考题的罗列等等，均要符合这些办法和规范的要求。

最后，需要指出的一点是，大批量组织研究和编写这样一套研究生教材，在我院是第一次，可资借鉴的经验不多。这就决定了目前奉献给大家的这套研究生教材还难免存在这样那样的缺点、不足、疏漏甚至错误。在此，我们既诚恳地希望得到广大研究生导师、学生和社会各界的理解和支持，更热切地欢迎大家对我们的组织工作以及教材本身提出批评、意见和改进建议，以便今后进一步修改提高。

陈佳贵

2005 年 9 月 1 日于北京

目　　录

第一章　民法的意义

内容提要

民法是调整平等主体之间的财产关系和人身关系的法律规范的总和，从不同的角度划分，有形式民法与实质民法、广义民法与狭义民法、普通民法与特别民法、民法附从法、民法制定法与习惯法之分。从地位上看，民法属于私法，是该领域的基本法。现代民法经历了漫长的历史发展，并出现了若干优秀的民法典，如《法国民法典》、《德国民法典》等，它们分别影响了一些国家和地区，形成拉丁法系和德国法系。我国近现代民法典的编纂从清末开始，并在旧中国颁布了仍在我国台湾地区实施的民法典。新中国成立后，我国曾经经历了三次民法典起草活动，但未成功。

第一节　民法的内涵

一　民法的概念

人与其他动物虽然都来自于自然，但是人与一般动物的最大区别，就是人的高度社会化的本质属性：一个人生存一生，必将和他人一起从事各种社会活动，因而发生各种社会关系。人与人之间既然要一起从事各种社会活动，就首先需要在人际社会确定各种各样的"游戏规则"，以提倡和鼓励正当的行为，禁止甚至制裁不正当的行为。人际社会的"游戏规则"林林总总，其中最基本的就是法律。①

---

① 当然，就法律何时产生、产生的原因是什么、法律的本质是什么以及法律在各种"游戏规则"中的地位等一系列问题，法学家们已经争议了数千年。显然的，回答这些问题不是本书的任务。但是至少我们应该清楚的是，从前苏联引进的、将上述问题的答案均庸俗地解释为阶级斗争的法学观念既不符合事实，也不符合法理，更不符合我们当前的和谐社会建设。前苏联法学观念对于民法尤其有害，按照这种学说民法不但不会有正常的地位，而且不制定民法似乎都是可以的。

　　法律发展至现代社会已经演变成一个十分庞大的体系。但无论其体系多么庞大，它也有一个科学、清晰的逻辑结构。法律是社会关系的调整器，它的体系正是根据社会关系的差异建立起来的。在法治社会和市场经济条件下，一个正常的人际社会可以被区分为两个社会空间：一个社会空间是平等的个人、团体之间相互往来的空间；另一个社会空间是因为公共权力管理社会的人与团体，从而产生的不平等主体之间建立法律联系的空间。在平等主体这个社会空间里，人与人之间都享有平等的地位；如果一个人要和他人发生某种具有法律意义的联系，则必须基于它们相互的自主自愿，谁也不能强迫对方；甚至代表国家力量的政府、法院也不得强迫当事人中的一方或者双方。比如人结婚、签订合同等就是符合这个社会空间特征的最典型的行为。我们用不着非常仔细的分析，就可以知道这个社会空间是非常巨大的。这个以平等和自愿为特征的社会空间，法学上称之为"民间社会"或者"民法社会"；① 在民间社会里人际之间从事各种活动的基本法律就是民法。而另一个社会空间，是社会的人、团体和立法机关、政府、法院、检察院发生往来形成的社会空间，这个社会空间一般称之为"公共社会"或者"公权社会"。在这个社会空间里，社会的人和这些公共权力机构之间不享有平等的地位，它们之间的法律关系是按照"个人服从公众"、"私益服从公益"的原则建立起来的。民间社会和公共社会是一个正常的人际社会里两个基本区分的社会空间。

　　《中华人民共和国民法通则》（以下简称《民法通则》）第 2 条规定，我国民法调整平等主体之间的财产关系和人身关系。第 3 条规定，"当事人在民事活动中的地位平等"。第 4 条规定了民事活动中的自愿原则等。虽然一般认为我国民法通则是在计划经济时代制定的，它的许多内容有些不合时宜，但是这里列举的这些关于民法的基础内容，却得到立法机关、司法机关和学术界的公认，通说认为这些规定反映了民法的基本精神。根据这些规定，我们可以给民法做出一个可以得到普遍认可的概念：民法即调整平等主体之间的财产关系和人身关系的法律规范的总和。民法的这一概念包括如下三重含义：

　　第一，民法调整的社会关系，是平等主体之间的社会关系。所谓民事主体，包括自然人、法人、非法人团体三种类型（关于这三种主体的详细

---

　　① 我国法学界以前将这一概念翻译为"市民社会"，这一翻译并不确切。因为，这一社会空间是针对"公共权力"社会的概念，因此将这一概念称为"民间社会"或者"民法社会"更为妥当。

的含义以及制度，下文将仔细阐述）。民事主体之间建立、变更、废止他们之间具有法律意义的社会关系时，他们的地位都是平等的，他们都以平等身份和别人来往，谁也不具有领导别人的优越地位。主体平等性是民法的基本特征，也是其基本原则。

但是必须指出的是，民法意义上的平等主体之间社会关系，仅仅指发生在上文所说"民法社会"中的社会关系，这些社会关系与公共权力无关。比如，两个公司订立购买原材料的合同，因此而发生的财产流通关系就是一种典型的民法意义的社会关系，这种财产的流通是按照当事人之间的意愿发生的。但是如果两个级别平等的行政机关按照上级政府的指令进行的资产调拨而发生的社会关系，就不是民法意义的社会关系，因为财产的流通这种不时发生在民法社会里的财产关系，不是按照当事人自己的意愿发生的。

第二，民法调整的社会关系，包括财产关系和人身关系两大类型。民法作为上层建筑的一部分，它的作用就是调整社会关系，使他所"负责"的社会关系能够按照既定的轨道顺利发展。民法调整的社会关系划分为两大类，一类是财产关系，另一类是人身关系。

民法调整的财产关系，指具有经济内容的社会关系，也就是人们在从事具有经济内容的社会活动时形成的社会关系。比如人们因为生产经营、生活消费以及其他各种活动而占有财产或者出卖财产形成的社会关系，就是这种关系。这种社会关系在人际社会中占据极为重要的意义。财产社会关系是人际社会关系的基础，其他的一切社会关系都直接的或者间接的受到财产关系的决定或者制约。这一点不但是社会的常识，而且在马克思之前已经得到科学界的普遍承认，后来成为马克思主义分析社会问题的基础。民法通过对于社会财产关系的调整，形成物权、债权、知识产权等重要的民事权利，这些权利不但对于每一个自然人、法人的生存与发展发挥决定性作用，而且对于国计民生意义重大（对于这些重要的民事权利内容以及相关制度，下面将仔细阐述）。

民法调整的人身关系，即与民事主体作为法律上的人的自身存在与发展相关的社会关系。民事主体之所以能够作为法律上的人，就是因为他在民法社会里的存在与发展。比如说一个自然人能够成为法律上的主体，首先的条件就是他必须是存活的人，他就必须有生命和健康权利，还要有在家庭中的权利，比如父母子女之间的权利义务关系等。因此，民法社会里就产生了人身关系。人身关系是民事主体保有其法律资格的先决条件。民法通过对于这些社会关系的调整，产生了民法上的人格权和身份权。所谓人格权，指民事主体维持自身的生命健康以及人身尊严而享有的权利，比如健康权、肖像权等；所谓身份权，指民事主体在民事活动中因为拥有某种特殊的身份而享有的权利，比如监护人权利、父母子女之间的权利等。以前有一种观点，认为我国民法不应该承认身份权，因为这种权利主要是指具有封建色彩的亲权。其实这种观点有失于明显偏激、不符合实际，现实中没有封建色彩的身份权还是大量存在的。

民法对于他所调整的社会关系而言，具有至关重要的意义。因为，上述社会关系有些是专门属于民法调整的，比如人身关系，除民法外其他法律基本不调整；财产关系中也有一些是民法专门调整的。另外，虽然还有一些是民法和其他法律共同调整的财产关系，但是，民法在这些社会关系的调整中发挥着基础的作用，其他法律只能在民法的基础上发挥作用。比如土地占有以及利用的社会关系，在我国就是由民法和行政法共同调整的，而民法规定的土地权利，是行政法调整土地关系的基础，行政法对于土地占有和利用的调整，只能在民法规定的基础上进行。

通过对民法调整的社会关系来看，我们就可以知道，民法在我国法律体系中居绝对重要的地位。

第三，民法是一系列法律规范的总和。民法调整的社会关系不但范围非常宽广，而且深入到每一个个人和团体。因此民法的法律规范的内容体系非常大。这些庞大的民法规范综合起来，就形成了民法。

民法的内容虽然很多，体系虽然很大，但是这些规范之间有着十分清晰的逻辑联系。民法规范的主要问题，无非是"人"、"物"和"权利"（包括权利的取得、变更与消灭等）三个方面。[①]"人"即我们自身，"物"是供我们支配的物质，"权利"是法律承认和保护的我们对物质世界的影响力或者决定力。如何认识这三者自身的内容、以及它们相互之间的关联，就成为民法编纂的逻辑。历史上有名的民法典，都有数千个条文，但是他们的编纂体例并不相同，大体上来说，大陆法系的民法典，有以《法国民法典》为代表的拉丁法系和以《德国民法典》为代表的德意志法系的区分，这里的区分，就表现了不同国家的立法者对上述三个民法重要因素之间关联的不同认识。这些不同的立法模式下形成的民法知识，在我们制定民法典时很有研究的必要。

---

① Hans Hattenhauer, Grundbegriffe des Buergerlichen Rechts, Verlag C. H. Beck, Seite 1.

本书的题目《中国民法总论》，来源于德意志法系的概念。它包括民法的一般知识和民法典总则编的基本内容。这一概念不但在英美法系和拉丁法系是不存在的，而且在大陆法系的拉丁法系中也是不存在的。将"民法总论"作为一门独特的民法知识系统，是德意志法系的特征。①

二　民法的分类

民法作为市场经济和人民群众生活的基本法律，在世界上是普遍存在的。世界其他国家的民法概念与我国近代史上变法时引进了大陆法系的民法概念并不完全一致。现代社会经济生活越来越复杂，因此即使是制定出民法典的国家，它们的民法也不仅仅只有民法典。所以我们必须对于民法进行分类，通过这一方法可以更加清楚地了解民法的系统。

（一）形式民法与实质民法

所谓形式民法，就是制定成为民法典的民法，或者说将基本的民事法律规范编纂成为法典的民法规范体系，也就是采取了民法典形式的民法立法。所谓实质民法，指不一定采取民法典的形式，而是只要具备民法的实质内容的民事法律规范体系。实质民法既可以包括系统化的民法立法即民法典，也可以包括以判例、习惯体现的规则体系形成的民法。形式民法，是以清晰的概念作为基石，由国家立法机关将相互关联的规范、制度编纂成为具有内在逻辑的成文系统。形式民法起源于罗马法，形成为以《法国民法典》和《德国民法典》为典型代表的大陆法系。所以大陆法系的特征是形式民法体系，当然这些形式中包含着实质民法。而英美法系基本上没有成文法系统的民法立法，其基本民法以判例法为渊源，所以英美法系基本上只有实质民法。由于成文的概念、规范与制度具有方便学习的特点，所以近现代以来世界各国的法制改革，均以大陆法系为摹本。英美法系民法的判例法模式，虽然就个案来看具有直接明了的优势，但是由于个案与个案之间的逻辑关系并不十分明朗，虽然学者们可以将英美民法划分为财产法、合同法、侵权法，但是这些划分并没有立法的依据，也没有确定的标准，外来国家接受这种立法模式困难很大。所以英美法系无法被后进国

①　所谓法系，指根据立法与司法的共同性特征，将世界各国的法律划分而成的类型。对法系的划分争论很大，但是就对于我国现代社会的影响而言，比较重要的是大陆法系和英美法系。大陆法系以制定法、成文法为特征，法官只能执行法律不能创造法律。英美法系以判例法、习惯法为特征，法官是法律的创造人。我国大陆以及台湾、澳门地区法律为大陆法系，香港特区法律为英美法系。

家主动采纳，而只能由其殖民地国家或者地区被迫接受。

（二）广义民法与狭义民法

所谓广义民法，指调整全部民法社会的财产关系和人身关系的法律规范的总和，包括民法典、商事法、社会立法、劳动法，甚至包括涉外民法的准据法即国际私法等。① 这一意义的民法，实际上就是私法这一概念（关于私法与民法的关系以及他们在法律体系中的作用，下面还要仔细阐述）。而狭义民法，仅仅指编纂成为民法典的民法规范系统。我国现在制定的民法典只是狭义民法。

研究广义民法与狭义民法的区分意义十分重要：（1）从立法的角度看，立法者必须掌握狭义民法与广义民法关联规范的编制规则。比如在民法典制定法人制度时，必须考虑到公司这种特殊的商法法人的特征的描述，但是显然将全部公司制度都纳入民法典也是不可能的。因此，立法者必须掌握在现代社会制定法典时应该将哪些民法规范纳入民法典，哪些规范应该纳入民法特别法的区分。（2）从司法的角度看，法官以及其他司法者必须掌握民法典规定的规范与民法典之外的法律适用方面的规则，尤其是特别法优先适用的规则（对此请参照下面普通民法与特别民法之间关系的阐述）。

（三）普通民法与特别民法、民法附从法

所谓普通民法，或者称之为民法普通法，也就是适用于一般民事关系的法律。就大陆法系而言，民法普通法就是民法典，或者具有普遍适用效果的民法。所谓特别民法，即立法者特别就民法的某一个领域、或者为某些特别的主体制定的法律。比如，公司法，其实是为公司这种特殊法人制定的法律；而消费者保护法，就是为消费者保护这个特定的目的制定的法律。虽然这些法律的基本规则仍然属于民法，但是依据世界普遍承认的法理，特别法相对于普通法具有优先适用的效力，在特别法对于某一事项已经有规定的情况下，法院应该优先适用特别法来解决相关的案件。在相关案件没有特别法规定，或者相关问题在特别法中没有规定时，才可以适用普通法。

所谓民法附从法，指在民法典或者基本立法就某一领域的问题没有做出规定，而重新制定的效力与基本立法相同的民事法律。民事生活日新月

---

① 所谓涉外民法中的准据法，指在发生涉及外国的民事法律关系争议而必须选择适用牵连国家的立法时，用来确定某国法律作为适用法律的依据的规范。

异，立法不可能具有充分的前瞻性，因此，即使立法颁布时相当完善，但是以后还要"打补丁"。立法"打补丁"的方法之一，就是制定附从法。附从法与特别法的区别，就是其并不具有优先适用的效力。比如在我国现实中，婚姻法并不是民法通则的特别法而是其附从法，因为民法通则中没有关于亲属法的规定，而且婚姻法具有普通适用的效力。

（四）民法制定法与习惯法

所谓习惯法，即能够得到法律认可从而拥有一定法律效力的习惯规范。任何法律都不是突然产生的，在一个法律规范成为具有法律效力的规范之前，它首先表现为人们普遍接受的习惯，现实生活中尤其在民事生活领域里，习惯还发挥着很大的作用。所以《瑞士民法典》第1条规定，法官对于案件的裁判在没有法律规定时，可以依据习惯或者惯例。我国1929年制定的民法典第1条、第2条也承认了这一规则。当然，习惯有善良习惯和恶习的区分，歧视妇女、歧视弱势群体、损害人权保护的封建恶习或者交易恶习，当然不能成为法律承认的习惯法。另外，某些行业制定或者采纳的有损于消费者或者其他弱势群体的习惯，不仅不能成为法律认可的习惯，而且还要承担遭受法律制裁的后果（对此，我们将在下面"公序良俗原则"部分中详细介绍有关法律规则）。

第二节　民法的地位

一　我国民法理论的共识

所谓法律体系，指一个国家现行有效的法律按照一定的逻辑组成的体系。研究法律体系的问题是十分必要的，因为国家现行有效的法律是很多的，尤其是那些法制历史比较长的国家，现行的法律有很多部，[1] 这些法律之间的联系如何理解，对于法治理想的实现意义重大。因为不论是立法还是司法，都必须考虑到法律体系中一个法律与其他法律的逻辑联系的问题。

世界上关于法律体系内部的逻辑联系，一般是依据所谓"上位法"和"下位法"的标准分析法律之间的关联，或者是按照"基本法"、"特别法"与"单行法"之间的关联，来判断各种法律之间的关系。一般而言，

---

[1]　比如，德意志联邦共和国现行有效的法律共有3000多部。众多法律使得立法与司法的专业化越来越强。我国现行有效的法律法规的数目至今也是无法考据的。

上位法对下位法具有统辖作用，比如公司法对于公司登记法为上位法，因为公司登记法必须按照公司法确定的立法目的制定。所谓基本法，指在某一领域发挥基本作用的法律，或者说在这一领域建立基本制度或者秩序的法律。特别法，指在基本法律的范围内，就某一特定事项的规范制定的法律。比如民法对于公司法而言为基本法，因为公司法是关于公司这种特殊的民事主体的法律；而关于民事主体的一般制度，规定在民法的主体制度之中。单行法，指就某一特别事务制定的法律。行政法中单行法非常多，因为行政事务本身头绪很多，许多关联性不强的问题只能以单行法的方式予以规范。

我国法学理论中的通说，即一般采纳的学说，对于民法在我国法律体系中的地位的看法的核心是，民法是宪法属下的一个部门法。这种观点认为，宪法是国家的根本大法，规范国家最基本的政治关系、经济关系和对于国计民生具有重大意义的社会关系，并建立最基本的政治制度、经济制度和其他各种制度；而民法只是规范民事社会关系的法律，民法所建立的法律制度，只是宪法所建立的法律制度的一部分的细化。所以民法与宪法的关系，是下位法与上位法的关系。我国数十年来主导的意识形态坚持这种观点，在我国1986年制定的"民法通则"的第一句，就解释说该法是"根据宪法"制定的。

在宪法这个根本大法之下，现在我国法学界一般称民法为"基本法"，这也就是说，民法虽然是一个部门法，但是相比其他法律而言，民法规范的社会关系更具有基本意义，它所建立的制度，对于其他的法律具有基础意义。与民法一起能够并列称为基本法的法律，只有刑法和行政法等少数法律。因此即使是按照这种接受前苏联法学观念建立的理论，民法在我国法律体系中的地位也是十分重要的。

但是事实上，民法只是近年以来才在我国法律体系中取得了基本法的地位。因为同样按照我国法学界的通说，民法是调整与商品经济有关、与个人财产关系有关的社会关系的法律部门。但改革开放之前，我国对于商品经济采取高度压抑政策，不许可其发展，对于国计民生具有重要意义的经济关系都属于行政指令调整的范围，所以民法这一时期里只能在调整个人财产关系方面发挥作用。从国家立法政策来看，制定这一法律没有足够的必要性。改革开放之后相当长的时间里，我国建立的是"以计划经济为主、以市场调节为辅"经济体制，民法在国民经济调整方面只能发挥次要作用。只有在1992年我国明确建立市场经济体制之后，民法才成为我国的基本法，这一点被我国立法机关制定的立法规划所承认。

二　市场经济国家的认识

（一）公法与私法的划分

世界上市场经济国家里，一般都是依据公法与私法的区分来建立法律体系的。[①] 因此大陆法系国家的法学著作谈及民法时，均首先要讨论民法与公法的区分，因为只有这样才能确立法律体系最基本的框架。

罗马法时代，公法与私法的区分就已经十分明确了。当时的法学家们认为：在一个正常的人际社会里，有一些利益是公共利益，即为不确定的多数人享有的利益；而另一些利益是私人利益，即由特定的个人或者团体所享有的利益。公共利益，由公共权力"监护"或者管理，按照法律的规定和公众的意志享有；而私人利益，由私人自己按照自己的意愿享有。私益与公益并不一定发生牵连关系，公益不一定是私益的聚合，他们各有自己的社会空间。从立法上看，为了公共利益的享有和行使，就必须建立公共权力机构，比如立法机关、政府、法院等，还要建立一整套规范公共权力运行的法律，其目的是按照分工、制衡原则，保证这些公共权力机关按照廉洁、高效原则运行。这些法律就是公法；而保障私人利益按照权利人自己的意愿享有和行使的法律，就是私法。

私法是一个庞大的群体，基本上包括民法、商法（包括公司法、有价证券法、票据法、股票法、破产法、海商法等）两大类型。一般认为，私法的基本法律是民法。与此相对应，公法系统中的基本法是宪法。所以在市场经济国家里，宪法和民法都是国家的基本法。

按照大陆法系法学著述的一般认识，公法与私法的区分大体上有如下几点：

1. 公法代表公益，按照公益大于私益的原则，主体之间有领导和服从的关系；而私法代表私益，主体之间为平等关系。

2. 公法规范公共权力的建立和运行，故公法多为强制性规范；而私法为保障个人意思自治而设立，因为私权可以任由权利人自己处分，所以私法多为任意性规范。

---

① 　Juergen Baumann, Einfuegung in die Rechtswissenschaft, Rechtssystem und Rechtstechnik, Verlag C. H. Beck, 1989, Seite 30. 对此也可以参见［德］克劳斯·威廉·卡纳里斯的论文《欧洲大陆民法的典型特征》，载孙宪忠主编《制定科学的民法典——中德民法典立法研讨会文集》，法律出版社 2002 年版，第 34 页。

3. 对公法代表的公权造成的损害，立法以行政诉讼和刑事诉讼为救济手段，而民法对于私权损害以民事诉讼为救济手段。故法院的审判机构必须有民事审判与行政审判的区分，其适用的诉讼法也有重大的不同。

4. 公法诉讼必须由本国法院管辖并且适用本国法，而私法诉讼可以由外国法院管辖并且适用外国法。

当代社会，就公法与私法如何区分，学者之间的看法略有不同，但是基本上都坚持了罗马法中确立的标准。① 现代法治国家，一般也都按照公法与私法的划分标准建立法律体系。在制定某一法律时，人们会首先将其划分为公法或者私法，因为公法与私法的立法规则是不同的；在裁判案件时，人们也会首先将其区分为公法或者私法，因为公法诉讼与私法诉讼的管辖机构不同，审判的程序也有重大的区分。

现代法学中有所谓"私法公法化"的提法，其概念含义指私法中的一些部分包含了很多强制性的规范，比如公司法、消费者保护法中就有许多这样的规范，似乎私法已经转化为公法。但是这一提法并不准确，因为这些私法领域引进具有公法特点的法律规范，其目的是为了使得这些法律领域的主体更加平等，更加符合私法或者民法的特征和本质，而不是要使他们之间的关系变成管理服从的上下级关系，即变成公法关系。比如，公司法中引进强制性规范的目的，是为了使大股东和小股东平等；消费者保护法中引进强制性规范，是为了让消费者和商家做到实质上的平等。因此，根据这些现象并不能得出私法已经化为公法的结论。

（二）民法的基本法地位

在公法与司法的调整范围以及调整方法明确区分的原则下，民法成为私法领域里的基本法，是市场经济国家的普遍认识。其中的原因是：（1）就民法调整的人身关系而言，公法即使是宪法也没有必要干涉或者强制管理。比如在婚姻自由的前提下，婚姻的行政登记只是确认婚姻发生并对婚姻予以保护的手段之一，而不是婚姻生效的绝对根据。（2）就民法调整的财产关系而言，在市场经济条件下如何运营资产是当事人自己的事情，国家不但没有必要予以强制管理，而且还要充分发挥当事人自己对于财产的

---

① Hans Brox, Allgemeiner Teil des Buergerlichen Rechts, Carl Heymann Verlag K. G. , 1986, Seite 9 usw. 汉语的资料，请阅读［德］迪特尔·梅迪库斯著《德国民法总论》，邵建东译，法律出版社 2000 年版，第 5 页以下。另外，胡长清著《中国民法总论》第一章，中国政法大学出版社 1998 年版，以及梁慧星著《民法总论》，法律出版社 1998 年版，第 26 页以下，对此种问题均有详述。

创造能力，以期按照竞争规则促进经济和社会的发展。如果没有这种资产运营的自由，市场经济就不会存在，社会就没有发展的动力。所以对于财产的运作基本上都应该按照民法的规则处理。只有在当事人利用自己的资产优势妨害别人或者公共利益时，国家才予以干涉，比如在当事人有垄断行为时，由国家出面依法打破垄断。但是，国家的这种干涉的目的还是要将当事人逐入市场，而不是将其"收归"行政监管的范畴。所以民法总是在经济运行中发挥基本法的作用。

在市场经济条件下，民法作为基本法，可以说是一切有关经济运行法律的上位法。作为民法下位法的，主要是商事法，如公司法、票据法、有价证券法、破产法、合作社法、合伙法、知识产权法等。

民法的特别法，即基础为民事关系，但是又包含重要的社会政治关系或者其他重要社会目标的法律，在当代社会也有很多。其中比较常见的有：（1）劳动法。当代社会由于劳动保护的必要，劳动关系不能从传统意义上的民法雇佣关系来理解和规范，因此劳动法成为民法最为重要的特别法之一。（2）社会保障法。在社会保障成为一项社会政治目标的时候，社会保障尤其是社会保险的法律，也不能仅仅只是从保险合同的角度予以理解和规范，因此社会保障法也成为民法最重要的特别法之一。（3）消费者保护法。

行政法或者其他法律涉及对于财产关系的法律规范，必须依据民法制度予以制定，这也是市场经济国家的一项原则。比如土地法、建筑法、生态法、环境保护法、森林法等法律，对于财产所有权或者其他财产权利的表达，必须符合民法的规定，不可以利用行政法创立违背民法财产权利基本精神的规范。

附：德国法学家对于法律体系分类的一般认识参见下图。①

（三）对前苏联法学观点的清理

前苏联法不承认公法和私法的区分，把一切法律均当作公法。其基本根据，就是法律是统治阶级专政的工具，因此私法也是公法。但是这一观点失于偏激。因为，任何一个国家在正常建设时期都要依赖法律的治理，而在制定法律治理国家时都要遵守一个基本规则，就是将公共权力的形成以及运作的法律，与民事权利行使以及保护的法律制度区分开来。因此，

---

① 资料来源：Juergen Baumann, Einfuegung in die Rechtswissenschaft, Rechtssystem und Rechtstechnik, Verlag C. H. Beck, 1989, Seite 30. 其中，劳动法属于民法财产法、经济法属于商法特别法的观点，是德国法学家多数人的认识。

```
                                          财产法, 物权法、债权法、知识产权法
                                          亲属法(包括收养法)
                                 民法      继承法
                                          特别财产法: 土地法、森林法等
                    私法                   劳动法、租赁法等
                                          公法法、合作社法、人合公司法
                                 商法      有价证券法、票据法、股票法等
                                          银行法等
                                          交通运输法、海商法、空运法等
                                          经济法
        法律
                                 国际法、民族法
                                 宪法、宪法诉讼法
                                 国家法: 国会法、法院法、政府组织法等
                                 教会法
                                 行政法: 工商行政法、警察法、公务员法、教育促进法、
                                        护照法、出版法、食品法、水法、矿产法、军
                                        事行政法、行政程序法
                    公法
                                 刑法
                                 诉讼法: 刑事诉讼法、民事诉讼法、行政诉讼法、强制
                                        执行法（三种诉讼法均有强制执行法）
                                 社会保障法
                                 财政法
                                 税法
                                 工会法等
```

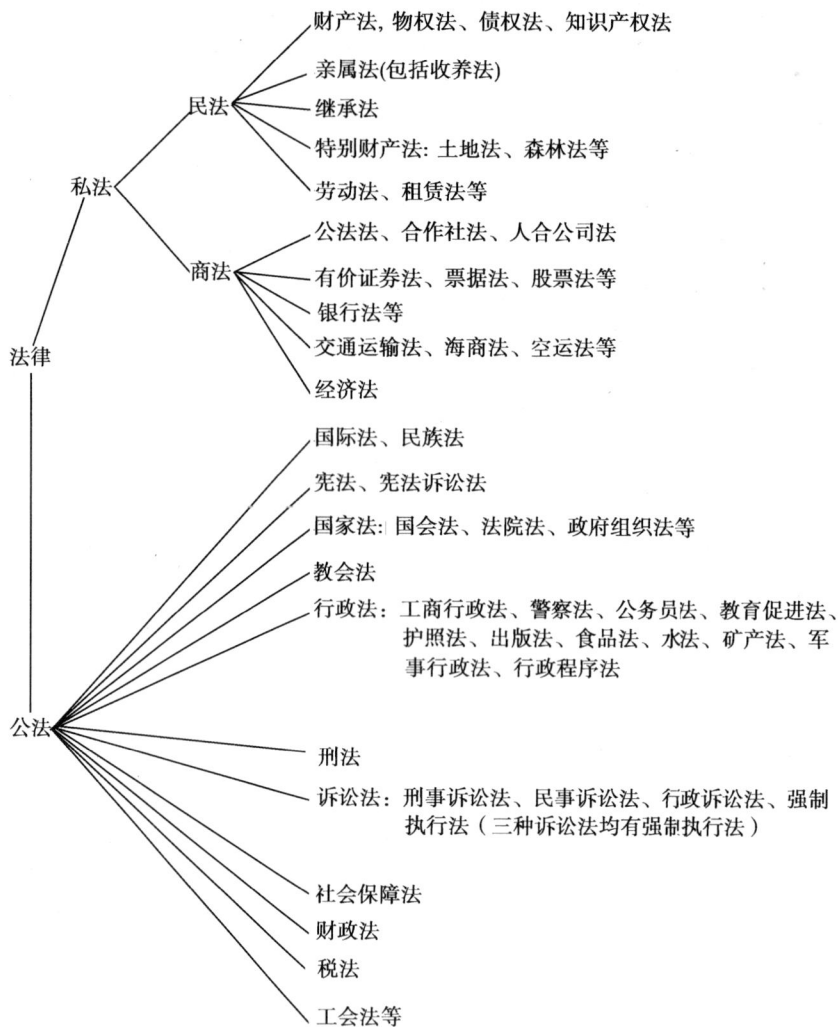

只要国家追求法治，就要坚持公法与私法的区分。除非一个国家不要法制，任凭公共权力滥用（就像前苏联“肃反”时期和我国“文化大革命”时期那样），公法和私法的区分才没有意义。

否定公法与私法的区分最主要的问题是对民法的损害。因为，按照这一观念民法在整个法律体系中只能处于从属的地位，而且几乎全部民法规范无法科学地予以规定。从法律地位的角度看，如果一切法律都是公法，那么当然最重要的公法是宪法，民法就只能是一个“可怜”的部门法。但是如上所述，在市场经济国家的法律体系中，公法的基本法是

宪法，而私法的基本法是民法，所以民法和宪法一样都是国家的部门法，民法绝不是仅仅是一个部门法。从立法规范的角度看，如果民法也是公法，那么民法当然应该像公法那样以命令服从关系作为基本规则依据，以强制性规范作为法律规范的主要内容。这样做完全违背了民法的基本精神。毋庸讳言，我们过去的民法学就是这样做的，它给我国的法制建设造成极大的损害。

前苏联法学否认公法与私法相互区分的原因，是出于否认公益与私益的区别，认为社会每一个人个人利益都与社会整体利益密切相关，所有的人际关系都是社会公共关系，所以，个人所做的一切都必须服从社会整体利益的需要。因此，前苏联法学认为社会的人所从事的民事活动，不但重大的经济活动需要批准，甚至个人结婚离婚都要组织予以管理。改革开放前以及之后一段时间里，我国就是这样。但是现在不仅类似与婚姻行为这样的行为不需要组织的批准和管理，而且涉及重要经济利益的合同也不需要政府的批准，我国的民众已经能够享有广泛的意思自治。因此我国的民法社会已经产生并且获得了极大的发展，坚持公法与私法的区分并且依据这一区分建立我国的法律体系可以说是必然的。

在确立了我国私法应有的地位之后，将民法作为私法的基本法也是当然之理。另外，我国已经确立了市场经济作为我国基本的经济体制，而市场经济的基本法律就是民法，因此从这一意义上看，也可以得出民法在我国法律体系中属于基本法的结论。

第三节　民法的简史

现代民法是经历了漫长的历史发展而来的，不论是它的基本制度还是具体制度，都是历史发展的产物。所以学习民法需要学习民法的历史，这样并不仅仅是为了丰富民法的知识，而且更重要的是有助于更好地掌握现代民法体系的基本脉络。鉴于民法的历史知识非常丰富，本书只能选择一些对于民法发展具有里程碑意义的学说以及事件的片段予以介绍。

一　从罗马法到欧洲大陆民法典

民法的发展历史源远流长。但是举世公认的是，对当今世界影响最大的古代法律是罗马法。所谓罗马法，泛指的是古罗马时代的法律，即从公元前5世纪制定《十二铜表法》开始，一直到东罗马帝国灭亡（10世纪）

时期的法律。但是，法学界所说的罗马法，一般只是指从 6 世纪到 10 世纪时期的罗马私法。①因为对于后世法律影响巨大者，就是罗马私法。公元527 年时，罗马帝国皇帝尤士丁尼登上皇位后，即开始进行大规模的法典编纂工作，历经数年，完成了对于后世法律发展具有极大影响的四项法典化工程：对罗马帝国现行庞杂的法律进行整理和修订，按照一定的逻辑将其编纂成法典，后世称之为《尤士丁尼法典》（Codex justinanus，528—529）；对罗马当时著名民法学家的著作进行摘编，将其中可以继续生效的法学原理编辑成为《学说汇纂》（Digastae，533）；指定当时著名法学家编写了一部法学教科书性质的普及读物《法学阶梯》（Institutiones）；②将自己当政时期颁布的法律编纂成为《新律》（Novelles，514—565）。上述四部法典，在当时均为有效的法律，后世总称为《民法大全》（Corpus Juris Civilis）。这些法律在罗马帝国长期的历史进程中支撑着罗马法的体系，因此后代说到罗马法时，主要指这四部民事法律。在法律体系上，罗马法还有市民法和万民法的区分，其中市民法主要指适用于罗马市民的法律，而万民法指适用于罗马市民之外的人的法律。但是万民法并不是现代意义的国际法，因为其中的主要规范还是私法或者民法。这些法律对于世界民法的发展发挥了极大的作用，不但大陆法系民法从形式到实质均起源于罗马法，英美法系民法在内容上也受到了民法的影响。具体来说，罗马法的贡献在于：（1）创建了成文法也就是制定法的基本模式，将立法确定为专门机关的职能，并创立了法典化的雏形。罗马法在民法方面建立的概念系统，成为后来民法发展的基础，现代大陆法系民法使用的主要概念，在罗马法中都有反映。（2）建立了公法与私法相区分的理论模式，并试图按照这一区分来制定法律。这一科学的区分，得到了世界各国普遍的认可，至今仍然是法律科学的基础。（3）罗马法按照商品生产和交换需要确定的法律规则，确立了民法基本范畴，以及民法在社会经济生活领域里的基本法地位和传统。它所建立的一系列制度，比如，所有权、用益物权、契约、债权人与债务人、买卖、租赁、侵权行为的制度等，都为后来的市场经济的发展发挥促进作用。（4）最为重要的，是罗马法贯彻的平等、自愿、理性、意思自治的民法精神，成为后世民法永远的楷模和发展动力。

---

① Deutsches Rechtslexikon, Band 3. R—Z. 2 Auflage, Verlag C. H. Beck, 1994, Seite 158—159.

② 此书的汉语译本：［罗马］查士丁尼著：《法学总论——法学阶梯》，张企泰译，商务印书馆 1989 年版。

随着东罗马帝国的灭亡，罗马法一度失传。然而11世纪时，罗马法中的《法学汇纂》部分首先在波洛尼亚重现于世，此后其他的部分陆续被发现。很快，在欧洲形成了学习罗马法、研究罗马法的热潮。这一历史事件被称为"罗马法的重新发现和重新解释"（Rediscovery and Re-explanation of Roman Law）。

在罗马法重新发现之后，对世界民法发生巨大推动作用的，是起源于欧洲的文艺复兴运动（Renaissance）。文艺复兴运动的本质，虽然与文学艺术活动有关，[①] 但是就其历史影响来看，它并不仅仅是文学艺术活动，而是一场思想启蒙运动。14世纪和15世纪被认为是欧洲历史上最黑暗的时期，在欧洲神权的愚昧统治下，人不但在精神上成为神的奴隶，而且在肉体上成为神的仆从。人的思想封闭达到了极端，人性的压抑也达到了极端，所以这一时期也被称为"黑暗时期"。在严重的政治、经济、社会危机的驱使下，文艺复兴运动爆发了。[②] 文艺复兴运动正是在这一时期产生的，它以揭露神权统治的荒唐无稽甚至是无耻、描写饮食男女的正常人性的自然为起点，否定了人性附属于神性的宗教道德观，将人置放在社会的根本的位置上。所以，文艺复兴运动也被称为"人文主义革命"或者"人本主义革命"。这场运动颠覆了神权的愚昧，所以也被称为人性觉醒的"启蒙运动"。在文艺复兴运动之后，"以人为本"的理念，不但成为社会的道德原则，而且成为社会的政治原则。文艺复兴运动对整个社会科学均产生了极大的作用，在法律科学方面同样发挥了极大的促进作用，尤其它所提倡的对每一个人的自然人性给予平等承认和保护的观念，构成近现代民法的基本精神基础。

与文艺复兴运动基本上同期发生的"宗教改革运动"（Reform of Religions），对于近现代民法发展同样发挥了巨大的作用。这场运动以马丁·路德（Martin Luthe，1483—1546）为代表，席卷了整个欧洲大陆。宗教改革的结果是否定了罗马教廷神权的绝对统治地位，否定了教廷对于真理的垄断解释权，在一定程度上将个人信仰的选择权从道德上正当化了。所以这一改革本质上也是一场思想解放运动。

---

① 1452年东罗马帝国首都君士坦丁堡被土耳其奥斯曼帝国攻破，一些东罗马帝国的艺术家带着东罗马帝国保存的希腊艺术作品逃到意大利那不勒斯，在那里举办"希腊学院"，试图重振古希腊艺术，这就是文艺复兴的开始。

② ［法］德尼兹·加亚尔等著：《欧洲史》的第五章"危机和文艺复兴"，蔡鸿滨等译，海南出版社2000年版。

同时出现在这一时期美洲大陆的发现，对于"以人为本"的当代民法理念的形成也从反面起到了促进作用：哥伦布等殖民主义者曾经以印第安人并非上帝所创造为由，对他们实施了残暴的屠杀抢掠。而进步的思想家甚至是教会法学家则以印第安人同样为自然人为根据，提出印第安人同样具有人格的理论。① 这样，民法上的人逐渐逃出了神权以及君权奴仆的地位，逐渐成为人人生而平等并具有法律主体资格的民法上的人。

罗马法的发现、文艺复兴以及宗教改革，历史上合称"3R运动"，共同构成了近现代民法的哲学、思想和政治基础。

在"3R运动"之后，对于近现代法律发展发挥巨大作用的是启蒙思想运动。启蒙思想运动诞生于18世纪晚期的法国，其代表人有伏尔泰等思想家，其基本的诉求是自由和民主。在启蒙思想运动基础上产生的"理性法学"（Vernunftrecht），成为近现代法学共同的基础。理性法学的基本观念是人人生来平等，人因为出生的自然属性而享有权利，而不是由于神赐权利或者国家赋予权利；这一权利不但应该得到其他人的尊重，而且应得到国家法律的尊重。② 理性法学的基本要求是否定神秘权力统治、否定等级身份制，建立意思自治的社会。这一点不但成为公法领域的基本原则，而且成为民法"权利能力"制度的基础，③ 同时也是民法一系列重大制度比如现代所有权制度、法律行为制度、亲属与继承制度的根源。④

人文主义革命和启蒙思想运动之后，欧洲大陆国家编制体系完整的民法典成为共识，因此形成编制民法典的热潮。其原因主要是：（1）为限制公共权力的司法任意，尤其是为了约束法官任意司法，并为法官提供统一的司法依据。因此制定民法典成为一项革命的目标。⑤（2）在社会急剧变革的情况下，妨害新的经济以及社会发展的旧规则整体垮塌，需要迅速制定完整的新规则体系。这一任务，只有民法典才能承担。（3）迅速发展的

---

① 参阅［德］汉斯·哈腾鲍尔著：《民法上的人》，孙宪忠译，《环球法律评论》2001年冬季号，第393页。

② Hans Hattenbauer, Grundbegriffe des Buergerlichen Rechts, Verlag C. H. Beck, Seite 4.

③ 关于"权利能力"，请参阅下面民事主体制度部分。

④ 当代公法学说上的一系列重要理论和制度，比如主权在民理论、政治契约理论、三权分立理论等也都是基于此建立的。所以，西方法律均认可理性法学为当代法学的共同渊源。对此，可以参阅德尼兹·加亚尔等著《欧洲史》的第八章"启蒙与自由思想"，蔡鸿滨等译，海南出版社版2000年版。

⑤ Van Caenegem, R. C., Judges, Legislators & Professors, chapters in *European Legal History*, 1987, pp.152—155. 另见［德］K. 茨威格特、H. 克茨著《比较法总论》，潘汉典等译，贵州人民出版社1992年版，第155页。

工业社会产生一系列新型民法制度需求，必须借助于民法典这个工具予以整合。因此，恰恰是在欧洲大革命前后，欧洲各国纷纷制定了民法典，而且将民法典当作社会最重要的法典，实在是历史的必然。

二　近代民法的代表

（一）法国民法典

近代民法最杰出的代表作是《法国民法典》。该法典基本上就是按照启蒙思想运动以来所弘扬的"理性"变消沉演变质而成的。为了达到限制法官任意司法的目的，1789 年开始的法国大革命一开始便将制定统一民法作为其最重要的目标之一。拿破仑 1799 年执政后加快了民法立法的步伐，他所任命的四人委员会在 1803 年之前制定出 36 项单项立法并顺利获得通过，1804 年 3 月 1 日这些法律合并为一体，以"法国人的民法典"的名义正式颁布并生效。[①] 该法典共 2281 条。由于拿破仑本人在这部法典制订过程中发挥了极大的作用，该法典一度被称为《拿破仑法典》，拿破仑政权失败后，又复称《法国民法典》。该法典是按照罗马法中《法学阶梯》所确定的"人、物、诉讼"这一民法认识结构来编纂的，它的第一编为"人"，第二编为"财产及对于所有权的各种限制"，第三编为"取得财产的各种方法"。这种民法结构认识论的特点是简明易懂，符合一般民众的认知水平。《法国民法典》的语言平易、清晰明了，因为立法者希望外行中的聪明人也能够读懂这部法典。[②] 除了语言和结构上的平民化以外，这部立法的许多内容都贯彻了革命性的理想。法典化立法本身，就有限制法官任意司法的本意。该法第 4 条规定的"法官不得以无立法而拒绝审判"的原则，被认为是现代法治国家原则的基本内容，获得了世界法治国家的普遍效仿。其第 1134 条规定的"契约依法成立，即在当事人之间具有相当于法律的效力"的原则，被认为是贯彻了理性法学主张的以社会的人自己的意思设定权利义务关系的要求的特征。根据这一条文，民法上权利义务关系的正当性不再由神决定，也不再由君主决定，更不会再由人的身份决定。所以仔细分析这一立法的背景时，人们均会为这种革命的热情所感动。该法典生效已经 200 多年，它的许多内容甚至一些重大的制度都已经发生了改变，但是其基本结构仍然保存至今日。法典之外，法国民法

---

① ［德］K. 茨威格特、H. 克茨著：《比较法总论》，潘汉典等译，贵州人民出版社 1992 版，第 155 页以下。

② 同上书，第 156 页。

还包括很多特别法和附从法。

《法国民法典》颁布之后在世界上得到了很多国家的引进。意大利、西班牙、葡萄牙、部分非洲国家以及拉丁美洲的多数国家的民法典均采纳了《法国民法典》的体例模式。在民法学上，这种立法模式被称为拉丁法系或者罗马法系。

（二）德国民法典

近现代民法立法的另一个杰出的代表作是《德国民法典》。它从1873年开始制定，直到1896年才制定完成，此年8月18日颁布，历时整整24年，到1900年1月1日才开始生效。该法典制定之初共2385条，至今修改140余次，虽然其基本的框架仍然保留着，但是由于修改增加和废止的条文非常多，另外还有一些特别法、附从法律的制定，其内容已经有相当大的变化。

《德国民法典》从其体例模式上来说仍然是罗马法的继承者，不过它所继承的，是罗马法中的《学说汇纂》体系模式。这种体系模式的特点，是其编制没有遵循《法国民法典》那种"人、权利、权利取得"的三编式逻辑结构，而是采取"总则、物权、债权、亲属、继承"这种五编式逻辑结构。物权、债权、亲属和继承部分是关于最基本的民事权利的规定，而总则部分又是关于这些权利的最一般的规定：比如作为民事权利享有者的自然人和法人的制度；权利取得、变更与废止的制度；权利的行使、限制以及保护的制度等。仅仅从这一点，就可以看出该法典的编制渗透了"从具体抽象出一般"这种思维逻辑，[①] 法典始终贯彻了这种立法技术，和比如"援引"这些手段。这些技术使得立法具有简洁明快的特点，但是从直观方面来看，《德国民法典》中已经没有了《法国民法典》那种高涨的革命激情，而只有冷静的法律技术化的各种规范和制度。正因为此，《德国民法典》被称为教授的法律或者法律计算机，严格的概念体系以及精确的立法技术为许多法学家喜爱，同时又因为缺乏"人民性"而广受革命家批评。

《德国民法典》能够继受罗马法并且采纳更具有民法理论色彩的学说汇纂体系，首先，是因为罗马法对德国人而言并不是以外族法的身份出现的。罗马法的重新发现发生在"德意志民族神圣罗马帝国"的范围内，而且该帝国一直将自己当作罗马帝国的继承人。因此，德意志民族的法学家

---

① 对于这种逻辑，德国民法学称之为"提取公因式"（von der Kammer ziehen）。

将罗马法自然当作本民族的法律遗产。其次，德国中世纪没有统一的王权和中央立法以及司法机关，这种情况有利于先进的罗马法的传播。最后，独立的法学家阶层的长期存在，以及法学家善于分析归纳的特点，使得德意志民族对于罗马法的接受走上了不同于法国民法的道路。①

《德国民法典》采纳的技术化立法路线并不是思想保守的表现，因为该法典同样是启蒙思想运动的产物。该法典的第 1 条规定的每个自然人的权利能力生而平等精神，可能一下子使得法律外行莫名其妙，但是法律界人士都知道，这一规定其实渗透了理性法学以及启蒙思想运动带来的自由主义精神。该法典没有以革命的热情宣扬"私权神圣、契约自由"这些条文，但是它却用大量的条文将这些精神彻底贯彻在法典各项具体制度之中。因此该法典是典型的"权利本位"立法。另外，《德国民法典》广泛而且坚决地采纳了德国法学家几代人科学研究的成果，使得该法典的立法技术达到了大陆法系概念立法的顶峰地位。在该法典制定的半个世纪之前，德国现代法学的奠基人萨维尼（Karl von Savigny，1779—1861）著述《当代罗马法体系》六卷，对罗马法以来的民法基本概念逐一进行整理和研究，并成为法律关系学说、发展法律行为学说等，他的努力建立了德国民法最基本科学基础。萨维尼的这一成就，被后世称为"概念法学"。他的学生温迪谢德等人将萨维尼理论成功地运用在《德国民法典》的编纂之中，并形成了独特的以编纂民法典为对象的"潘德克顿法学"。萨维尼以及潘德克顿学派的努力，完成了大陆法系民法科学的创造过程，因此使得后来的民法科学难以在技术手段上取得实质性的发展。

《德国民法典》所贯彻的基本精神与后来希特勒"国家社会主义"极端压抑个人权利的意识形态完全无法相容，因此纳粹希望制定一部《帝国公民法》来替代该法典，但是由于该法典的立法技术无法超越，纳粹的努力失败了。②

《德国民法典》公认的不足之处，其实并不是它的立法技术，而是它没有反映当时已经有充分表现的劳工问题等社会问题，因此该法典被评价

---

① ［德］K. 茨威格特、H. 克茨著：《比较法总论》，潘汉典等译，贵州人民出版社 1992 年版，第 248 页以下。

② 参阅［德］汉斯·哈腾鲍尔著：《民法上的人》，孙宪忠译，《环球法律评论》2001 年冬季号，第 400 页以下。

为"一个历史现实的审慎终结，而非一个新的未来的果敢开端"。①

《德国民法典》产生之前以及之后，采纳该法典的概念以及立法模式的国家民法，形成不同于法国民法的新模式。这一模式被称为德意志法系，《德国民法典》之外，奥地利、瑞士、希腊、土耳其、泰国、俄罗斯等国，均采纳这一模式。我国近代立法改革，从一开始就选择了这种模式并使用至今。

三 近现代民法的三大原则

当代民法的基本精神是近现代民法的产物。近现代所表现的一些特征对于现代民法的发展同样具有重要的价值。

（一）私权神圣原则（以及所有权的社会义务原则）

所谓私权神圣，指民事主体所拥有的民事权利神圣不可侵犯的原则。这里的不可侵犯，不仅仅指不受其他民事主体的侵犯，而且更重要的，是指不受公共权力的侵犯。该原则是针对神权或者极端君主权代表的公共权力随意拟制公共利益，并利用这种虚假的公共利益侵害民事权利的情况提出来的。所以私权神圣原则是一种进步的民法观念，得到市场经济和法治国家的普遍承认。在私权神圣原则下，不存在民事权利绝对服从公共权力的空间。这种观念，后来被称为"权利本位"思想，他和封建社会要求人们盲目服从公共权力、将人们应该履行的义务作为立法基本指导思想的观念针锋相对。

私权神圣原则在民法中主要表现为所有权绝对原则，其含义是所有权绝对地按照权利人自己的意思行使，排斥任何人甚至国家的干涉。《法国民法典》立法时第544条规定，所有权为权利人的绝对权利；第552条规定，土地使用权包括地上地下不受限制的空间。这一立法，是近代立法的典型。

私权神圣原则不但在调动人们反对封建和绝对专制政体的政治斗争中发挥了极大的作用，而且在促进当代社会物质文明发展方面发挥了极大的作用。因为，在个人的权利尤其是基本的财产权利、人身权利获得充分保障之后，人们才能够发挥创造财富的积极性。因此，在这种民法立法精神的鼓舞下，近现代物质文明曾经有过高速的发展，欧美一些国家后来居

---

① ［德］K. 茨威格特、H. 克茨著：《比较法总论》，潘汉典等译，贵州人民出版社1992年版，第266页。

上，成为经济强国。

但是，现代社会以后，私权神圣以及所有权绝对原则的过分强调产生了一些消极后果：比如修建公共工程需要征用土地时，土地所有权人可以不同意。所以，当代民法立法出现了修正所有权绝对原则的规定：德国1919年魏玛宪法规定，所有权承担社会义务，个人所有权必须为社会公共利益服务。这就是"所有权的社会义务原则"。这一原则的基本含义，是在承认私有权利受保护的基础上，限制绝对地主张私有权利。此后世界各国民法以至宪法立法，均采纳这一原则。这种限制，后来被称为民法立法与司法的"社会本位"思想。但是现代民法立法，仍然是以权利本位为基础的，所谓社会本位，是建立在权利本位基础之上的。

（二）意思自治原则（从形式正义到实质正义）

所谓意思自治原则，指任何自然人、法人只是依据自己的内心真实意愿参加法律关系并承受其后果，此外既不接受他人包括国家的强制、也不受自己的身份限制的原则。意思自治原则的提出，主要针对的是封建制度下的等级身份制以及强权政治制度。在人本主义精神的支配下，每个人都有平等的人格，每个人都应该有权决定自己参与的权利义务关系的性质和内容，并按照自己的意愿承受其后果。意思自治原则首先是针对公共权力而提出的，它要求公共权力承认民法社会存在的独立性，从而实现民法社会里的基本正义即形式正义，否定封建社会的等级身份制。所以意思自治原则充满了革命的精神。

意思自治原则在民法上的主要表现，即合同自由原则或者契约自由原则。该原则的基本含义，就是民事主体对于是否缔结合同、何时何地缔结合同、与谁缔结合同、缔结什么性质的合同、合同内容如何、以什么方式解决合同争议等问题，均享有自己决定的权利。法律对于合同的效力的判断标准，不是当事人的身份、种族、民族、性别和受教育的程度，而是当事人订立合同时是否真实的表达了自己的想法。另外，意思自治原则在追求人身解放方面同样发挥了极大的作用，比如婚姻自由，就是意思自治原则的结果。意思自治原则使得法律实现了形式正义的基本目标，对于近现代法治的发展发挥极大的作用，成为民法的基石之一。民法这一原则的确立，并发挥重大影响，在历史上被称为"从身份到契约"的运动，是现代文明社会的基本标志。

意思自治原则虽然保障了法律的形式正义，但是无法保障实现实质正义这一法律的终极目标。这些问题在劳工问题方面尤其突出，因为在此原则下，劳动者等弱势群体无法保护自己的正当利益。因此现代法律在这些重要的社会问题上对意思自治原则设置了限制性内容。劳动法、社会保障法、消费者保护法等，都包含着这些内容。但是，意思自治仍然是民法的基本精神支柱，因为，没有形式正义的实质正义是根本无法存在的。

（三）自己责任原则（过错责任与无过错责任）

所谓自己责任原则，即民事主体只能因为自己行为的过错而承担法律责任的原则。也就是说，当民事主体应该承受某种法律制裁性的后果时，必须将其行为有没有过错以及过错的大小作为追究其责任的依据。其行为没有过错的，不应该承担责任。因此这一原则也被称为"过错责任原则"。该原则的提出，也是针对封建社会的等级身份制。在登记身份制条件下，民事主体常常应该为自己行为之外的因素承担责任，比如因为自己的身份承担责任，甚至为他人的行为承担责任。所以自己责任原则的提出同样具有进步意义。

但是在现代社会，由于工业高度发展，科学技术日新月异，如果法律拘泥于自己责任，会造成对于社会的不公平现象。因为在一些领域里发生对于弱势群体或者社会的侵害时，侵害者常常会以自己没有法律上的过错来拒绝承担责任。因此，法律开始建立"无过错责任"制度，在高度危险作业、环境侵权等各个方面建立一旦发生侵害，则不问当事人有无过错一律追究其责任的制度。

当代民法普遍承认的责任追究原则，是以过错责任作为民事责任承担的基本原则，以无过错责任作为辅助原则。追究无过错责任必须要有法律的明确规定，法官不可以任意民事主体承担此类责任。

四　我国近现代民法的发展

（一）我国民法的发展简况

我国近现代民法典的编纂从清末开始，时为1907年。当时民法典的起草人就立志采纳世界最精确的法理，即德国民法学说。[①] 1911年"大清民律草案"起草完成，该草案由总则、物权、债权、亲属和继承五编组成，共1569条。虽然该草案还没有来得及颁布，清朝即被推翻，但是公认它对于后来我国民法的发展起到了奠基的作用，因为该草案不但系统地

————————

① 杨鸿烈著：《中国法律发达史》下册，上海书店1990年版，第906—907页。

将德意志法系的概念体系和编纂模式引入中国，而且还系统地采纳了德意志民法科学。

民国成立后即以大清民律草案为基础编制民法典，1925年完成第二次民律草案。1929年再次成立民法起草委员会，1931年完成民法总则、债编、物权编、亲属编以及继承编，并先后颁布施行。该法典共29章1225条。这部法典既能够采纳国际先进的法学理论，也能够联系中国现实，立法之前在中国境内进行了大规模的民事习惯调查，所以这部立法并不像以前我们批判的那样，是脱离中国实际的产物。不论从法理上看还是从立法技术上看，这部法典在当时世界上都是先进的。该法现在仍然在我国台湾地区生效。

1949年之后，曾经于1954年、1962年和1979年三次起草民法典。这三次起草，都是在国家需要发展经济的时期开始的。但是这些立法目的最后都没有达到。民法范围内的立法，只有婚姻法和继承法比较顺利的制定出来。1981年，立法机关依据1962年形成的民法草案中的合同部分，单独制定了"经济合同法"，此后又根据该法，制定了涉外经济合同法等。1986年，立法机关以民法总则的立法草案为基础，并收集合同法、婚姻法、继承法之外的内容，制定成"民法通则"。民法通则的制定意义重大，因为它第一次在计划经济下，宣告民法调整平等主体之间财产关系和人身关系，确定了民法作为我国基本法律的地位；民法通则确立的一系列民法基本制度，不但成为我国后来一系列民法单行法立法的基础和司法的基础，而且成为改革的基本依据。比如，恢复使用法人制度，促进了后来的经济体制改革；规定的人身权制度，第一次在中国将人身权明确列入国家基本法，对于促进我国制度文明居功至伟，被称为中国的"人权宣言"；建立的土地财产制度和知识产权制度等，极大地促进了我国后来改革的发展。但是，民法通则保留的计划经济的条文和观念，对于后来改革的发展也有相当阻碍。

民法通则制定后，我国又制定了一系列民法单行法。其中最引人注目的，是商事领域里的法律如公司法等，以及知识产权立法如专利法、著作权法、商标法等。

1992年，我国修改宪法，明确放弃计划经济，改行建立市场经济体制，民法才获得了真正的立法基础。我国立法机关经过长达7年左右的努力，首先制定成功《中华人民共和国合同法》，该法23章，连同"附则"共428条，于1999年10月1日生效实施。该法是我国近年来第一个法律条文比较多的民法立法，表现了我国开始认真看待民法的态度。该法制定过程中基本上坚持了大陆法系的科学理念，并且采纳了一些英美法系的优良做法。但是，制定的该法中也表现出强烈的法理倒退现象，放弃了我国甚至在民法通则制定时仍然得到坚持的物权与债权相区分的法学原理，在司法实践中造成了混乱。幸而这些错误中的一部分被我国司法机关的司法解释及时地纠正了。

在合同法制定的同时，我国最高立法机关就已经开始物权法的制定工作，这一进程已经结束。《中华人民共和国物权法》（以下简称物权法）于 2007 年问世，该法 19 章，连同"附则"共 247 条，于 2007 年 10 月 1 日施行。该法较好地借鉴了市场经济发达国家的立法经验，从我国实际情况出发，解决了诸如权利平等保护、物权变动规定的科学化等问题，并坚持走社会主义市场经济道路，值得肯定。

在物权法制定的过程中，我国最高立法机关开始启动新一轮的民法典起草，目前正在进行之中。

（二）前苏联法学对我国民法发展的主要消极影响

新中国成立后引进了前苏联法学，这是一种建立在计划经济基础上、本质在于否定市场经济的法学知识体系。本来，在中国制定民法没有必要批评别人，但是因为还有许多人将前苏联法学视为经典，并且利用这种不科学的法学知识否定科学民法知识的传播和发展，并且妨碍我国真正按照市场经济的要求建立法律体系，因此对这种法学予以清理是十分必要的。但是因为前苏联法学体系在我国发挥支配作用已经有 50 多年，许多人接受的民法知识都是来源于此，在历史上，传统"主流思想"一直是发挥惰性作用的，前苏联法学在成为我国的"主流思想"之后也无法自我更新。目前在我国民法领域里发挥"指导"作用的前苏联民法学观点大体上还有如下几点：

1. 前苏联法不承认公法和私法的区分，把一切法律均当作公法，否定了民法作为社会基本法的定位。这一点已经在前面述及。

2. 前苏联法学否定意思自治原则，从而改变了民法的基本性质。

前苏联人的法律意识形态，是社会中每一个人的法律关系都与社会整体利益密切相关，所有的人际关系都是社会公共关系，所以，个人所做的一切都必须服从社会整体利益的需要。因此，前苏联不承认民法意思自治原则，社会的人所从事的民事活动，不但重大的经济活动需要批准，而且一些纯粹涉及个人利益、应该完全由个人的感情决定的行为，比如婚姻行为，也要获得组织批准，这种现象几年前在我国仍存在。这种情形不但使得我国民法发展巨大倒退，而且使得社会整体的政治文明也发生巨大倒退，可以说倒退到了封建时期的义务本位时代，人类历史数百年"从身份到契约"的进步被彻底消灭。当时的民法学说对于意思自治原则还进行了十分激烈的批判。在这种情况下，当时我国可以说基本上没有意思自治的空间和可能性。但是改革开放以来，我国的民法社会已经基本形成，社会的人所为的行为，不但类似于婚姻行为这样的行为不需要组织的批准，而且涉及重要经济利益的合同也不需要政府的批准，我国的民众已经能够享有广泛的意思自治。但是在我国目前出现的民法典方案中，意思自治的原则还没有得到承认。从此可以看出前苏联法学在我国还有很大的影响。

3. 前苏联法学不采纳民法传统的主体制度，不依照传统民法的主体制度"自然人、法人"来制定民法，而是按照"国家、集体、个人"的主体观念制定民法。这一点对于我国民法发展的损害也是致命的。

简而言之，这两种不同的立法体例，差别极大：传统民法"自然人、法人"的主体制度，强调的是主体之间的法律关系规则和技术规则，通过这种规则可以清晰地处理各种民法主体之间的法律关系，比如法人与其成员之间的身份关系和财产控制关系，更具体地说，比如公司股东与公司之间的关系就可以用这种主体制度解决。但是前苏联民法对此实质上采取否定的态度，它所建立的主体制度不强调法人的立法技术划分，而强调法人社会政治身份划分。在前苏联民法"国家、集体、个人"这种主体制度下，我们已经无法看清楚民法主体之间、尤其是其内部的身份关系和资产控制关系。那种市场经济国家法律普遍采用的"公司治理结构"制度在前苏联法中被彻底消灭。从这一点，就可以看出我国经济制度建立中的一个重大问题。

前苏联法利用这种模式贯彻了强烈的政治分级意识，而传统民法的技术被彻底放弃。在前苏联法中，立法中的法人制度不承认社团法人、财团法人这一科学的划分。其名义上使用的法人，不是按照立法技术来划分，而是按照其"所有制"身份划分。这种不坚持科学的做法，不但给我国民法制度造成严重损害，而且给我国的政治体制造成严重损害。由于意识形态没有改变，有缺陷的理论反而成为经典理论，我国各种法人规范至今难以全面建立，司法实践混乱的局面至今无法处理。这种情况在现在的民法典方案中也没有得到解决。

4. 前苏联法不使用法律行为概念，而使用"民事法律行为"概念。民法上的法律行为制度，是以当事人的内心真实意思实现意思自治的基本制度，这一制度可以说是民法的精髓。可是前苏联法学基本上不采纳确切的意思表示理论，将法律行为理论简化到极端，其目的就是尽量压缩社会民众自己决定自己生存与发展的机会。目前我国的民法典方案，这一方面的制度仍然没有实质的改变。

因为前苏联民法中没有建立在交易行为分析上的法律制度，所以其民事权利发生变动制度极端萎缩。这一点，也形成我国建立民法制度的障碍。

5. 前苏联民法建立的财产制度中，关于公共财产，它们不作公用物与投资物的区分，模糊公共权力在社会管理关系中与经营关系中的根本区别。这种情况，导致当代法治社会"公权不得牟利"的原则被彻底破坏。因此我国至今存在大量利用行政权力创收的情况，民法本应有可为，却无法作为。

6. 坚持以所有制的等级规定所有权，将所有权"三分法"，确定国家所有权、集体所有权、个人所有权的严格界限，确定不平等承认和保护的规则。这种情况直接损害了市场经济的法律基础。

7. 前苏联法甚至限制个人意思在亲属与家庭关系中的作用，许可政府对于亲属关系实施强大的行政管理（比如将婚姻登记而不是人的感情作为婚姻的正当性基础）；尽量压缩亲属范围，将民法上的亲属范围限制到极端，同时将加大公共权力继承私有财产的范围。这一点，既不符合我国的国情，也不符合现实。但是现在这些问题仍没有解决。

8. 前苏联法律政策强调民法典立法的政治宣教作用，不重视立法的技术和质量。法律制定以"宜粗不宜细"、"宜短不宜长"、"成熟一个制定一个"作为指导思想。在这种指导思想下面，民法条文越来越短，越来越粗，失去了可操作性。这种情况虽然近来有所改变，但是立法质量不高的问题，仍然是一个痼疾。

本章小结

从民法的界定来看，民法调整平等主体之间的社会关系，包括财产关系和人身关系两大类型，它是一系列法律规范的总和。在法律体系中，民法虽然是一个部门法，但与其他法律部门相比，民法规范的社会关系更具有基本意义，故它是基本法。在市场经济国家，民法是私法领域的基本法，我国也不例外。法国民法和德国民法是近现代民法的杰出代表，它们基本上奉行私权神圣、意思自治、自己责任原则。新中国成立以来，前苏联法学对我国影响很大，至今还有消极作用，我们要努力清除其影响，以制定我国科学的民法典。

思　考　题

一、名词解释

 （1）民法　　　　　　　　（2）形式民法

 （3）实质民法　　　　　　（4）普通民法

 （5）习惯法

二、简答题

 1. 简述民法的含义。

 2. 简述公法与私法的区分。

 3. 简述民法的结构。

 4. 简述民法在我国法律体系中的地位。

 5. 简述前苏联法学对我国民法的消极影响。

三、论述题

 1. 联系实际思考民法的重要意义。

 2. 谈谈你对德国民法的认识。

 3. 结合我国改革开放的实践，分析肃清前苏联民法学说影响的主要意义。

阅读参考文献

　　［古罗马］查士丁尼著：《法学总论——法学阶梯》，张企泰译，商务印书馆 1989 年版。

　　［德］K. 茨威格特、H. 克茨著：《比较法总论》，潘汉典等译，贵州人民出版社 1992 年版。

　　［德］迪特尔·梅迪库斯著：《德国民法总论》，邵建东译，法律出版社 2001 年版。

　　［德］汉斯·哈腾鲍尔著：《民法上的人》，孙宪忠译，《环球法律评论》2001 年冬季号。

　　孙宪忠主编：《制定科学的民法典——中德民法典立法研讨会文集》，

法律出版社 2002 年版。

胡长清著:《中国民法总论》,中国政法大学出版社 1998 年版。

杨鸿烈著:《中国法律发达史》,上海书店 1990 年版。

Hans Hattenhauer, Grundbegriffe des Buergerlichen Rechts, Verlag C. H. Beck, 1985.

Juergen Baumann, Einfuegung in die Rechtswissenschaft, Rechtssystem und Rechtstechnik, Verlag C. H. Beck, 1989.

Hans Brox, Allgemeiner Teil des Buergerlichen Rechts, Carl Heymann Verlag KG, 1986.

第二章　民法的结构、渊源、原则及适用

内容提要

　　民法的结构是指民法规范组合而成的民法样式，德国潘德克顿模式在历史上对我国民法结构的影响较大，我国未来民法典的结构应当采用德国潘德克顿式民法体系。在这种结构模式中，民法总则以"人—物—法律行为"的架构统领了债权、物权、亲属、继承等诸分则的内容。民法的渊源从形式意义上讲，是指民法典以及其他由最高立法机关制定的民法法律，从实质意义上讲，是指所有具有民法性质的法律规范的总和。民法的基本原则，是指民事立法、司法以及民事活动的基本准则，它有指导立法的功能、法律解释的准据功能和法律漏洞弥补功能。民法的效力包括实然效力和应然效力两个领域，前者是指民法在社会生活中实际所发挥的作用，后者是指民法作为一种法律规范对具体案件发挥管辖的规范性效力。民法的适用是指通过实施民法的活动，将民法规范具体运用于社会生活的实践，它首先是一个寻找可以被运用的法律的过程，而这个过程离不开民法的解释，即借助于一定方法，确定民法法条的具体含义。

第一节　民法的基本结构

　　所谓民法的结构，就是民法的大量规范组成民法的样式。探讨民法的结构其实就是要探讨民法规范相互联系的内在逻辑。这一问题对我国民法的发展尤其具有重要意义，因为我国民法正在制定中，学者们对此提出的方案有相当的不同。① 从对我国民法的发展的角度看，对我国民法的结构样式影响比较大的，有英美法系和大陆法系两种类型。

――――――――――

　　①　徐国栋主编：《中国民法典起草思路论战》，中国政法大学出版社 2001 年版。有兴趣者可以参阅其中梁慧星、王利明、徐国栋、张谷和谢鸿飞的论文。这些论文在以下网站都可以下载：www. chinalawinfo. com；www. civillaw. com. cn；www. law—thinker. com。

一　英美法系和大陆法系的民法结构

（一）英美法系的民法结构

英美法系分布在英国及英国前殖民地或附属国家的广大地区，因以英国和美国为典型代表而得名，又因其起源于英国普通法而称普通法系。它起源于 11 世纪，当时英国建立了巡回审判及陪审制度，审判案件以盎格鲁—撒克逊民族固有习惯及累积的判例为主要依据，13—14 世纪终于统一地方习惯法，以规范的判例语言形式形成"普通法"。15 世纪以后"衡平法院"逐渐形成，也以判例规范的形式发展了另一套与普通法不同的"衡平法"。美国于 1776 年独立后，其民商法制度及司法制度仍沿袭英国，成为英国普通法的主要继受者。其他相似情形还有澳大利亚、爱尔兰、新西兰、印度、南非、加拿大等。

英美法系的民法结构特点是：（1）在学理与实践上并没有类似于大陆法系的"民法"一词，只有普通法、衡平法和制定法的概念。[①] 英美法系虽然没有确切的"民法"概念，但并非没有市民生活和民法社会，事实上其市民生活更为发达。（2）法律的体系掌握在法官的共识中而不是逻辑体系中，它不靠逻辑体系来维持和发展，而靠经验或司法实践来维持和发展。（3）英美法系民法的以判例法为主要法律渊源，而这种判例法来自于法官的创制。民法的规则必须从许多判决先例所记录的事实中清理出来，然后再由法官根据知识，把这些规则运用于审判的案件。这种体系的基本要求是法官的职业化，担任法官的人都必须接受严格的训练，否则不能胜任。

因此，英美法系民法的结构，不是理性逻辑的，而是以判例法为基础的经验体系，通过一定的原理而不是概念，将主要散见于庞杂的有效判例中的规则联系起来。

英美法系的民法体系构成或者说民法范围大体如下：第一，有关物和物权方面的民事判例和成文规范，这就是他们所说的财产法。第二，有关信托方面的判例和成文规范，即信托法。第三，有关契约（合同）方面的判例和成文法，即合同法。第四，有关代理方面的判例。第五，有关侵权行为的判例和成文法，即侵权法。第六，有关知识产权方面的法律规范。

---

① 英语中 civil law，同时有民法和民权法的含义。在国际法和宪法领域，该词的含义为民权法。

第七，有关继承方面的判例和成文规则。第八，有关亲属关系方面的判例和成文法。第九，有关人（主体）的判例和成文规则。

英美法系的民法结构体系对世界法学的发展也做出了很有意义的贡献。因为判例法是法官司法经验的产物，有着独特的柔韧性，所以每遇新的情况，法官都有权利指出适用于这一情况的法律原则。英美法系国家判例法正是通过法官们不断的"发现"和"宣布"新的法律原则逐步得到发展。这样就解决了制定法或者成文法的不周延性问题。

（二）大陆法系的民法体系

大陆法系因支配整个欧洲大陆各国而得名，因其在各种法典中尤其注重民法典的制定，故又称民法法系。罗马法重新发现后，其法律思想风靡欧洲，其中尤其以法国、德国受其影响最大。法德都是欧洲大国，具有重大影响力，其立法和法律思想为欧洲大陆各国所仿效，并进而影响亚、非、南美各国，成为一个气势磅礴的大陆法系。大陆法系民法历经罗马法、法国法和德国法的发展，其立法结构的特点首先是普遍制定民法典，并在法典中建立了逻辑严密的总则—分则体系，形成"由一般到特殊"的立法和思维结构。其法律体系构造的基础并非生活事实的相似性，而是高度抽象的立法技术的结果。

以民法总则部分的法律行为为例：首先，概念法学认识到，买卖、租赁、委托、移转所有权的合意等行为之间，存在一定程度的相似性，即都是两个人对特定事项的意思表示一致，于是就有了将这些行为归纳在"合同"名下的可能。接着，他们又认识到所谓的合同和单方意思表示行为（如遗嘱）之间的共同之处，即都是追求特定目的和法律效果的意思表示，这样就得出"法律行为"这一抽象程度更高的上位概念。[①] 这种认识反映在立法中，就是将有关法律行为的规定作为合同、遗嘱等行为的一般规则。这种立法技术被称为"一般规则"，大陆法系中这种从一般到抽象的立法技术到处可见。

大陆法系民法体系结构的特色，正在于这种逻辑抽象性。他们所总结的"一般规则"，常常是法律基本价值应用于生活实际的总结，所以其既具有理性的色彩，又具有实践的成分。各种规范按照其应用的范围层层上升，形成一层层的一般规则，最后形成民法典。这种逻辑体系的形式，结

---

① ［德］迪特尔·梅迪库斯著：《德国民法总论》，邵建东译，法律出版社2000年版，第22页。

构严谨富有表达力，并且成为外来学习者可以自行学习的体系。

上面民法发展简史部分已经说到，在大陆法系内部，还有法国法系和德意志法系的区分，它们的结构形式并不一致。这两种体系都是从罗马私法发展而来。法国法系采纳的，是《法学阶梯》模式，它由"人"（personae）、"物"（res）、"诉讼"（actiones）三部分组成，分为四编。① 在由《法学阶梯》孕育而来的所有民法典中，1804 年《法国民法典》是最有影响力的。《法国民法典》的结构中，我们可以清楚地看到《法学阶梯》的轮廓。该法典除设少数条文作为前言外，第一编"人"，包括有关人格和身份（家庭婚姻关系）的规范；第二编"财产及对于所有权的各种限制"，包括所有权及其他各种物权；第三编"取得财产的各种方法"，它把最常见的取得财产的方法和其他方法，如继承、时效、优先权及抵押权、民事拘留等都合在一起。不过，它的这种形式逻辑化程度是有限的，保留了相当开放的特点。从外在形式上看，法典概念抽象性追求不高，在形式和风格上保留清晰流畅、简洁灵活的优点，并在条文中避免过于详细，力求弹性。它与《法学阶梯》最大的区别是它剔除了诉讼法部分。继受《法国民法典》或深受其影响的欧陆国家有比利时、荷兰、意大利、西班牙等。

德意志法系，同样是继受罗马法的结果，不过它继受的是"学说汇纂"体系。《学说汇纂》划分为七部分。包括"关于审判"（deiudiciis）、"关于物"（derebus）、"核心"（umbilicus），涉及抵押、婚姻和嫁资、监护等规定；"关于遗嘱"（de testamentis），涉及遗产占有、无遗嘱继承、生者间赠与和死因赠与、占有和所有权的取得、执行、令状、抗辩等内容；最后是要式口约、担保、债的更新、清偿和正式免除、刑法、上诉等内容。只是前三部分有名称并且内容具有系统的联系，其他部分有时有清晰的逻辑，有时把各种不同的制度混杂在一起加以论述。② 显然，与《法学阶梯》相比较，《学说汇纂》的体系要庞杂得多，而且整体逻辑结构也不如前者简练，这是它在罗马法复兴与继受过程中不如前者那样受青睐的原因之一。

但是该体系以若干自然公理为出发点，层层演绎，构筑了庞大而又逻辑严谨的规则体系的特点，为德国法学家所看重，并对它做到了继承和发

---

① ［意］朱佩塞·格罗索著：《罗马法史》，黄风译，中国政法大学出版社 1994 年版，第 450 页。

② 同上书，第 444 页。

展。在德国学者对罗马法的研究中产生了历史法学派，该学派中的一些学者（如萨维尼、耶林、温迪谢德等）致力于"纯粹罗马法"即古罗马法的研究，其中又以《学说汇纂》为重点。他们认为，《学说汇纂》是罗马法的精华所在，具有更大的权威性。由于《学说汇纂》的音译为"潘德克顿"（Pandekten），历史法学派的这一分支又称"潘德克顿学派"。该学派对《学说汇纂》进行了深入研究和重新整合，加以体系化，创立了新的《学说汇纂》理论体系——潘德克顿体系。该体系由总则、债权、物权、亲属、继承五编构成，与《学说汇纂》不同的是排除了其中的刑法、行政法等公法规范，并将其第三、第四部分次序颠倒，将买卖等债的关系置于"物"的规定之前。

　　一般认为，近代潘德克顿民法体系的鼻祖是德国历史法学派的创始人胡果（Hugo）。胡果在 1789 年出版的《现代罗马法教科书》中采取了如下的五编制：物权法、债权法、亲属法、继承法、诉讼法。萨维尼在 1840 年出版的《现代罗马法体系》第一卷中提出了如下的潘德克顿体系：物权法、债务法、亲属法、继承法。1900 年德国民法典采纳萨维尼的上述体系，同时将海瑟创立的体系中的"总则"吸收过来，最终形成了德国民法典的总则、债权、物权、亲属、继承的五编制的潘德克顿式（学说汇纂式）民法体系。奥地利、希腊、匈牙利、日本、瑞士、葡萄牙、中国、韩国等国家民法都是按照这种结构模式制定的，它们形成了德意志法系。

　　潘德克顿式民法体系的特色，在于它依据"法律关系理论"为核心，从主体、客体、权利与义务这种逻辑的角度制定法律。这种科学的理论不仅成为后来民法立法的基本理论，而且也成为其他法律的立法逻辑和法学普遍的思维方法。一个学习过法律的任何人与他人的区别，就在于懂得法律者能掌握利用法律关系理论来分析问题的方法。潘德克顿民法为避免重复规定，将各种法律关系中的共通性的一般事项抽象出来，集中规定在各个规定之前，称为总则。这样，关于各种契约的共通规定，作为契约的总则；关于契约、无因管理、不当得利和侵权行为的共通规定，作为债权总则；关于物权、债权、亲属、继承的共通规定，作为民法典的总则。这一体系，因着重法律规则的形式逻辑性，有利于保障裁判的统一性和公正性。

　　民法学之所以有资格被称为一门科学，很大程度上是由于潘德克顿法学使民法学具备了体系化、逻辑性、普遍性这三个科学的基本特征。体系化使民法保持了很强的稳定性，使每一条规则都必须在规则体系中乃至其背后的理论体系中验证为和谐无矛盾之后才取得正当性，从而使民法能够为确定的价值目标服务，并使其发展不会产生异变；逻辑性使民法在适用中能得到大体一致的操作，为市民生活建立确定的"要件—效果"模式，使法律脱离人为的擅断；普遍性使得民法一定程度上成为一种世界普遍性知识，从而有了知识跨越国界，为各国方便地借鉴的可能。于是，民法成为了一门科学。

潘德克顿式民法体系的长处在于彻底的体系化，从一般到特殊，从抽象到具体。但也正是这一特点，使初学者感到困难。例如，要了解关于买卖的规定，不能只查阅法典中买卖契约一节的规定；在买卖契约的规定之前，还须查阅契约总则的规定；在契约总则之前，还应查阅债权总则的规定；在债权总则之前还须了解民法总则的规定。因此，潘德克顿式民法典，被认为是为法学家制定的法典，称为"教授的法"。但是在经过培养之后，法官运用这个法律体系相比其他法律体系则是更便捷和准确的。

二 中国民法典的结构分析

（一）中国传统民法的结构

在清末变法之后，我国民法沿袭了大陆法系尤其是德国民法的潘德克顿式形式逻辑体系。1911 年起草的《大清民律草案》直接吸收德国的民法体系，分总则、债权、物权、亲属、继承五编。1926 年北洋政府的民法典草案在体系上，以《大清民律草案》为蓝本。1929 年中华民国民法典也沿袭了这一传统体系，分总则、债权编、物权编、亲属编、继承编。新中国成立后，虽然割断了与旧中国民法的联系，转而承袭苏俄民法，但苏俄民法也是深受德国民法的影响。自 20 世纪 70 年代末新中国法制重建以来，我们的民法理论与实践又受到我国台湾地区民法（即前民国民法的延续）的影响。总而言之，新中国的民法制度与民法理论仍然坚持的是德国潘德克顿式传统。从德国法继受过来的潘德克顿式的概念、原则、制度和理论的体系，已经成为中国法律传统和法律文化的重要组成部分。

（二）未来民法典的结构分析

中国民法典正在起草中。目前的生效的民法通则从其内容看只是民法典的一个大纲，具体制度建设距离民法的要求太远，无法适应经济生活的要求。在制定民法典的过程中，对民法典的结构模式以及内容争议很大。有的学者认为，民法典应该以逻辑性、科学性和实践操作性为基础；有的学者则认为，应该以现实可以接受的程度以及民众对法律的理解为基础。

我们主张未来制定民法典时，应当采用德国潘德克顿式民法体系。其理由除了上面所指出的德国潘德克顿式民法体系所有的强调法律规则形式逻辑性的特色之外，还有：（1）德国潘德克顿式民法体系代表了19世纪中叶以来民法体系化的最高成就，以其严谨的逻辑结构体系和精深的法理而受到众多国家的推崇和仿效，即使是没有采纳德意志法系的法国法系，其立法以及学者著述中也都承认了德意志法学的基本理念。其后颁布或修订的瑞士民法典、意大利民法典、荷兰民法典等虽不乏自己的特色，但都没有脱离德国民法典所创立的体系模式。即使是前苏联和东欧国家的民事立法，也没有完全摆脱德国潘德克顿式民法体系的影响。（2）如上所述，从法律传统角度看，中国受德国法学和立法模式影响至深，在民法方面尤其如此。从《大清民律草案》到旧中国民法典的近代立法，几乎全盘接受了德国的民法理论体系（潘德克顿体系），使之成为中国法律文化的一部分。新中国成立后，所仿效的苏俄民法及其理论，在很大程度上也受着德国民法的影响。（3）已有的立法成果表明，新中国民事立法实际上走的也是德国潘德克顿式民法体系的路子，只是未达到法典化、体系化的程度。民法通则第一、二、三、四、七、八、九章实际上相当于民法典的"总则"部分；第五章第一节"财产所有权和与财产所有权有关的财产权"与《物权法》、《担保法》一起，可作为"物权"编的初步框架；第五章第二节"债权"与第六章的有关内容（侵权行为之债）以及《合同法》一起，可构成"债权"编的主要内容；《婚姻法》和《收养法》是"亲属"编的核心组成部分；而《继承法》则可构成"继承"编的雏形。可见，我国现有的立法成就，实际上已经为采纳德国潘德克顿民法体系奠定了基础。

三　民法总则的一般知识

（一）民法总则的概念及意义

民法总则是有关民法规则中的一般原则和基础性规则，在民法典中属于引导其他部分的部分。一般而言，市场经济体制下，民法的规则群体均非常庞大，因此民法典需要一个总则，来发挥引领其他部分的作用。

但是，由于对于民法基本规则认识的差异，在大陆法系内部，法国法系和德意志法系对于民法总则应该规定的内容，认识并不一致。《法国民法典》的总则有七条，其总的名目是"法律的公布、效力及其适用"，其内容从其名目就可以知道。这些内容甚至没有被立法者纳入法典的实体规范范围内，因为该法典的第一编是"人"，其"总则"并没有作为民法典的开始。法国法系的另一个代表《意大利民法典》大体内容也是这样。

但是在德意志法系里，民法总则的内容却十分丰富，而且它是"从具体到一般"这个法律技术即抽象技术最典型的代表。《德国民法典》的全部内容为五编，其第一编为总则，它规定了"人"、"物"、"法律行为"、"期间及期日"、"消灭时效、权利的行使、自卫及自助"、"提供担保"共七章，240条。德意志法系的另一个杰出的代表是我国1930年的民法，其总则也是作为民法典的第一编，其主要内容有"法例"、"人"、"物"、"法律行为"、"期日及期间"、"消灭时效"、"权利之行使"共七章，152条。

比较这两大法系关于民法总则的内容，就更能看出其差异：法国法系关于民法总则的内容，被德意志法系立法规定在"民法施行法"中，而不是规定在民法典正文中。两大法系关于民法总则的内容，反映出法国法系立法，在民法典的整体设计上没有采纳"从具体到一般"这个抽象技术，所以它们的法律规则总是比较直观；而德意志法系立法则以抽象技术为基础，其总则的内容，就是对于民法典其他部分内容的进行抽象的结果。

因为我国民法属于这一法系，因此我们应该对该法系的民法总则内容予以掌握。为什么德意志法系会采纳抽象立法技术？原因其实很简单：在法典的条文非常庞大的情况下，无论是从学习法律还是从运用法律的角度看，在总则建立的规则引导下，人们总是能够方便快捷地对于某一案件或者行为进行分析归类，从而迅速找到适用的法律条文。所以民法总则就像现代电脑中的"视窗"技术一样，通过点击视窗图标，可以迅速地到达指定的区域。这一点在法国法系中是没有的。

（二）民法总则的起源及发展

德国民法继受罗马法有相当长的历史，18世纪时，德国法学家通过对"学说汇纂"体系的整理，提出了总则理论。1807年海瑟（Georg Arnold Heise）出版的"普通法体系概论"即提出比较完整的总则理论。[①] 1900年的《德国民法典》完全接受了这种理论。第一编就是总则，接下来是债务关系编、物权编、亲属编和继承编。这一五编制排列十分合理，逻辑性很强：总则是较为抽象的原则性的规定，而后是债、物权、亲属、继承，为具体的法律关系。这种由一般到个别、由抽象到具体的规定方法不仅条理清楚、简洁明了，避免条文冗长的缺陷，而且能够避免重复。

我国历次民法典的起草和编纂都有总则编。1908—1911年清末开始中

---

① 王泽鉴著：《民法总则》，中国政法大学出版社2001年版，第24页。

国第一次民法典编纂。于 1911 年起草完成的《大清民律草案》就分为总则、债权、物权、亲属、继承五编，共 1569 条。1912—1926 年北洋政府时期的中国第二次民法典编纂，形成的草案也分为总则、债权、物权、亲属、继承五编，共 1745 条。1929—1930 年中华民国进行的中国第三次民法典编纂，并诞生了中国历史上第一部民法典。该法典分总则、债权、物权、亲属、继承五编，共 1225 条。新中国成立后的历次民法典编纂也都有总则部分。1954—1956 年新中国第一次民法起草，于 1956 年 12 月完成民法草案，分为总则、所有权、债、继承四编，共 525 条。1962—1964 年新中国第二次民法起草，于 1964 年 7 月完成民法草案试拟稿，仅分三编：总则、财产的所有、财产的流转。1979 年开始的新中国第三次民法起草，虽四易其稿，但每一稿也都有总则部分。1998 年开始新中国第四次民法起草，现在民法典草案已基本形成，总则编依然存在。由此可以得知，民法总则编历来为我国编纂民法典所采纳，这与我国学术界以及立法者同样擅长理性思维和逻辑思维有关。

（三）民法总则的主要内容

民法总则要解决的主要问题，就是"人"、"物"与"法律行为"这些最基本的民法问题。① 这三个概念所隐含的逻辑是：先有民法上的人和物，然后通过一定的行为建立民事权利义务关系。简单地说，这就是"法律关系理论"的逻辑，其中包括"主体"、"客体"、"内容，即权利义务关系"三个要点。所以民法总则要解决的问题主要有：（1）民法主体制度，它以自然人、法人为典型，同时也包括非典型的主体"非法人团体"，共有三种类型。"代理"制度，属于主体制度的扩展部分。（2）民法客体制度，主要是物，包括动产与不动产等。（3）民法上的权利和义务。这是民法的核心内容。民法为基本权利立法，民事权利义务关系为民法基本理论和制度的核心。（4）权利取得与消灭的根据制度，其中最重要的是法律行为制度。民事权利依靠什么取得、以及依靠什么消灭，这也是民法总则的核心。（5）民法效力的规则，以及民法上期间、期日计算的基本规则等。

从民法理论上看，民法总则的学术问题，是由两部分内容构成：其一为体现民法制度的精神、理念、原则和方法等的学问；其二为民法领域一般的和共通的制度学问。前者，如私法自治、人格平等、诚实信用、公序

----

① ［德］汉斯·哈腾鲍尔著：《民法上的人》，孙宪忠译，《环球法律评论》2001 年冬季号。

良俗以及权利不得滥用等理念与原则，及民法适用、解释和类推适用等漏洞补充方法等；后者，如权利主体、权利客体、法律行为、代理以及诉讼时效等制度与规则。这些内容，不但是民法学研究的热点，而且是法学整体研究的热点。

民法总则的内容中，"民事权利"和"法律行为"这两个有极端抽象的名声。"法学之难，莫过于权利也。"① 而法律行为，"以系统完备的理论形态概括了民法学中一系列精致的概念和原理"，② 是民法规则理论化的象征。因此这两个概念本身隐藏着十分丰富的民法理论背景。民法是权利之法，而民法中的权利，不论是财产权利还是人身权利，不论其内容还是其类型，都非常丰富而且复杂，因此从这些普遍存在的民事权利中抽象出的"权利的一般规则"，当然是很抽象的。同时，人的行为，尤其是市场经济条件下的交易行为，其类型和内容也是十分丰富和复杂的，从中抽象出的"法律行为"当然也是很抽象的。但是，只有这样的规则才能适应当代复杂的社会实践的要求，尤其在我国进入市场经济体制后，民法总则的内容，还要更详细、更丰富才行。初学民法的人可能对此感到不便，但是掌握了这些规则之后，才能成为真正合格的法律人才。

（四）民法总则的逻辑结构

上面谈到，民法总则的逻辑结构其实就是"主体"、"客体"、"权利义务"的结构，即一定的主体，以及一定的行为，取得对于客体的权利并承担一定的义务。

民法上的主体，包括自然人、法人两种典型主体，以及非法人团体一种非典型主体。民法主体制度主要研究这些主体如何享有成为民法主体的资格，从事民事活动的资格、以及如何承担责任的规则等。代理制度，从本质来看是民事主体制度的扩展，因此代理制度也规定在民法总则中。但是由于代理涉及第三人的利益，代理制度还有自己独特的内容，因此代理在主体制度中属于特别规范。

民法上的客体，主要指有体物。并不是一切物都可以进入民法，成为民法的客体；同时，客体反过来又对权利发挥作用。比如兄弟二人共同继承一匹马，由于马不能分割，所以在这匹马上面就只能有一个所有权，这个所有权或者由二人共有，或者由一个拥有，而不能分割成为两个所有

---

① 张文显著：《法哲学范畴研究（修订版）》，中国政法大学出版社 2001 年版，第 298 页。

② 董安生著：《民事法律行为》，中国人民大学出版社 2002 年版，第 7 页。

权。所以客体制度也很重要。客体最主要的分类是动产和不动产，其他的分类，有可分物与不可分物的区分、特定物与不特定物的区分、流通物与非流通物的区分等。这些分类对于民事权利的享有十分重要。另外，现代社会强调动物保护、生态保护、耕地保护等，所以这些特别客体的制度也十分重要。

民法上的权利，可以划分为人身权和财产权两大类型。人身权中，又区分为人格权和身份权两类。人格权指作为人这一主体应该享有的权利，包括生命健康这样的权利和保持人格尊严所享有的权利。这是人作为一切法律关系的主体都应该享有的权利。身份权指人基于一些特别的身份而享有的权利，比如父母子女关系、夫妻关系这些身份中人所享有的权利等。财产权，主要有物权、知识产权债权等。与权利相对的是民事义务，其分类与权利相同。民事权利义务制度，是民法的核心，也是民法总则研究的重点。

民事权利义务关系在现实中，经常会发生建立、转移、变更和废止的现象，民法对这些现象予以规范的制度，就是"权利取得制度"，也可以称之为"权利变动制度"。权利的取得如果要获得法律的保护，就必须具有正当的根据。而对这些权利取得根据的规范，民法建立了"权利变动根据"的制度。民事权利发生变动的根据，有行政行为、司法行为、自然事件、人的行为等四种。其中人的行为是民法规范的要点。进而言之，民法上人的行为，有事实行为、法律行为、不法行为等，其中法律行为又是立法规制的要点，也是教学与研究的重点。

第二节　民法的渊源与原则

一　民法的渊源

法律的渊源，指现行有效的法律规范的表现形式，也就是人们确定可以适用的一种法律的形式。在形式民法意义上，民法的渊源就是指民法典，以及其他制定的民法法律。在实质民法意义上，民法的渊源是指所有具有民法性质的法律规范的总和，既包括民法典，也包括民法典以外的民事法律规范、判例和习惯法。我国民法的渊源主要有：

（一）民法通则

民法通则制定于1986年，共9章156条，是中国目前调整民事法律关系的基本法律。民法通则对我国的法治发展曾经发挥过巨大的作用，它奠定了民法科学的基础，并且对我国的政治体制和经济体制的改革促进很大。但是因为其条文过于简单，制定于计划经济时代，其规则很多已经不适应于当前中国的市场经济体制。而且，该法过于粗疏，很多基本性规范都没有规定。因此，中国立法机关正在制定民法典，将民法的基本规则用一部统一的法典确定下来。中国在过去曾欲数次制定民法典，但是由于经济体制以及意识形态方面的问题，只是在 1986 年制定了一部民法通则。现在，中国制定民法典无论是政治上的、经济上的还是学术上的时机基本成熟。

（二）民事单行法

包括属于民法典债编内容的合同法（1999 年制定）；主要属于民法典物权编的物权法（2007 年制定）、农村土地承包法（2002 年制定）和担保法（1995 年制定）等；属于民法典亲属编的婚姻法、收养法；属于民法典继承编的继承法。此外还有一些商事性法律，如海商法、公司法、专利法、商标法、著作权法、票据法、保险法等。

（三）民事法规

由国务院制定的民事法规，如国务院 1989 年制定的国内航空运输旅客身体损害赔偿暂行规定等。此外，由国务院委托其所属部委制定的有关民事关系的规范性规定，在不违反法律法规的情况下，也具有相当于行政法规的效力。

（四）司法解释

最高人民法院对民事法律所作的司法解释也是民法的渊源之一，如最高人民法院对民法通则、担保法和合同法的司法解释等。

（五）习惯

对法律没有明确规定的事项，可以适用习惯处理。习惯必需为人们所知，反复适用，而且不能违反公序良俗原则。如最高法院对民间习惯典权的认可等。

（六）判例

按照我国立法原则，人民法院的判决书只对具体案件有效。但是最高人民法院在批复、解答和判例中形成的规则，也是民法的渊源之一。

（七）法理

所谓法理，就是学者对具体问题的解释。但是在中国目前还没有直接拘束力，除非该解释被有权解释的机关所采纳。

二　民法的基本原则

（一）含义及其功能

所谓民法的基本原则，指民事立法、民事司法、民事活动的基本准则。法律基本原则的意义，就是法律所反映的基本价值和精神。民法立法要不要规定基本原则，在世界立法中并无定论，有些著名的民法典也没有规定基本原则。但是在我国，由于中华民族讲究"正名"的历史传统，重大活动必定有基本精神宣示在先，所以民法立法一直有基本原则的规定。从民法立法的人文价值和实践价值考虑，民法规定基本原则也是十分必要的。

民法的基本原则在民法中其实并不仅仅发挥价值宣告的作用，其实用意义也很显著。一般来说，民法的基本原则有三大功能或者作用：

1. 指导立法的功能。在民法立法中，基本原则是立法的指导性规则。由于民法基本原则反映了民法的基本精神，所以它在民法中居于基础的地位，整个民法，不论是民法典还是单行法，都应该制定在基本原则之上，其规范都应该符合基本原则的要求。所以民法基本原则是民法全部规则的统师，立法机关制定的其他民法单行法违背民法基本原则的无效，行政机关制定的办事规则与民法基本原则相违背的无效，司法机关所作裁判违背民法基本则也是无效的。

2. 法律解释的准据功能。由于民法的各项制度和民法规范是按照民法基本原则制定的，所以在这些制度和规范需要予以解释的时候，基本原则即发挥法律解释的准据作用。所谓法律解释的准据，指的是解释法律的基本依据和标准。对于民法具体制度和规范的解释，必须符合民法基本原则的要求，否则解释无效。法律解释是在立法、执法和司法中经常遇到的问题。在立法中，立法者需要对上位法进行解释，以其作为自己立法的依据；在司法中遇到某个法条的适用时，更需要法律解释。这些情况在民法的立法、执法和司法活动中更是经常出现的。民法的解释必须以民法基本原则作为准据，这一点意义十分重要。

3. 法律漏洞弥补功能。一个立法，即使立法者在法律制定时能够充分考虑到未来，但是也不能制定出穷尽未来的法律。因此，在法律出现漏洞时，立法者、司法者不能自缚手脚，而应该根据法律规定的基本原则来弥补法律的漏洞，当然法律有强制性禁止规定的情形除外。在民法事务中基本原则的漏洞弥补作用更为显著，因为民法的规则系统复杂而且更新很快，所以民法中的禁止性条款是很少的。

（二）我国民法的基本原则

1. 一体承认、平等保护原则

所谓一体承认、平等保护，指法律对于各种民事主体的资格均予以承认、对各种主体所享有的权利平等并给予保护的原则。由于我国过去长期实行计划经济和过分强调公有制的优先保护以及特殊保护，法律一直存在着不适当地重视公有制财产权利、轻视民众民事权利的现象。在进入市场经济体制后，法律开始建立"一体承认、平等保护"的原则，对无论公共财产还是一般民事权利，法律均承认他们的合法性，并给与他们平等的保护机会。这一点对于中国市场经济的发展发挥了极大地促进作用。在近现代民法中有所谓"私权神圣原则"，是近代西方三大法律基本原则之一。现代社会，虽然不必强调某种权利神圣与否，但是中国民法应该建立任何组织和个人都不能侵犯公民和法人的合法民事权益的原则。

2. 平等原则

指当事人在民事活动中的地位平等。我国民法通则规定了这一原则。在民事活动中，所有的民事主体，不论是法人还是自然人，其地位一律平等，谁也不享有优越于对方的特权地位，谁也不能声称自己的级别、性别、民族、经济上的优势，并以此获得不正当的利益。平等原则是民法作为私法基本法的关键，所有的民事活动，不论涉及人身关系的活动如结婚或者离婚，还是涉及财产关系的民事活动如订立合同等，都要遵守这一原则，违背这一原则的结果，不会得到法律的承认和保护。我国是一个封建历史很长的社会，"官本位"的观念比较强烈，因此依法强调平等原则十分必要。

必须指出的是，民法上所说的平等只是地位平等和机会平等，而不是结果的等值或者均等。民法只是提供当事人进行平等活动的平台，而不能对活动的结果是否等值或者均等做出强制性的要求。比如按照平等原则，当事人之间订立合同时不能持强凌弱，但是如果当事人自己在交易中的"让利"行为，半卖半送行为，在法律上也是有效的。现代民法已经不再强调"等价有偿"原则，因为等价并不一定符合当事人自己的意愿。

3. 自愿原则

指民事主体在民事活动中按照自己的真实意愿建立、变更和废止法律关系，而不受任何人强迫的原则。法律承认依据自愿发生的民事法律关系，对于非自愿的法律后果，民法非但不予承认和保护，而且还可能会追究强迫者的责任。自愿，就是不受强迫，包括不受自己的上级的强迫、也不受自己的亲属的强迫、不受第三人的强迫、更包括不受和自己发生法律关系的相对人的强迫；同时，自愿指既不在人身关系中受强迫，比如婚姻自由原则，也指在财产关系中不受强迫，比如合同资源原则。

我国民法通则规定了自愿原则。同时，婚姻法规定了婚姻自由原则，合同法规定了合同自愿原则。

自愿原则，是近现代以来民法"意思自治"原则的体现。前面已经说到，意思自治原则也被称为私法自治原则，是近代民法乃至整个法律的三大原则之一。私法自治的核心可以概括为"三自原则"，即自己判断、自己选择和自己责任。不过意思自治原则还包含着公法上的因素，它首先表现为对于公法所提出的承认并保护私法社会存在与发展的要求，以及承认并保护自由表达的要求。自愿原则主要体现该原则在民事活动中所体现的精神。自愿原则体现为所有权自由、契约自由、结社自由、遗嘱自由等。最典型的体现是契约自由原则。其内容包括：a. 缔结不缔结契约的自由；b. 选择契约相对人自由；c. 确定契约内容自由，这是契约自由原则的核心；d. 缔约方式自由，即当事人有权自由选择意思表示的方式，如书面或者口头方式等；另外当事人不仅可以采用有名合同，也可以订立任何无名合同。

4. 诚实信用原则

该原则指民事主体在民事活动中应该恪守信用、不欺不诈的原则。一般简称"诚信原则"。诚信原则本身是个道德原则，将这一道德原则作为民法的基本原则，体现了民法对于民事主体的道德要求，其意义十分重要。我国民法通则规定了这一原则，另外，合同法也规定了这一原则，消费者保护法等法律均规定了这一原则。世界各国民法也都承认这一原则。

诚信原则在一切民事活动中均发挥作用，并不仅仅是市场经济的原则，也不仅仅反映在订立合同这样的行为中法律正当性的要求。在人身关系活动中，比如婚姻、收养等活动中，该原则当然发挥指导作用。在财产活动中，一些非商事的民事活动，典型的比如赠与、民间买卖、租赁等，当然也要遵守诚信原则。在商事领域，诚信原则发挥的作用更大，因为正常的市场经济秩序对那种尔虞我诈的行为是坚决排斥的，一个有信誉的商家，不但对于自己的客户负有责任，其实对于整个社会也负有责任。在当代民事实践中，诚信原则因此成为民法最重要的原则，被称为民法的"帝王规范"，"握在法官手中的衡平法"，法官常常运用这一原则发展法律，如先合同义务和后合同义务的规则就是在私法判决中首先采用的。

诚信原则的基本要求可以归纳为如下几点：（1）民事主体应该信守诺言，自觉承受自己诺言的约束，使受自己诺言影响的人的权利不受到侵害。不论是人身关系行为还是财产行为，民事主体都要考虑到自己的诺言对他人的影响。（2）在民事主体之间建立民法上的权利义务关系之后，任何人在行使权利或者履行义务时，应该以诚实的态度，主动考虑对方的正当利益。（3）即使民法上的权利与义务关系尚未建立，民事主体对于相对人所为的行为，也要讲究诚实信用，违背者要承担责任。比如，合同没有成立生效，但是一方在订立合同中有过错而导致对方受到损害的，也应该承担"缔约过错责任"。

5. 公序良俗原则

所谓公序良俗，是善良风俗和公共秩序的简称。公序良俗原则，指的是民事活动必须符合公序良俗原则的要求。公序良俗原则是世界各国民法均采纳的原则，我国民法通则虽然没有在文字上直接规定这一原则，但是学理对于民法通则第58条的解释，一般认为它就是该原则的反映。

由于道德和伦理的概念在学理和司法实践中比较难以确定，所以公序良俗原则的含义解释，学理上差别比较大。① 但是对于这一原则的重要性，各国立法均予以承认，均规定违背公序良俗原则的行为无效，由此可见立法者对这一原则的重视。一般而言，公序良俗原则的含义包括如下方面：（1）公序良俗原则是将社会主流的道德标准引入民法，成为民法的强制性规范。所谓主流的道德标准，就是为社会普遍承认、符合社会基本价值的道德。在我国，它应该就是符合民主与法治的精神，符合保护人权的精神，符合保护弱者的精神，符合精神文明的标准的道德。（2）公序良俗原则，主要是针对法律行为发生后果确定的原则。它发生作用的领域，例如婚姻行为、合同行为、财产处分行为等。尤其是婚姻等人身关系行为，更是渗透了这一原则的要求。但是财产领域里该原则发挥的作用也很大，比如订立遗嘱处分财产、订立劳动合同等，也会强烈的反映这一原则的要求。（3）违背公序良俗原则的行为，基本效力是无效。这一规定在法律的效果十分强硬，它反映了民法对其基本道德价值予以维护的精神。

通过公序良俗原则，不但在民法立法中、而且在民法司法也可以有效

---

① 对这一问题有兴趣者，请参阅〔德〕康拉德·茨威格特、海因·克茨著《违背法律和善良风俗的法律行为后果比较》，孙宪忠译，《环球法律评论》2003年冬季号。

地纳入社会的道德观念。根据这一原则法官可以依据具体的个案，行使自由裁量权，以决定当事人的权利义务的效果。这一点反映了民法对于社会的积极态度。所以依据这一原则判决案件时，常常会引起很大的社会反响。

6. 禁止权利滥用原则

禁止权利滥用，是指民事主体在从事民事活动时必须正确行使民事权利，不能损害国家利益、社会利益和第三人的利益的原则。民法通则、合同法等法律的条文中，都反映了这一原则的意义。

禁止权利滥用原则的基本要求是：（1）权利人应该以正确的方式和手段行使权利。（2）行使权利不得超过正当的界限。（3）对已经放弃的权利不得重新提出主张等。

第三节　民法的效力与适用

一　民法的效力

（一）规范效力的含义

民法效力一词的含义可以界定为民法的实然效力和民法的应然效力两个领域。所谓民法的实然效力指民法在社会生活中实际所发挥的作用，即民法实际上被遵守、执行的情况，以及它的行为规范和裁判规范对社会发挥的影响。这一点实际上是法社会学研究的问题，在此不多述及。民法学著作中所说的民法效力，指民法作为一种法律规范对具体案件发挥管辖的规范性效力，它是一种应然性效力。

所以，一般认为民法的效力，就是民法支配的范围，[①] 即指民法在何种时间范围、空间范围内对何种人有效。

（二）民法的时间效力

民法的时间效力，即民法可以发挥作用的时间范围。民法在效力问题上首先会受到时间范围的限制。民法的时间效力，又称民法生效期间。所以民法的时间效力要说明的问题，就是一个民法规范生效的起始时间、终止时间这些问题。我们说到有效的民法，首先就是指民法在时间上处于从生效到失效的时间里，在此时段里，民法持续地可以被应用到具体案件的裁判中。

民法的效力要探讨的问题，有民法自何时起生效，何时起失效（终

---

① 史尚宽著：《民法总论》，中国政法大学出版社 2000 年版，第 14 页。

止）这些问题。对此，各国或地区的民法并无固定规则。比如民法的生效，有的自颁布之日起生效，有的由新法来规定具体生效时间，有的在颁布后达到一定期限而开始生效。民法的失效的立法规则也是一样的。不过，法律的生效还是失效，都只能由有权立法的机构确定。

在民法生效问题上应当重点探讨的，是民法是否具有溯及力的问题。所谓溯及力，是指新的法律颁布后，对其生效前的行为是否适用的问题。如果适用，则其具有溯及力；如果不适用，则不具有溯及力。民法作为一种裁判规范，其原则是不能溯及既往。因为当事人总是、也只能基于行为时的规则，实现对自己行为后果的判断，由此实现法律可预测的目标，所以民法如果可以溯及既往时，则法官可以依据新颁布的法律进行裁判，这就超出了当事人的合理预见，有可能造成不公正的法律后果。所以民法法律不具有溯及力是一条基本原则。我国台湾地区"民法总则施行法"第一条即规定："民事在民法总则施行前发生者，除本施行法有特别规定外，不适用民法总则之规定。"其余各编施行法第一条也都做了同样的规定。但必须注意的是，法律不溯及既往的原则实际上是司法原则而不是立法原则，它主要要求法官不应以今天的法律裁判过往行为。但是在立法过程中，立法者却有权基于各种利益的权衡，以立法的方式赋予特定的法律条款以溯及力。

法律效力的终止，即法律通过明令被废止或被默示废止的形式终止其效力。我国法律终止效力的形式有：其一，新的法律公布后，原有的法律即丧失效力。其二，新法律取代原有法律，并且同时宣布旧法作废。其三，法律本身规定的有效期届满。其四，由有关机关颁发专门文件宣布废止某个法律。其五，法律已完成其历史任务而自行失效。① 在此应特别提到新法改废旧法原则，关于同一事项，倘若有新法公布，即使没有废止旧法的明文，旧法也当然自新法生效之时起废止；或关于同一事项，新法规定与原有法律某项规定不同，原有法律虽然继续有效，但此项旧的规定也应当失效，转而依从新法相应规定。此即新法改废旧法原则，但应注意，此原则仅对于同一位阶法律适用，对于不同位阶的法律，例如一个为普通法，另一个为特别法，即使公布有先后，也不能适用该原则。

（三）民法的空间效力

民法的空间效力，也叫做地域效力，即民法能够发挥作用的地域范围。民法作为实在法，即由一定立法机关制定出来的法律，它的效力受到

---

① 张文显主编：《法理学》，法律出版社1997年版，第94页。

地域范围的限制。《中华人民共和国民法通则》第 8 条第一款规定："在中华人民共和国领域内的民事活动，适用中华人民共和国法律，法律另有规定的除外。"这是各国主权对内的绝对性和对外的排他性所导致的。当然，就地方性民事法规而言，也有空间效力的限制，比如湖北省地方民事法规就不能在湖南省境内发生效力。这是由其颁布机关的权力位阶及权力支配范围所决定的。

（四）民法的对人效力

所谓民法对人的效力，指民法可以适用的人的范围。民法上的"人"包括自然人、法人和非法人团体，他们是民事权利的享有者和民事义务的承担者。一个国家的法律适用于哪些范围内的人，各国立法大致可分为两种情况：其一，以属人主义为原则，即该法律只运用于本国人，只要一个人拥有本国国籍，则不论其身处何地，本国法律对其都可行使管辖权，在这种原则下，该法律对不拥有本国国籍的人不具有管辖权。其二，以属地主义原则作为法律管辖的标准，即该法律对本国范围内的一切人均享有当然的管辖权，只要身处该国，即受该国法律管辖，而不论其是否具有该国国籍，该法律对于其境内的外国人、无国籍人一律适用。属人主义与属地主义都是国家的主权要求，然而这两种立法原则都有效力过宽或效力过窄的缺陷，所以，当今各国一般都以一项原则为基准，而以另一项原则加以调和，这其实也是国际交往的需要。

我国民法采取以属地主义为主的折中主义。原则上，我国民法适用于我国境内的本国自然人、外国自然人、无国籍人、本国法人、外国法人。但有以下例外：其一，对于不在本国境内的中国人，或者不在中国境内的外国人、无国籍人，根据国际私法规则应适用中国民法时，仍应适用我国民法。例如，根据依侵权行为地确定管辖和实体法的国际私法原则，我国民法就有可能适用于不居住在中国境内的中国人、外国人、无国籍人。其二，在中国境内的中国人或外国人、无国籍人，也可能同样因国际法和国际私法原则，适用国际条约、国际惯例或外国法，而排除中国民法的适用。例如，外国在中国的外交人员享有外交豁免权，不在中国民法适用范围内，除非其放弃管辖豁免而自愿接受中国民法管辖。

二　民法的适用

（一）民法作为裁判规范的适用

法律适用的意义，就是将法律条文应用于实践。民法的适用也是这种意思。民法的适用有广义、狭义之分。广义上的民法适用，既包括民事诉讼程序中或仲裁程序中执法者运用民法规范解决当事人间民事纠纷的实践，又包括自然人、法人在民事活动中自己运用民法规范来建立、变更、废止法律关系，以及解决矛盾和冲突。但是，自然人、法人自己运用法律，法学上的专门概念是"法律的遵守"。所以一般所说的法律适用，仅仅指狭义的概念，即专门机关运用法律裁判案件的情形，而不包括社会的人自己运用法律的情形。民法上所说的民法适用，也是指狭义上的适用。

民法的适用，就是指通过执行民法的活动，将民法规范具体运用于社会生活的实践。法律秩序包含一些规则，这些规则要求受其规制的人，应依其规定而为行为。这些规则既是针对"被管辖者"的，也是针对"管辖者"的。

民法适用，或者说裁判运用的一般方式，就是逻辑三段论规则。传统民法在对法条逻辑结构分析基础之上，将逻辑学上的三段论作为民法适用的基本规则。这个逻辑结构就是：法律假设一个案件事实（T）应赋予的法律效果是（R）（大前提），而现实中特定案件事实（S）则满足了T规定的条件（小前提），这样法律适用的结果就是对S应赋予法律效果R（结论）。

我们把这些逻辑语式称为"确定法效果的三段论法"。其中，一个完全的法条构成大前提，将某具体的案件事实视为一个"事例"，而将之归属法条构成要件之下的过程，则是小前提。结论则是指：对此案件事实应赋予该法条所规定的法效果。一般情况下，这种逻辑结构解决了法律适用的基本规则应该解决的问题。但是在一个事实（小前提）可能造成符合两个大前提的结果时，比如一个行为既构成违约责任又构成侵权责任的时候（比如啤酒瓶爆炸伤人，就同时构成违背买卖啤酒合同的责任即违约责任，和侵犯健康权的侵权责任）其法律结果的确定就要运用更多的法律知识。

（二）民法适用的一般规则

民法适用其实首先是一个寻找可以被运用的法律的过程，也就是"找法"的过程。[①] 上面讲到民法的渊源时，曾经指出现行民法具有多种渊源。这些民法渊源中包括的规则，可能对于一个具体的案件都有可以适用的效果。这种情况，就造成了重合规则的现象，那么在这些可以被用来调处案件的法律规则中，哪些是应该被优先选择适用的呢？依据民法的法理，民

---

① 梁慧星著：《民法总论》，法律出版社 1998 年版，第 277 页。

法适用必须遵守以下规则：

1. 特别法优先普通法原则

关于特别法与普通法的意义，上面已经谈到。在适用法律时，经常可以遇到一个行为规则在普通法和特别法中均有规定的情形。比如关于婚姻年龄的规则，婚姻法作为普通法中有规定，而一些少数民族地区的立法中也有规定，而这些规定是不一样的。这就涉及应该首先选择哪一个具体的法律规定的问题。对此，法律所确定的一般原则是特别法优先适用。这也就是说，在少数民族自治地区立法所指定的区域里、针对该法律指定的人群，应该首先适用民族自治立法。另外，关于有缺陷产品的法律责任问题，作为普通法的民法通则有规定，而专门针对这一问题的产品责任法也有规定，当然，产品责任法应该优先适用。

特别法优先于普通法适用是法律中的普遍原则。但是，在中国司法实践中如何处理关于特别法与普通法之间的关系，必须注意如下问题：（1）必须准确地定义什么是特别法，什么是普通法，不能认为单独制定的法律就是特别法。中国现在尚没有民法典，所以一些属于普通法的规范，比如合同法、婚姻法、继承法等，成为被单独制定的法律。对这些法律，不能认为他们是民法通则的特别法。将来随着民法的发展，还要制定一些民法附从法，他们也不是特别法。这一点在其他民法立法中也存在。（2）同位阶的法律，不具备特别法与普通法之间的关系。比如商事法中有许多同位阶的法律，它们之间的冲突不能仅仅采用这一规则处理。比如"全民所有制企业法"① 和公司法之间就存在这种现象，不能认为全民所有制企业中的公司为公司的一种特别类型，而强调该法的有效适用。

2. 强制性规范优先于任意性规范

强制性规范，指的是某种行为的后果已经法律明确规定的规范。相对应的任意性规范，指的是行为的后果可以由当事人自己选择的规范。强制性规范常常是依据保护社会公共利益或者一些法律的基本价值比如保护人权等精神制定的，所以，强制性规范必须具有优先于任意性规范的适用效力。民法的基本精神或者基本原则是意思自治，当事人享有最普通的依据自己的内心真意来确定行为后果的自由，但是即便如此，也不能认为民法全部的规范都是任意性规范。因为，（1）民事主体所为的行为，有一些并不仅仅只涉及当事人之间的利益关系，有些可能涉及公众利益，因此为保

---

① 该法制定于 1988 年计划经济时期，现在仍然有效。

护大众利益法律就制定了强制性规定。比如大型建设项目的合同，我国对于大型建设项目规定了许多强制性法律，比如订立这种合同的"招投标法"。因此在订立这种合同时，应该首先适用"招投标法"，而不是合同自由原则。（2）民事主体所为行为涉及法律基本价值的，必须遵守法律的强制性规定，当事人不可以违背。比如，当事人之间订立合同时，不得依据合同自由的原则，订立损害人格尊严、损害消费者利益、损害社会伦理道德、损害劳动者基本利益的条款。

3. "但书"条款以及规则，适用优先于一般规定

所谓"但书"，指法律明确规定的"例外规则"。这些例外规则，在法律文件中总是用"但是，则如何"，或者"然而，法律另有规定的除外"这些词语来表示，所以法学上将这些条款称之为"但书"。"但书"相对于一般规定而言具有优先适用的效力，这是法律普通的规则。民法的适用当然也遵守这一规则。民法法条中经常可以看到这些"但书"规则。比如民法通则第107条规定："因不可抗力不能履行合同或者造成他人损害的，不承担民事责任，法律另有规定的除外。"这里"另有规定的除外"，就是"但书"条款。对"但书"条款，法律均有明确规定，不得由法官或者当事人随意解释。

4. 具体规则优先于原则性规定适用

民法作为制定法，其特点是根据从具体抽象出一般的逻辑制定出许多"一般规则"，因此即使适用同一个法律时，因为可能存在多个条文都可以运用的问题，所以也存在适用优先原则性条款还是优先适用具体规则的问题。对此，民法的基本规则是具体规则优先于原则性条款适用。比如，民法基本原则部分规定了诚实信用原则，这一原则可以应用在许多行为上。但是如果法律对这些行为已经确定了具体的规则，则应该优先适用具体的规则。原则性条款，只能在民法适用中发挥漏洞弥补作用，而不能优先适用。因此在民法中不可能存在"帝王条款"满天飞的现象。

（三）民法适用与民法解释

民法的适用离不开民法的解释。所谓民法的解释，就是借助于一定的方法，确定民法法条的具体含义。根据上面的各项规则，找到可以适用的法律条文之后，就面临着如何确定其含义的问题，这就是法律解释的问题。

确定法条的含义其实就是对已经制定的法律的理解，而理解法律条文，是一个看似简单，实际上比较复杂的问题。因为法律解释并不仅仅是

一个宣读法律条文的过程，而是在一个法律的背景已经转变的条件下重新理解立法者本意的过程，所以它面临着有没有可能表达原来立法者的本意的问题，也面临着有没有必要表达原来立法者的本意的问题。所以，法律解释的过程有可能演化成为一个新的法律制定过程，而这一点关系到法治国家的基本原则问题。所以法律解释尤其是民法的解释，历来是民法学界争议的重点问题之一。①

　　纯粹从"确定立法含义"这一点来理解法律解释，也有一些思路需要理清。因为，法律解释的目标是要澄清法条的标准意义，但是对于什么是法条的标准意义，理解存在重大分歧。就这一问题，在历史上法学家形成主观论和客观论两种见解。主观论，又称意志论，以探寻历史上立法者的心理意愿为解释目标；客观论，以解析法律现存的意义为目标。多数学者认为，这两种学说都只包含了部分合理性。主观论正确地认识到法律是人定的，不同于自然规则，所以隐含了立法者的价值考量，所以，法官要遵守宪法上关于应受法律约束的原则（或者说立法权优先于司法权的原则），解释法律就应受立法者的当初意愿的约束，否则立法权优先的要求就会付之流水。但是，客观论也注意到，法律具有时间性，可以在进程中发展出自己的生命，而且立法者不能全部预见多样而不断变更的生活关系，所以，法律解释可以逾越立法者当初的预期，必须脱离立法者原初意愿之外提供答案。②

　　具体而言，法律的解释从方法和内容等角度，可以划分为文义解释、体系解释、法意解释、扩张解释、限缩解释、当然解释、目的解释、合宪性解释、比较法解释、社会学解释等类型。

　　文义解释，又称语义解释，指按照法律条文用语的文义及通常使用方式，阐释法律的意义内容。

　　体系解释，指以法律条文在法律体系上的地位，即依其编、章、节、条、款、项的前后关联位置，或有关法条的含义，阐明法律规范意旨的解释方法。

　　法意解释，又称立法解释，或沿革解释，或历史解释，是指探求立法者或准立法者在制定法律时所作的价值判断及其所欲实现的目的，推知立法者的意思的法律解释方法。

---

　　①　对此有兴趣者，请参见田晓安著《现象与解释——德国民法的法解释学分析》，方流芳主编《法大评论》（第1卷，第1辑），中国政法大学出版社2001年版。
　　②　龙卫球著：《民法总论》，中国法制出版社2002年版，第89—90页。

　　扩张解释，指在法律条文的文义过于狭窄，不足以表示立法真意的情况下，扩张法律条文的文义，以求正确阐释法律意义为内容的一种解释方法。

　　限缩解释，又称缩小解释，指在法律条文的文义过于宽泛，不符合立法真意的情况下，限缩法律条文的文义，以正确阐释法律意义内容的解释方法。

　　当然解释，指法律虽然没有明文规定，但依规范目的衡量，该事实比法律所规定的情形更有适用理由，因而径行适用该法律规定的法律解释方法。当然解释的法理依据，即所谓"举重以明轻，举轻以明重"。

　　目的解释，指以法律规范目的为根据，阐释法律疑义的一种解释方法。

　　合宪性解释，指依宪法及阶位较高的法律规范，解释阶位较低的法律规范的一种法律解释方法。

　　比较法解释，指引用外国立法例及判例学说作为一项解释依据，用以阐释本国法律规范意义内容的一种法律解释方法。

　　社会学解释，指将社会学方法运用于法律解释，着重于社会效果预测和目的衡量，在法律条文可能文义范围内阐释法律规范意义内容的一种法律解释方法。

本章小结

　　对民法结构的探讨，就是要分析民法规范之间相互联系的内在逻辑。我国民法结构的研究受到英美法系和大陆法系的影响。在历史上，我国民法沿袭了大陆法系尤其是德国民法的潘德克顿式形式逻辑体系，我国将来的民法典也应采用德国潘德克顿式民法体系。民法总则是潘德克顿体系的重要标志，它是有关民法规则中的一般原则和基础性规则，主要解决"人"、"物"与"法律行为"这些最基本的民法问题。

　　我国民法的渊源主要包括：民法通则，这是我国目前调整民事法律关系的基本法律；合同法、物权法、婚姻法、收养法、继承法等民事单行法；国务院制定的有关民事法规；最高人民法院对民事法律所作的司法解释；习惯法；判例；法理。

　　我国民法的基本原则主要包括：一体承认、平等保护，即法律对于各种民事主体的资格均予以承认、对各种主体所享有的权利均平等给予保护的原则；平等原则，即当事人在民事活动中的地位平等；自愿原则，即民事主体在民事活动中按照自己的真实意愿建立、变更和废止法律关系，而不受任何人强迫的原则；诚实信用原则，即民事主体在民事活动中应该恪守信用，不欺不诈的原则；公序良俗原则，即民事活动必须符合公序良俗原则的要求；禁止权利滥用原则，即民事主体在从事民事活动时必须正确行使民事权利，不能损害国家利益、社会利益和第三人的利益的原则。

民法的适用应遵循逻辑三段论规则。此外，还应遵守以下规则：特别法优先于普通法；强制性规范优先于任意性规范；"但书"条款以及规则优先于一般规定；具体规则优先于原则性。民法的适用离不开民法的解释，解释的方法主要包括文义解释、体系解释、法意解释、扩张解释、限缩解释、当然解释、目的解释、合宪性解释、比较法解释、社会学解释等。

思　考　题

一、名词解释
　　（1）民法的结构　　　　（2）民法的渊源
　　（3）民法的原则　　　　（4）民法的效力
　　（5）民法的适用　　　　（6）民法的解释
二、简答题
　　1. 简述民法总则的主要内容。
　　2. 简述我国民法的主要渊源。
　　3. 简述民法基本原则的主要功能。
　　4. 简述民法的效力。
　　5. 简述民法解释的方法。
三、论述题
　　1. 试论民法的结构。
　　2. 试论民法的适用。

阅读参考文献

［意］朱佩塞·格罗索著：《罗马法史》，黄风译，中国政法大学出版社1994年版。

［德］迪特尔·梅迪库斯著：《德国民法总论》，邵建东译，法律出版社2001年版。

〔德〕康拉德·茨威格特、海因·克茨著:《违背法律和善良风俗的法律行为后果比较》,孙宪忠译,载《环球法律评论》2003 年冬季号。

史尚宽著:《民法总论》,中国政法大学出版社 2000 年版。

王泽鉴著:《民法总则》,中国政法大学出版社 2001 年版。

梁慧星著:《民法总论》,法律出版社 2004 年版。

龙卫球著:《民法总论》,中国法制出版社 2002 年版。

徐国栋主编:《中国民法典起草思路论战》,中国政法大学出版社 2001 年版。

董安生著:《民事法律行为》,中国人民大学出版社 2002 年版。

第三章　民事法律关系与民事权利体系

内容提要

民事法律关系是民法在调整社会关系的过程中所形成的一种法律关系，是平等的民事主体之间财产关系和人身关系在法律上的表现形式，是由民法规范确认、调整和保障的具有民事权利义务内容的社会关系。民事法律关系的要素包括主体、内容和客体。民法是权利之法，建构合理的民事权利体系是民法学的基础，通说认为权利的本质为法律上之力。民事权利的变动包括取得、变更和丧失，前者是指权利归属于主体，中者即民事形态及内容的变化，后者指民事权利自其主体脱离或权利离去主体。民事权利变动与法律事实紧密相关。民事权利的行使是指权利人实现其民事权利内容的正当行为，法律禁止权利滥用。民事权利的保护首先确认权利，然后在权利受到侵害时，对权利予以救济。

第一节　民事法律关系的意义

一　民事法律关系的界定

卢梭幻想了上古社会的一个"黄金时代"，人类互敬、互爱、自由、平等。但是，私有财产破坏了这一切。他说，当第一个人率先筑起篱笆围了一块地，并说："这是我的！"其他人竟然也相信时，人性就开始生病、堕落了。在其《论社会契约论》的开篇，卢梭的箴言"人是生而自由的，但却无往不在枷锁中"① 不径而走。从法律的角度看，在第一个人主张土地所有权的时候，他就与其他人发生了社会关系，这种社会关系就是民事法律关系。不论是自然人还是法人或其他组织，在其生存或者存续期间，都不可避免地要与其他民事主体发生内容不同、性质各异的法律关系。其

---

① 卢梭著：《社会契约论》，何兆武译，商务印书馆 1996 年版，第 8 页。

中，民事法律关系是最常见的法律关系。自然人从出生至死亡，法人自登记成立到宣布解散，无时无刻不处在各种民事法律关系之中。

民法学研究的对象是各种民事法律关系。民事法律关系理论不仅是理解民法学整个理论体系的主线，有助于更好地把握各种制度以及民法的本质；同时，对于完善民事立法、准确理解民事法律规范以及正确适用民事法律规范，指导民事司法实践同样具有重大意义。

法律关系，是指人类社会生活中，受法律所支配的关系。法律关系与其他社会关系的区别在于，它是由法律的规定而在当事人之间发生的权利义务关系。民事法律关系就是民法在调整人们之间社会关系的过程中所形成的一种法律关系，是平等的民事主体之间财产关系和人身关系在法律上的表现形式，是由民法规范确认、调整和保障的具有民事权利义务内容的社会关系。

与其他社会关系和法律关系相比，民事法律关系具有如下特征：

（1）民事法律关系是平等主体之间以民事权利和民事义务为内容的法律关系。民法调整的对象是平等主体之间的财产关系和人身关系，民事法律规范正是通过调整这些社会关系，赋予当事人以民事权利和民事义务，使这些法律关系成为以民事权利和民事义务为内容的法律关系。这是民事法律关系作为一种社会关系，与宗教、同乡、师生、同事、朋友等不以权利义务为内容的其他社会关系的截然不同之处。

在民事法律关系中，无论主体是自然人、法人还是国家，他们都是具有自己独立意志、地位平等的民事主体。民事法律关系的主体的地位平等和意志平等的这一特征，决定了其本质上属于私法关系。这是民事法律关系作为一种法律关系，与税收、财政、行政、诉讼等受法律支配而处于非平等地位的主体之间产生的公法关系的显著区别。

（2）民事法律关系大多是具有任意性的法律关系。民事法律关系的主体地位平等，意思自由，而且民法规范大多数也是授权性的任意规范，在民事关系的发生、变更和消灭中，当事人都可以在法律规定的范围内自由选择、自由决定，相互间可以自由协商。这是民事法律关系作为一种法律关系，与行政法律规范、刑事法律规范、诉讼法律规范等命令性、禁止性法律规范等调整处于非平等地位主体而产生的具有强制性法律关系的重要区别。

（3）民事法律关系主要是一种财产关系。民法主要调整平等主体之间的财产关系。因此，大多数民事法律关系都具有直接物质利益的民事权利和民事义务内容，它是平等主体在商品生产和商品交换中形成的社会关系的一种法律形式，通常具有等价有偿的特性。即便在非财产关系中，虽然不直接具有财产内容，但也主要是通过财产赔偿给予法律上的保护或救济。民事法律关系的这种特征与商品经济、市场经济社会中人们主要从事财产交易和流转活动有关，是民事法律关系内部财产关系与人身关系合乎比例的数量反映。

二　民事法律关系的要素

与其他法律关系一样，民事法律关系的要素包括主体、内容和客体。

（一）民事法律关系的主体

又称民事权利义务的主体，或简称民事权利主体、民事主体，是民事法律关系构成中所谓"静"的要素之一。

民事主体是民事法律关系的重要构成因素，任何民事法律关系的发生、变更和消灭，都必须以人的活动为前提。民事主体通常有两种意义，一是指特定权利的归属者，这是其具体意义；二是指享有民事权利，承担民事义务的法律资格，这是其抽象意义。民事主体通常是指后者。具体意义上的民事主体在民法上被称为"人"，即经法律认可、参加民事关系，享受民事权利并承担民事义务的社会存在。

社会存在只有同时具备以下两个条件才能成为民事权利主体：第一，必须是自然人或组织。其原因在于，民事主体必须通过自己的自由意思获取权利，负担义务，这种意思只有自然人才能够形成和表达；法人组织的意思也是通过具体的自然人形成和表达的。第二，必须经法律认可。民事主体是一个法律概念，同时也是一个历史范畴，在一定的历史时期，哪些自然人和法人能够成为民事主体，取决于法律的规定。因此，自然人和法人虽有适于享有民事权利的社会存在，如法律不予认可，仍不能为民事权利主体。近现代民法均承认自然人、法人为两种基本和主要的民事主体。

（二）民事法律关系的内容

即民事权利和民事义务，是民事法律关系构成中所谓"动"的要素之一。

民事权利是指法律赋予民事权利主体所享有的，为实现某种利益而为一定行为或不为一定行为的权利或可能性；民事义务是指民事义务主体为满足民事权利人的利益而负担的为一定的行为或不为一定的行为的义务或必要性。

一般认为，民事责任也是民事法律关系的内容，但是，因为民事责任事实上是保障民事权利义务关系顺利实现的法律强制手段，只在一方不履行民事义务的时候才发动，而且它还是由国家公权力保障的，所以不应归入民事法律关系的范畴。

（三）民事法律关系的客体

即民事法律关系内容的载体，与民事法律关系的主体相对应，是民事权利主体所享有的民事权利和民事义务主体所负担的民事义务所共同指向的对象，是民事权利义务的客观表现形式。

在民事法律关系中，如果不存在客体，民事主体享有的民事权利和承担的民事义务就无所依托，民事权利和民事义务就毫无意义，民事法律关系也就不会存在。因此，民事法律关系的客体是民事法律关系不可缺少的构成要素。

三　民事法律关系的意义

民事法律关系是民法学的重要概念，民事法律关系理论是民法学的重要理论。民事立法卷帙浩繁，民法理论博大精深、源远流长。但是，民法中各种制度均围绕民事法律关系而设计，民法理论研究作为民事法律关系发生根据的各种法律规范，研究发生民事法律关系的各种原因，研究民事法律关系的发生、变更与消灭，均追逐民事法律关系而展开和延伸。"法书万卷，法典千条，头绪纷繁，莫可究诘，然一言以蔽之，其所研究或所规定者，不外法律关系而已。""盖法律规定，无论其范围之大小，总不外乎法律关系。"[1] "民事法律千万条，民法学著作千万卷，归根到底都是研究民事法律关系的。"[2] 在很大程度上，民法学即民事法律关系学。民事法律关系理论既是民法学理论的基础，也是民法学理论的总纲。纲举则目张，研究民事法律关系对于研究民事立法及各种具体民事法律关系具有十分重要的意义，民事法律关系理论的深入研究又有助于进一步完善民事立法，两者交互为用，相辅相成。

长期以来，我国民法理论研究偏好民事法律关系的理论价值，而对确认民事法律关系对于司法审判实践的正确指导意义重视不够。民事法律关系理论是我们在丰富多彩且错综复杂的民事法律关系中分辨特定民事法律

---

[1]　梁慧星著：《民法总论》，法律出版社2004年版，第54、56页。

[2]　魏振瀛主编：《民法》，北京大学出版社、高等教育出版社2000年版，第32页。

关系的指南。

第二节　民事权利的体系

一般认为，人类法律发达史经过了义务本位、权利本位和社会本位三个时期。① 但是，这一分类只是相对的，民法的发展也不是单线条的进化过程，而是权利义务相互纠结、此消彼长的历史。随着资产阶级革命的胜利，自由主义政制的建立，市场经济的发展，民法逐渐成为确认和保护个人权利的权利法。近代民法中民事权利主要是指财产权利，现代民法则同时兼顾人格权和财产权。民法典的形式构造及民法制度建构均围绕民事权利而展开，因而，民法科学也可称为权利之学，因此，建构合理的民事权利理论体系是民法学的基础之一，它既可以整理旧的民事权利，也可以发展新的民事权利。对于初学者而言，"认定法律关系上的各种权利及其所构成之权利体系，乃学习民法入门的阶梯"。②

一　民事权利的本质

民事权利实际上是一个很简单的概念，我们每一个人都明白。但越是简单的概念，用理论来界定越是非常困难。一般认为，权利是受到法律强制力保护的利益。对于权利，在大陆民法中有各种理论，比如意思说（Willenstheorie）、利益说（Interesenstheorie）、法力说等。大陆民法中有很多这种学说和理论，这是大陆法系的一个特点。这些理论和争议是学者为了更合理的解释法律现象而做出的努力。但是，也不能认为，对权利性质的界定完全没有实践意义。在大陆法系中，权利与利益的区分是很大的。某种利益如果没有上升为法律上的权利，常常不能受到民法的保护。

民法学者在民事权利本质问题上也一直存在三种学说。

1. 意思说。认为权利的本质为意思自由，即权利是个人意思自由活动或自由支配的范围，意思是权利的基础，无意思，则无权利。

2. 利益说。认为权利的本质是法律所保护的利益，凡依法律归属于个人的利益，无论精神的或物质的，即为权利。

3. 法力说。认为权利的本质为法律上之力。依据这种观点，权利总是

---

① 参见史尚宽著《民法总论》，中国政法大学出版社 2000 年版，第 21 页。
② 参见王泽鉴著《民法概要》，中国政法大学出版社 2003 年版，第 37 页。

由"特定利益"和"法律上之力"两个因素构成。所谓"法律上之力"，是法律所赋予的一种力量，凭借这种力量，权利人既可以支配标的物，也可以支配其他人。这种所谓法律上之力，必须与"特定的利益"要素相结合，才能构成权利，特定利益指生活利益，包括财产利益和非财产利益。

目前，法力说为民法学界关于民事权利本质的通说。[①]

二 民事权利的分类

（一）财产权和非财产权

这是基于民事权利内容（即受法律保护的利益）标准的分类，或者说是依据权利标的所做的分类。

根据其内容或标的，可以将众多民事权利区分为财产权和非财产权。[②] 最初对民事权利只区分为财产权和非财产权（或人身非财产权）。在人格权还未受到重视，特别是一般人格权还未确立时，非财产权也只限于亲权、夫权、继承权等。后来才将人格权列入非财产权或人身权。[③]

财产权，指可以与权利人的人格、身份相分离并具有经济价值的民事权利，这些权利是以货币形态出现的或者可以换算为一定的货币。如物权、债权、知识产权等。

非财产权，指与权利主体的人格、身份不可分离的全部民事权利，在传统民法中，非财产权与人身权的含义相同，又可再分为人格权与身份权。人格权指存在于权利人自己人格上的权利，亦即以权利人自己的人格利益为标的的权利，如生命权、身体权、健康权、自由权、姓名权、名誉权、肖像权、隐私权等。身份权是基于一定身份关系上的权利，即亲属权，如夫权、亲权、家长权等。因此，在民法中，非财产权又可以分为人格权和亲属权。

值得注意的是，财产权与非财产权的划分并不是绝对的。通常属于财产权的某些权利，并不一定有财产价值，如私人信函、亲人遗物、情人的头发，虽然没有财产价值，但是也可以作为所有权的标的；而通常属于非财产权的某些权利，如法人名称权、公民肖像权等，也未必不具有财产价

---

① 关于学界对于民事权利本质三种学说之评价，详见梁慧星前揭书，第61—63页。

② 民事权利的内容极为复杂，而且随着社会的发展而不断增多，因而依这一标准对民事权利所做的分类，很难把一切民事权利网罗无遗。但是这种分类目前依然是最好的。参见谢怀栻著《论民事权利体系》，《法学研究》1996年第2期。

③ 参见前揭谢怀栻文。

值。因此，民法理论上对于权利的分类，往往先确定非财产权，非财产权以外的权利，均属于财产权。

同时，非财产权与财产权相互间可以转化。因为在现代民法中，人与人之间的关系是平等的，任何一方对他方都没有处罚权，而且随着货币的出现，人与人的关系逐渐客观化，非财产权的价值虽然无法衡量，但是在损害赔偿时，也往往被法律转化为财产权，尽管两者无法等价。

区别财产权与非财产权的重要实益在于非财产权一般不能转让，也不能继承。而财产权则既可以自由转让，也可以继承。

此外，还有一些权利既包含着财产权的内容，也包含了非财产权的内容。如股东权，既包括了财产因素（自益权），也包含了非财产因素（如共益权）；著作权，既包括复制等财产内容，又包含了发表权、署名权、保持作品完整权等精神性或人身性内容；继承权，既是财产概括移转的一种方式，但必须基于与被继承人一定的身份关系才能享有。

（二）对人权与对世权

这是基于民事权利效力所及范围标准的分类。

对人权，也称相对权，指权利人只能向特定人主张的民事权利。对人权的义务人是特定的，权利人只能对特定的义务人请求履行义务。债权是典型的对人权。对人权的行使一般需要相对人的协助，相对人的义务既可以是作为义务，也可以是不作为义务。

对世权，也称绝对权，指权利人能向任何第三人主张的民事权利。对世权的义务人是除权利人以外的所有人，权利人可以对任何第三人主张权利。物权、知识产权和人身权是典型的对世权。对世权的行使一般不需要相对人的积极行为，相对人所负的是不作为义务。但随着侵害债权等制度的建立和发展，对人权和对世权的区别也变得不再绝对。

（三）支配权、请求权、形成权、抗辩权

这是基于民事权利的功用标准的分类。

1. 支配权

是指权利人可以现实和直接地支配标的物，而具有排他性的民事权利。其积极方面的作用表现为直接支配标的物，而不必借助他人的行为；其消极方面的作用表现为禁止他人妨碍其支配，而具有排他性。物权、准物权、知识产权、人格权及身份权为支配权。支配权的特征主要表现为以下几方面：第一，当事人利益实现的直接性。支配权的当事人行使自己的权利时，无须经过相对人的同意，直接就可以根据其意志行使其权利。第二，权利的排他性。一个客体上如果成立了一个支配权，该权利一般都具有排他性，但是也有一些支配权不具有排他性，如通行权，如数人在同一块地上均享有通行权。第三，权利的优先性。在同一客体上，如果同时存在支配权和其他性质的权利，支配权的效力一般优于其他权利。典型的如物权优于债权。第四，支配权对应的义务的消极性。支配权权利的内容是积极的作为，因此，作为相对方的义务人具有不特定性，而且，其义务是消极的不作为。

由于支配权人享有完全、排他的对客体的支配权，为了维护交易秩序，支配权往往需要公示才能成立，典型的如物权需要通过占有或者登记来完成公示并表征其权利；亲属权也通过结婚证、户口簿等来公示。

2. 请求权

指权利人可以要求他人为特定行为（为一定行为或者不为一定行为，即作为与不作为）的民事权利。债权为典型的请求权，它集中、突出地体现了请求权的特点：第一，权利人和义务人都是特定的。权利人只能向特定的义务人请求履行。如债权人只对特定的债务人享有债权，只能向债务人请求履行，而不能向其他人请求履行。第二，权利人的权利的实现必须要义务人的协助。请求权的权利人不能对权利标的为直接支配，只能对义务人为请求。如债权人不能直接支配债务人的行为，也不能支配债务人本身，只能请求债务人为特定行为。债务人不履行义务时，权利人只能通过向法院提起诉讼，通过国家的强制力（法院强制执行）来实现。

然而，请求权并不仅限于债权。请求权是由基础性权利衍生而出的一种派生权利，必须先有基础性的权利，才可能产生请求权。依据产生请求权的基础性权利的不同，可将其分为债权请求权、物上请求权（如请求排除妨害请求权、返还原物请求权、因占有产生的请求权等）、人格权上的请求权（如因他人侵害其人身产生的损害赔偿请求权）和亲属权上的请求权（如父母子女之间的抚养请求权和夫妻之间的同居请求权）等。

支配权与请求权是民法中最为重要、也是最为复杂的关于民事权利体系的分类。它对于法官和律师分析案件时帮助很大。要判断一种权利是支配权还是请求权，可以采取两个简单的标准：一是权利人是否可以不经过他人就直接行使自己的权利。如果可以，就是支配权；如果不行，就是请求权。二是义务人是谁？权利人如果可以向所有人主张自己的权利的，就是支配权；如果只能向特定的人主张权利的，就是请求权。比如你画了一幅画，你享有了著作权，那么你可以向所有人主张你的知识产权；但是如果欧阳峰借了你的钱，你就不能向黄药师请求还钱，因此你的债权就是一种请求权。

3. 形成权

指权利人依自己的行为，使自己与他人间的法律关系发生变动的权利。形成权这一概念是由德国法学家塞克尔（Seckel）提出的，在民法学中享有很高的地位，被称为是"法学上的发现"。

一般而言，民事法律关系的形成与变动需要双方的合意，这是民法中私法自治原则的基本要求。但是在特殊情况下，法律赋予一方以自己的意思形成或变动民事法律关系的权利，这种权利即为形成权。形成权的主要功能在于权利人得依其单方的意思表示，使已成立的法律关系的效力发生、变更或消灭。如撤销权、解除权、追认权等。

依据对其他人的效力可将形成权分为两种：一种是不影响他人的形成权，如物权的抛弃、对无主物的先占等；另一种是影响他人的形成权，如单方撤销合同的权利、追认的无权处分行为的权利、选择之债中的选择权等。

4. 抗辩权

与请求权直接对应或对立，指权利人用以对抗他人请求权，阻止其效力的民事权利。抗辩权的作用在于防御，而不在于攻击，因此必待他人之请求，始得对其行使抗辩权。如同时履行抗辩权、不安抗辩权、先诉抗辩权等。

抗辩权的特征主要表现在以下几个方面：第一，抗辩权主要是针对请求权的。抗辩权不限于拒绝给付，它可以对抗一切请求权。第二，抗辩权的作用在于阻止请求权的效力，而不在于变更和消灭相对人的权利。抗辩权又分为永久的抗辩与延期的抗辩。时效届满后债务人的抗辩权，即为永久抗辩权，而同时履行抗辩权和不安抗辩权均系延期抗辩权，即债权人在债务人或其他人（如担保人）履行义务或提供担保后，即需履行其所承担的义务。

除上述对民事权利的普通分类而外，依据其他标准还可以对民事权利进行分类，如依据权利之间的相互关系，可分为主权利和从权利，如债权与担保其实现的抵押权；依据权利与其主体之间的相互关系，可分为专属权和非专属权，人格权与身份权为专属权，此外为非专属权，一般财产权多为非专属权；依据权利本身是否已经具备全部成立要件，可分为既得权和期待权，多数权利为具备现实性之权利，归属既得权，附条件的权利、

继承开始前法定继承人的继承权、保险合同收益人的权利等则属期待权
之列。

三 为权利而斗争

早在古希腊，赫拉克利特就提出了法律的"斗争哲学"："人民应当为
法律而战斗，就像为自己的城垣而战斗一样。"1872 年，德国法学家鲁道
夫·耶林在维也纳法学会上，发表了他的传世演讲《为权利而斗争》。

耶林在演讲中，提出了两个命题：公民为权利而斗争就是为法律而斗
争；为权利而斗争既是公民对自己的义务，也是对社会的义务。原因在
于，权利由于法律，才有生命，同时权利又将生命归还法律。法律的本质
在于实行，法律不适于实行或失去实行的效力，法律就没有资格称为法律
了；法律的权威取决于权利的行使，个人为权利而斗争，既使个人权利得
到了法律的保障，也使法律有了生气。法律与权利的关系犹如血液的循
环，出自心脏，归于心脏。因此，个人坚决主张自己应有的权利，是法律
能够生效的条件。法律的毁灭，责任不在于侵犯法律的人，而在于被害人
缺乏勇气。"勿为不法"固然可嘉，"勿宽容不法"尤为可贵。①

公民不仅要遵守法律，更重要的是，要捍卫法律的尊严。离开了公民
对法律的运用，法律将成为没有生命的废纸。耶林针对的是私权。因为公
法及刑法的实行，要看官署及官吏是否负起责任，而私法的实行则看私人
是否拥护自己的权利。实际上，公众对公法的关注和公民意识的提升同样
重要。只有公法真正得以贯彻，私法才可能有保障。如果公法一塌糊涂，
怎么可能指望法官在实施私法时奉公守法，清正廉明？公民在公法权利被
侵害时的隐忍，对官员的腐败应当承担多大的责任！

耶林提出的公民与法律的关系是最理想、最完美的。一方面，法律保
护个人的权利。法律的任务不在于防止个人滥用权利，而在于创造、组织
和实现公民的权利。法律的宗旨在于保护公民的权利而不是其他。因此，
公民为权利而斗争，就是为法律而斗争。在权利受到侵害时，公民不能放
弃自己的权利，因为权利被侵害就是法律的尊严被践踏。公民如果放弃自
己的权利，就是放弃法律，就是违背法律，使法律的生命荡然无存。因为
权利与法律是同义语，法律保护公民的切身利益，这样，公民就很容易把

---

① 耶林著：《为权利而斗争》，胡宝海译，载梁慧星主编《民商法论丛》第 2 卷，法律出版
社 1994 年版。

自己看成是法律的制定者，他们捍卫法律就是捍卫自己的权利。在捍卫权利、捍卫法律的过程中，公民与法律的感情增进了，在这个意义上，公民与法律的关系正如苏格拉底所说，是父母与子女的关系。

这种公民与法律的关系是积极的，它追求一种公民人文主义："法律兴亡，匹夫有责"，追求公民理想而成熟的人格，超乎流俗的风骨与气魄。它需要理性的勇气，更需要个人对自己的社会义务的担当。它要求人们都有在理性计算之外，还有对社会的责任感和使命感。唯其如此，我们才不至于成为罪恶的帮凶和无聊的看客，才不会对违背法律的恶行采取犬儒主义的消极退避态度。

近年来，中国涌现了一批法律斗士，如丘建东、杨剑昌等。他们积极争取自己的权利，从而也使法律得以实践。一些人对丘建东的小额官司颇有微词，认为这反映了社会整合能力的下降，道德调解能力的下降，而且浪费国家司法资源。这种泛道德化的批判是站不住脚的。实际上，从这类官司中受惠的不是当事人，而是社会公众。比如为 1 元钱打赢了官司，致使电信局改变了收费规则，当事人虽会陪上不少打官司的费用，但整个社会却从官司中受惠。为这种细小的权利而斗争，并非一般人愿意做的，因为它实在是不合算。相反，只有那些法律斗士才能走出理性计算的囚笼，投入到这种公益事业之中，虽然他的本意可能并不在于促进公益。我们要做的，不是指责这些法律斗士，而是要完善程序，提高我们保护权利的技术。可以想象，如果人人都为了自己的利益，不再主张自己的点滴权利，法律将在一次次的隐忍中失去所有的意义，我们承诺的法治蓝图就只是海市蜃楼而已。

第三节　民事权利的变动

民事法律关系的变动是指民事法律关系的发生、变更、消灭。民事权利的变动通常为民事法律关系变动的当然结果。其实，民事法律关系虽为民事权利变动的前提，但其与民事权利变动仍有所区别。

一般情况下，民事法律关系发生时，民事权利和民事义务即已发生，但在附停止条件或附开始期限的法律行为，因该法律行为已经发生民事法律关系，但民事权利却需等待条件成熟或期限届至才能发生。再如，债权债务关系的变更，若属于法律关系性质变更或标的变更，必将导致民事权利性质及内容的变更；但如果仅仅是履行期限、履行方式或所附条件、所附期限的变更，则并不致使民事权利的变动。

一　民事权利的取得、变更和丧失

（一）民事权利的发生或取得

民事权利的发生或取得，是指权利归属于主体。① 依据其发生是否依赖于既有权利，可将其区分为民事权利的绝对发生与民事权利的相对发生。

第一，民事权利绝对发生。指民事权利独立、不依附于其他既存权利而发生。为民事权利的取得方式之一。从权利主体的角度看，则为权利的原始取得，即不基于他人所有之权利而独立取得新权利。民事权利的绝对发生可能是权利人第一次取得权利，如因先占无主物而取得所有权、某人新建房屋而原始取得该不动产所有权；也可能权利人是从他人处取得权利，但法律会根据具体情况，强行规定该项权利与原权利不发生任何关系，由取得人享有原始权利，如依善意取得制度而取得动产所有权等。

第二，民事权利相对发生。指基于他人的既存权利而发生民事权利。从权利主体的角度看，则为权利的继受取得，或传来取得，即因他人的既有权利而取得权利，如因买卖而取得标的物所有权，因继承而取得财产所有权。继受取得既然未获得新权利，其取得的范围及其性质，当由原权利决定。但是近代以来，为了保障交易安全，法律对这项原则的适用做了严格的限制，如动产善意取得制度。

权利的继受取得，可分为设定或创设的继受取得与移转的继受取得。前者指权利人将自己的权利，抽出其中一种或数种职能，让与取得者，即前权利主体仍保有其权利，而基于该权利而为另一主体设定新权利。换言之，即在既存的权利之上为他人设定性质不同的新权利，如所有人在自己的所有物上为他人设定用益物权或担保物权。后者指权利人将权利全部让与取得人，权利主体变更而权利内容并不变更，如所有权的让与、债权的让与等。

权利的继受取得还可以分为个别或特定的继受取得和总括的继受取得。前者指继受人就各个权利分别为继受，如某人自出让人处取得特定房屋所有权；后者指依据法律规定，继受人总括继受权利与义务，如继承人

---

① 参见梅仲协著《民法要义》，中国政法大学出版社1998年版，第41页。

于继承开始后取得被继承人全部财产。

（二）民事权利的变更

民事权利的变更即民事形态及内容的变化。具体分为三种情形：

第一，民事权利主体的变更。即主体的变更，指民事权利不失其同一性而仅在不同主体之间发生移转的情形，从新权利主体的角度来看，为权利的继受取得。因此，民事权利主体的变更当为前述之民事权利发生方式的相对发生。

第二，民事权利内容的变更。依据变更的内容是否为单纯的数量或根本的性质，又可分为量的变更和质的变更。[①] 前者如所有权客体的增减、债权因债务人的部分清偿而减少等；后者如无息债权变为有息债权、债权因债务人不履行而变为损害赔偿请求权等。

第三，民事权利作用的变更。即民事效力的变更，如第二顺位抵押权人因第一顺位抵押权变为第一顺位抵押权人，不得对抗第三人的权利变为可对抗第三人的权利，请求权于一定期间内怠于行使而消灭，使债务人以法律规定取得消灭时效抗辩权而拒绝给付等。

（三）民事权利的丧失

也称为民事权利的消灭，指民事权利自其主体脱离或权利离去主体。[②] 依据法律事实产生的不同效果，可将其分为民事权利的绝对消灭和民事权利的相对消灭。前者指权利客体本身失去其存在，如标的物的物理性地灭失而致所有权消灭、债权由于债务人的全部清偿而消灭、权利人自主抛弃其权利而致权利消灭等；后者并非民事权利本身消灭，仅权利脱离原主体而归属于新主体，为权利主体的变更，如买受人自出卖人受让标的物，就出卖人而言，即为所有权的消灭，而就买受人而言，则为所有权的继受取得。质言之，权利的相对消灭即权利的继受取得，所谓权利的相对发生、权利主体的变更、权利的相对消灭，只是从不同角度考察的同义语。

二　民事权利变动的原因：法律事实

（一）法学中的"构成"理论与法律事实

在大陆法系尤其是德国的法学体系中，学术界研究的更多的并不是民

---

① 梁慧星著：《民法总论》，法律出版社 2004 年版，第 60 页。
② 王泽鉴著：《民法概要》，中国政法大学出版社 2003 年版，第 75 页。

事法律关系理论，而是作为民事法律关系变动根据的法律事实，即其所谓的"构成"（Tatbestand）理论。

"构成"理论最初源自德国刑法学理论对中世纪法学的改造，它是指法律规则要求的需要发生某种法律效果的事实的总和。在法律规范中，相当于其逻辑结构中设定事实情景的"假定部分"，它与规范法律关系效力的"法律后果"一起，构成一个完整的法律规范。在法学方法上，它是一种由理性抽象出来的"指导形象"，在发生逻辑上，所谓"构成"，先于各种具体的法律事实，是对各种法律事实抽象化和类型化的产物。这些事实构成的法律效力就是产生各种民事法律关系，发生不同的法律效力。"构成"针对的是法律事实，而法律事实通过法律规范这一中介直接产生民事法律关系。

因此，法律事实作为一种触媒，直接导致民事法律关系的发生、变更、消灭，从而一般和通常地引起民事权利的发生、变更和消灭。归根结底，法律事实首先是一种客观情况，但并非一切客观情况都能导致民事法律关系或民事权利的发生、变更和消灭。某种客观情况是否属于法律事实，取决于法律的规定。质言之，所谓民事法律事实是由法律所规定的，能够引起民事法律关系产生、变更和消灭的客观情况。

（二）民事法律事实的类型

民事法律事实可以抽象类型化为人的行为与人的行为以外的其他事实。

1. 人的行为

法律上所谓人的行为，不同于人们一般观念中的行为，它特指人的有意识的活动。人在熟睡或昏迷状态中的活动或受他人暴力胁迫而做出的活动均不属于法律上的行为，无行为能力的未成年人和精神病人，因其不具备意识能力，其动作也不能被称为法律上的行为。民法所规定的人的行为，当然是民事法律事实，而其他法律法规规定的人的行为有时也能引起民事法律关系或民事权利的发生、变更和消灭，同样也可称为民事法律事实。

根据其是否符合法律规定，民法所规定的人的行为可再分为合法行为、违法行为及其他行为。

（1）合法行为。符合民法规定或至少不违反民法规定，能够引起民事法律关系发生、变更、消灭的行为。依据其是否具有意思表示或某种心理状态，可进一步细分为合法的法律行为（我国称为民事法律行为，详见第六章）、准民事行为和事实行为。

民事法律行为是民事主体基于意思表示，旨在发生、变更或终止民事权利的民事义务的合法行为。

准民事行为是指非基于表意人的表意行为，而是基于法律规定发生法律效力的行为。可分为：第一，意思通知。如要约拒绝、履行催告、选择权行使催告等。第二，观念通知。如承诺迟到通知、发生不可抗力通知、瑕疵通知、债权让与通知、债务承认等。第三，感情表示。如被继承人对于继承人的宽恕等。

事实行为是指行为人主观上不一定具有发生、变更或消灭民事法律关系的意思，但客观上能够引起同样后果的行为，又称非表示行为。如无主物的先占、加工、遗失物的拾得、埋藏物和隐藏物的发现、添附以及交货、付款等。

（2）违法行为

是指不符合法律要求或违反法律规定，侵犯他人合法权益，应当承担民事责任的行为，主要包括违约行为、侵权行为等。

（3）其他行为

是指除上述行为之外的人的行为，如防卫过当、避险过当。

2．事实

事实，是指人的行为以外，能够引起民事法律关系发生、变更、消灭的一切客观情况。由于其非因人的行为所构成，所以又称为自然事实，自然事实分为状态和事件两种。

状态，即抽象的自然事实，如人的下落生死不明、精神失常、成年、时间的经过等。

事件，即具体的自然事实，指某种客观情况的发生，如人的出生、死亡、自然灾害的发生、战争的爆发以及无行为能力的未成年人、精神病人和完全行为能力人无意识或神志错乱中的所谓"行为"。

3．民事法律事实的构成

指需要两个以上的法律事实的结合才能引起民事法律关系的产生、变更或消灭的情形。如遗嘱继承法律关系，就需要立遗嘱的行为和遗嘱人死亡这两个法律事实才能够发生。

第四节 民事权利的行使和保护

一 民事权利的行使

（一）民事权利的行使方法

"所谓权利行使，指权利人实现其权利内容之正当行为。"① 民事权利的行使即民事权利人实现其民事权利内容的正当行为。

民事权利的行使包含两方面的内容：其一，民事权利的权利人为实现其权利内容而实施一定的行为，无须相对人的协助，这种行为必须体现权利人的真实意思，否则不发生法律效力。其二，权利内容的实现有赖于义务的履行，即义务人为满足权利人的利益需要所必须的行为，否则权利的行使就不能达到实际效果。民事权利的行使方式依权利的性质不同而有所不同。大体上可以分为两类，即通过事实行为方式的行使和通过法律行为方式的行使。前者指权利人通过实施事实行为（无意思表示的行为）行使其权利；后者指通过法律行为行使其权利。

民事权利行使的方法依据民事权利的性质不同而可具体分为：

第一，支配权的行使，通常是直接、现实地支配权利的客体。例如对所有物的支配，很少通过法律行为或准法律行为，一般也无须法院的裁判。但是也有另外，如抵押权的行使。

第二，请求权的行使，即对相对人请求给付的请求（催告），请求方式可以是书面的，也可以是口头的。履行请求为准法律行为。

第三，形成权的行使，该权利由权利人单方行为行使，这些行为是法律行为。如撤销权、选择权、解除权、抵消权等。也有准法律行为如催告权。形成权的行使也有必须通过法院裁决行使的，如婚生子女否认权、债权人的撤销权、终止收养权等。

第四，抗辩权的行使，其目的是对抗请求权，可以书面、口头等方式行使，其性质是意思通知。

（二）民事权利的行使人及行使能力

在一般情况下，民事权利以本人行使为原则和常态，同时以他人代理行使为补充。代理权的来源可以是本人的授权，也可以基于法律规定或法院命令。对于无行为能力人和限制行为能力人，法律专门规定为其设法定

---

① 梁慧星著：《民法总论》，法律出版社 2004 年版，第 256 页。

代理人，代理或辅助其行使权利。但是，对法律规定必须权利人自己行使的权利，如订立遗嘱、订立遗嘱抚养协议、收养等一些与人身有关的权利，不得通过他人代理行使。民事权利的行使为享有权利内容的利益的行为，以行使人具有意思能力为必要。但是是否以行为能力为必要，则依权利的具体内容而定。权利的内容依法律或法律行为行使方可实现的，以行使人具有行为能力为必要。如果权利的内容以事实行为即可实现的，则不以行使人具有行为能力为必要。

（三）民事权利行使的法律约束

民事权利的行使应依权利人的自由意思，原则上应不受外力干涉，即民事权利行使自由原则，这是私法自治原则适用于私权行使的当然逻辑，自罗马法至19世纪末，数千年间未曾受到丝毫怀疑和动摇。然而，自所有权负担义务入魏玛宪法标志法律中心观念由权利本位一变而为社会本位以来，所有权及其他民事权利之行使应受诚实信用原则、公序良俗原则和权利不得滥用原则的制约和修正，已成为现代民法的基本原则。

诚实信用原则、公序良俗原则和权利不得滥用原则是包括我国在内的现代民法基本原则，当然亦为民事权利行使的基本原则。

在上述对民事权利行使绝对自由原则进行修正和限制的三原则之中，最为重要的民事权利不得滥用原则，即要求权利人不得超过权利的社会目的和经济目的或社会允许的界限而行使权利。在立法上，德国民法典、瑞士民法等都禁止权利滥用。

构成权利滥用的要件是：其一，必须有权利的存在。无论何种民事权利都可以构成权利滥用。其二，需行为人有积极或消极的行为。权利滥用大多数是在行使权利时构成，因此多数是积极的作为。而对权利人无正当理由不行使自己的权利的，在具体情况下也可以构成权利滥用。例如发明专利者在一定的期间不行使其权利，即构成权利滥用，相对人可以请求实施强制许可。其三，行为具有违法性。对权利滥用行为违法性的判断标准有两个：一为权利人是否存在以损害他人为行使目的的故意心态，即主观构成要件。对行为人目的的判断则主要是行为人行使权利的手段。如果行为人完全可以采取其他对相对人和社会损害很小的手段行使，行为人却采取了一种损害很大的方式的，就可以证明其行使权利的主要目的是损害他人和社会的公共利益。另一为权利人行使权利的行为的后果中受益是否大于造成的损害。如果权利人行使权利的后果是自己受益很小，而造成的损害很大，则可以认定为是权利滥用。

二　民事权利的保护

民法为权利法，它首先确认权利，然后在权利受到侵害时，对权利予以救济，这是民法保护民事权利的两个层次，正如拉丁法谚所云：有权利便有救济。民事权利的保护，又称民事权利的救济，其目的在于使权利尽量回复到权利没有受到侵害以前的状态，以保护受到侵害的权利。

依据权利人寻求保护或救济方法的不同，可将其分为公力救济和私力救济。

（一）公力救济

又称国家保护，即当事人向司法机关提起诉讼，通过诉讼启动国家公权力，由公权力来强制性救济受到损害的民事权利，一旦公权力介入民事权利救济中，民事权利救济就不再是私法关系，而演变为公法关系。此外，某些时候，民事权利受到侵害时，也可以向行政机关投诉，如对著作权侵权案件可以向相应的国家知识产权行政管理部门投诉，由行政机关予以行政救济。但在公力救济中，司法救济是最终的、最权威的救济方式。

（二）私力救济

又称自我保护，指权利人自己采取各种合法手段保护其民事权利不受侵犯。承认权利人的私力救济是由民法作为权利法的本质决定的，是当事人民事权利的延伸。因为在现代文明国家中，对权利的保护基本上已经被国家机关垄断，可是国家机关对于民众民事权利的救济有时候显得不够及时和足够，这就需要私力救济。当事人的私力救济必然涉及他人的利益和公共利益，因此，法律对当事人的私力救济也做了严格的限制。权利人只能以法律许可的方式，在法律许可的范围内保护自己的权利，否则就构成权利滥用，丧失自己的权利或者使自己的权利受到限制，而且还可能构成侵权行为，甚至刑事犯罪行为。现代民法承认的私力救济手段包括自卫行为和自助行为两种。

第一，自卫行为。包括正当防卫和紧急避险或避难，针对不法侵害行为的自卫行为为正当防卫，针对紧急危险的自卫行为为紧急避险或避难。

1. 正当防卫

指公共利益、他人或本人的人身或者其他利益受到不法侵害，行为人所采取的一种防卫措施。正当防卫是受法律鼓励的合法行为，在性质上是公民行使法律赋予的自卫权利，以保护公共利益和其他合法利益不受侵害。在正当防卫中，本人或他人的人身和财产权是原权，这些权利受到侵害时就产生了正当防卫权。因此，正当防卫也是一种救济权。

在任何一种法律制度中，正当防卫都是免责事由，即正当防卫的行为人对其给加害人造成的损害不承担责任。正当防卫的构成要件有：其一，对象条件。正当防卫必须针对侵害防卫人本人利益、公共利益或他人利益的不法行为以及不法侵害行为的实施者进行。其二，手段条件。正当防卫是针对不法行为所采取的必要措施，以达到防卫目的，免于侵害为限。其三，目的要件。目的的正当性是实施正当防卫的免责理由和正当防卫权存在的基础，这就要求正当防卫人不仅必须认识到不法侵害的现实存在，还必须认识到其实施防卫行为是为了保护本人或他人的合法利益。其四，时间条件。防卫必须在正确的时间内实施成立构成正当防卫。正当防卫必须是对正在进行的、尚未结束的侵害进行防卫，即防卫必须有紧迫性。防卫人不得在不法行为发生之前进行"事前防卫"，也不能在不法行为结束后进行"事后防卫"。如果一个侵害行为正处于预备阶段，而且这种预备行为已经具有现实的危害性，也可以实施适当的正当防卫或紧急避险。不法侵害行为的结束指加害人已经完成了一个侵害行为并转入了一个相对稳定的、现实危险性大大减小或者基本消失的情况。如果不法行为属于连续性的，在一个阶段停止后，如果还有现实危险性的，行为人也可以实施正当防卫。其五，限度条件。正当防卫必须在必要的限度内进行。必要限度即必须限度。指为了制止不法侵害，正当防卫必须具有的足以有效制止侵害行为的应有强度。只要是制止侵害所必须的，就不能认为是超过了正当防卫的限度。防卫超过限度的，如果防卫人所防卫的是本人的合法民事利益，自然应当由行为人承担相应的损失，即根据行为人当时的处境、心理状态、行为的合理性等方面来决定其应当承担的责任。如果行为人要保护的利益是公共利益或他人利益，因为防卫过当的当事人本身有一定的过错，因此防卫人也应当承担一定的责任。但是基于防卫行为受益的主体也应当负担一部分责任，即适用民法中的公平责任原则解决各方的责任分配。

2. 紧急避险。指为了使本人或当事人的人身或财产或公共利益免遭正在发生的、实际存在的危险而不得已采取的一种加害于公共财产或他人人身或财产的行为。大一点的例子是分洪；小一点的例子，如张三的爱人突然得了急病，在不得已的情况下，撬了他人的自行车将其爱人送到医院。法谚云"紧急行为合法"。"紧急行为超越法律，嘲笑法锁。"这是指紧急避险可以阻却违法性，是合法行为。

　　紧急避险产生于两种法律保护的利益之间的冲突，要么丧失自己的财产或生命，要么牺牲他人的财产或生命。紧急避险必须符合下列条件才能构成：（1）必须有现实的危险。危险的来源可以是大自然的力量，如洪水、风暴等，动物的袭击，疾病、饥饿等特殊情况以及人的危害行为。（2）危险必须迫在眉睫、正在发生。（3）必须是不得已而损害他人的合法利益，而且是为了避险而损害他人的合法利益。（4）必须没有超过必要的限度，造成不应有的危害。如果造成了不应有的危害的，构成避险过当，应承担法律责任。在刑法上，应减轻或者免除其责任。在民法上，避险过当的，紧急避险人应承担适当的民事责任。如果险情是由第三人引起的，第三人应承担责任。如果险情是由避险行为人自己引起的，那么避险行为人就应承担一切损害的赔偿责任。这是法律精巧的设计：因为紧急避险对于社会是有益的，所以行为人无须承担刑事责任，而刑事责任是行为人对于国家的责任，所以法律没有必要制裁他；但是因为他损害了其他人的利益，其他人因为其避险受到了损失，这种损失当然应由其赔偿。这样当事人的利益就得到了很好的协调。

　　在紧急避险中，对利益大小的一般判断是：公权通常优于私权，正如法谚云："私人利益，次于公共利益"；生命权优于身体权和健康权、身体权和健康权优于财产权。这三个价值不是上下级的，而是同时适用的。不能因为保护国家财产利益而牺牲个人生命。

　　正因为紧急避险是牺牲一种法益保护另外一种法益，而在法律上法益本来都应该保护，所以在这一制度中会涉及重大的伦理道德问题。英国历史上曾有这样一个真实案例：

　　　　一次航行事故后，几个乘客挤在一艘小船上，饱受饥渴的折磨。如果再没有食物的话，船上所有的人都将死亡。在这种情况下，船上的人一致决定，由抽签决定谁应被杀死，其他人靠啖其肉饮其血维持生命。结果他们杀了一个人。到后来获救时，只有一个人活下来了。

　　在本案中，法院判决该人承担法律责任。这是合理的：即使我们认为他有权利这样做，但他的生命的维持是以牺牲他人的生命为代价的，应以其服刑为代价。

　　第二，自助行为。指权利人为保护自己的权利，在情势紧急，又无法及时求助于公权保护的情况下，对他人的财产或人身采取扣押、拘束或其他相应的措施，而为法律或社会公德认可的行为。自助行为所保护的权利主要是合同之债的请求权和侵权行为请求权，在实施自助行为以前，当事人之间就已经形成了特定的债的关系。自助行为设立的根本原因是国家能力的有限性，国家不可能在每一个侵犯他人权利的情况下都能够为受害人提供及时的救济。其构成要件是：其一，目的要件。即必须是为了保护自己的合法利益。自助行为是在本人的权利受到侵害，来不及请求公权力救助的情况下采取的措施。如果是行为人为了保护公共利益或者他人的合法利益而采取私力救济措施，不构成自助行为。不能在法院提起诉讼或者不能强制执行的请求权，不能实施自助行为，如赌债、提供劳务的请求权等。对于非法利益，也不能采取自助行为。其二，情势要件。必须是在情势紧迫，而且来不及请求有关国家机关的救济。情势紧迫的判断标准主要是，如果权利人不在当时采取必要的自助措施，其权利是否难以实现。其三，对象要件。自助行为实施的对象只能是债务人的财产或人身，不能对他人的财产或人身（如其亲属、同伴等）实施自助行为。其四，方法要件。自助行为的方法必须是合适的，为保障权利所必须的。自助行为多采取扣押债务人的财产或者有关权利证书、毁损债务人的财产等方法，一般情况下不能采取拘押债务人人身的方法，若因紧急情况不得已拘押的，也必须立即向国家机关申请援助，请求国家机关处理。其五，限度要件。对债务人实施自助行为不得超过必要限度。如果对财产实施扣押，以足以保护债权人利益为限度。因自助行为超过必要限度给债务人造成损害的，行为人应当承担侵权民事责任。

本章小结

民事法律关系是平等主体之间以民事权利和民事义务为内容的法律关系，大多是具有任意性的法律关系，主要是一种财产关系。民事法律关系理论是民法学理论的基础和总纲，对民事立法和司法有着重要意义。在民事法律关系的要素中，主体是静的要素，内容是动的要素，客体是民事权利义务的客观表现形式。根据不同的标准，民事权利有财产权和非财产权、对人权与对世权、支配权和请求权、形成权、抗辩权等划分。导致民事权利变动的原因即法律事实，可以抽象类型化为人的行为与人的行为以外的其他事实，其中最为重要的是法律行为。民事权利的行使有其边界，必须符合相关法律规定，不得滥用。法律对民事权利的保护，有公力救济和私力救济之分，前者是国家保护，由国家公权力来强制性救济受到损害的民事权利，后者是权利人自己采取各种合法手段保护其民事权利不受侵犯。

思 考 题

一、名词解释

　　（1）民事法律关系　　　　（2）民事权利

　　（3）对人权　　　　　　　（4）对世权

　　（5）支配权　　　　　　　（6）请求权

　　（7）形成权　　　　　　　（8）抗辩权

　　（9）法律行为　　　　　　（10）准法律行为

　　（11）事实行为

二、简答题

　　1. 简述社会关系、法律关系、民事法律关系之间的区别和联系。

　　2. 简述民事法律关系的构成要素。

　　3. 简述财产权与非财产权的关系。

　　4. 简述支配权的特点。

　　5. 简述请求权的特点。

　　6. 简述抗辩权的特点。

　　7. 简述事实行为与事件的区别。

三、论述题

　　1. 试论权利和利益的区分在民法中的重要意义。

　　2. 试论支配权与请求权的区分。

阅读参考文献

　　[法] 卢梭著：《社会契约论》，何兆武译，商务印书馆1996年版。

　　[德] 耶林著：《为权利而斗争》，胡宝海译，载梁慧星主编《民商法论丛》第2卷，法律出版社1994年版。

　　[德] 迪特尔·梅迪库斯著：《德国民法总论》，邵建东译，法律出版社2001年版。

　　[德] 卡尔·拉伦兹著：《德国民法通论》，王晓晔等译，法律出版社2003年版。

　　梅仲协著：《民法要义》，中国政法大学出版社1998年版。

王泽鉴著：《民法概要》，中国政法大学出版社 2003 年版。

魏振赢主编：《民法》，北京大学出版社、高等教育出版社 2000 年版。

史尚宽著：《民法总论》，中国政法大学出版社 2000 年版。

梁慧星著：《民法总论》，法律出版社 2004 年版。

谢怀栻著：《论民事权利体系》，《法学研究》1996 年第 2 期。

第四章　民事主体

内容提要

　　法律上的"人"指的是，能够在民事法律关系中享有权利、承担义务和责任的主体。自然人和法人是民法的典型主体。其中自然人是民法的当然主体，他作为主体的特征，体现了人作为自然存在的规则，当然也体现了人作为社会存在的规则。法人为民法上拟制的具有人格的团体，这种团体可以独立地享有权利、承担义务和责任。非法人团体是民法上的非典型主体，其法律主体资格类似于法人和自然人。

第一节　民事主体的确定

一　民事主体的发展简史与界定标准

　　民事主体在民法中又称为"人"。法律的中心是人，全部法律规范都是围绕人展开的。一切权利都是主体的权利，一切义务也都是主体的义务，一切法律关系也都发生在民事主体之间。因此，民事主体的确定是民事主体制度的重要内容。

　　主体是和客体对应的概念，没有客体就没有主体。法律上的主体是指人类，而客体则是指人以外的事物。在法律上，民事主体资格是法律人格（最初来源于拉丁文 persona）① 的一部分，法律人格既包括公法资格，也包括私法资格。

---

　　① "Persona"原指戏剧中的假面具。由于假面具可用以表示剧中的不同角色，persona 也就用来指权利义务主体的各种身份，如一个人可以具有家长、官吏、监护人等不同的身份。参见周枏著《罗马法原论》（上），商务印书馆 2002 年版，第 106 页。法律人格是 18 世纪末创造出来的概念。它最初来自于哲学和神学。其哲学来源是斯多噶学派的理性（人因理性而成为人，理性是跨越时空的）；在基督教神学中，它用于指称三位一体的圣父、圣子、圣灵中的任何一位。近代以来，这一词语用来指自由和自律的主体。［日］星野英一著：《私法中的人——以民法财产法为中心》，王闯译，载梁慧星主编《民商法论丛》第 8 卷，法律出版社 1997 年版，第 162 页以下。

（一）民事主体的发展简史

现代民法的主体经过了三个重要阶段才得以形成。第一个阶段是人与物的分离。在历史上，人类曾有过人与自然交融、法律不严格区分人与物的时期。如古代法有关"迪奥单"（deodand）的法律。迪奥单即造成人员死亡的无生命的物。人们通常处死动物，或者对无生命的物品进行报复，如砍伐致人损害的树木。[1] 后来人获得了君临万物之上的地位。从此，在法律上，主体与客体的关系就是主体宰制客体，客体屈从于主体。人与物的分离是主体意识得以成立的前提。第二阶段，人与人在法律主体地位上不再有区分。这表现为两个方面：一是人从家庭脱离出来。人类历史很长一段时期，人都处于家庭之中，法律关系都是以家长代表的家庭或其他共同体为单位展开的；即使在《法国民法典》制定的时期，人在法律上的主体性依然是在国家掌控下的家庭展开的。一是所有的人取得相同的法律地位，法律不再以主体资格作为甄别、区分人的手段。肉身的人和法律上的人格开始统一，人的存在就足以表明其独立的主体资格。这一点我们在本书的"自然人"部分再详细介绍。第三个阶段，自然人与法人的人格分离。自然人和法人并列为民事主体。这一分离标志着现代民事主体不仅在伦理上，而且在法技术上都达到了巅峰状态。

（二）民事主体的界定标准

一般认为，民事主体的本质条件包括两个方面：一是一定的社会经济条件的存在；二是国家法律的确认。[2] 有学者还认为，主体必须具备的四个条件：（1）名义独立，即以自己的名义与他人进行交往，从事各种民事活动。（2）意志独立，主体有权自由表达自己的意志。（3）财产独立，有自己独立的财产。（4）责任独立，民事主体必须独立对外承担民事责任，均以自己所支配的财产作为承担责任的基础。[3] 但这些标准都存在一定的问题，如只谈"一定的社会经济条件"就忽视了主体产生的其他社会背景；主体的四个标准似乎也难以概括主体的要件，如主体的人身权；也不能说明不具有独立财产和不能独立承担责任的未成年人何以是主体。

---

[1]　Holmes, The Common Law, Little, Brown and Co., Chap. 1, 1963. 今天海商法还借鉴了这一制度。在海事案件中，如果肇事船主在遥远的地方，受害人就很难获得赔偿。此时，人们借用迪奥单法，将船本身视为加害人。受害人可以在事故发生后该船停泊的第一个港口对这艘船提起诉讼。参见波斯纳著《法理学问题》，苏力译，中国政法大学出版社1994年版，第22页。

[2]　参见佟柔著《中国民法》，法律出版社1990年版，第63页。

[3]　参见江平主编《法人制度论》，中国政法大学出版社1994年版，第32页。

我们认为，界定法律主体最重要的标准有二：

（1）法律能力。包括权利能力和行为能力，尤其是权利能力。权利能力表述的是公民可以享有哪些民事权利，行为能力表述的是公民可以自己独立取得民事权利。"权利能力"是法律规定的最抽象的权利，只有享有这些权利能力，才可能是真正的主体，以具体的权利来说明主体的构成要素，难免挂一漏万。另外，如果法律不赋予主体以行为能力，很多权利能力也就无法实现。

（2）法律确认。法律上的主体与哲学上的主体有重大区别，也与日常生活中所说的"人"不完全相同，它完全是由法律确定的。不具有哲学上的主体性的组织，也可以因为法律的规定而成为主体。"为权利之主体，第一须有适于权利的社会存在，第二须有法律的承认。"[1] 在现代民法中，自然人当然具有权利能力，而组织体必须通过法律授权才能获得资格。但是，自然人也并不是因为其内在的伦理价值和主体性就当然成为法律主体，他的主体资格也必须法律确认。凯尔森就认为，"自然人"的概念也是法学上的构造，并且其本身完全不同于"man"的概念。所以，所谓"自然人"其实就是一种"法"人。[2] 虽然民法典未必明确规定主体资格的取得，但宪法一般会将自然人都享有法律人格（或法律面前人人平等）作为一项基本的立法价值予以明确。

二　民事权利能力

（一）民事权利能力的界定

"权利能力"是德语 Rechtsfaehigkeit 一词的通译。通常说为，民事权利能力是指参与民事法律关系的能力，具体而言，是指享有民事权利和承担民事义务的资格。我们认为，近现代民法中的"权利能力"有两层意义：（1）主体资格，即上述定义。这种定义强调的是它的规范意义，即自然人都享有平等的法律人格。这个层面体现的是法政策意义，即宣言意义。（2）民事权利的内容和范围。即它是民法规定的主体可以享有的权利的总和，这个层面体现的是法技术意义，即操作意义。这两个层面的意义是紧密相关的：因为正是权利能力确立了主体享有的权利的类型，它才成为决定民事主体最重要的标准，如果一个人无法享有民事权利，他就根本

---

① 史尚宽著：《民法总论》，中国政法大学出版社 2000 年版，第 86 页。

② 参见［奥］凯尔森著《法与国家的一般理论》，沈宗灵译，中国大百科全书出版社 1996 年版，第 109 页以下。

无法生存，与奴隶没有任何区别。

一般认为，是萨维尼在《当代罗马法的体系》中最早明确使用这一概念。萨维尼从法律关系的角度出发，认为权利能力是所有权利的条件，法律关系的核心也是权利能力。"对法律上的人而言，起决定性作用的只是对法律关系的建立发挥作用的那个特性：权利能力。"①

在立法上，近代意义上的"权利能力"第一次在法律上的使用，为泽勒（Franz von Zeiller）起草的《奥地利民法典》。②该法典还第一次承认了一般性的权利能力。③《法国民法典》没有提出权利能力的概念。但其第8条规定"所有法国人都享有民事权利"。这一规定相当于确认了所有人的民事权力能力平等，这里的"民事权利"是指法律规定的所有民事权利。《德国民法典》第1条规定：权利能力始于出生。这一规定以抽象概念的方式，确定了任何自然人都是民事主体，它直接把"权利能力"与自然人完全平等、独立和自由的观念联系在一起，为这些观念提供了法律技术支持。

（二）民事权利能力制度的适用原则

民事权利能力制度适用两个原则：

（1）平等原则。平等原则是民法的基本原则之一。它在民事主体制度中的直接体现，就是民事主体法律资格的平等，即所有民事主体的民事权利能力平等。通常所说的民事主体的平等是法律地位、法律资格的平等（即机会平等），其实就是民事权利能力的平等。民事主体之所以可以平等地参与民事法律关系，平等地享有民事权利、承担民事义务，就是因为他们的民事权利能力是完全平等的。可见，民事权利能力平等是平等原则的基础。

权利能力的平等体现了近代私法的重要进步（英国著名法律史家梅因将人类社会全部的进步归结为"从身份到契约"），是资产阶级革命的胜利成果之一。正因为如此，权利能力这一概念作为一个近代术语，它的出现隐含着深刻的政治和文化变革。它的出现与人格平等、人类解放等人类社会的根本价值联系在一起。当然，在这一概念出现之前，我们不能说社会生活中不存在权利能力，只是那时的权利能力是不平等的。

---

① 《萨维尼论法律关系》，田士永译，《法哲学与法社会学论丛》（7），中国政法大学出版社 2005 年版。

② 参见梁慧星著《民法总论》，法律出版社 2004 年版，第 64 页。

③ 参见梅夏英著《民事权利能力、人格与人格权》，《法律科学》1999 年第 1 期。

鉴于一些权利能力如结婚能力、劳动能力必须在主体达到一定的年龄才能为其享有，我国过去的民法理论一直将权利能力分为一般权利能力与特别权利能力。即将所有权、人身权等称为一般权利能力，而将结婚能力等称为特别权利能力。① 我们认为，这种分类不仅没有必要，反而会造成自然人民事权利能力不平等的误解。权利能力确立的是法律主体资格，一时不能享有结婚能力等，并不能影响主体资格，更不影响其在达到年龄时享有结婚能力。

（2）绝对法定原则。权利能力是主体的标志，与人须臾不可分离。其内容和范围也是法定的，无论在何种情况下，当事人都不能转让或放弃其民事权利能力，他人也无权限制或剥夺。这是因为民事权利能力与民事主体的人身不可分离，是自然人的固有的法律属性。民事权利能力不是自然人的自然属性，而是自然人的法律属性。

因为权利能力是国家出于伦理价值和人文关怀而赋予人的一种地位，它又与自然人的主体资格紧密联系，所以，法律不允许转让与抛弃权利能力。我国台湾地区民法典第16条就明确规定：权利能力不得抛弃。全部转让权利能力的协议当然无效。在伦理学上有一个著名的争议：自然人是否有权"卖身为奴"。它面对的是这样的矛盾：一方面，自然人享有意志自由权利；另一方面，法律基于保护人的自由又禁止人受到他人奴役这种状态。现代法律不赋予自然人这种绝对的自由，虽然放弃这种自由没有涉及其他人的利益。因为民法中的自由不仅仅体现为一种工具，自由本身也是一种价值，它是人用于发展自己的，而不是用于人"自由地"让他人奴役自己。部分转让权利能力的协议也无效，如甲以100万元的价格购买乙一生挣得的财产，这就相当于购买了乙一生的所有权这种权利能力，这种协议也是无效的。

但是，在特定情况下，法律可以对特定的人的权利能力予以限制，如规定某些人不能结婚；甚至也可以剥夺某些人的权利能力，如被判处无期徒刑的犯罪人，事实上就被剥夺了自由这种民事权利能力，因为他不再享有自由了；被终身剥夺出版权的人，也就不再享有出版权。

（三）民事权利能力与"客观的权利"

民事权利能力除了确定自然人的主体资格外，还界定了民事主体可以享有的权利的范围，换言之，它是民事主体可以享有的权利的总和。如果

---

① 参见罗玉珍主编《民事主体论》，中国政法大学出版社1992年版，第54页。

法律上没有规定某种权利，民事主体就不能享有该种权利。如自然人不能买卖毒品，这就意味着自然人没有这种权利能力。国家特许法人以外的法人不能从事电信业务，这也说明它们没有这种权利能力。

在法律上，民事权利能力是通过两种方式来表示的：（1）体现为民法（以及民事特别法）的各种授权性规范。如各种人身权、财产权等。这种有关民事权利的规范确定的就是民事主体权利能力的内容和范围。如《物权法》赋予的是我们取得各种物权的权利。（2）体现为公法。这些法律与民事权利能力有关的内容主要是限制民事权利能力，即对主体的行为予以管制。最典型的是刑法，刑法从消极角度规定公民不能享有哪些民事权利，如不能持有毒品等。民法通过法律行为的合法性要件、侵权行为的违法性要件，将公法上对权利能力的限制性规定纳入民法中。

民事权利能力的赋予方式相当复杂，我们大致可以分为两种：一是直接规定某种权利，如规定知识产权、所有权、隐私权等；二是规定一种框架性权利，将相关的权利纳入其中。如只要符合法律规定的地役权的权利，都属于地役权；一般人格权规范可以纳入诸多具体的新类型的人格权；我国现行民法通则长期将隐私权纳入名誉权中保护也是一个例子（最高法院有关精神损害赔偿的司法解释才明确将隐私权单列）。后一种方式与私法上的"法不禁止即自由"密切联系在一起。正是有了这种概括性的权利，权利能力在私法上有了相当程度的开放性。所以，我们对权利能力的理解，不能拘泥于法律的字面规定，不能认为只有法律明确规定主体可以做什么时，主体才有权利做。

民事权利能力的内容和范围也随着国家转型和社会变迁而不断处于变动中。这种例子不胜枚举。如在计划经济时代，自然人不能购买小轿车，即自然人不享有购买和拥有轿车的民事权利能力。现在，私人购车已成时尚。

在德语中，权利能力由 Recht 和 Faehigkeit 组合而成，其中 Recht 有法和权利两种含义，这两种含义互为表里，法是客观的权利，权利是主体的法；Faehigkeit 主要指能力，也可转指资格、地位。① 德国民法学界普遍认为，法律是"客观的权利"（objektives, Recht），权利是"主观的法律"（subjektives, Recht）。民法作为法律，是抽象的、客观的规定，同时，它

———————

① 参见郑永流著《人格、人格的权利化和人格权的制定法设置》，《法哲学与法社会学论丛》（8），北京大学出版社 2005 年版。

又是一部权利法，所以，民法被称为"客观的权利"；权利是具体的、个人的权利，个人获得现实的权利的依据是法律，所以民事权利被称为"主观的法律"。从这个意义上说，民事权利能力就是一种"客观的权利"，而民事权利则是当事人现实享有的具体的利益。这是民事权利能力与民事权利最大的区别。权利能力确定的是当事人可以享有的全部权利，即法律规定的抽象权利、客观权利，而不是民事主体现实享有的权利。这表明，权利能力制度提供的只是一个可供选择的法律框架，社会越发展，权利能力的种类就越多，个人可以享有的权利也就越多。每个人都可以享有数量没有限制的法定民事权利，从这个意义上说，现代权利能力制度是"解放人"的制度。①

三　民事行为能力

（一）民事行为能力的界定

民事权利能力是民事主体参与民事法律关系的一种资格。民事主体要现实地参与民事法律关系，必须具有一定的民事行为能力。民事行为能力就是民事主体独立参与民事法律关系的能力。它区分的是哪些人可以以自己的名义，通过自己的行为独立参加民事法律关系。所以，民事行为能力是以民事权利能力为前提的，没有民事权利能力就无所谓民事行为能力，民事行为能力是对民事权利能力的具体落实。

自然人的民事行为能力具有如下法律特征：（1）民事行为能力是由法律确认的，法律关于民事行为能力的规定是强制性规定，任何人都不能改变。（2）民事行为能力与自然人的年龄和智力状态直接相联系。（3）民事行为能力非依法定条件和程序不受限制或取消。

法律规定行为能力制度的原因在于，落实民事权利能力，授予理智成熟的成年人以全面的交易能力，并保障未成年人和精神病人这些法律想象的社会弱势群体的合法权益。

（二）民事行为能力的要素

一般认为，民事行为能力包括两个要素：一是意思能力，也称为判断能力或识别能力。这是行为能力的核心要素。它是指当事人的理解能力和识别能力，即民事主体能意识到自己行为的后果，能够辨认自己的

---

① 参见杨振山著《权利能力与人的解放》，《民商法前沿论坛》（第 1 辑），人民法院出版社2004 年版。

行为；在理解和判断行为的基础上，形成某种看法，做出某种决定，实现一定的目的。这种能力就是一种手段——目的理性。二是责任能力，即承担相应的民事责任的能力。意思能力是指自然人实施合法行为的能力，责任能力则是指自然人实施非法行为（如侵权行为和违约行为）的能力。

传统民法理论认为，意思能力与责任能力的区别在于：（1）意思能力是以判断能力为基础的，责任能力是以对不法行为的识别能力为基础的。因此，前者的判断标准高于后者。（2）行为能力的判断标准是由法律统一规定的，适用于所有人，而责任能力则需要采取判断方法，依据每个人的具体情况进行判断。①

对行为能力与责任能力的关系，学者有不同的看法。一般认为，行为能力当然包含责任能力，即有行为能力者有责任能力；无行为能力者无责任能力，其所实施的违法行为所造成的损害赔偿责任由其监护人承担。也有学者区分了广义的行为能力和狭义的行为能力，前者指自然人实施一切行为（包括合法行为和违法行为）的资格；狭义的行为能力，仅仅是指自然人实施合法行为的资格，最狭义的理解仅仅是实施法律行为的资格，并不包括实施法律行为之外的合法行为（如事实行为）的能力。②

我们认为，意思能力与责任能力的区分并没有必要，两者可统一为意思能力。理由在于：（1）无论是自然人实施法律行为的能力，还是从事侵权行为的能力，都要求自然人具有意思能力，这种意思能力是一致的，都是对行为的性质和后果的认识能力，谈不上哪一个要求更高。（2）责任能力的本义是对违法行为的识别能力，但它容易被误解为是承担民事责任的能力，即经济能力。其实，行为能力针对的是主体的主观认识能力，与其是否能够承担责任无关。有人认为，民事责任能力的判断应以意思能力为一般标准，例外以财产状况为准。③ 这种观点将主观认识能力和客观经济能力混合在一起，似与行为能力的本质有所不合。（3）传统民法之所以强调意思能力与责任能力的对立，是因为一些立法规定，未成年人致人损害的，如果其有识别能力，则由法定代理人承担连带民事责任；如果没有识

---

① 参见郑玉波著《民法总则》，台北三民书局1998年版，第89页。

② 参见吴晓"论自然人的民事行为能力"，http：//www.china.lawedu.com.访问时间：2008年5月16日。

③ 参见刘宝玉、秦伟《论自然人的民事责任能力》，《法学研究》2001年第2期。

别能力的，则由其监护人单独承担责任。①但我国民法规定，限制行为能力和无行为能力人的侵权损害责任，由其监护人承担。如果认为行为能力包括责任能力，就会产生矛盾。

需要注意，意思能力是中性的，它并不是仅仅指对合法行为的判断能力，也包括对违法行为的判断能力。

四　法律人格与权利能力

法律人格与权利能力到底是不是同义词，学术界对此争议很大。一些学者认为两者完全是相同的。②但一些学者持反对意见。理由是：人格表示人的法律资格或法律条件，权利能力则指成为法律关系拥有人的能力，根据一定条件或状况，权利能力可大可小。但不论权利能力之大小，人总是人，亦即权利能力有大小之分，而人格则仅存在有无之分。③或认为，人格是指条件，即具备了什么条件才能成为主体，权利能力是指范围，即民事主体可以享受的权利范围。④也有学者认为，抽象意义上的权利能力等同于法律人格；具体意义上的权利能力（享受某一特定权利，成为某类特定的民事法律关系主体的资格）与法律人格不能等同。⑤

从立法上看，各国对两者关系的处理不尽相同，一些国家没有使用人格和民事权利能力这些概念，如《法国民法典》、《日本民法典》、《智利共和国民法典》等；也有些国家同时使用了这两个概念，如《瑞士民法典》和《葡萄牙民法典》等；大多数民法典只使用了民事权利能力概念，而没有使用人格概念，如《德国民法典》、《意大利民法典》等；《埃塞俄比亚民法典》则只使用了人格概念，没有使用民事权利能力概念。

我们认为，这一争议的起因是没有区分权利能力的两个层次。第一，抽象意义的权利能力就是与法律主体是同一个概念。在现代国家，将法律人格与权利能力画等号并不会引起任何问题，因为权利能力的定义就是享有民事权利和承担义务的资格。第二，具体意义上的权利能力的概念与法

---

① 依据这种立法，在确定民事责任时，首先看行为人有无责任能力；如有责任能力，再判断过错的有无。参见［德］拉伦茨著《德国民法通论》（上），王晓晔等译，法律出版社 2003 年版，第 156 页。

② 参见梅仲协著《民法要义》，中国政法大学出版社 1998 年版，第 53 页。

③ 参见 Carlos Alerrto da Mota Pinto 著《民法总论》（中译本），澳门法律翻译办公室、澳门大学法学院 1999 年版，第 100 页。

④ 参见江平主编《法人制度论》，中国政法大学出版社 1994 年版，第 3 页。

⑤ 参见尹田著《论自然人的法律人格与权利能力》，《法制与社会发展》2002 年第 1 期。

律人格不同，但两者密切相关。在这个层次，权利能力界定的是主体可以享有哪些权利。毫无疑问，一个人要具有法律人格或民事主体资格，就必须具有权利能力。

从历史上看，这一问题的实质在于：一个人要具备哪些权利能力，才能够取得主体资格？因为在法律人格、主体资格不受任何影响的情况下，权利能力却可以发生很大变化。如1949年以来，我国公民都具有民事主体资格，但权利能力变化却是沧海桑田。我们知道，权利能力的内容和范围是变化的，人的权利意识因时空的不同也有相当大的变化，所以对这一问题几乎是无法回答的。在现代国家，最简单的判断方法是至少要具备宪法或者人权公约规定的公民基本民事权利。①

与民事主体资格相关的另外一个问题是，民事主体是否必须要具备行为能力？德国一些学者（Fabricius 以及 Gitter 等）认为，权利能力是从一个人能够享有权利的角度规定的，而不是从其是否能够主动取得权利的角度去规定的，权利能力的规定是消极的，而有意义的应当是从行为能力中派生出权利能力。因此，没有行为能力的人是没有权利能力的。因此，他们提出了所谓的"权利能力相对化"，认为权利能力是从行为能力"派生"出来的，是指从事法律上有效的行为的能力。② 对这一争议，我们认为，首先，民事主体资格应包括行为能力，因为如果法律不赋予一个人以行为能力，很多权利能力将无法实现，这样，权利能力的规定就会丧失意义。当然，把权利能力和行为能力结合起来，只是为了更好地揭示主体资格的必要要素而已，而并不是说，并非所有的权利能力都要通过行为能力来实现，如人格权、继承权等。其次，一个主体不能行使行为能力并不否认他有行为能力。法律确定某人具有权利主体资格，意味着将通过行使权利所获得的利益归属于该权利主体。③ 完全行为能力人也可以通过其他人代理来取得权利。所以，不能因为未成年人和精神病人不享有行为能力而认为他们的行为能力受到限制。

---

① 依据1948年联合国大会通过的《世界人权宣言》及1966年制定的《民事权利和政治权利公约》、《经济权利、社会权利和文化权利公约》的规定，人权包括以下内容：（1）基本人权和人身自由，含生命健康、人身安全、人格尊严等权利；（2）政治权利，含思想自由、信仰自由等；（3）经济、社会、文化权利，含所有权、劳动权、自由择业权、社会保险权等。

② 参见 [德] 迪特尔·梅迪库斯著《德国民法总论》，邵建东译，法律出版社2001年版，第781页。

③ 参见 [德] 拉伦茨著《德国民法总论》（上），王晓晔等译，法律出版社2003年版，第120—123页。

综上所述，民事主体与法律人格是同一个概念；法律人格与抽象意义上的权利能力等同，但与具体的权利能力的意义不同：法律人格界定的是哪些人可以成为法律主体，而权利能力界定的是主体可以享有的权利种类。把权利能力和行为能力结合起来理解主体资格，更能够解释主体资格的内涵。

第二节　自然人（一）

一　"自然人"的法律语义

（一）自然人与公民

自然人就是日常语义中的"人"，即自母体出生的人。在民法中，它是指与法人相对应的生物学意义上的人。自然人与法人一起，构成了完整的民法上的"人"，即民事主体。

从理论上说，"人"、"自然人"、"公民"与"国民"是不同的。"人"主要是在民法中作为民事主体的同义语使用，它包括法人；"自然人"是私法中使用的概念；"公民"也是一个法律概念，但却是一个公法和国际法上的概念。国外立法例一般都区分"自然人"与"公民"这两个概念。如《德国民法典》第二编第一章以"人"为标题，下分"自然人"及"法人"两章。《魏玛宪法》则以"人民"、"公民"之类的词表述公法主体。《法国民法典》第一编为"人"，《法国宪法》则明确使用"国民"、"公民"之类的术语。而"国民"则是一个政治学上的概念，在法学上也偶尔使用这一概念。

在民法中，区分自然人与公民的另一个意义就是确定外国人的民事权利能力。从法律角度看，公民与自然人的内涵区别在于：在一国内，凡公民均为自然人，但自然人不一定是公民，如外国人和无国籍人。我国民法通则使用的术语是"公民"（自然人），没有区分自然人和公民。合同法则明确使用了"自然人"的概念。虽然这只是一个概念上的变化，但是却从一个侧面折射了中国的国家和社会转型，也体现了中国法律的转型，即从公法与私法的界限模糊不清到相对清晰的过程。

（二）生物学意义上的人与伦理意义上的人

自然人虽然是依据自然规律出生的人，即一个物质体，但是，在民法中，人并不是生物学意义上的"人"（Menschen），而是伦理意义上的人

（Personen）。这首先意味着自然人是与"物"（Sachen）对应的概念，[①] 他不能被作为客体或者物来对待，而必须作为主体来看待；其次，它意味着民法要以人为本位，关注人的尊严、自由。民法中的自然人是市民社会中的个体，而民法首要关注的是人的自由，以在市民社会中间形成一个"自由人的联合体"（马克思语）。所以，在德国民法学的理论中，在论及自然人时，学者常常以康德的"人是目的"的伦理理论为基础。

二　自然人的民事权利能力和行为能力

（一）自然人的民事权利能力

自然人的民事权利能力一律平等。各国民法均规定，自然人的民事权利能力始于出生，终于死亡。死亡是消灭民事权利能力的唯一理由。也就是说，自然人享有民事权利能力的时间与其生命的存续时间完全一致。这是因为，在现代法律中，民事权利能力是自然人生存所必须的资格。

近代民法的人格模式是抽象平等模式，即所有人的人格都在法律上完全平等。这种平等主要体现在所有人都具有同样的、完全的民事权利能力上。梅因在总结法律史的进步的时候说，"所有进步社会的运动，到此处为止，是一个'从身份到契约'的运动"。[②] 近代法律完全取消了人的各种身份（还有诸如民族、教育背景、宗教信仰等），建立了一种"自由平等的人格"模式。法律赋予了所有的人以一张"人格"面具，这一面具就是民事权利能力，人因为有了民事权利能力才有法律人格，有法律人格就必然有民事权利能力。正是这张面具掩盖了人与人之间各种现实的、具体的差别。法律用"人"这一概念夷平和剔除了自然人之间所有的差异。

但是，近代民法还存在身份问题，最突出的是男/女问题。而现代民法在人格问题上，出现了这样一个矛盾的运动：一方面，人格继续被抽象化，法律取消了男/女差异，以及婚生/非婚生子女之间的法律差别，消除了这些差别的法律意义。另一方面，近代民法中的人格又被具体化了，立法者想象的自然人不再是一个理性自足的"强者"，而是一个受大公司和

---

① 罗马法用来表达"人"的词语有三个：Homo、Caput 和 Persona. Homo 是生物学意义上的人，即自然人，包括奴隶。Caput 原意是指头颅或书籍的一章。罗马古时，户籍登记以家长为单位，家属则名列其下，Caput 就被转借指权利义务主体，表示法律上的人格。Persona 则是从演员扮演角色所戴的假面具引申而来，是法律主体的象征。周枏著：《罗马法原论》（上），商务印书馆1994年版，第97页。

② 参见［英］梅因著《古代法》，沈景一译，商务印书馆1997年版，第97页。

企业压迫的"弱者",他生活在充斥着大量真假难辨的信息、自由和法律平等被经济权力结构宰制的社会中。为了使主体的权利能力真正一律平等,现代民法凸显了这些"弱者"的身份,最突出的就是消费者和劳动者。所以在现代民法中,存在着人格的两个目标相反的法律运动:抽象人格到具体人格、具体人格到抽象人格。

我国《民法通则》第10条明确规定:"公民的民事权利能力一律平等。"凡自然人均可为民事权利主体,而无论一个自然人的具体状况如何。

（二）自然人的出生与死亡

《民法通则》第9条规定:"公民从出生时起到死亡时止,具有民事权利能力,依法享有民事权利,承担民事义务。"可见,自然人的民事权利能力是贯穿其一生的。

既然自然人的民事权利能力始于出生,终于死亡,那么,出生和死亡就不仅仅是自然事件,而且也是法律事件,是可以产生特定的法律效果的法律事实。在法律上,出生的意义之一就在于确定民事权利能力开始的时间,死亡则是确定民事权利能力终止的时间。

（1）出生

出生是自然人脱离母体而成为独立的生命体的生物事实。在法律上,出生是自然人民事权利能力的始期。

关于出生的时间,学界大致有三种学说,即一部露出说、全部露出说和独立呼吸说。[①] 近代各国民法多采用全部露出说。出生须具备两项要件:其一,须全部与母体分离。分离之前为胎儿,分离之后方才称为法律上的人。胎儿必须全部与母体分离,谓之"出"。其二,须与母体分离后,保有生命,谓之"生"。胎儿一旦出生,不论其生存能力如何,也不论其出生后存活时间的长短,都有民事权利能力。按我国现行法律的规定,出生后有呼吸的婴儿,即使随即死亡者,也要进行出生登记和死亡登记。可见,我国采取的是全部露出说和独立呼吸说,即一个婴儿完整地出生后,从第一次独立呼吸开始,即享有民事权利能力。

我国对自然人的身份采取户籍管理制度。户籍是记载和证明自然人的姓名、性别、出生时间、籍贯、家庭成员等身份资料的法律文件。因此,我国法律规定,出生的时间以户籍证明为准;没有户籍证明的以医院开具的出生证明为准。没有医院证明的,参照其他证明认定。但是,户籍证明

---

① 参见梁慧星著《民法总论》,法律出版社2004年版,第97页。

只具有推定效力，这种效力是可以被反证推翻的。如果当事人能够证明出生时间与户籍记载不一致的，就可以推翻户籍登记上记载的出生日期。

（2）胎儿

胎儿是指自受胎时起，至出生完成前，在母体内尚未出生的生命。从逻辑上说，因为人的权利能力始于出生，而胎儿因尚未出生，是母体的一部分，不能独立生存，所以没有权利能力，也不是民事权利主体。但绝对遵循这种观点，难以保护胎儿出生后的利益。胎儿不具有民事权利能力，当然无法享有实际的民事权利。但是，胎儿通常会出生，如果完全不保护胎儿的利益，会造成不公正的后果。所以各国法律均对胎儿进行一定限度的保护。

各国一般规定，胎儿原则上无权利能力，但在若干例外情形中，胎儿可以享有民事能力。

例外情形一般包括胎儿的继承权、受遗赠权、抚养请求权和对侵权行为的损害赔偿请求权。其中，最重要的是胎儿的继承权和损害赔偿请求权。"从罗马法的各处思想中，很早就形成了一项规则，即：只要对胎儿有利，就应当将胎儿视作已经出生。"① 具体而言，对胎儿的民法地位，各国立法主要有以下几种体例：

一是列举主义的立法，仅在某些事项视胎儿为已出生者，并对其利益加以保护。如《德国民法典》、《法国民法典》、《日本民法典》等。各国规定的胎儿应受保护的权利的种类不同。这种立法例的优点是简单、明确，其缺点在于难以穷尽胎儿应受保护的权益，造成法律适用的困难。

二是概括主义的立法。这种立法又有两种：一是规定有条件地享有权利能力。如《瑞士民法典》第 31 条规定："胎儿，只要其出生时尚生存，出生前即具有权利能力的条件。"胎儿出生时为活体的，即溯及地取得民事权利能力。这种立法可称附法定条件的权利能力取得。即胎儿出生后为活体的，自受胎后即享有权利能力。一是规定胎儿的利益保护视为出生。我国台湾地区民法第 7 条规定："胎儿以将来非死产者为限，关于其个人利益之保护，视为即已出生。"这种立法可称为"附法定解除条件"学说。即胎儿受胎后，其利益就受到法律保护，但如果是死产的，这种保护就消灭。这两种做法有细微的差别：前者规定的是胎儿可以取得权利能

① 参见［德］迪特尔·梅迪库斯著《德国民法总论》，邵建东译，法律出版社 2001 年版，第 784 页。

力，而后者规定的仅仅是胎儿享有利益；考虑到权利能力也包括承担义务的资格，以及民事权利能力始于出生、终于死亡的原则，这种立法欠妥。后者仅仅规定胎儿在其利益范围内视为出生，更为合理。

我国法律不承认胎儿权利能力，但考虑到胎儿成为婴儿后的利益，给予胎儿特殊的保护。继承法第28条规定，"遗产分割时，应保留胎儿的应继承的份额。胎儿出生时是死体的，保留的份额按照法定继承办理"。

胎儿出生前，其父母为其权利的代理人。对胎儿可以享受的利益，父母可以代理胎儿管理。但是，父母不能处分胎儿的财产。如果胎儿的父母在遗产分割时没有察觉到已有胎儿的，在胎儿出生后或知道有胎儿之日起，父母有权主张遗产分割无效，并请求重新分割。父母在知道有胎儿的情况下没有在遗产分割时主张胎儿的应得份额的，不能解释为代理胎儿放弃了继承权。

（3）死亡

死亡是指自然人生命终止的生物事实。在法律上，自然人的民事权利能力，因死亡而消灭，即以死亡为自然人民事权利能力的终期。死亡是自然人民事权利能力消灭的唯一原因，自然人死亡后，当然不能成为民事权利义务的享有和承担者，其权利能力也随之消灭。民法所称的死亡包括生理死亡和宣告死亡。死亡的原因并不影响死亡在民法上的效力。

死亡除了自然人的民事权利能力终止以外，还产生死者参与的民事法律关系当然终止、继承开始、遗嘱发生效力、生存配偶获得结婚权、人身保险的受益人获得保险金的权利等法律效力。

在理论上，对判定死亡的时间的标准有争论。在传统上，法律上判定自然人死亡的通行标准是：呼吸断绝、脉搏消失、心跳停止。在我国，一般是以呼吸和心跳均告停止为生理死亡时间。但随着科技的发展，又出现了以脑死亡为标准的学说。死亡的判定是一个事实问题，而不是一个法律问题。因此，对死亡的认定完全取决于医学认定。

同样，出生时间与死亡时间的证明也都是事实问题。死亡时间一般应以户籍簿登记的死亡时间为准。但是，户籍簿的记载只具有推定的效力。如果自然人是在医院死亡的，应以死亡证书上记载的死亡时间为准，如果案件的当事人对死亡时间有争议的，应当以法院调查后确定的死亡时间为准。

此外，相互有继承关系的人因遭遇意外事故共同罹难时，在继承法上，确定死亡的时间是相当重要的。依据继承法的司法解释，在这种情况下，如不能确定死亡先后时间的，推定没有继承人的人先死亡。死亡人各自都有继承人的，如几个死亡人辈份不同，推定长辈先死亡；几个死亡人辈份相同，推定同时死亡，彼此不发生继承，由他们各自的继承人分别继承。

自然人死亡后，为了维护社会秩序、社会利益和已故的自然人的生存亲属以及相关人员的利益，法律有一些关于死者利益保护的例外规定。这些规定主要有：（1）著作权和其他知识产权中的精神权利，可以永久享有；著作权中的财产权，可于死后 50 年享有，由其继承人行使。（2）侵犯死者的名誉权，并因此侵害了死者近亲属的权利的，死者的近亲属依法有损害赔偿请求权。

但这并不是说，在上述民事法律关系中，死者还是民事主体。这些利益的主体已经不是死者，而是死者的近亲属以及不特定的社会大众。此外，死者的继承人提出的死者的名誉权诉讼的权利是有限制的。我国民法规定，只有近亲属才能提起这种诉讼，近亲属的范围是配偶、父母子女、兄弟姐妹、祖父母、外祖父母、孙子女和外孙子女。①

三　自然人的民事行为能力

（一）民事行为能力的判断标准

既然民事行为能力是民事主体通过自己的行为从事民事活动，独立取得民事权利和承担民事义务的能力，那么，不同的自然人因为其智力发育和认识能力的不同，其民事行为能力自然也不同。

自然人的意思能力是一个事实问题，因此，要真正判断自然人的意思能力，最符合事实的方法是就每个自然人的情况，单独做出判断。但这种方法很难操作，因为要判断每个人的意思能力的工作量相当大，而且也没有统一的标准来判断。另一方面，从常识上看，自然人的意思能力往往是随着其年龄增长而发育的，达到一定的年龄段就完全成熟了。所以，各国都不采取对自然人的民事行为能力的个案审查方法，而采取了年龄主义原则，即以年龄为标准区分自然人不同的民事行为能力。同时，法律又考虑到自然人的精神状态，对精神病人的民事行为能力做了特别规定。这种做法不仅容易操作，而且有利于维护法律的安定以及交易的安全。在法律

---

①　民法通则意见第 12 条和《刑事诉讼法》第 82 条第 6 款对近亲属的规定不同，后者规定的近亲属仅仅是指夫、妻、父、母、子、女、同胞兄弟姊妹。最高法院《关于审理名誉权案件若干问题的解答》（1993）确认，只有近亲属才能提起诉讼。

上，民事行为能力是"定型化"的：达到一定年龄的人，如果精神状态正常，就具有行为能力；没达到一定年龄的自然人，就不具有完全的行为能力。至于自然人的实际智力状况如何，对其民事行为能力没有影响。如某些少年人天资聪颖，甚至其智力超过了很多成年人，也并不因此享有民事行为能力。这是因为，行为能力制度最重要的目的是为了保护未成年人和精神不健全的成年人，"这种保护主义的思想，得到了举世公认的高度评价"。① 某些成年人即使并不具备完全的判断能力，如果未经过法定程序宣告，也认定其具有完全的意思能力。这是为了使成年人能够尽量发挥其理性，避免其理性处于"受监护"的状态，如果不当限制成年人的行为能力，无疑是对其自由的侵犯。

关于行为能力的立法，大致有两种主义：一种是两分法。即分为完全行为能力人和限制行为能力人。如《日本民法典》，它以成年人为完全行为能力人，未成年人等为限制行为能力人，没有规定无行为能力人。另一种是三分法。即分为完全行为能力人、限制行为能力人和无行为能力人。如《德国民法典》、我国台湾地区民法典等等。《民法通则》也采取了三分法。这是符合实际情况的。因为未成年人的年龄跨度很大，其行为能力的差别也很大，而到达一定年龄的未成年人，已经具备一定的意思能力，而且也有独立参与社会生活的必要性。因此，法律依一定年龄区分未成年人的民事行为能力，较一概而论更为妥当。

（二）完全民事行为能力

完全民事行为能力，是指法律赋予达到一定年龄和智力状态的自然人通过自己的独立行为进行民事活动的能力。各国都以成年作为自然人享有完全民事行为能力的标准。但对成年的年龄，各国规定的差别比较大。大多数国家是年满18周岁，例外的国家是瑞士（年满20周岁）和奥地利（19周岁）等。在我国，18周岁以上的自然人是成年人，享有完全民事行为能力，可以从事所有的民事活动。

此外，我国《民法通则》第11条第2款规定："16周岁以上不满18周岁的公民，以自己的劳动收入为主要生活来源的，视为完全民事行为能力人。"这是因为，16周岁是就业、参军的最低年龄。如果不赋予这些人以完全的行为能力，有可能影响其生存。对"主要生活来源"的认定标准

① ［德］康拉德·茨威格特、海因·克茨著：《行为能力比较研究》，孙宪忠译，《外国法译评》1998年第3期。

是，他是否能够在脱离其监护人的情况下，维持一般的生活水准。《民法通则》司法解释第 2 条规定："16 周岁以上不满 18 周岁的公民，能够以自己的劳动取得收入，并能维持当地群众一般生活水平的，可以认定为以自己的劳动收入为主要生活来源的完全民事行为能力人。"这里的劳动收入应理解为专职的劳动收入，而不是兼职的劳动收入。比如半工半读的 16 周岁的学生，即使主要靠其劳动为其生活来源，也不能认为他是完全行为能力人，因为这一规定解决的是特殊群体的民事行为能力问题，它要求当事人具有长期、固定的收入。如果这些自然人因某些原因不再以自己的劳动收入为主要生活来源的，在未满 18 周岁前，也应认定其为限制行为能力人。

"视为成年"制度是法律为了缓解依年龄为标准划分民事行为能力造成的僵化和不便而做出的特别规定。在其他国家和地区（如《瑞士民法典》和我国台湾地区民法典）也有类似的规定，比如结婚成年制度，即如果未成年人结婚（一些国家规定的结婚年龄低于成年年龄）的，就具有完全民事行为能力；又如营业成年制度，即未成年人如果独立营业的，也具有完全民事行为能力。

（三）限制民事行为能力

限制民事行为能力，是指可以从事与自己的年龄、智力和精神健康状况相适应的民事活动的能力。各国对限制行为能力人的年龄规定也不一致，一般是 7 岁或 10 岁。德国和奥地利为年满 7 周岁，希腊为 10 周岁。

在我国，限制行为能力人包括两种：（1）10 周岁以上的未成年人；（2）不能完全辨认自己行为的精神病人。

限制行为能力人可以从事与他的年龄、智力、精神健康状况相适应的民事活动，其他民事活动由其法定代理人代理，或者征得其法定代理人的同意。由于 10 周岁到 18 周岁的人都具有限制民事行为能力，所以限制民事行为能力人其能够独立实施的民事行为的范围也不同。对此，法律只做了原则性规定，对限制民事行为能力人可以独立从事的民事活动的判断，应以其具体的年龄、智力与行为的性质是否相符合作为标准。

正是限制行为能力人有一定的法律要求的意思能力，所以法律并不完全否定其意思表示的法律效力，而是设立了由其法定代理人予以判断的制度。因为一方面，依据私法自治原则，任何人都有权形成自己的独立意思，并将这种意思表达出来，与他人形成民事权利义务关系。限制行为能力人的意思能力虽然有一定的欠缺，但并不是没有自己的意思，但是如果全部承认其效力的话，可能会损害限制行为能力人的利益。所以，另一方面，法律必须同时关照他的利益。法定代理人被法律视为限制行为能力人利益的最佳判断者，他有权决定限制行为能力人依法不能独立从事的法律行为的效力。这样，法律对未成年人的保护就多了一道保护闸，使限制行为能力人不会因为自己的行为能力的欠缺而在交易中处于不利的地位。由此，对限制行为人实施的法律行为，法律就有机地实现了私法自治与保护限制行为能力人利益的统一。

判断民事活动是否与限制民事行为能力人年龄、智力、精神健康状况相适应，不能简单地看合同标的的价值大小，而应当根据限制民事行为能力人的具体情况分析。比如年龄大小、健康状况的好坏、受教育的情况、社会环境的影响等，这些可以作为判断合同是否与年龄、智力、精神健康状况相适应的依据。

（四）无民事行为能力

无民事行为能力，是指完全不具有以自己的行为从事民事活动以取得民事权利和承担民事义务的能力。无民事行为能力人包括：①不满10周岁的未成年人；②完全不能辨认自己行为的精神病人。无行为能力人由其法定代理人代理民事活动。

无行为能力并不是绝对没有意思能力，只是法律视其为无意思能力而已。因此，无行为能力是法定无能力，而非自然无能力。

因为只有法律行为要求当事人具有行为能力，对一些不需要行为能力的事实行为，无行为能力人完成的，也同样发生法律效力，如无行为能力人对其创作的作品可以享有著作权等。

《民法通则》第12条第2款的规定："不满10周岁的未成年人是无民事行为能力人，由他的法定代理人代理民事活动。"而依该条第1款规定："10周岁以上的未成年人是限制民事行为能力人，可以进行与他的年龄、智力相适应的民事活动；其他民事活动由他的法定代理人代理，或者征得他的法定代理人的同意。"可见，无民事行为能力人与限制民事行为能力人在民事活动中的资格是不同的。限制民事行为能力人具有独立进行一定民事活动的能力，而无民事行为能力人完全不具有进行民事活动的能力。

（五）民事行为能力的宣告制度

自然人的民事行为能力是以有无意思能力为标准的。在法律上，这种意思能力是由一定的年龄决定的，但这是以自然人的智力正常发育为前提的。所以，各国立法将是否患有精神病作为判断自然人的民事行为能力的另一标准。在民法上，精神病人具有完全民事权利能力，但是都不具有完全民事行为能力。如果精神病人能够部分辨认自己的行为，有部分意思能力的，是限制行为能力人；如果精神病人完全不能辨认自己的行为的，是无行为能力人。考虑到宣告自然人为精神病人关涉重大，所以，对于自然人是否为精神病人以及他的意思能力到底如何，必须由法院予以认定。为此，各国民法均规定了民事行为能力的宣告制度。

民事行为能力的宣告制度是指精神病的利害关系人，向法院申请宣告精神病人为无民事行为能力人或者限制民事行为能力人。我国对精神病人的限制行为能力和无行为能力采取宣告制度。《民法通则》第19条规定："精神病人的利害关系人，可以向人民法院申请宣告精神病人为无民事行为能力人或者限制民事行为能力人。"这种宣告必须具备两个条件：一是必须由利害关系人向法院提出。利害关系人是指与本人之间存在法律上的权利义务关系的人，包括本人的父母、成年子女等近亲属以及本人的债权人、债务人等。法院不得主动宣告自然人为无民事行为能力人或者限制民事行为能力人。利害关系人可以根据本人的具体情况，申请宣告其为无民事行为能力或者限制民事行为能力。二是必须由法院依照民事诉讼法规定的程序做出宣告，其他任何机关或者个人都无权做出宣告。自法院做出宣告之日起，被宣告的自然人即丧失或部分丧失其民事行为能力。

被法院宣告为无民事行为能力人或者限制民事行为能力人的，根据他健康恢复的状况，经本人或者利害关系人申请，法院可以宣告他为限制民事行为能力人或者完全民事行为能力人。

（六）未成年人可以独立从事的法律行为

限制行为能力人和无行为能力人虽然不完全具有或者完全不具有法律要求的从事法律行为所需要的识别能力和意思能力，但是，他们也具有一定的认知能力，而且，在生活中，他们也有从事法律行为的需要，如小学生购买文具等。对这些行为，如果一概肯定其无效或者需要由法定代理人同意或追认，会造成很多不便。所以法律规定限制行为能力人和无行为能力人可以独立从事部分法律行为，以在保护交易安全，促进交易便捷和维护法律上弱者的利益与尊重他们的自由自治权利之间取得平衡。

未成年人可以单独从事的法律行为一般包括：

1. 使未成年人纯获法律上利益的行为。这种行为对未成年人只赋予利益而不施加任何负担，法律没有禁止的必要。如赠与行为、接受奖励、报酬等。附条件或附负担的赠与因为会使未成年人负担一定的义务，不属于纯粹获得利益的法律行为。

对如何判断"纯获法律上利益"，理论上有不同的观点。大致上可分为实质判断标准与形式判断标准两种观点。实质判断标准，是指就具体案件，从经济的观点上判断未成年人所为的行为是否具有利益，以决定行为的效力。① 形式判断标准，是指不就具体案件从经济上分析是否对未成年人有利，而是从行为的法律性质和效果来判断。因此，某一具体行为，尽管从经济观点上分析是对未成年人有利的，但从行为的法律效果上说，不是纯获利益的，则也不属于纯获利益的行为。② 这两种观点的差异在于，前者考察的是在具体的法律行为中，未成年人的获利情况；后者考察的是法律行为一般性质和效力，而不考虑当事人的具体情况。按照前一观点，未成年人接受的附负担的赠与中，负担与利益相比微不足道，则可认定为纯获利益的行为。按照后一观点则不能认定。

民法通则司法解释第 6 条规定，"无民事行为能力人、限制民事行为能力人接受奖励、赠与、报酬"有效，"他人不得以行为人无民事行为能力、限制民事行为能力为由，主张行为无效"。可见，我国在实务上对于"纯受利益"原则上采取的是形式判断标准。

但需要注意的是，纯获利益的行为宜解释为行为能力欠缺者对其所获得的利益无须支付对价，而不是说他们不承担任何义务。如 8 周岁的甲借用 20 周岁的乙的录音机使用，甲虽然要负返还义务，但甲的返还义务与其使用权利不构成对价，所以宜认定这类行为是纯获利益的行为，否则不能体现保护未成年人的立法宗旨。但附负担的赠与（无论负担多么微小）以及未成年人明显可以获利的买卖，应认定为非纯获利益的行为。因为未成年人取得利益是以承担义务为前提的。

2. 在不违反法律规定的条件下，经许可从事的营业活动以及与营业活动有关的行为。这是传统民法一致认可的行为，它相当于法定代理人事前对这些行为的概括授权。

3. 日常生活所必须的法律行为。行为能力欠缺者从事日常学习、生活

---

① 参见王利明著《民法总则研究》，中国人民大学出版社 2003 年版，第 255 页。
② 参见王泽鉴著《民法总则》，中国政法大学出版社 2001 年版，第 65 页。

所必须的法律行为，没有必要经法定代理人追认或许可，以便利限制行为能力人和无行为能力人。这也是各国民法一致认可的。

四　自然人的监护制度

（一）监护的功能及其性质

1. 监护的功能

在现实生活中，无行为能力人和限制行为能力人在必要时也需要从事民事活动，以取得民事权利，但是他们又没有相应的行为能力，那么在法律上应如何给予他们这种便利呢？这就是民法上的监护制度。

监护（拉丁文：*tutela*）是为了保护无民事行为能力人和限制民事行为能力人的合法权益而设置的一项民事法律制度。其目的在于弥补无民事行为能力人和限制民事行为能力人的行为能力缺陷，使他们的民事权利能力得到真正实现。

监护制度具有如下法律特征：（1）被监护人必须是无行为能力人和限制行为能力人，而不能是完全行为能力人。（2）监护人必须有监护能力，即必须具有完全民事行为能力以及管教和保护被监护人的能力。（3）监护人与被监护人之间必须具有亲属关系或朋友关系，或者是行政上的隶属关系。（4）监护人与被监护人之间是一种法定的权利义务关系，当事人不能自行改变，而且父母子女的监护关系不能附带任何条件。

2. 监护的性质

监护是一种民事权利抑或是一种职责，或者兼而有之，学者有不同意见。[①] 这一问题涉及监护制度与亲权制度的区别。

亲权（德：elterliclie Gewalt，英：parental power）是父母对未成年子女的教养、保护以及管理和照顾未成年子女财产权利。亲权虽为权利，事实上更接近于父母对子女、对国家和社会的义务，即把未成年人培养成身心健康的社会成员。其权利因素主要体现为排除第三人的干预。

亲权制度渊源于罗马法和日尔曼法。在罗马法称为家父权（*patria potestas*），有支配权利之意义，在日尔曼法称为 Mundium，有保护权利之意义。[②] 罗马法中的亲权重在突出家父对子女的支配和占有，日尔曼法则注重对子女利益的保护和抚育子女。大陆法系国家普遍接受了日尔曼法的亲

---

① 相关争议可参见彭万林主编《民法学》，中国政法大学出版社 2002 年版，第 74 页以下。

② 参见史尚宽著《亲属法论》，中国政法大学出版社 2000 年版，第 656 页。

权制度，而英美法系国家则亲权与监护不分，统称监护。

亲权包括人身和财产两方面的权利义务。人身方面包括保护权、教育权和惩戒权；财产方面包括财产管理权、使用收益权、处分权和财产上的代理权、同意权。监护则只是适用于不在亲权之下的未成年人，或被宣告为禁治产人（精神病人）的人身财产利益保护所设立的法律制度。在这种立法例，监护是亲权制度的补充和延续。①

我国民法通则未区分监护与亲权制度。在体例上，我国也将监护制度规定在民事主体制度中，而不是在婚姻法中。而国外的监护则都规定在亲属编中。从我国的立法看，监护既是一种法定权利，也是一种法定义务。监护是对"那些由于年龄或者精神健康原因不能自我保护的人给予监护和保护的、由民法所赋予的必要的权利和义务"。② 民法通则第 18 条第 2 款规定："监护人依法履行监护的权利，受法律保护。"这一看来相互矛盾的表述"履行监护的权利"，表明的就是这样一种态度。

从民法通则和婚姻法的规定看，我国监护制度是包括了国外亲权制度内容的。因为它把两种完全不同的职能杂糅在一起：不仅要求监护人弥补被监护人行为能力的欠缺（如订立合同的行为能力、承担其侵权行为引发的责任），也要求抚育、照顾和管教被监护人。

（二）监护的设立

无行为能力人和限制行为能力人有两类，即未成年人和精神病人，因此，监护相应地也分为两种。在传统大陆法系国家，对未成年人的监护，称为监护；对成年精神病人的监护，称为保佐。我国现行法律没有区分，通称监护。

我国民法确立了三种监护方式：法定监护、指定监护和委托监护。

1. 法定监护

法定监护是指监护人由法律直接规定而设立的监护，包括对未成年人的法定监护和对精神病人的法定监护。

（1）对未成年人的法定监护。未成年人的法定监护人有四种：①未成年人的父母。②在未成年人的父母死亡或丧失监护能力时，由下列人员中

---

① 国外的监护与亲权的区别表现在：（1）亲权以血缘为基础，而监护不以血缘为基础。（2）亲权制度的重点在于抚育未成年人，包括人身方面的权利；而监护制度的重点在于弥补未成年人行为能力的欠缺，不包括人身方面的权利。（3）亲权人对子女的财产有使用和收益权，但监护人除非为被监护人的利益以外，不得使用被监护人的财产。

② 参见龙卫球著《民法总论》，中国法制出版社 2001 年版，第 276 页。

有监护能力者任监护人：祖父母、外祖父母；兄、姐。③在没有上述两类监护人时，关系密切的其他亲属、朋友愿意承担监护职责，经未成年人的父母所在单位或未成年人住所地的居民委员会、村民委员会同意的，可以担任监护人。④上述三种监护人均不存在的情况下，由未成年人的父母所在单位或未成年人住所地的居民委员会、村民委员会或民政部门担任监护人。

（2）对精神病人的法定监护。对于无民事行为能力或者限制民事行为能力的精神病人，民法通则规定下列人员可以担任精神病人的监护人：一是配偶，二是父母，三是成年子女，四是其他近亲属，五是关系密切的其他亲属、朋友愿意承担监护责任者，经精神病人所在单位或住所地的居民委员会、村民委员会同意的。

2. 指定监护

指定监护指没有法定监护人或者对担任监护人有争议的，监护人由有关部门或法院指定而设置的监护。根据民法通则的规定，有权指定监护人的组织应按先后顺序进行。为未成年人指定监护人，首先由未成年人父、母所在单位行使指定权；如果未成年人的父母没有单位，或者该单位拒绝指定或不宜由其指定，由未成年人住所地的居民委员会或村民委员会指定监护人；只有当未成年人的亲属对有关组织指定的监护人不服而提起诉讼时，法院才依法定程序和条件，通过裁决指定未成年人的监护人。

为精神病人指定监护人，首先由精神病人所在单位行使指定权，如果精神病人没有单位，或者该单位拒绝指定或不宜由其指定，则由精神病人住所地的居民委员会、村民委员会指定。对上述组织指定的监护人不服的，才能在接到通知的次日起30日内向法院提起诉讼，由法院指定。逾期起诉的，按变更监护关系处理。

前述顺序可视为设立监护人的顺序。前一顺序监护人无监护能力或者对被监护人明显不利的，法院可根据后一顺序监护人监护能力的强弱、行为品德等情况，以对被监护人有利的原则择优确定。

监护人被指定后，不得自行变更。擅自变更的，由原被指定的监护人和变更后的监护人承担监护责任。

需要注意，我国民法仅规定了在指定监护时，被监护人有识别能力的，应视情况征求被监护人的意见。而在其他情形，都没有规定确定监护人时需征求被监护人的意见，这无疑没有充分尊重被监护人的意愿。

3. 委托监护

委托监护是指监护人用委托方式为其子女指定监护人。民法通则司法解释第 22 条规定，监护人可以将监护职责部分或者全部委托给他人。因被监护人的侵权行为需要承担民事责任的，应当由监护人承担，但另有约定的除外；被委托人确有过错的，负连带责任。这表明我国承认委托监护。

在传统民法中，还存在遗嘱监护。民法通则未规定此种监护，但司法实践中存在这些案例。以遗嘱方式设立监护人应符合以下条件：（1）被遗嘱指定的人同意作监护人；（2）该指定对被监护人并无不利；（3）抚养子女的一方，不得以遗嘱方式取消生父或生母对该子女的监护，但被遗嘱取消监护的人对被监护人有犯罪行为，或无监护能力者除外。

从我国规定的监护设立方式，我们可以看出，法律的基本目的是让行为能力欠缺的人尽量有人监护，以保护其利益，减轻国家负担。

（三）监护人的职责

监护是为无行为能力人和限制行为能力人的利益设立的，因此监护人必须承担监护责任。这些职责包括：保护被监护人的身体健康；照顾被监护人的生活；管理和保护被监护人的财产；代理被监护人进行民事活动；对被监护人进行管束和教育；代理被监护人进行诉讼等。

法律为切实保护被监护人利益，监督监护人履行职责，规定监护人有下述情形之一的，应承担损害赔偿责任：（1）不履行监护职责，致使被监护人的人身、财产和其他合法权益受到损害的。（2）监护人因故意过失，给被监护人造成财产损失的。（3）在监护关系存续中，被监护人造成他人损害的。

需要注意，我国法律没有规定监护人的任何权利，如取得报酬权等。只有在委托监护时，法律没有禁止当事人约定报酬。国外多数立法因为区分了监护与亲权，所以规定了监护人可以享有报酬权（台湾地区民法典第1104 条规定，监护人可以请求报酬，其数额由亲属会议酌定）。同时，我国又对监护人规定了相当重的责任，这是实践中指定监护时，监护人相互推诿的原因之一。

（四）监护人的变更与终止

1. 监护的变更

在特定的情况下，可以变更监护人。这些情况主要有：①监护人死亡、丧失民事行为能力或被宣告为限制行为能力人。监护人既然失去了行为能力，自然不可能再进行监护。②监护人不履行职责，给被监护人造成损害，或者在监护过程中，滥用监护权利的。如监护人侵吞被监护人的财产、虐待被监护人。③在法律允许的情况下，监护人之间也可以订立协议，变更监护人。在前两种情况下，被监护人的近亲属可以向法院申请变更监护人，也可以请求被监护人父、母所在的单位或所在地的居民委员会、村民委员会指定。

2. 监护的终止

监护是为弥补被监护人行为能力而设立的制度，而民法理想的自然人是自律、自治的人，而不是处于他人监护状态之中的人，所以，当被监护人获得完全行为能力后，监护就应当撤销。监护人因一些事由的出现，也可能不再具有监护能力。在这些情况出现时，监护都应终止。

（1）被监护人获得完全民事行为能力。未成年人成年而具有完全民事行为能力，精神病人康复而恢复了民事行为能力，均可使为其设置的监护自然终止。

（2）监护人或被监护人一方死亡。监护人或被监护人死亡（包括宣告死亡）的，监护关系终止。

（3）监护人丧失了行为能力。

（4）监护人辞去监护。监护人有正当理由，如患病、迁居、服兵役等，法律应允许其辞去监护。但未成年人的父母不得辞去对未成年人的监护。我国民法没有规定监护人的辞任权，国外民法则多有规定。

（5）监护人被撤销监护资格。监护人不履行监护职责或利用监护之便侵害被监护人合法权益的，经利害关系人申请，法院可以撤消监护人的监护资格，并由此终止监护关系。

（五）现代监护制度的发展：成年监护制度

在我国现行民法，成年监护只有一种：对精神病人的监护，而且必须在其被宣告其为无行为能力或限制行为能力后才能设立监护人。但在传统民法上，除了精神病人以外，还有两种成年人也需要受到监护（或称为保佐）——酗酒人和浪费人，他们统称为禁治产人。"禁治产"的意思是禁止其管理和处分财产。法律设立禁治产人制度目的是保护禁治产人本人的利益。这种立法的目的之一在于促进社会资源配置的效益化，管束浪费人和酗酒人的身体、行为方式，并间接树立生活方式的样板。晚近以来，各国民法典都取消了对浪费人和酗酒人行为能力的限制，但又同时又增加了成年监护制度，如日本与德国等。

与传统的禁治产制度相比，成年监护具有如下特点：

（1）扩大对成年人监护的范围。将心神耗弱者、高龄者、残疾人等生活能力或意思能力有缺陷的成年人都纳入到成年人监护制度中。

（2）突出对被监护人的人性关怀。成年监护制度的宗旨是被监护人利益至上。"尊重本人的自己决定权、发挥本人尚余的能力及维持本人生活正常化"，[1] 确保被监护人获得和其他人相同的人性尊严。为此，法律针对被监护人能力强弱的具体情况，建立了不同层次的监护体系，如日本法确立的辅助、保护、监护等阶梯状监护制度。[2]

（3）尊重被监护人的意志，同时加强法律监管。成年监护设立的最重要的方式是意定监护。即在被监护人有行为能力时，担心自己未来行为能力可能欠缺，预先委托自己信赖的监护人。被监护人的行为能力并不因监护人的设立而受任何影响。

我国法律上的监护存在的最大问题之一，是没有充分尊重被监护人的意志。法律的规定似乎完全是对被监护人所作的安排，它体现的完全是国家对被监护人生活的安排。此外，法律也没有照顾不同类型的被监护人的需求，加之我国法律不区分监护与亲权，完全可能使被监护人的残存能力无法发挥，最终损害被监护人的利益。

五　宣告失踪和宣告死亡

（一）民法中的拟制

英国著名法学家梅因提到，法律的发展手段有三，即"法律拟制"、"衡平"和"立法"。[3] 所谓法律拟制，就是依据某种事实或事实表象的存在，在法律上"制造"出某种特定的法律后果。在现代法律中，最常见的两种拟制技术是推定和视为。法律上推定的事实一般都是案件真实一般是幽暗不明、难以查清的，如本书上面提到的同时死亡推定。视为就是法律将不符合法律规范的事项，适用法律规范的效果。如上面提到的 16 周岁以上的未成年人视为成年人的法律规定。

推定是法律上对真实事实的一种假设，它只是一种法律上的事实，而不是自然真实。因此，它不能与真实的事实对抗。如果在适用法律的推定

---

① 刘得宽著《成年监护法之检讨与改革》，《中国政法大学法学评论》第 62 期，第 240 页。
② 日本成年监护制度的情况，参见［日］宇田川幸则《浅论日本关于成年人监护制度的修改》，渠涛译，载渠涛主编《中日民商法研究》（第 1 卷），法律出版社 2003 年版。
③ ［英］梅因著《古代法》，沈景一译，商务印书馆 1997 年版，第 15 页。

做出裁判以后，当事人又举出证据，推翻了法律推定的事实，那么原裁判就应当经过法律程序予以撤销。这是推定与视为最大的区别："视为"规范通常不允许当事人以反证推翻。

正因为法律上的推定的这种性质，所以，法官要适用推定必须有法律依据。正如拉丁法谚云："无法律，无拟制。"

在现实生活中，常有自然人因各种原因下落不明。民法中为了解决这一问题，专门规定了宣告失踪和宣告死亡制度。两者都是法律对失踪和死亡的推定。这两种制度都是解决因自然人长期处于音讯不明状态的法律问题，即因自然人的"不在"造成的财产关系和身份关系不确定问题。

（二）宣告失踪

是指经利害关系人的申请，由法院依照法定条件和程序，宣告下落不明满一定期限的公民为失踪人的民事法律制度。

1. 宣告失踪的条件与程序

民法通则第 20 条规定："公民下落不明满两年的，利害关系人可以向人民法院申请宣告他为失踪人。"宣告失踪应具备以下条件。

（1）自然人离开其住所下落不明，所谓"下落不明"是指公民离开最后居住地后没有音讯，不明生死。

（2）公民下落不明的状况满 2 年。下落不明的起算时间，从公民音信消失之次日起算。如果公民在战争期间下落不明的，因在战争持续期间，通信往往比较困难甚至无法通信，所以应从战争结束之日的次日起算。

（3）必须由利害关系人提出申请。利害关系人包括：配偶、父母、子女、兄弟姐妹、祖父母、外祖父母、孙子女、外孙子女以及与失踪人有民事权利义务关系的人（如失踪人的合伙人、共同财产的其他所有权人、债权人或债务人）。利害关系人的申请没有顺序限制，不受与失踪人的关系亲疏远近的影响，也无需征得其他利害关系人的同意。如失踪人的配偶不愿意申请宣告其失踪，其他利害关系人提出申请的，法院也应受理。申请宣告失踪是诉讼行为，所以，申请人应当具备完全民事行为能力。利害关系人应到失踪人住所地或者最后居所地的基层人民法院提出失踪宣告的申请。

法院依照法定程序做出失踪宣告。法院依法受理宣告自然人失踪申请案件后，应发出寻找失踪人的公告。公告期为 3 个月。公告期满，失踪人仍无音讯的，法院应做出宣告失踪的判决。

2. 宣告失踪的法律效力

宣告失踪并没有推定失踪人是否已经死亡，它解决的是失踪人的财产代管问题，防止失踪人的财产利益因其失踪而遭受损失，也避免其他利害关系人的财产利益受到损失。所以，宣告失踪只发生财产关系上的后果，不能发生身份法上的效果。

宣告失踪的直接后果是为失踪人设定财产代管人。代管人的范围是：配偶、父母、成年子女或关系密切的亲友。代管人有争议的，没有前述代管人或前述代管人无能力代管的，由法院指定。财产代管人不受配偶、父母、成年子女、关系密切的其他亲属的顺序限制，但应当遵循有利于失踪人财产管理的原则。

代管人的职责是管理失踪人的财产、支付失踪人所欠的税款、债务和应付的其他费用。代管人的主要职责是实施对财产的保存行为，即保管、维修、保养、收取财产产生的价值等维护财产既有价值的行为。代管人对失踪人的财产的经营和处分必须以有利于维护失踪人财产利益为前提。代管人必须如同管理自己的财产一样，谨慎、勤勉地管理失踪人的财产。代管人为失踪人清偿债务应以失踪人全部财产为限，代管人管理失踪人财产所需的费用，可以从失踪人的财产中支付。

（3）失踪宣告的撤销

《民法通则》第22条规定："被宣告失踪的人重新出现或者确知他的下落，经本人或者利害关系人申请，人民法院应当撤销对他的失踪宣告。"被宣告失踪的人重新出现或者有确切证据证明其下落的，经本人或者利害关系人申请，法院应当撤销对他的失踪宣告。失踪宣告一旦被撤销，失踪宣告的法律效力即终止，对失踪人的财产的代管也终止。财产代管人应当停止管理活动，向被宣告失踪人的本人移交其财产和财务账目，并将代管期间对其财产管理和处置的详细情况告知该人。

（三）宣告死亡

是指经利害关系人申请，由法院依照法律规定的条件和程序，判决宣告下落不明满一定期限的公民死亡的民事法律制度。

宣告死亡制度的必要性在于，宣告失踪仅仅对财产关系发生效力，即失踪人的财产代管，但并不能彻底解决与失踪人相关的民事法律关系，尤其是人身关系、遗产继承关系。另外，失踪人失踪的时间越长，其已经死亡的可能性就越大。所以，为了稳定民事关系，保障生存者（尤其是配偶）的利益，法律规定了宣告死亡制度。

宣告失踪与宣告死亡两种制度设置的目的不同。宣告失踪解决的是失踪人财产管理问题，宣告死亡旨在解决因失踪人生死不明而引起的民事法律关系的确定问题。宣告失踪和宣告死亡有三种立法模式：一种是只设立宣告失踪，不设立宣告死亡；另一种是只设立宣告死亡，不设立宣告失踪；最后一种是同时设立宣告失踪和宣告死亡制度。民法通则采用第三种立法模式。

1. 宣告死亡的条件和程序

（1）公民离开其住所地或最后居住地下落不明。

（2）公民离开其住所地或最后居住地下落不明的事实状态达到了法定期间。我国法律规定了两种期间，即普通期间与特别期间。在一般情况下，为离开其住所地或最后居住地下落不明满 4 年；在战争期间下落不明的，因为战争结束后恢复秩序的过程较长，所以法律规定应自战争结束之日起满 4 年。特别期间适用于自然人因意外事故下落不明的情况，其期间为从事故发生之日起满 2 年。因意外事故下落不明，经有关机关证明该自然人不可能生存（如轮船沉没，遇难乘客的尸骨虽没被发现，但有关机关确定其不可能生存），不受有关宣告死亡的特别期间的限制。

（3）必须由利害关系人向法院提出申请。利害关系人的范围和顺序是：第一，配偶；第二，父母、子女；第三，兄弟姐妹、祖父母、外祖父母、孙子女、外孙子女；第四，其他民事权利义务关系的人。申请人必须具有完全民事行为能力，限制民事行为能力人以及无民事行为能力人不能申请。与宣告失踪不同，宣告死亡的利害关系人之间有顺序关系，这主要是考虑到配偶的感情。而且，在一般情况下，其他利害关系人与失踪人之间仅仅有财产上的关系，完全可以通过宣告失踪制度来解决，而宣告失踪是没有顺序限制的。但是，因为宣告失踪并不发生继承的效力，所以这可能造成配偶操纵失踪人的财产。

如果有权申请的人都不申请，应如何处理呢？我国民法通则没有做出规定。对此，可以借鉴我国台湾地区的经验，规定下落不明的自然人无利害关系人或者虽有利害关系人但其不提出死亡宣告的申请，如果不申请宣告死亡会造成国家或者集体利益损害的，人民检察院可以提出死亡宣告申请。

法院受理后，应发出寻找失踪人的公告，普通公告期间为 1 年。因意外事故下落不明，经有关机关证明其不可能生存的，公告期间为 3 个月。上述公告期间不包括在被宣告死亡的自然人下落不明所需达到的法定期间之内。公告期间届满，法院根据被宣告失踪人死亡的事实是否得到确认，做出终结审理的裁定或者宣告死亡的判决。判决中确定的死亡日期为被宣告死亡人的死亡日期。

但是，宣告失踪不是宣告死亡的必经前置程序。利害关系人可以不经过申请宣告失踪而直接申请宣告死亡。如果利害关系人只申请宣告失踪的，应当宣告失踪；但同一顺序的利害关系人，有的申请宣告死亡，有的不同意宣告死亡，则应宣告死亡。就同一自然人而言，宣告失踪与宣告死亡不得并存。宣告死亡与宣告失踪的申请并存时，宣告死亡之所以优先，是为了彻底保护生存者的利益，而且宣告死亡的效力完全可以满足申请宣告失踪者的要求（财产利益）。

2. 宣告死亡的法律效力

公民被宣告死亡的，发生与公民自然死亡同样的法律后果。

（1）被宣告死亡的公民丧失民事主体的资格，其民事权利能力和民事行为能力终止，与被宣告死亡人有关的一切民事法律关系全部消灭。

（2）其原先参加的民事法律关系归于变更或消灭。

（3）其婚姻关系自然解除，配偶当然可另行缔结婚姻关系。

（4）其个人合法财产作为遗产按继承程序处理；其债权人有权向其继承人请求清偿债务。

3. 死亡宣告的撤销

被宣告死亡的人重新出现或者确知他没有死亡，经本人或者利害关系人申请，法院应当撤销对他的死亡宣告。民法上称这种人为"再出现人"。

撤销宣告死亡判决的法律效力是：

（1）有民事行为能力人在被宣告死亡期间实施的民事法律行为有效。宣告死亡只是依法对失踪人死亡的推定，如果被宣告死亡人实际上还生存着，他所实施的民事法律行为并不因其被宣告死亡而无效。

（2）身份法上的效力。人身关系处理的原则是：没有变化的（比如再婚或者被收养），自动回复；已经变化了的，无论发生何种情况，都不能自动回复，必须要重新办理婚姻登记或者解除收养才能回复。具体言之，如果被宣告死亡人的配偶尚未再婚，其夫妻关系从撤销死亡宣告之日起自行恢复；如果其配偶再婚后又离婚，后配偶又死亡的，则夫妻关系不能自行恢复，要恢复夫妻关系，需办理重婚手续；其子女被他人依法收养的，被宣告死亡的人在死亡宣告被撤销后，仅以未经本人同意而主张收养关系无效的，一般不应准许，但收养人和被收养人同意的除外。

（3）财产法上的效力。财产关系无论发生了何种变化，都以返还或补偿为原则；被撤销死亡宣告的人有权请求返还财产。但原物已被第三人合法取得的，第三人可不予以退还，应适当补偿。依照继承法取得他的财产的公民或者组织，应当返还原物；如果原物已经不存在，则应给予适当补偿。

（4）利害关系人隐瞒真实情况使他人被宣告死亡而取得其财产的，除应返还原物及孳息外，还应对给他人造成的损失予以赔偿。

六　自然人的住所、户籍与身份证

在任何社会，国家都希望对个人进行有效的治理，以使国家权力得以正常运行，社会得以正常化。民法典也体现了国家的这种需求。《法国民法典》就已经规定了身份吏，负责管理个人的资料。现代社会的一大变迁是，人口数量的剧增，人口高度流动，国家治理难度增大。但随着科技的发达，国家控制能力的巨大扩张，直至能左右个人日常生活的最私密部分。[①] 这是现代社会与传统社会最大的区别之一。在这种情况下，民法也规定了各种制度配合国家的治理。这一套身份制度，已使传统的自然人个体的意义消退了：人不能自己证明自己是谁，而必须由各种证件来证明自己，真实的个人已经淹没在一堆身份数字之中。

（一）自然人的住所

住所是指民事主体发生法律关系的中心地域。通常，自然人与他人发生的民事法律关系，是以其居住地为中心展开的。任何自然人都会有自己的住所，否则将无法生存。民法也对自然人的住所予以调整。

住所在法律上具有重要意义：（1）是决定民事主体宣告失踪、宣告死亡管辖法院的依据；（2）在民事诉讼中，决定案件管辖法院的依据；（3）决定涉外民事法律关系准据法的依据之一；（4）决定法院送达文书的依据；（5）决定债务的履行地的依据之一等。此外，在公司法、国际法、选举法、税法等法律上，住所也有重要意义。

住所是自然人自己选定的经常居住地。在传统民法中，住所的选定需要两个条件：一是主观要件（传统民法中称为"心素"），即自然人有选定某地永久居住的意思；二是客观要件（传统民法中称为"体素"），即当事人经常居住于该地。但是在现代民法中，为了方便国家对人口的管

---

① 参见［英］安东尼·吉登斯著《民族—国家与暴力》，胡宗泽、赵力涛译，三联书店1998年版，第11页以下。

理，住所的成立还需要另外一个条件，即经过国家有关机关的登记。

住所可以分为法定住所和意定住所。前者指法律上直接规定的住所，后者指当事人基于自由意思而设定的住所。对民事主体是否必须有住所，各国的法律不一致。有采取必要主义的，即规定必须有住所；也有采取自由主义的，不强行规定当事人必须有住所。关于住所是否必须单一，各国民法典的规定也不一致。有采取复数主义的，也有采取相对单一主义的，即原则上不得有两个以上的住所。为便于债务的履行和法院的管辖，以及考虑到单一住所的其他意义，各国民法一般都采取绝对单一主义。

住所的法律效力是强制性的，只要有居于某地的事实以及久居的意思，法律即将其视为当事人的住所。设定住所的行为需要当事人有意思能力。法定住所的规定即在于弥补当事人的意思欠缺，主要是法律对限制行为能力人和无行为能力人住所的规定。各国民法典一般规定，这两类人以其法定代理人的住所为住所，因为他们欠缺意思能力，无法选择自己的住所。

在民法中，还有一个与住所接近的概念，即居所。它是指民事主体因为特定目的而一时居留的处所。"一时"并非必须为暂时，只要当事人没有永久居住的意思即可。住所与居所的主要区别在于：其一，住所需要永久居住的意思，而居所则不需要久住的意思；其二，住所一般是单一的，而居所的数量则不受限制。居所一般与住所发生同一法律效力。

我国民法通则第15条规定，自然人以其户籍所在地的居住地为住所，其经常居住地与住所不一致的，经常居住地视为住所。

（二）自然人的户籍与居民身份证

户籍是以户为单位记载自然人姓名、出生、住所、收养、亲属、结婚等重要事项的法律文件。户籍制度是国家通过户口登记和管理，确认公民身份、保护公民权利、维护社会秩序的一项法律制度，其作用包括：确定自然人权利能力和行为能力起始和终止的时间；确定自然人住所地；确定收养关系；确定被监护人；确定法定继承人的范围和顺序等。

居民身份证是证明自然人身份的证明。它是户籍制度的补充，是简化了的户籍。根据居民身份证法第2条的规定，居住在中华人民共和国境内的年满16周岁的中国公民应当依照条例的规定，申请领取居民身份证。居民身份证登记项目包括姓名、性别、民族、出生日期、住址等。

第三节　自然人（二）

一　自然人的人身权与民法模式

（一）自然人人身权的界定

民法调整两部分社会关系，即财产关系和人身关系。相应地，民事权利也有财产权和人身权。财产权是以财产利益为内容的权利，人身权是指自然人基于其人格或身份而依法享有的人格权和身份权的合称。

人身权具有如下法律特征：

（1）与自然人的人格或身份不可分离。人身权为专属权，不能与自然人的人身分离而转让于他人。人身权通常不具有财产内容，因此不可转让。它体现的是没有商品价值的人的精神利益，其功能在于满足权利主体的精神需要而不是物质需求。但是，人身权与财产权益有一定联系。一些人身权的行使可为权利主体带来收益，如自然人许可他人使用其肖像，就可获取一定的财产利益；人身权受到损害时，受害人可以请求财产损害赔偿。

（2）人身权是绝对权和支配权。人身权的权利主体是特定的，而义务主体是不特定的。权利人可以向任何人主张自己的权利，也可以在法律规定的范围内处置自己的人格权。义务主体负有不得侵害权利主体人身权的义务，如侵害的，就构成侵权行为。人身权是一种支配权，即权利人行使自己的权利无须他人的协助就可以实现人格利益。

（二）人身权的种类

在我国，人身权分为人格权和身份权。

人格权是民事主体基于法律人格而依法享有的、为保持其法律上独立人格所必需的权利。其特点在于，它是与生俱来的，人人终生享有，并且所有人的人格权完全平等，没有多少之分。人格权，根据权利客体的不同可分为物质性人格权和精神性人格权。物质性人格权包括生命权、健康权和身体权；精神性人格权包括姓名权、肖像权、自由、名誉权、隐私权、婚姻自主权及其他人格权。

身份权是民事主体基于某种特定身份而依法享有的一种民事权利。它是民事主体为维护民事主体的特定身份所必须的人身权。它与人格权最大的差异在于，人格权是与生俱来的，它是主体单独享有的权利，与其他主体无关；身份权是基于特定的身份产生的，必然存在相对方。

身份权有如下特点：（1）只能由自然人享有。身份权以一定自然身份为基础，只能由自然人享有，法人不享有。我国民法中的荣誉权，理论上也归于身份权。但这种权利事实上并不是基于特定的身份产生的，这种权利也不是私法上的权利。（2）不平等性。身份权以一定身份存在为前提，只有具备某种身份才可能有相应的身份权，故身份权不可能和人格权那样人人平等享有。（3）权利义务一致性。身份权必然是在双方发生的关系，它包含了义务。

在身份权中，根据身份的不同可分为亲属法上的身份权和亲属法外的身份权。前者包括配偶权、亲权、亲属权；后者包括荣誉权、知识产权中的人身权等。

（三）人格权与民法模式

近代民法是以财产权为中心建构其权利体系的。《法国民法典》和《德国民法典》都没有人格权的系统规定，只通过规定侵权行为保护人格权。社会契约论思想家常常以财产权为主构建其天赋人权的体系，如洛克甚至将生命和自由也统称为财产权。当然这并不是说近代民法不保护自然人的人格权，相反，在近代民法中，生命和自由等人格权也是"天赋"的人权。只是说近代民法更加注重对财产权的保护，它对人格权的保护范围较为狭小，其种类较少。从法律技术的角度看，近代法律更注重从宪法的角度保护公民的人格权，人格权也更多地体现为一种弘扬人的主体性价值、尊严和自由的理念，而不是细化的规则。[①]

在近代，多数潘德克顿法学家从人的伦理价值角度出发，反对在法律中规定人格权。其理由主要是：权利是法定的，而生命、身体、自由等乃是个人与生俱来、自然享有的；承认人格权，反而贬低了生命、身体、自由等的意义；承认人格为权利，会造成人既是权利主体，又是权利客体的混乱现象。[②] 在这种思想的影响下，《法国民法典》并没有系统规定人格权，《德国民法典》也只规定了生命、身体、健康、自由、贞操及信用等几种人格权。

但是，在潘德克顿学派时期，日耳曼派法学家基尔克提出了人格权。[③]

---

① 宪法与私法中的人格权的关系，参阅龙卫球著《论自然人人格权及其当代进路——兼论宪法秩序与民法实证主义》，《清华法学》2002年第2期。

② 参见王利明著《试论人格权的新发展》，《法商研究》2006年第5期。

③ O. Gierke, Deutsches Privatrecht, Band I, Leipzig, 1895, 702ff.

理论上一般认为，法国学者多内鲁斯（Hugo Donellus）首次提出了接近现代的民法权利体系，并首次提出了人格权的概念。①

而在现代民法中，人格权已经完全成为一种与财产权并列的权利。这体现为现代民法通过"一般人格权"这一概念的创设，外接于宪法规范，直接沟通了宪法规范与民法规范。同时，现代民法还细化了各种人格权，通过判例和立法建构了一个较为完善的人格权体系。这就是各种具体人格权。从此，民法就形成了一个人格权与财产权并行、对峙的体系。"现代民法在人格权方面经历了这样的过程：从仅规定个别人格权发展到既对人格权做出抽象规定又对人格权进行具体列举，具体人格权的范围也进一步扩大；从民法仅仅在侵权行为法范围内对人格权保护进行消极规定发展到民法在'人法'部分对人格权做出积极、正面的宣示性规定。"②

二　自然人的一般人格权

（一）一般人格权的界定

一般人格权是一个抽象的概念。它是关于人的存在价值和尊严的权利的总和，是以自然人全部的人格利益为标的的总括性权利。

一般人格权这一概念是德国法系的创造。1907 年的《瑞士民法典》的起草人胡贝尔（Huber）等提出了一般人格权概念，并在立法中得到确认。《瑞士民法典》单设了"人格的保护"这一专题，其第 28 条第 1 项规定"任何人在其人格受到不法侵害时，可诉请排除侵害"。瑞士民事立法的这一举措，产生了一般人格权的民法保护制度，对世界各国民事立法产生了重大影响。

《德国民法典》没有规定一般人格权。二战以后，德国法院根据《德国基本法》的规定，创设了"一般人格权"的概念。德国法院以宪法确立的原则为依据，创设通过民法对一般人格权进行保护的判例法。如通过"读者投书案"、"骑士案"、"人参案"等援引联邦基本法的上述规定，确认对一般人格权的法律保护。③

目前，世界各国民事立法通过民法本身，或者通过特别立法，或者通过修改民法，或者通过判例，均已确认一般人格权。关于一般人格权的立法已经成为立法的通例。《民法通则》第 101 条规定，公民的人格尊严受

---

① 参见徐国栋著《寻找丢失的人格》，《法律科学》2004 年第 6 期。
② 王利明著：《试论人格权的新发展》，《法商研究》2006 年第 5 期。
③ 参见龙卫球著《民法总论》，中国法制出版社 2001 年版，第 313 页以下。

法律保护，确认了公民的一般人格权的内容。《最高人民法院关于确定民事侵权精神损害赔偿责任若干问题的解释》第 1 条也再次重申了人格尊严这种一般人格权。

（二）一般人格权的内容

一般人格权的内容可以概括为人格独立、人格自由和人格尊严三项。人格独立的实质内容，表现为民事主体在人格上一律平等，人人都有平等的权利，人人都有保护个人人格的权利，人人都有捍卫个人独立性的权利。人格自由是指人格不受约束、不受控制的状态，是自然人自主参加社会活动、享有权利、行使权利、承担义务的基本前提和基础。人格尊严是指人作为"人"所应有的、最起码的社会地位并且应受到社会和他人最低限的尊重。

一般人格权的客体是一般人格利益，而不是具体人格利益。它决定和派生各种具体人格权，是最具抽象意义和典型性的基本人格权。一般人格权的意义在于，它是一种母权，也是一种发展中的概念，通过这一概念，立法者和司法者可以创设具体化为个别人格权。一般人格权的具体内容是不可列举穷尽的，它不仅包括全部具体人格权的内容，而且还包括具体人格权所不包含的内容。它不仅是具体人格权内容的集合，而且为补充和完善具体人格权立法不足提供了切实可靠的法律依据。

（三）一般人格权的功能及其与宪法的关系

一般人格权的功能体现为：（1）解释功能。对具体人格权进行解释的时候，应当依据一般人格权的基本原理和基本特征为标准。有悖于一般人格权基本原理的对具体人格权的解释，应属无效。（2）创造功能。现代社会中的特别人格权都是依据一般人格权而创造出来的。（3）补充功能。对尚未被具体人格权确认保护的其他人权利益，可以将其概括在一般人格利益之中，以一般人格权进行法律保护。如惊吓、恐吓、电话骚扰、语言骚扰等违法行为，究竟侵害的是何种具体人格权，很难确定。对此，发挥一般人格权的补充功能，就能以侵害一般人格利益而受到一般人格权的法律保护。[①]（4）沟通民法和宪法。宪法规定了公民的人格权及其保护，但宪法在个案中基本上不具有操作性，它只是一般性地规定与主体资格有关的人格权，而且是抽象的人格权，如人格自由、人格尊严与独立等。民法对一般人格权的规定，就有效地将宪法规范转化成了可以操作的规范。

---

① 参见杨立新著《人身权法论》，中国检察出版社 1995 年版，第 696 页以下。

　　一般人格权案件的判决往往涉及宪法规范。德国联邦法院直接引用联邦的德国《基本法》第 1 条（"人类尊严不得侵犯。尊重及保护人类尊严，系所有国家机关的义务"）及第 2 条（"在不侵害他人权利及违反宪法秩序或公共秩序范围内，任何人均有自由发展其人格的权利"）之规定，推导出一般人格权，认为人格权是宪法保障的基本权利。①

　　但是，对于宪法规范能否直接在民法中适用，理论上是有争议的。比如对前述的德国案例，德国一些学者认为，《基本法》第 1 条和第 2 条的规定是公法的规定，不具有私法性质，不能直接创设权利义务关系。这一问题后来发展为"宪法对第三人的效力"理论。② 事实上，在大陆法系中，一般人格权是通过各种判例具体化的，在民法没有规定的情况下，法官自然可以在判决中借助于宪法规范，而且一般人格权不仅仅是民法保护的对象，更是宪法保护的基本人权。只有宪法和民法共同保护一般人格权，才符合一般人权的发展性、开放性的特征，并使一般人格权随着人类文化及社会经济的发展，不断扩大范围和内容。

三　自然人的具体人格权

（一）序言

　　具体人格权也称为特别人格权，是法律就特定人格利益规定的人格权，即法律已经明确规定的具体人格权种类。

　　区分一般人格权与特别人格权的实益在于，凡关于该人格利益在法律上有特别人格权规定的，即应适用该特别人格权的规定；该人格利益在法律上没有特别人格权规定的，则应属于一般人格权，适用关于一般人格权保护的规定。例如，商店无端对顾客搜身并予以扣留，属于侵犯顾客受法律保护的尊严及人身自由等人格利益；而在民法通则中，人格尊严和人身自由没有被规定为特别人格权，因此属于一般人格权的范围。

　　自然人的具体人格权包括生命权、健康权、身体权、贞操权、姓名权、名称权、肖像权、名誉权、隐私权、自由、婚姻自主权等。《最高人民法院关于确定民事侵权精神损害赔偿责任若干问题的解释》第 1 条规定："自然人因下列人格权利遭受非法侵害，向人民法院起诉请求赔偿精神损害的，人民法院应当依法予以受理：（1）生命权、健康权、身体权；

---

　　① 参见黄立著《民法总则》，中国政法大学出版社 2002 年版，第 91 页。
　　② 参见陈新民著《宪法基本权利及"对第三者效力"之理论》，《中国政法大学法学评论》1985 年第 31 期。

（2）姓名权、肖像权、名誉权、荣誉权；（3）人格尊严权、人身自由权。违反社会公共利益、社会公德侵害他人隐私或者其他人格利益，受害人以侵权为由向人民法院起诉请求赔偿精神损害的，人民法院应当依法予以受理。"这一规定总结了民法通则的人格权体系，并做了发展。这是我国现行人格权种类最全面的法律规范。

（二）生命权

法律中的生命仅指自然人的生命，它是人体维持其生存的基本的物质活动能力。人的生命是人的最高人格利益。生命权是指自然人维持其生命和安全的权利。生命权是自然人最基本、最重要的人格权，是自然人享有其他权利的基础。

将生命权作为一种独立的权利进行保护是大多数国家的立法例，但民法通则将生命和健康合并在一起规定，其原因是生命与健康密切相关。

生命权的核心是生命安全。即自然人的生命应按照自然规律延续，不受任何人的非法剥夺。在废除了死刑的国家，国家都不能剥夺任何人的生命。

生命权是否包括自由的支配权，即权利人能否处分自己的生命？现代国家对这一问题基本持否定态度，如绝大多数国家禁止安乐死，其理由与堕胎类似，都与神学教义联系在一起，即生命乃上帝所赐，再痛苦的生活，也有诸多乐趣。但在某些特殊场合，如参加各种竞技和冒险活动，为社会公共利益和他人利益献身，则是法律许可的。

（三）健康权

健康权是指自然人以身体功能的正常运作、功能完善发挥和良好的心理状态为内容的权利。随着医学的进展，健康权包括心理权利，这已为世界上和多数国家的立法和司法的认同。《世界卫生组织宪章》规定："健康不仅是免于疾病和衰弱，而且是保持体格方面、精神方面和社会方面的完美状态。"1978年国际初级卫生保健大会《阿拉木图宣言》宣称："健康是基本人权，达到尽可能的健康水平，是世界范围内的一项重要的社会性目标。"

健康权最重要的内容是健康维护权。即自然人有保持自己身心健康的权利。在生理、心理机能出现不正常时，有请求医治的权利。权利主体以外的任何人，负有不得侵害他人健康的法定义务。健康权也包括保持和利用劳动能力的权利。

与生命权一样，法律也不支持健康利益支配权。对故意恶化自己健康状况的行为（如吸毒），国家可以施行强制性治疗。法律只在特殊情况下许可权利人享有健康利益支配权，如见义勇为、参加竞技性活动的场合。

（四）身体权

身体权指自然人维护其身体安全、完整并支配其肢体、器官以及其他组织的权利。身体即自然人的躯体，包括五官、四肢及毛发指甲等。假肢、假牙已构成肢体不可分离的部分，也被视为身体。身体是生命和健康的载体。我国民法通则没有单独规定身体权，而是将其纳入到了生命健康权中。最高法院有关精神损害赔偿的司法解释规定了身体权。

身体权的内容包括：

（1）身体完整保持权。身体权以自然人的身体及其利益为客体。身体是自然人享有法律人格的物质基础。身体权的核心就是保持其身体的完全性、完整性。

（2）对自己身体组成部分的肢体、器官和其他组织的支配权。传统民法理论认为自然人身体的完整性不得破坏，不能将身体的组成部分予以转让。但是随着科学技术的发展和现代法律伦理的进化，法律允许自然人将自己身体组成部分的血液、皮肤甚至个别器官转让给他人。但这种转让须不违反公序良俗原则，也不能违反法律。这种转让协议也不能请求强制履行。

在一般情形下，侵害身体的行为也会侵害健康，反之亦然。但是，也有只侵害健康而不损及肢体的行为，如致人患病；或只侵害身体而不损及健康者，如非法剪人长发、指甲等。同样，侵害健康权的行为并不当然构成侵害身体权，如因空气污染受害等等。因侵害身体导致被害人健康受到损害的，应当认定为侵害健康权，因为对健康权的侵害通常比对身体权的侵害后果严重。

（五）姓名权

指自然人决定、使用或依法变更自己姓名并排除他人妨害的权利。姓名是标识自然人的血缘遗传关系的记号，也是自然人之间相互区别的标志。在法律上，姓名是使法律上的抽象主体具体化的技术。法律上的姓名应作广义解释，即不仅指身份证上所记载的姓名，还应包括曾用名、笔名、艺名及所谓"字"、"号"。

姓名权的内容主要有：

（1）姓名的决定权。即自然人自己决定自己姓名的权利。决定自己的姓名是自然人的基本人权，也是主体自治和自律的表现。一般而言，自然人应有意思能力才能决定自己的姓名，因此，只有完全民事行为能力人才能自主决定其姓名。无民事行为能力人的姓名应由监护人决定，限制民事行为能力人决定自己的姓名应征得监护人同意。

（2）姓名使用权。指自然人使用自己姓名以明确自己的身份的权利。自然人的姓名是独立主体资格的标志之一，因此，自然人在进行民事活动时，必须使用自己的姓名才能取得民事权利和承担义务。在某些情况下，自然人必须使用自己的正式姓名，如具有法律意义的书面文书的签署、证件的签字以及向法庭作证等。其他场合使用姓名不受限制。自然人的姓名也可以依法允许他人在从事民事活动时使用，如允许他人以自己的名字作广告。自然人也有权要求他人正确使用自己的姓名。

（3）姓名变更权。这是姓名决定权的自然延伸。自然人变更姓名应遵守法律的相关规定。我国户口登记条例第18条规定："未满18周岁的公民要由本人的父母、收养人向户口登记机关申请变更登记。18周岁以上的公民要由本人向户口登记机关申请变更登记。"可见，变更姓名应依规定申请户籍管理机关批准，并在户籍簿及身份证上作相应的变更。但这仅限于正式姓名，非正式姓名的变更不受限制。

侵害自然人姓名权的行为主要有：①干涉他人使用、决定和变更姓名。干涉行为既可以是干涉他人使用真名，也可以是干涉他人使用笔名、艺名等。干涉他人使用姓名的行为，只以违背本人意思为构成要件，而不论是否有不正当目的。②盗用他人姓名。指未经他人同意或授权，擅自以他人的名义实施有害于他人或者社会的行为。③假冒他人姓名。即冒充他人进行民事活动及其他活动。假冒与盗用姓名的区别在于，盗用者并不以被盗用者自居，而是谎称与其有某种特殊关系。这种行为常常同时构成侵害名誉权的行为。假冒则是直接谎称是某人。① 盗用及假冒他人姓名，均以有不正当目的为要件。所谓不正当目的，包括牟利、营私、加害于他人及规避法律。我国人口众多，幅员广大，同名同姓在所难免。使用与他人相同的姓名而无不正当目的者，不构成盗用他人姓名和假冒他人姓名。

侵害他人姓名往往造成财产或者名誉的损害，在判断具体侵权行为类型时，必须注意加害人的行为到底构成何种侵权行为。如甲乙有隙，同居一个单元楼，甲天天遛狗时以乙的名字唤狗，这一行为应构成侵害名誉权

---

① 参见张新宝著《中国侵权法》，中国社会科学出版社1998年版，第290页。

的行为，因为甲不当使用乙姓名的目的是为了侮辱乙。

（六）肖像权

指自然人对自己肖像在制作和使用上所享有的专属的和排他的权利。肖像权是一种标识性人格权。肖像是指通过造型艺术和其他形式表现出来的以自然人的面部为中心视觉形象，包括摄影照片、画像、塑像、剪影等。肖像是自然人身体容貌的有形识别标志，直接关系到自然人的人格尊严及其形象的社会评价。因此肖像权保护的客体就是肖像上所体现的人格利益。

肖像权的内容包括以下几个方面：

（1）肖像制作权。自然人有权决定是否制作、以何种手段制作自己肖像的权利。未经肖像权人的同意，他人不得擅自制作。

（2）肖像使用权。即自然人对自己的肖像有决定是否使用、如何使用、由何人使用、为何使用等问题的权利。未经肖像权人同意，他人不得使用其肖像。但出于执行公务、新闻报道等公益性目的而使用自然人肖像，无须经肖像权人同意。

（3）维护肖像完整权。即肖像权人有权禁止他人非法毁损、恶意玷污或歪曲丑化自己的肖像。

我国法律规定，自然人享有肖像权，未经本人同意，不得以营利为目的使用他人的肖像。侵害肖像权的行为有两项构成要件：第一，未经本人同意。第二，必须以营利为目的。如果不以营利为目的，即使没有经过本人同意，使用他人的肖像，也不构成侵害肖像权。学者普遍认为，侵害肖像权不应要求以营利为目的这一要件。在民法通则制定时，中国人的权利意识还正在初步发育，侵害肖像权的案件很少，而且大多数侵害肖像权的案件都是以营利为目的的。但是，随着市场经济的发展，人与人的关系复杂化了，如果仅仅规定以营利为目的才构成对他人权利的侵害，已经不足以保护自然人的肖像权了。

侵害肖像权的行为主要有：①非法制作和拥有他人的肖像。未经本人同意，擅自拍摄其照片、为他人画肖像或者复制受害人的照片，以及强迫他人画像等行为都属于这类行为。②侮辱、毁损他人的肖像。如在肖像上涂抹、歪曲或者丑化肖像。③未经本人同意而使用其肖像。这种行为具体表现为：未经他人同意而将他人的肖像用于营利性展览、商业广告、商品或服务的标签上等。

对肖像权的限制主要有：①政治家、明星等公众人物出席公开场合时；②为新闻报道而拍摄他人照片；③为张贴寻人启事及为公共利益使用他人肖像；④其他正当事由，如司法人员为取证而拍照等。

（七）名誉权

指自然人维护自己名誉安全的权利。名誉是指有关自然人的道德品质、生活作风和人格尊严方面的社会评价。这种评价是通过自然人的活动和相互交往而形成的。道德品质、生活作风和人格尊严以外的问题，如阶级出身、宗教信仰、财产状况、政治立场、文化程度、工作能力等，均不属于名誉权范围。

名誉权的主要内容是：

（1）名誉保有权。即自然人有权保持自己的名誉不降低、不贬损，在知悉自己的名誉不佳时，有权改进这种状态，他人不得干预。

（2）名誉维护权。这是名誉权中最重要的内容，是指名誉权人有权维护其名誉，要求他人对其进行客观公正的评价。

（3）名誉利益支配权。即名誉权人可以利用自己良好的名誉，与他人进行政治、经济、文化等方面的广泛交往，使自己获得利益。

侵害名誉权的构成要件是：①散布了有关受害人道德和生活作风方面的情况；②所散布的情况通常会降低社会对该人的社会评价。至于加害人散布的情况是否属实，与是否构成侵害名誉权没有直接关系。

侵害名誉权的行为要具有贬损他人名誉的性质，即对他人由其属性和特征所决定的人格尊严进行贬低和损害，并由此造成他人社会评价的降低。《民法通则》第101条主要规定了侮辱和诽谤两种形式。侮辱包括三种形式：一是暴力侮辱。即对受害人施以暴力或以暴力相威胁，使其人格、名誉受到侵害。二是语言侮辱。即用语言嘲笑、辱骂他人，使他人蒙受侮辱、名声败坏。三是文字侮辱。即以文字、图形等可视形象侮辱他人。如张贴大字报、小字报、标语、漫画等。诽谤方式主要表现为两种：一是言语诽谤，即捏造事实，并通过语言进行传播和散布，以败坏他人名声。二是文字诽谤。如在新闻报道中捏造有损他人名誉的虚假事实，在文学作品中编造损害他人名誉的事实等。

侵害名誉权的行为还必须为受害人以外的人知悉。知悉的人即使为近亲属，也构成侵权行为。侵害名誉权的一般只能由作为构成，但是在特殊情况下，也可能由不作为行为构成。如报刊杂志对其所发表的稿件，没有尽审查和核实的义务，致他人的名誉权受到损害。

在司法实践中，最高法院《关于审理名誉权案件若干问题的解答》

（1993）对批评文章侵害名誉权的行为做了硬性规定：只有文章基本真实，没有侮辱他人人格的内容的，才不构成侵害他人的名誉权；文章基本属实，但有侮辱他人人格的内容，或文章的基本内容失实，使他人名誉受到侵害的，都认定为侵害他人名誉权。这一规定在实践中造成了名誉权案件的滥诉。尤其是"文章基本属实，但有侮辱他人人格的内容"严格限制了批评自由，几乎造成了"寒蝉效应"。揭露某名人的恶行后有感而发，说些刻薄话，也构成侵权，这样的法律也未免太不近人情了。

侵害名誉权的损害后果一般包括名誉损害、精神损害和财产损害。对名誉的损害不能以损害人自身的感受为准，而应依行为是否有损于受害人的名誉为准，即以一般人的通常判断为标准。精神损害是侵害自然人名誉权的直接结果。财产损害则是侵害名誉权的间接后果。

（八）隐私权

隐私权是现代才发展起来的人格权，它是 1890 年由美国学者路易斯·布兰代斯（Louis D. Brandeis）以及埃·威斯丁（A. Westin）首先提出的。之后随着世界性人权运动的发展，隐私权理论逐渐受到世界各国的重视，并成为较为完备的权利。隐私权制度的确立和发展是人格权制度发展到一定阶段的必然产物，也是人类文明进步的重要标志。

隐私权指自然人对其仅与个体相关的信息、生活资讯进行支配，并排除他人干预的权利。隐私是指自然人不愿意为其他人所知悉的个人生活秘密和私人生活，包括日记、生活习惯、生活经历等。对于隐私的范围，各国的认定标准不一样。有的国家认定隐私的范围非常广泛，比如认定球员的收入也属于隐私。一般而言，隐私包括个人在其私人生活领域中不愿意为其他人所知的一切事项，如身体缺陷、健康状况、经历、财产状况、家庭情况、婚恋情况、生活习惯等等。隐私（privacy）不同于阴私（intimacy），阴私在社会生活中仅指与男女两性有关的秘密，属于隐私的一部分。

我国民法通则对于隐私权未作明文规定，但根据宪法第 38 条及《民法通则》第 101 条关于保护人格尊严的一般规定，可以认定隐私权亦属于我国法律所保护的人格权的一种。最高法院有关精神损害赔偿的司法解释正式将其认定为一种独立的人格权。

隐私权的内容主要包括以下几个方面：

（1）个人生活安宁权。即自然人能够按照自己的意志支配个人生活，不受他人干涉和破坏。

（2）个人生活情报保密权。即自然人有权禁止他人非法调查、公布和使用其个人生活情报。个人生活情报是指仅与特定人相联系的信息和资料，如个人的体重、身高、生活经历、信仰、爱好、婚姻、财产状况及社会关系等情况。

（3）个人通信秘密权。即自然人有权对个人信件、电报、电话、传真及谈话内容加以保密，禁止他人擅自查看、刺探和非法公开。

（4）个人隐私利用权。即自然人有权依法按照自己的意志利用自己的隐私从事各种满足自身需要的活动，不受他人的非法干涉。如自然人有权将自己特殊的生活经历作为文学创作的素材等。但个人对其隐私的利用不得违反法律和公序良俗原则。

侵害他人隐私权的行为主要包括侵入骚扰（如侵入他人住宅）、监视监控、窥视、刺探、干扰、披露公开等。侵害他人隐私权的行为不必在公开场合进行。加害行为即使是秘密进行的，也没有进行传播，但只要受害人能够证明其侵害行为，即构成侵害隐私的行为。法律对隐私权的保护，着重于禁止未经本人同意而采用大众传播媒介公开属于他人隐私的秘密。因此，侵害隐私权的侵权行为，一般应以采用出版、电影、电视、广播等方式为要件。

在现代信息社会，隐私权的内涵和外延迅速拓展。可以说，它是受科技影响最大的一种人格权。正如隐私权概念的创始人所说，时代的变化、社会的变迁会赋予隐私权新的性质和内容。[①] 在国家的监控技术愈来愈发达的社会，隐私权的保护将是一个长期挑战法律的问题。

（九）自由

指自然人在法律规定的范围内，按照自己的意志和利益进行活动和思维，而不受拘束、控制和妨害的权利。在法律上，自由包括政治自由和民事自由。政治自由权是由宪法规定的权利，如言论、出版、结社、集会、游行、示威自由以及宗教信仰自由等。民法上的自由包括婚姻自由、契约自由、人身自由等，它属于人格权的一种，但习惯上不称自由权而称自由。

自17世纪以来，个人自由一直被视为是个人享有的与生俱来的、超越实体法的权利。否定个人自由即否定个人的人格。自由权作为人格权的基本组成部分得到了各国民法的广泛承认。我国民法通则对自由未设明文规定。但是结合宪法第37条等规定看，宪法是全面规定了公民的自由权

---

① Samuel D. Warren & Louis D. Brandeis, *The Right to Privacy*, 4 Harv. L. Rev. 193（1890）.

的，这为自然人自由的保护提供了具有最高法律效力的指导原则。

自由的内容包括：

（1）意志自由。这是指自然人享有依照其自由意志支配自己精神活动并排除他人非法干涉的权利。自由意志是民事主体最重要的价值之一，也是法律行为得以展开的依据。在英美法上，没有造成任何损害的胁迫也可以构成侵权行为，就因为它侵害了自然人的自由意志。[①]

（2）行为自由。是指自然人享有可以依照其自由意志支配自己外在身体的行动并排除他人非法干涉的权利。行为自由权的内容很广泛，如安排自己的日常生活、通信、交友等。

侵害自由的侵权行为，表现为对上述各种自由的剥夺和限制。如商场无端对顾客盘查、搜身和限制行动的行为，既构成对人格尊严的侵害，也构成对自由的侵害。

四　自然人的身份权

（一）序言

民事主体是自由、自治和自律的个体，这是私法自治得以成立和运行的基本前提。但正如马克思的名言说揭示的那样，人在本质上是社会关系的总和。民法中的人也如此。民法把对自然人尤其重要的身份，通过法律形式固定下来。基于这些身份关系的权利义务，都是强制性发生的，即完全是法定的，当事人通常不能合意改变。在现代社会，"身份"的重要性远远不如以前，人们甚至还把它和"封建"联系在一起。但在民法中，无论何时，身份都是一个重要的制度，现代民法调整的，不再是与特权、权力联系在一起的身份，而是基于人的自然属性发生的身份。它包括两种：因出生发生的以父母子女为中心的亲属关系和因婚姻发生的各种姻亲关系。前者是基于出生这一事实产生的，后者则是基于合意产生的。

正因为身份权是基于自然事实（出生）或者法律行为（婚姻）产生的，它必然存在特定的相对方，这是它与人格权的一个重要区别；身份权包含了义务关系，它是权利义务的结合体，双方都互享权利、互负义务，这是它和其他权利的另外一个重大区别。最后，身份权是不能抛弃的，抛弃的行为要么违反公序良俗原则（如夫妻一方抛弃要求对方忠实的义务），要么是侵害了对方当事人的利益（如子女以抛弃继承权为条件，不承担赡

[①]　Holcombe v. Whitanker, 294 Ala. 430. 318 So. 2d 289（1975）.

养父母的义务）。

"身份"的法律效力使民法中的人并不能完全以个体的姿态存在，它也是民法对当事人全面自治的一个限度。因为身份关系发生在自然人之间，它关涉人的本性、私人领域的亲密关系，而且在任何社会，这种情感都被赋予了一定的伦理价值（如西方13世纪晚期起，婚姻就被作为七圣事；俗语"家庭是社会的细胞"），而法律的调整手段又相当有限，所以有"法不入家门"的说法。但在经过巨变后的现代社会，现代民法逐渐又开始强调对家庭关系的调整，① 对身份权较近代民法更为强调。

我国法律规定的身份权比较简单，主要有配偶权和亲属权两种。我国没有规定亲权制度，亲权制度体现为监护制度和亲属权制度。

（二）配偶权

依照法定要件和程序成立夫妻关系的男女双方互为配偶。配偶权是指合法婚姻关系存续期间，夫妻之间相互享有的身份权。其内容包括：同居权，即夫妻双方以配偶身份共同居住生活的权利；扶养权，即夫妻在共同生活中有相互扶养的权利和义务；忠实请求权，即夫妻互有要求对方保持贞操的权利；离婚权，即依法解除婚姻关系的权利。除上述权利外，配偶权还包括财产管理权、日常家事代理权、监护权、收养子女权、住所商定权、继承权等。

（三）亲属权

亲属是指由婚姻、血缘和法律拟制而形成的、具有权利义务内容的特定主体之间的社会关系。亲属则是父母与成年子女、祖父母与孙子女、外祖父母与外孙子女以及兄弟姐妹之间的身份权的统称。根据我国婚姻法及有关法律的规定，亲属权主要包括以下内容：

（1）父母与成年子女之间的权利。包括父母对患有精神病的成年子女的监护权和抚养权；成年子女对父母的赡养权；父母、子女之间互有继承权；父母、子女间互有行为能力宣告、失踪宣告和死亡宣告申请权；一方失踪后的财产代管权等。

（2）祖父母、外祖父母与孙子女、外孙子女间的权利。有负担能力的祖父母、外祖父母，对于父母已经死亡，或者父母一方死亡，另一方确无能力抚养或父母均丧失抚养能力的未成年的孙子女、外孙子女有抚养权和

---

① 参见李立如著《法不入家门？家事法演变的法律社会学分析》，《中原财经法学》2003年第10期。

监护权；有负担能力的孙子女、外孙子女，对于子女已经死亡或子女确无赡养能力的祖父母、外祖父母有赡养权；互有继承权、行为能力宣告、失踪宣告、死亡宣告申请权；一方失踪后的财产代管权等。

（3）兄弟姐妹之间的权利。有负担能力的兄、姐，对于父母已经死亡或者父母无力抚养的未成年的弟、妹有抚养权和监护权；由兄、姐抚养长大的有负担能力的弟、妹，对丧失劳动能力、孤独无依的兄、姐有抚养权；互有继承权、行为能力宣告、失踪宣告和死亡宣告的申请权；一方失踪后的财产代管权等。

第四节　法人（一）

一　法人：拟制与现实

（一）法人的形成

在民法中，除了自然人以外，还有另外一类主体——法人。法人是具有民事权利能力和民事行为能力，依法独立享有民事权利和承担民事义务的组织，即能够以自己的名义享有民事权利和承担民事义务的组织。法人与有血有肉的自然人不一样，它是一种社会组织，是自然人或者金钱的结合。对组织、团体赋予法律人格，是民法最富想象力、对社会贡献最大的创造者。

从人类社会的历史看，人类社会早期的各种共同体——氏族、家庭和城邦等，无疑都是人的集合体。这些共同体的成员可能都有对集体的归属感，甚至个体还被淹没在集体之中，但这些组织在法律上并没有独立的人格。无论是希腊的斯多葛学派，还是罗马法学家，都认为只有自然人才是法律主体。罗马法对人格理论的最大贡献就是提出了人和人格的分离的学说，[①] 这一学说为团体人格（corporate personality）提供了弥足珍贵的火种：既然生物意义上的人不一定是法律意义上的人，那么，法律意义上的人也就有可能不一定是生物意义上的人。[②] 法人制度中存在着四重分离，即集体人格与个人人格的分离，集体行为与个人行为的分离，集团意思与个人意思的分离，集体责任与个人责任的分离。只有社会发展到一个基础，能够实现这种分离时，法人制度才可能存在和发挥功能。其中最重要

---

① 周枏著：《罗马法原论》（上），商务印书馆1994年版，第269页。
② 尹田："论法人的权利能力"，《法制与社会发展》2003年第1期。

的就是集体人格和个人人格的分离。罗马法实现了人与人格的分离,这种分离虽然造成了法律上人与人不平等的现实,但是却为法人制度的出现提供了可能性。

法人制度源远流长,其历史可追溯到古罗马时期。在罗马共和国时期,罗马法即有条件地承认了国家和地方政府等公法人的独立人格。

除了罗马法的渊源外,法人制度还有两种重要的渊源,即日耳曼法和教会法。日耳曼法向来以团体主义著称,① 日耳曼人的家庭、氏族或者村庄都具有强烈的集体人格色彩,而且这种人格不是法律拟制的,而是现实的。这种集体主义重视的是邻里、同伴和合作关系(partnership),关注的是集体人格和共同体精神,这是与罗马法的个人主义完全不同的精神质素。另一方面,在中世纪教会革命之后,教会社团法得到了空前发展。在 11 世纪晚期以及 12 世纪和 13 世纪,罗马天主教会所发展起来的社团法律体系成为整个教会法律体系的一种次级体系。"任何具有必要机构和目的的人的集团——例如,一所救济院、一所医院、一个学生组织或者一个主教管区乃至整个教会——都构成一个社团";"依照教会法,社团的财产是其成员的共同财产,如果没有其他方法偿还债务,便可以向它的成员征税"。② 但教会社团是通过人们主观拟制才享有法律上主体资格的。

近现代意义上私法上的法人制度最初是从合伙—公司制度发展起来的,随着合伙制度逐渐向现代公司制度转化。公司制度的雏形,一般认为是中世纪欧洲地中海沿岸商业出现的各种家族企业和康孟达(Commenda)组织。③ 世界上最早的有关商事组织的立法是法国路易十四国王 1673 年颁布的《商事条例》。在该条例中明确将索塞特和康孟达这两种中世纪盛行的组织形式以无限责任公司和两合公司的形式确定下来,从而使康孟达这种惯常采用的有限合伙人责任限定方式首次为立法所认可。但这种公司与合伙的界限并不清晰,难以实现专业化经营,且筹资能力有限。

---

① 在很古老的时期,日尔曼民族就体现了这一特征。塔西佗著:《阿古利可拉传 日尔曼尼亚志》,马雍、傅正元译,商务印书馆 1997 年版,第 55 页以下。

② [美]哈罗德·J. 伯尔曼著:《法律与革命——西方法律传统的形成》,贺卫方等译,中国大百科全书出版社 1993 年版,第 264 页。

③ 在地理大发现后,葡萄牙和西班牙开展了对非洲和美洲殖民地的掠夺。为了筹集资金,当时采取了两种组织形式:一种是船舶共有制;一种是康孟达组织,即有产者投资,由专业的航海人员负责经营,航海者负无限责任,有产者仅在出资范围内负有限责任。采用这种方式的另外一个目的是规避神学教义,因为中世纪的神学教义都反对通过借款获取利息,航海放贷人为规避教会法禁令,就往往以航海合伙人的身份参与航海经营。

另一方面，中世纪，意大利首先出现了以股份公司形式存在的"海上协会"和"热那亚银行"。这种企业主联合组织与15世纪末尼德兰和英国建立的合股商业公司具有类似之处。到了17世纪初，荷兰和英国的东印度公司通过国家的认可成为特许法人。这是股份有限公司的鼻祖。工业革命后，因经济发展和生产建设的需要，出现了公司的典型形式——股份有限公司。它是由一定人数以上的股东所设立的，全部资本分为均等的股份，其成员以其认购的股份金额为限，对公司债务承担责任的公司。

《德国民法典》第一次在立法上明确规定了法人（Juristisc Person）制度，并为以后大陆法各国所效仿。

民法典中的法人制度是对社会中的各种组织的一般性规定。它不仅规定各种商业性的营利组织，也规定各种不以营利为目的的团体。

（二）法人的性质

在英语中，法人称为 legal person，juristic person，artificial person。其意思都是法人是拟制人、"人造"人。而且，在大陆各国的理论上，学者对法人的本质也曾经有各种界定。我国法学界对法人本质的讨论，主要援引的是德国学者关于法人的学说。

第一种为否认说（Negationstheorie），为耶林等人所主张。他们认为，法人不存在，也不是法律主体，真正的法律主体是法人的成员。

第二种为拟制说（Fiktionstheorie），为萨维尼主张。认为权利义务主体只能是自然人，只是出于便利的考虑，法律才拟制其为法律上的主体。

第三种为实在说（Realitaetstheorie），为基尔克所主张。该说认为，法人有其团体意思，是一个有机的社会体，与自然人一样是实在的主体。这种学说又分为"有机体说"和"组织体说"。前者认为团体则为社会的有机体，在本质上是与生物人一样的有机体，也是一种具有生命力的组织体。后者认为，法人的基础在于团体或共同体是像自然人一样独立的实体。其中，"组织体说"能够较为科学地说明法人的本质，为我国多数学者所主张。[1]

德国学者对法人本质的讨论也影响了普通法学者。在英美法系，关于法人的性质也有两种截然不同的见解，一种是名义说（corporation nominal-ism），认为公司是股东之间通过契约的结合。公司仅仅是简化了的各股东

---

[1]　参见梁慧星著《民法总论》，法律出版社2004年版，第125页以下；胡长清著：《中国民法总论》，中国政法大学出版社1997年版，第97—100页。

的姓名而已。另外一种是实体论（corporation realism），认为公司是一个发育完全的实体。它的法律人格无非是其在社会中的真实人格的表现。

在上述三种理论中，法人否认说完全不承认法人的主体资格，与现代法的立场完全不合。法人拟制说明显受到神学（尤其是阿奎那思想）和康德哲学的影响，依据这些理论，只有自然人才具有主体资格，才是自由和自律的人。萨维尼明确指出："每个人，并且只有每个人，才具有权利能力。"① 法人作为一个社会组织，不具有伦理价值，因此不是法律主体。法人实在说产生于德国人格外重视国家和共同体的存在价值的时期。法律界的许多人，如拉德布鲁赫和基尔克等，举起了共同体主义的旗帜。②

目前，法人实在说已经成为学术界的通说。最根本的原因在于，法人虽然没有自然人的肌体，但是有自己的团体意思，能够独立从事民事活动，因此法人有自己独立的法律人格。我国民法通则也接受了实在说，第36条第2款明确规定法人享有行为能力，第43条规定企业法人对它的法定代表人和其他工作人员的经营活动，承担民事责任。但另一方面，我们也必须认识到，法人之所以具有主体资格，完全是法律所赋予的。如果说自然人的主体资格很大程度上是源于法律对自然人伦理价值的确认，是天赋人权的法律表达，那么，法人主体资格纯粹是经济生活和社会生活发展需求的产物，并不包含自然人的人格所表现的人类尊严、人人生而自由平等的价值观念。但是，如前所述，法律主体必须由法律承认，自然人和法人都是通过人格这种法技术创制的主体："正是由于法律的确认和构造，团体才能转化为作为民事主体的法人。"③ 另一方面，"法人正如自然人，因其能发挥社会的作用，有适于具有权利能力之社会价值，故应予以权利能力"。④ 所以，"只有既强调团体的社会存在，又强调法律在赋予团体法人资格中的作用，才可能会对法人本质有一个较为全面的理解"。⑤

法人资格必须由法律确认是民法和商法的一个基本原理。商法的一个基本原则就是商事主体法定原则。商事主体严格法定原则主要包括商主体类型法定、商主体内容法定和商主体公示等方面的要求。商主体类型法定

---

① ［德］罗尔夫·克尼佩尔著：《法律与历史——论〈德国民法典〉的形成与变迁》，朱岩译，法律出版社2003年版，第62页。

② 参见龙卫球著《法人的主体性质探讨》，·《民商法论丛——江平教授70华诞祝贺文集》，中国法制出版社2000年版。

③ 参见江平、龙卫球著《法人本质及其基本构造研究》，《中国法学》1998年第3期。

④ 史尚宽著：《民法总论》，中国政法大学出版社2000年版，第140页。

⑤ 参见马俊驹著：《法人制度的基本理论和立法问题探讨》，《法学评论》2004年第4期。

要求当事人只能在法律规定的主体类型中选择，而不能自由创设。内容法定是法律对各种类型商主体的财产关系和组织关系的规定是强行法，禁止当事人变更或排除其适用，除非法律明确授权。商主体公示原则要求商事主体的成立、变更、消灭以及商事企业涉及当事人的重大事项都需要以登记或其他方式公开，以便为公众知悉。

（三）法人制度的功能

对于一个社会而言，承认法人是一种与自然人分离的、独立的民事主体是有其必要性的。

从法律经济学的角度看，法人制度的成立首先是因为法人制度是高效率的。美国著名经济学家科斯 1937 年发表的《企业的性质》一文认为，企业是一种具有某种共同目标的成员之间的合同关系，它仅是一种法律虚构，其实质体现为成员的合同关系上。他用交易费用概念解释了企业产生与发展的原因：企业是替代市场的一种组织制度安排。企业之所以替代市场，是因为企业是通过类似于官僚科层制的方法进行管理的。[①] 简单地说，运用市场机制是需要成本的，因为一个人必须要了解有关市场的信息之后，才能够决断。比如，我们如果要花最少的钱买最好最多的东西，就必须了解所有的产品信息和价格信息，而且在订立合同后，我们还要监督对方履行合同。而法人组织实行的是上下级关系，公司与员工订立了长期雇佣合同之后，就可以不用再与员工磋商，而是采取直接管理的方式从事经营。这样就减少了很多谈判成本和监督合同执行的成本。科斯的这种观点对经济学界影响很大。在经济学中，公司往往被界定为"系列合同"（Nexus of Contracts Theory），即认为公司是许多人之间的合同，包括劳动力、原材料和资本的所有者、公司产品的消费者和其他人等。美国著名法学家波斯纳也从交易成本的角度出发讨论"企业的性质"。[②]

法人制度最大的功能是弥补自然人的缺陷，发挥众人拾柴火焰高的优势，有效地在整个社会融资。法人的投资者承担的是有限责任，而不像合伙一样，投资人必须以自己的全部财产承担责任。而且出资人也可以完全不经营法人，而将法人交由其他人经营，自己则享受利益，承担风险，完全通过资本获得收益。正是因为法人制度的风险相对较小，而投资回报率

---

① 参见［美］科斯著《企业的性质》，《企业，市场与法律》，上海三联书店 1991 年版，第 7 页以下。

② ［美］波斯纳著：《法律的经济分析》（下），蒋兆康译，中国大百科全书出版社 1997 年版，第 513 页。

可能很高，法人的融资功能很强。更重要的是，个人依靠一己之力无法成就的事业，可以通过法人办到。事实上，在现代社会中，几乎所有重大的事业都是通过法人完成的。正如马克思100多年前说的，如果没有股份有限公司的话，铁路肯定是修不起来的。所以，法人制度是人类的一个伟大的社会发明创造。正因为此，有人在评价股份有限公司这一制度时指出，这一制度比蒸汽机的发明还重要。

另外，法人制度还具有独特的政治功能。法人组织对应于公民的结社权这项基本的宪法权利。法人是国家与个人之间的中间组织，它是国家与个人之间的冲突和矛盾的缓冲地带。更重要的是，法人，尤其是各种社会团体法人是市民社会中最重要的力量，是市民社会和政治国家对峙的物质基础。但是，因为法人的资金和人数都只有下限而没有上限，其作用是自然人远远无法比拟的，法人可以无限扩张，能够在政治上表达他们的利益，甚至采取和国家对抗的手段，所以，国家常常担心法人的成长壮大会威胁到统治者的利益。在经济全球化的今天，法人尤其是跨国公司已经成为宰制世界经济和国内经济的重要力量。所以，各种反垄断法开始大行其道，反垄断法的目的并不仅仅在于维护市场的竞争秩序，也在于限制法人力量的过度膨胀。正因为此，在法律实践中，我们常常看到，反垄断法虽然宣称不反对垄断组织（Monopoly）而只反对垄断行为（monopoly），以维护经济民主和鼓励个人创造，但事实上各国几乎都对垄断组织保持相当的警惕。

法国民法典中没有规定法人，除了立法者憎恨封建行会制度对自由贸易的破坏，担心行会会利用法人的形式导致封建复辟外，一个重要的理由就是对法人干预国家政治深怀怵惕之心。

但是，"组织人"已经成为现代人的一种生态。几乎所有的人都生活在各种各样的组织、单位之中。在商品经济条件下，对规模的追求及竞争的残酷性，迫使个体"放弃个性、融入群体，以寻求对广阔生存空间的憧憬和对未来承担风险的回避"。① 团体给个人带来的归属感，也是保守主义政治哲学的遗产之一。这可以说是现代社会的一个悖论：一方面，个人主义逐渐成为一种新的宗教；另一方面，个人又不得不随时生活在各种组织中，受各种组织的控制（尤其是中国计划经济时代的"单位"制度）。

（四）法人的有限责任

法人独立承担责任是其独立人格的逻辑结果。"团体之是否具有独立

---

① 马俊驹著：《法人制度的基本理论和立法问题探讨》，《法学评论》2004年第4期。

人格最终取决于它是否独立承担责任，或者更准确些说，最终表现为它是否独立承担责任。……独立财产和独立责任是法人独立人格的两根支柱，而独立责任是独立财产的最终体现。"① 法人与创设它的自然人在法律上是两个独立的人格，他们的责任是分开的。法人的民事责任不是由法人的成员（投资人或者设立人）承担，而是由法人组织自身承担。即使在法人破产时，法人的投资人也只在其投资额的范围内承担清偿责任。国家独资的公司或者企业与普通营利法人相同，国家作为出资人，也仅仅在其投资范围内承担有限责任。

法人承担的责任性质与自然人不同。自然人承担无限责任，即以自己现代和未来可取得的全部财产承担责任。对法人责任的一般性提法是"法人承担有限责任"，这种表述不准确。因为法人是以其全部资产对外承担法律责任的，承担的是无限责任。创设法人的自然人承担的才是有限责任，他们仅仅以自己投入法人的财产为限承担责任。也就是说，承担有限责任的实际上是出资的股东，而不是法人。

赋予法人以其全部资产为限对债务承担责任，无疑大大促进了经济的发展。美国批判法学认为，过错责任是国家以牺牲社会上不活跃的群体的利益为代价，为工业提供的一种补贴。② 果真如此，法人的这种责任制度就更能够体现法律中经济力量带来的压迫了。

但从有限责任的发展史和比较法看，有限责任并不必然与法人制度画等号，最典型的例子是在限定继承的制度中，自然人仅在遗产限度内对被继承人的债务承担责任，这也是一种承担有限责任。有限责任其实是对全部责任的一种有限豁免，它最初的雏形，是以特定的物承担责任。这体现为罗马法中特有产制度（peculium），它是指家父交给其子或奴隶从事商业交易的特定财产，此时，家父以特有产总额为限，对家子的债务承担责任。③ 法人以其全部资产承担责任的原则很晚才确立：直到 1855 年，英国才通过了《有限责任法案》（The Limited Liability Bill），第一次在法律上明确规定股东对公司债务只负有限责任。

即使在近现代，法人也可能承担无限责任，如两合公司和无限公司。

---

① 江平主编：《法人制度论》，中国政法大学出版社 1994 年版，第 32 页。

② 参见［美］霍维茨著《美国法的变迁：1780—1860》，中国政法大学出版社 2005 年版，第 5 章。

③ 参见［意］彭梵得著《罗马法教科书》，黄风译，中国政法大学出版社 1992 年版，第 130 页。

这些公司的法人人格与有限责任是分离的，法人所有成员均应当对法人债务承担无限连带责任。《俄罗斯联邦民法典》还规定了一种责任补充型法人，即当法人以其财产不足以清偿其债务时，法人成员或所有者有义务承担补充责任的法人形态。① 这种立法的好处在于其开放性，可以将所有的组织纳入到法人中；其缺点则在于使法人种类相当混乱，几乎所有的组织都可以成为法人。

二　法人的基本类型

（一）理论分类

大陆法系国家民法典和民法理论对法人的分类，基本上接受的是德国民法的观点，即首先将法人分为公法人和私法人，再将私法人划分为社团与财团，继而将社团法人分为营利法人和公益法人。但如前所述，很多国家的立法并没有将法人成员的有限责任作为法人的特征，而成员承担无限责任的组织种类又相当多，所以，各国对法人的分类存在一定的差异。这里仅介绍大陆法系国家通行的法人理论分类。

1. 公法人和私法人

这是依据法人设立的法律根据为标准进行分类。

凡是依公法（主要是宪法和行政法）设立的法人为公法人，如国家管理机关；凡是依私法设立的法人为私法人，如公司。公法人在参与民事活动时，与私法人的民事法律地位平等，即使国家作为民事主体参与民事活动时也如此。但除了民事领域外，公法人和私法人不是平等的法律关系。

从法律主体的角度看，公法人与私法人最大的区别在于两者的设立不同。公法人设立需要依据公法规定的程序设立；此外，因为公法人享有国家权力，国家往往对其工作人员和财产的活动采取监控措施。在民法领域，因为公法人和私法人的法律地位一律平等，所以这一区分基本没有意义。但从政治思想史和政治实践的角度看，将公共机构视为法人，对于限制国王的权力、实现人民主权发挥了很大的作用。

2. 社团法人和财团法人

依据法人内部结构的不同对私法人所做的分类，也是大陆法系对于法人的最基本、最重要的分类。

---

① 参见虞政平著《股东有限责任——现代公司法的基础》，法律出版社 2001 年版，第 167 页以下。

社团法人又称法人型人合组织，是以自然人的存在为成立基础，并以其制定章程作为活动依据的法人，它是"人的组织体"。如各种公司、合作社、各种协会、学会等。美国学者格雷对社团法人作过经典定义："社团是国家已授予它权力以保护其利益的人的有组织的团体，而推动这些权力的意志是根据社团的组织所决定的某些人的意志。"①

社团的设立人数，如果法律有特定规定的，应依其规定（如公司法、工会法），民法未设明文，解释上至少须有二人，最多则无限制。法人也可作为设立人。社团经设立后，尚需主管机关的许可，办理登记后才能取得法人资格。

财团法人，又称"目的财产"，是以捐助的财产为成立基础，并以捐助的目的和捐助人设立的章程为活动依据的法人，如各种基金会、私立学校、医院、图书馆、博物馆、科研机构、宗教教堂、寺庙以及孤儿院、救济院等慈善机构。财团法人没有成员，只有独立的特别财产，因此称为"一定目的的财产的集合体"。普通法没有社团与财团之分，其信托制度大致可以起到财团的社会作用。设立财团须捐助财产，这种行为称为捐助行为，性质上属于无相对人的单方行为，也可以通过遗嘱设立。

社团法人和财团法人都有人和财产的因素，但是，在其成立的基础是财产还是人这一点上有所不同：财团法人的设立必须先有一笔基金，正是有了这笔基金才建立了财团法人，财团法人则是先有财产，然后再有人，财产是中心。社团法人的成立是以人为中心的，是先有人，然后有财产。此外，两者还具有如下区别：

（1）设立行为的差别。社团的设立行为，限于生前行为，而且必须是二人以上所为的共同法律行为，表现为以设立法人为目的的订立章程的法律行为；财团的设立行为，可以是一人设立，而且也不限于生前行为，可以是死因行为，包括订立捐助章程和捐助财产行为。

（2）设立程序的差别。财团以追求公益事业为目的，国家对其设立程序要求较高；社团内部形态不一，依法适用不同的设立程序，公司一般采取准则设立主义，即只要符合法律要求的条件，都可以设立。

（3）设立人地位的差别。财团的设立人在财团设立后，与财团不再有任何联系。社团的设立人在社团成立后，取得社团的社员资格。

（4）变更和解散的条件不同。在社团，社员可以依决议自动变更社

---

① 龙卫球著：《民法总论》，中国法制出版社 2002 年版，第 336 页。

团，还可以依决议自愿解散。在财团，其目的、章程及组织的变更、管理方法的修改，或者解散，需由特定机构（如法院或主管官署）依职权为之，不存在自愿决议的解散。

（5）内部组织不同。社团以社员大会为意思机关或权利机关，董事会依据其指示进行管理。财团法人则无社员大会或意思机关，只有一个管理机关，依章程目的进行管理；财团有时设有受益人。[1]

我国民法没有采用社团法人和财团法人的分类。从民法通则规定的法人类型看，企业法人以及社会团体法人相当于社团法人。但我国的《社会团体登记管理条例》和《基金会管理条例》，将各种基金会归入社会团体法人，而依据传统的法人分类，它们属于财团法人。[2]

3. 公益法人和营利法人

依据法人的成立目的所做的分类。

公益法人是以公共利益为目的的社团法人。公共利益是指它谋求不特定的大多数人的利益，并且主要是非经济的利益。公益法人通常不能从事营利性活动，也不能对其成员分配经济利益。如学校、医院、慈善机构等公益法人既可以采取社团法人的形式，也可以采取财团法人的形式。我国民法通则所规定的企业法人实际上就是营利法人，而所谓国家机关法人、事业单位法人以及社会团体法人，则基本上属于公益法人。

营利法人是以营利为目的的社团法人。"以营利为目的"是指法人设立的目的在于使其法人成员享受财产上利益。"营利"仅仅指法人在性质上是以追求其成员利润满足为唯一目的，但究竟是否能实现此种目的，则取决于营利法人经营的好坏。需要注意的是，这里的营利不仅需要法人的目的事业性质上是经营行为，而且还需要将其经营所得收益分配给法人成员。因为一些公益法人为实现其公益目的，也须从事经济活动，如基金会为了维持其财产的价值或使其增值，依据法律规定，可以将资金用于投资。这种经营行为并不影响其公益性质，因为它从事这些行为的最终目的是为了更好地实现其公益目的，而不是为了获利。所以，区分营利法人与非营利法人最核心的标准，不是是否营利，而是营利活动所得利益的归属。

这一分类的目的在于揭示法人设立的不同目的。这两种法人的设立原

---

[1] 参见龙卫球著《民法总论》，中国法制出版社 2002 年版，第 336—337 页。

[2] 参见梁慧星著《民法总论》，法律出版社 2004 年版，第 129 页。

则及程序、权利能力和公权力的介入程度等方面都有重大的差别。通常，营利法人的设立一般应依据特别法的规定（公司法、银行法、证券法等），公益法人除有特别规定外，可依民法设立。营利法人的设立一般不需主管机关的许可，公益法人的设立则通常应取得许可。

除了公益法人和营利法人之外，还有一种既不以营利为目的，也不以服务于公共利益为目的的法人，如各种研究会、同学会等。这种法人在理论上称为中间法人。

（二）中国民法的分类

民法通则根据法人设立的宗旨和所从事的活动的性质，将法人分为两类：一是企业法人；二是非企业法人。它包括机关、事业单位和社会团体法人。

（1）企业法人

企业法人是指以营利为目的、独立从事商品生产和经营活动的经济组织，相当于理论类中的营利法人。它是现代社会生活中最重要的经济组织，也是最重要的法人民事主体。

在我国的法律体系中，企业法人又依据所有制区分为全民所有制企业法人、集体所有制企业法人和私营企业法人；按照投资者的身份，又区分为内资企业和外商投资企业。这种分类只是中国计划经济向市场经济过渡时期的产物。依据我国法律，企业法人又可以被分为公司法人和非公司法人，以公司法人为其典型形式。

（2）非企业法人

非企业法人主要是从事国家行政管理、社会政治、经济或文化等各种公共事业的组织。非企业法人设立的条件和程序具有行政性，而且其活动还具有公共性和非营利性的特征。

在我国，非企业法人包括机关法人、事业单位法人和社会团体法人。

机关法人是指依法享有国家赋予的权力，以国家预算作为独立的活动经费，具有法人地位的中央和地方各级国家机关。机关法人相当于理论分类中的公法人。

事业单位法人是指从事非营利性的各种社会公益事业的法人，如从事文化、教育、卫生、体育、新闻、出版等公益事业的单位。其中既有国家拨款成立的兼有部分行政管理职能的公法人，又有依国家行政命令组建的公益法人，还有由自然人或法人组建并办理登记成立的私法人。由于历史原因，我国的事业单位主要由国家兴办（少量由集体兴办），多数事业单位事实上代表国家从事社会各项事业，其成立程序与国家机关基本相同。

社会团体法人是指由自然人或法人自愿组成，从事社会公益、文学艺术、艺术研究、宗教等活动的各类法人。根据我国有关法律，非企业法人中不属于国家机关法人、事业单位法人的法人，都属于社会团体法人的范畴，如人民群众团体、政党、社会公益团体、学术研究团体、文学艺术团体、宗教团体、研究会、商会等。根据我国《社会团体登记管理条例》第10条的规定，社会团体必须有50个以上的个人会员，或者30个以上的单位会员，或者有50个以上个人会员和单位会员。

中国民法中的社会团体法人和民法理论中的社团法人差别很大。社会团体法人是不能营利的，除国家机关、企事业单位以外的社会组织均被称为社会团体。而社团法人既可以是营利法人，如公司，也可以是非营利法人，如学会。

三　法人的民事能力

（一）序言

法人与创设它的自然人是两个独立的人格，法人的责任与自然人的责任是相互独立的。与自然人一样，法人作为独立的一类民事主体，当然必须享有民事权利能力和民事行为能力，否则法人就无法从事任何民事活动。另外，法人还具有独立承担民事责任的能力。

（二）法人的民事权利能力

法人的民事权利能力也是法人作为民事主体享受民事权利、承担民事义务的资格。

我国学术界通说认为，法人和自然人的民事权利能力最重要的区别是：自然人的民事权利能力是普遍、一致和平等的，自然人的民事权利能力没有多大差别，基本上是相同的；因为法人的民事权利能力受法律和法人章程的限制，所以各个法人之间的民事权利能力不同。①

一般认为，法人的能力受三个方面的限制：（1）自然性质的限制，民事权利的范围不同。法人因其是一个组织而不是有机的生命体，所以法人无法享有自然人的特有的民事权利能力，如继承权、生命权等。（2）法律上的限制。如我国法律规定，私营企业不得从事军工、金融业的生产经营、公司不能成为其他公司的无限责任股东等。（3）目的限制。即法人的

---

① 魏振瀛主编：《民法》，北京大学出版社、高等教育出版社2000年版，第80页。

权利能力范围，以其目的事业所必要者为限。法人的"目的"是指设定法人的宗旨，我国法将其称为经营范围（《企业法人登记条例》第9条；《公司法》第12条）。[1] 但需要明确，除了目的限制外，其他限制并不是法人权利能力的特性。因为自然人也不能享有经营证券、银行业等某些法人专属的民事权利能力，而且其权利能力也受到法律的限制（自然人也不能从事军工产品的生产）。真正有意义的是对法人目的的限制，法人的目的不同，其权利能力也就不同。这也是法人和自然人在权利能力方面的差别：不同法人的权利能力不同，自然人的权利能力则都相同。但我们不能因此认为，法人和自然人的权利能力不平等，或法人与法人的权利能力不平等，因为权利能力和主体资格是联系在一起的，所以，法人之间、自然人之间、自然人和法人之间的权利能力都是平等的。[2]

通常认为，法人应当在章程或者规章所确定的目的范围内从事民事活动。如营利法人的经营活动应在经工商登记核准的经营范围内进行；非营利法人应在其规章确定的范围内从事民事活动。这一规定的目的在于规范社会生活秩序，许可法人组织实施一切民事行为，可能出现利用法人人格损害国家和他人利益的不法行为。如从事经营的法人可能登记为社会团体法人，以利用税收优惠逃避国家税收。法人超出其目的范围从事的民事活动的效力如何，是我国以往长期争议的一个问题。学术界有"权利能力限制说"、"行为能力限制说"、"代表权限制说"和"内部责任说"等。[3] 无疑，"行为能力限制说"不妥，因为法人都是完全行为能力人，谈不上对其限制；"内部责任说"认为这种限制仅在内部发生法律效力，虽有利于交易安全，但对法人却明显不利。《民法通则》第42条采用的是权利能力说，因其规定企业法人应在其核准登记的经营范围内生效。

我们认为，对这一问题应区分营利法人与非营利法人。在我国，机关法人、事业单位法人和社会团体法人依法不得从事任何经营活动，违反这一规定的行为无效，以维护社会公共秩序和公共利益。另外，因为非营利法人的目的很容易从外部判断，相对人很难产生认识错误，因此无须特别保护。

对营利法人而言，考虑到现代市场经济交易迅捷、频繁、商机易逝的

---

[1]　杨振山著：《中国民法教程》（修订本），中国政法大学出版社1999年版，第84页。
[2]　参见韩松著《民法总论》，法律出版社2006年版，第167页。
[3]　参见梁慧星著《民法总论》，法律出版社2004年版，第137页以下。

特点，为保护交易安全，各国立法和司法对营利法人从事目的事业外的行为都采取了较为宽容的态度。我国合同法司法解释第 11 条规定，法人超出经营范围的活动，除了属法律禁止经营、限制经营或者特许经营的外，都有效。

（三）法人的民事行为能力

法人的民事行为能力在性质上与自然人的民事行为能力也是一样的，是法人通过自己的行为参与民事活动、享有民事权利、承担民事义务的能力，即法人能够以自己的意思独立进行民事活动的能力或资格。

法人与自然人在民事行为能力方面的不同，体现在自然人享有行为能力的理由是意思能力，而法人为无生命的组织体，是一个抽象的存在（作为实体存在的只有其组成部分——人和物），不可能有意思能力，其民事行为能力是通过其成员实现的，即最终是通过自然人实现的。也就是说，所有的法人都具有完全民事行为能力。因此，法人的民事行为能力和民事权利能力的发生和消灭时间一致。任何法人在成立时都具有民事权利能力和民事行为能力。

法人性质的不同学说对法人有无行为能力这一问题的解答不同。法人拟制说认为，法人没有行为能力，法人执行机关的行为，是其个人的行为而非法人的行为，不过其行为效力及于法人而已。法人实在说则认为，法人的执行机关即法人的机关，与法人是同一体，而不是法人的代理人，所以执行机关的行为不是个人行为，而是法人自身的行为，所以法人有其行为能力，不过由其机关执行而已。① 我国法律采取法人实在说，认为法人具有完全行为能力。

法人的业务范围或者经营范围就是法人的民事权利能力与行为能力的范围。法人的权利能力与行为能力在范围上是一致的。不同法人的民事权利能力范围各不相同，而民事行为能力范围受民事权利能力范围的限制，所以，各法人的民事行为能力范围也不一致。

（四）法人的民事责任能力

法人的民事责任能力是指法人承担民事责任的能力或资格。法人作为一个独立的民事主体，具有完全行为能力，所以必然具有民事责任能力。

法人的民事责任能力和法人的民事行为能力一样，和法人的民事权利能力同时产生、同时消灭，共存于法人的存续期间。法人对法人的代表人

---

① 胡长清著：《中国民法总论》，中国政法大学出版社 1997 年版，第 108 页。

或其他工作人员及其代理人的职务行为承担民事责任，因为他们执行的是法人的团体意志，其后果当然由法人承受。

四 法人的成立

（一）法人的成立与设立

团体存在的事实，并不能直接产生团体人格，团体人格的取得，还要履行法定程序，即法人的设立行为。法人的设立是依照法律规定的条件和程序使社会组织获得法律上人格的全过程，是创设法人的一系列行为的总称。法人的成立则相当于自然人的出生，法人成立后即取得法律上的人格。

法人的设立和法人的成立不同：前者是创设法人的行为，后者是法人得以存在的事实状态。因此，法人的设立是法人成立的前提，法人的成立是法人设立的结果；法人的成立意味着法人设立的完成，但法人的设立并不必然导致法人的成立，当设立无效时，法人就不能成立。但是，通常法人的设立不仅是指设立法人的行为，也指设立的结果，即法人的成立。

（二）法人设立的原则

从历史上看，法人设立的原则主要有如下几种：

（1）放任主义。即法人的设立完全由当事人自由决定，国家不加干涉或限制。一些国家对于法人采取了非常宽松的设立制度，如取消对设立法人的许可制度，甚至不披露法人的股东。但是现代国家已经放弃这种做法了。主要原因在于，法人承担的是有限责任，如果可以随意创设法人，不加以控制，很可能损害债权人的利益，即使是奉行极端自由主义经济的国家，也不能不考虑交易安全。

（2）特许主义。特许主义是指法人的设立需要有专门的法令或国家的特别许可。在特许主义下设立的法人称为"特许法人"。比如依据我国法律，银行的成立就采取的是特许主义。

（3）行政许可主义。又称核准主义，指法人设立时除了应符合法律规定的条件外，还要经过行政主管部门的批准。如各种公益性法人的成立需要经过行政许可。

（4）准则主义。又称登记主义，指由法律规定法人的条件，法人设立时，如果其章程具备规定的要件，无须主管部门批准，就可以直接向登记机关登记，法人即告成立。一般营利法人的成立都采取这种主义。

（5）强制主义。也称为命令主义，是指国家对于法人的设立，采取强制设立方式，即在一定行业或一定条件下，必须设立某种法人。国家为了实现对社会生活某一领域的干预，对于某些特殊事业领域活动的主体，法律规定必须设立一定的法人组织，以便对其实施管理。如法律规定，在某地律师达到一定数量时，必须成立律师协会。

大体上看，民法上的法人设立的立法模式经历过"特许主义"—"核准主义"—"准则主义"的发展过程。因为法人的种类较多，性质也不单一，因此，各国基本上都区分不同的法人，并确立了不同的成立原则。如德国民法规定营利社团、外国社团和依州法设立的财团采取行政许可主义，对非营利社团，采用准则主义；瑞士民法就营利法人的设立采用准则主义，但对公益法人的设立却采取自由设立主义。

中国法律针对不同种类的法人，分别规定了不同的法人设立原则。

（1）企业法人

公司设立采取准则主义为主，行政许可为辅。依据公司法第6条，公司的设立采取准则主义，但法律、行政法规规定设立公司必须报经批准的，应当在公司登记前依法办理批准手续。部分公司采取特许主义，如银行业。其他非公司企业法人的设立采用行政许可主义。依《企业法人登记管理条例》第15条的规定，首先需经主管部门或有关审批机关批准，然后才可向登记机关申请登记。

（2）机关法人

机关法人的设立采特许设立主义。各种机关的设立，直接根据的是宪法和国家机关组织法（如《国务院组织法》、《地方各级人民代表大会和地方各级人民政府组织法》、《人民法院组织法》、《人民检察院组织法》等）的有关规定。有独立经费的机关一律从依法成立起取得法人资格，无须登记。

（3）事业单位法人和社会团体法人

采用两种设立原则：第一，不需要办理法人登记的，其设立采用特许主义，即需要按照国家法律和行政命令的规定来设立，如妇女联合会、工会、团组织等；第二，需要办理法人登记的，采用的是行政许可主义，即法人的设立需要经过业务主管部门审查同意，然后向登记机关申请登记才可成立。如各种协会、学会等。

事业单位法人和社会团体法人在设立时是否应当办理登记，由单行法加以规定。事业单位法人依法应办理设立登记的，其登记管理机关是国家机构编制管理机关。社会团体法人的登记管理机关是国家民政部门。

（三）法人的成立条件

法人的成立条件，是社会组织取得团体人格（法人资格）所必须具备的条件，包括实体和程序两方面的条件。法人成立的实体要件是取得法人人格的物质性条件，如社团必须有实体性组织；财团必须有用于特定目的的财产及管理机构。

我国民法通则第 37 条规定，法人应当具备"依法成立、有必要的财产或经费、有自己的名称、组织机构和场所以及能够独立承担民事责任"四个条件。法人成立需要具备如下条件：

（1）依法成立。"依法"是指依据民法通则和各种法人组织法。法人的目的、经营范围、组织机构、设立方式等都需要依据法律确定。

（2）有必要的财产或者经费。这是法人从事民事活动的物质基础、法人享有民事权利、承担民事义务的基础，也是法人承担民事责任的保障。法律对企业法人的财产要求比较严格，规定必须达到法定最低财产数额，才能成立企业法人；机关、事业单位和社会团体法人一般不具体规定其应有的经费数额，但它们都应具有独立的行政拨款。

（3）有自己的名称，组织机构和场所。名称使法人得以具体化，是区分各法人的标志之一；组织机构是法人意志形成和实现的基础，也是法人享有民事权利能力和民事行为能力的保证。此外，法人必须要具备一定的场所才能从事经营。

（4）能够独立承担民事责任。这是法人作为一个独立人格在法律上必然的逻辑结果，也是法人制度蓬勃发展的原因之一。

具备这些条件之后，法人的成立还必须具备一定的形式条件，即由国家机关（我国主要工商管理部门或民政部门）登记。法人登记可以使法人组织为第三人所知悉，能有效保障交易安全。所以各国法律一般都要求法人应登记，尤其是商法人，不仅要办理成立登记，而且多数大陆法及英美法国家的法律要求，商事主体依法登记注册的事项及其文件不仅应置于登记机关，而且应置于其注册营业所，以备交易当事人查阅。①

上述条件只是所有法人成立都必须的一般性条件。某些法人的设立还需参照单行法规定的条件，如证券公司等。

---

① 参见董安生等著《英国商法》，法律出版社 1991 年版，第 244 页。

五　法人的住所

法人的住所是指法人发生法律关系的中心地域。法人的主要办事机构所在地往往就是法人发生法律关系的中心地域，也是法人的住所。一个法人组织有可能拥有数个办事机构，则以其主要办事机构所在地为法人的住所地。主要办事机构所在地指法人业务关系的中心场所。一个法人组织有可能拥有数个经营场所或者办事机构，但法人的主要办事机构只有一个。

各国民法对法人住所的规定不仅相同。有的规定以法人的行政管理部门所在地为住所（德国）；有的规定依其事务所所在地为住所（瑞士）；还有的以法人的主事务所所在地为住所（日本）。但大多数国家都规定，法人主要事务所所在地为法人的住所。我国《民法通则》第 39 条以及公司法第 10 条也将法人的主要办事机构作为其住所。

法人的主要办事机构应由登记确定。法人的主要办事机构与次要办事机构都应登记。登记后，法人的主要办事机构发生变更的，法人应办理变更登记，否则不能以其住所变更为由对抗善意第三人。

六　法人的分支机构

法人的分支机构是法人的组成部分，它是法人在某一区域设置的完成法人部分职能的业务活动机构。法人的分支机构经法人授权并办理登记，可以成为独立的民事主体。它可以订立各种合同。

法人的分支机构也享有当事人能力。但法人非依法设立的分支机构，或者虽依法设立，但没有领取营业执照的分支机构，以设立该分支机构的法人为当事人（民事诉讼法司法解释第 41 条）。

法人分支机构首先以其财产承担民事责任，不足部分由法人承担。但法人分支机构并不是和法人承担连带责任，因为在法律上，它们并不是两个独立的主体。

需要注意的是，在我国，法人分支机构能够用自己的名义订立合同，但法人的职能部门则不能以自己的名义订立合同，它必须取得法人的授权才能以法人的名义订立合同。①

---

① 我国担保法司法解释明确了这一规则。其第 17 条许可分支机构订立保证合同，第 18 条则明确规定，法人职能部门订立的保证合同无效。

第五节　法人（二）

一　法人的机关

（一）法人机关设立的必要性

法人的机关，是根据法律或法人章程的规定，对内管理法人事务，对外代表法人从事民事活动的个人或集体。法人的机关就是法人的组织机构。法人是一个社会组织，它必须依靠自然人的行为才能够实现自己的能力，这些实现法人权利能力和行为能力的自然人，就是法人的机关。

但是，法人的机关并不是一个独立的法人，而是法人组织的一部分。如董事会并不是一个独立的法人，而是法人的一个机关，它没有独立的人格。法人机关在其权限范围内的一切行为，均为法人本身的行为，其行为后果由法人承担。在现代公司法的股东派生诉讼中，在公司董事、监事、高级管理人员执行公司职务时违反法律、行政法规或者公司章程的规定，给公司造成损失时，监事会、董事会有权提起诉讼。我国公司法第150条和第152条对此也做了规定，但这并不意味着监事会和董事会是法律主体，它们只是为了方便诉讼而临时赋予诉讼当事人能力而已。

法人机关与法人职能部门不同。法人机关是法律出于法人治理的目的而规定的法人内部组织，通常这些组织是法人必须设立的。法人的职能部门则是由法人依据自己的具体情况任意设立的。如公司的客服中心、信息技术中心、人力资源部等。

（二）法人机关的构成

各种法人的机关不完全相同。社团法人一般要有股东大会、董事会和监事会，而财团法人则根本不存在股东大会或者社员大会。非企业法人、各类国家机关、事业单位都实行的是机关首长负责制，由其代表法人进行活动。各种协会、研究会、学会等非营利性社团组织，一般则设成员大会为意思机关和权力机关；理事会为执行机关和代表机关；各种基金会设理事会为执行机关和代表机关。

在所有类型的法人中，有一个法人机关是必不可少的，即代表机关。其原因在于，法人必须是社会组织，自己无法形成意思，必须有一个代表人才可能与他人从事民事活动。在公司中，代表机关都是董事或者董事会。董事长通常为公司的法定代表人。法人的法定代表人，是能够以法人的名义代表法人对外实施民事法律行为和其他民事活动的人。

　　由于对法人性质存在不同的理解，法定代表人的法律地位也有所不同，有"代理说"与"代表说"之分。采用"法人拟制说"的立法，认为法人不存在行为能力，法人的行为只能由自然人代理，法定代表人为法人的代理人。法定代表人和法人因此是两个不同的法律主体；采用"法人实在说"的立法，认为法人有行为能力，所以法定代表人是法人的代表人，认为法人机关与法人为一体，两者是不可分割的部分，法定代表人和法人是同一人格。我国法律采取的是法人实在说，法定代表人的地位当然是代表人而不是代理人。①

　　法定代表人以法人名义实施法律行为，无须法人另行授权。法定代表人以法人名义从事的任何行为都被视为法人的行为，法人不能因为自己没有授权就否认这些行为的法律效力。法定代表人和法人代表的区别在于，法定代表人是法律赋予代表资格并记载于章程中的人，通常只有一个。而法人代表的范围更广泛，他既可以是法定代表人，也可以是法定代表人授权的其他人。法人代表在其代表权范围内，其法律地位与法定代表人相同，他以法人名义从事的行为在法律上也被视为法人自身的行为，其产生的法律效果也应当直接归属于法人。

　　除营利法人外，我国的法定代表人只能是代表法人行使职权的主要负责人（如机关的行政负责人、学校的校长等）。主要负责人或者直接根据法律规定产生，或者根据法人的章程产生。

　　营利法人的法定代表人的代表权，由法人的章程或者股东大会授予。法人章程或者股东大会也可以对法定代表人的代表权限进行限制。但是，这种限制属于内部限制，就外部而言，并不能当然发生法律效力。如果第三人不知道也不应当知道法定代表人的代表权的限制，则在法定代表人超越代表权范围实施民事行为时，法人不得以法定代表人的行为越权为由，主张行为无效。合同法第 50 条规定：法人的法定代表人超越权限订立的合同，"除相对人知道或者应当知道其超越权限的以外，该代表行为有效"。根据这一规定，法人的法定代表人以法人名义实施的超越法人目的范围而订立的合同，如果合同相对方为善意即不知道、也不应知道法人的法定代表人超越权限，则该合同可以认定为有效。不过，在法人内部，章程或者股东大会对法定代表人代表权限的限制，仍然有效。法定代表人超越代表权范围给法人造成损失时，法定代表人应当承担相应的民事责任。

---

　　①　马俊驹著：《法人制度的基本理论和立法问题探讨》，《法学评论》2004 年第 4 期。

各国一般都规定，法定代表人可以为一人，也可为数人或数人的整体。如我国台湾地区规定，公司董事为数人时，每个董事均得成为法定代表人；德国规定，董事会具有法定代表人的地位等。我国以往的法律却规定，法人的法定代表人只能为一人，而且只能是法人的主要负责人。这种做法虽然有利于保障交易安全，方便法人的活动，但过分限制了法人的自由。如法定代表人不履行职务或者不能履行职务时，将给法人的活动造成一定的困难。现行公司法第 13 条规定，公司的法定代表人依照公司章程的规定，由董事长、执行董事或者经理担任。① 这一规定不仅扩展了可担任公司法定代表人的人选范围，而且授权由公司章程决定。但该规定依然没有扩展法定代表人的人数。

（三）法人机关的典型：公司的治理结构

法人作为一个组织，对内对外都要从事各种活动，这就必然涉及权力的运用。如前所述，组织内部的运行规则与市场交易不同，它是靠类似于现代科层官僚制的规则运行的，以保障高效运作，使权责一致。任何组织要达到这种良好的运行状态，都需要一个基本的前提，即公、私分离。在现代社会中，无论是公法人还是私法人，法人的人格和其成员的人格分离都是相当彻底的。但法人的成员毕竟不可能人性都是善良的，所以，任何法人组织都需要一套严密的措施来监控法人成员的行为；大到国家层面的三权分立，小至一个公司的内部组织，都是出于这样的目的，其最终的效果，是要实现权力的分立与制衡（checks and balances）。

从私法角度而言，最重要的法人治理无疑是公司法人治理，而且是股份有限公司的法人治理，因为有限公司天然的封闭性，其治理结构远不如股份有限公司复杂。现代公司的机关设置、权力分配及相互间的关系常常被称为"公司的治理结构"。

通常所说的公司治理主要是指公司股东、董事、监事及高管之间的关系，其目的在于协调公司与所有利害相关者之间的利益关系，防止经营者对所有者利益的背离，最终维护公司利益。公司治理的核心有二：公司的权力分配和制衡以及与此相关的激励机制问题。其内容包括：（1）如何配置和行使控制权；（2）如何监督和评价董事会、经理人员和职工；

---

① 这一规定扩大了公司自治的权利，但由经理担任法定代表人在实践中很难行得通。如董事会要解聘经理，就找不到合适的人来代表公司签署解聘文件，也无法完成法定代表人的变更登记。

（3）如何设计和实施激励机制。①

广义的公司治理还包括公司与利益相关者（如员工、客户、供应商、债权人、社会公众）之间的关系。通常所说的公司治理仅指公司内部治理结构，除此之外，还存在公司的外部治理机制（产品市场、资本市场、经济市场、控制权市场）、外部监管机制和外部社会治理机制。

公司治理结构是适应现代企业的所有权和支配权分离后，为解决委托—代理问题而设置的一种制度结构。②"公司所有与经营分离之后，经营者掌握公司经营大权，但凡人有权必滥，经营者怠忽职守、不负责任及浪费、奢侈甚至利益输送的情事，亦必所在多有。为改善此种情形，法律之制衡监控设计便是十分的重要。这种防止经营者执行公司业务时，滥权之行为的研究，也早已成为晚近公司法学者讨论的重心。因此公司治理较能表达其监督防弊的意念。"③

公司治理结构的基本构架是实行分权分治，每个权力主体都有充分表达自己意志的机会和途径。公司的治理结构与现代三权分立的国家特别类似，其中股东大会是权力机关（立法机关），董事会是执行机关（行政机关），监事会为监督机关（司法机关）。"法人机体的规模越庞大、组成人员越众多、利益越多元化，其意思机关就越受权力分立与制衡理论影响，以保障组织体能够有效、健康的发展。公法权力中的相互分权、相互制衡必然要在私法团体权力结构中得到运用和体现。"④ 在现代公司中，股东相当于选民，股票相当于选票。所以，有人说公司是缩小的现代宪政国家。在公司中，治理结构中的各方利益是通过公司法和公司章程予以保障的。

公司治理结构的领导体制由权力机构（决策机构）、监督机构和执行机构组成。各个机构的权力与职责相互配合，共同推动公司的有效运作。股东大会是公司的最高权力机构，它代表股东对公司资产拥有最终控制权

---

① ［日］青木昌彦、钱颖一主编：《转轨经济中的公司法人治理结构》，中国经济出版社1995年版，第133页。

② 公司治理中的委托—代理问题是指，公司往往不可能仅仅由出资人经营，在分工越来越明细的现代社会，通常是由专业的经理人或企业家经营的。这样，出资人和委托人之间的委托合同具有典型的不完备性与信息的不对称性，公司治理问题由此而生。从经济学上看，公司治理的目的在于解决因信息的不对称而产生的逆向选择和道德风险。公司法第148条虽然规定强调"两事一高"的诚信义务（"董事、监事、高级管理人员应当遵守法律、行政法规和公司章程，对公司负有忠实和勤勉义务。"），但这种要求还必须有相应的法律框架制约才可能实现。

③ 刘连煜著：《公司治理与公司社会责任》，中国政法大学出版社2001年版，第11页。

④ 江平主编：《法人制度论》，中国政法大学出版社1994年版，第30页。

和决策权；董事会是公司的经营决策机构，它对股东大会负责，执行股东大会的决议；监事会是公司的监督机构，它对股东大会负责，依法对董事会和经理人员在企业经营中的行为进行监督；经理是公司决策的执行者，他对董事会负责，在公司章程和董事会授权范围内行使职权，负责公司日常经营和管理。可见，公司治理是一种权力制衡机制，处理的是投资者、经理人、职工之间的关系。股东会、董事会、经理人员和监事会都在各自规定范围内独立行使权力，同时又彼此制约。由此可见，公司治理结构是一种实现经济民主的有效形式。

二战以后，公司治理结构发生了重大变化：首先，因为现在公司的规模越来越大，公司的股权也越来越分散，传统上行使公司立法权的股东大会的权力很大一部分实际上是由董事会来行使的，形成了"董事会中心主义"。在这种情况下，对小股东的保护就越来越重要了。其次，经理人在公司经营中的地位越来越重要，因为董事会无法及时回应瞬息万变的市场形势，而且公司经理越来越成为一项专业性很强的职业，公司的管理要素日益重要，公司经理逐渐发展成为拥有公司控制权的"经理阶层"。最后，公司治理的社会化和民主化程度进一步增强。传统公司是以股东利益为中心运行的，而现代公司治理则需要考虑"利益相关者"的利益，如消费者、社区的利益（现代公司逐渐开始承担一定范围内的社会责任），[①] 而且，还出现了职工持股（ESOP）以及吸纳职工进入公司的治理决策中的现象，一些国家甚至将此法定化。

近年来，因为上市公司的败德行为相当突出，如安然、安达信、美林证券、世界通信等公司的丑闻纷纷出现，各国和国际出现了强调公司治理的趋势，如要求结束"低道德标准和虚假利润时代"、强调股东积极主义、强化公司高管人员的责任和强化外部董事的地位等。

二　法人的变更与消灭

（一）法人的变更

法人的变更是指法人在存续期间内所发生的法律人格、组织、宗旨等

---

① 2002 年证监会颁布的《上市公司治理准则》第 86 条首次明确提出了"公司社会责任"，该条规定："上市公司在保持公司持续发展、实现股东利益最大化的同时，应关注所在社区的福利、环境保护、公益事业等问题，重视公司的社会责任。"现行公司法第 5 条明确规定了公司的社会责任："公司从事经营活动，必须遵守法律、行政法规，遵守社会公德、商业道德，诚实守信，接受政府和社会公众的监督，承担社会责任。"

重大事项的变化。

1. 法人人格变更

法人人格的变更包括法人的合并和分立。

法人的合并是指两个或两个以上的法人根据法律的规定或合同的约定变为一个法人。具体而言，合并又分为两种形式：一是新设合并，即两个或两个以上的法人合并为一个新法人，同时原法人人格全部消灭，此时原法人的权利义务全部由新法人享有和承担；二是吸收合并，即一个或多个法人归入到一个现存的法人之中，被合并的法人人格消灭。

法人的分立是指一个法人分为两个或两个以上的法人。法人分立的形式也有两种：一是创设式分立，即一个法人分成两个或两个以上的法人，原法人消灭；二是存续式分立，也称为兼并，即原法人存续，并分出一部分财产设立新法人。几个法人分出一部分财产共同成立一个或几个新法人也属于存续式分立的情形。

法人如发生分立、合并，其权利和义务由变更后的法人享有和承担。法人原有权利义务不受影响。在法人分立的情形中，分立后的数个法人承担连带清偿责任。

2. 法人组织形态变更

是在不消灭法人人格的前提下，法人从一种组织形态转为另一种组织形态。如有限公司转变为股份公司。法人组织形态的变更往往导致法人的责任形式、权利义务等变化，因此，各国对法人组织形态的变更多采取限制。比如各国公司法一般规定无限公司可以变更为两合公司，但不可变更为有限责任公司。

3. 法人宗旨变更

也称为法人目的的变更，是指法人所从事的事业发生变化。在企业法人中，它主要是指企业经营范围的改变。法人宗旨的变更不会影响法人的人格，但它会直接导致法人民事权利能力和行为能力的改变。

另外，法人的变更还包括法人名称、住所、注册资金、法定代表人的改变等。

法人的变更应向工商行政管理部门履行变更登记，并以一定的方式公告。法人的变更涉及第三人利益即交易安全的保护，所以必须进行登记。法人变更登记的机关就是法人设立登记的同一机关。法人变更未予登记的，其变更对善意第三人不发生效力。如公司董事长变更后未向工商行政管理机关登记，尽管在公司内部，该董事长不再行使有关权利，但在对外活动中，如果该董事长继续以公司名义实施法律行为，在第三人不知道也不应当知道该变更事项时，该董事长实施的行为仍然有效，其后果应由公司法人承担。

（二）法人的消灭

也称法人的终止，是指法人资格的消灭，即法人丧失民事主体资格，不再具有民事权利能力和民事行为能力。

1. 法人消灭的情形

法人消灭大体上可分为两大类，即法人的自愿消灭和强制消灭。

自愿消灭是指法人自己决定法人消灭。其事由包括：法人因其目的已实现或无法实现而消灭；法人因其成员的决议而消灭；因法人章程规定的消灭事由出现而消灭等。

强制消灭是国家强制法人消灭。其事由包括：如法人的目的或行为违反法律、公共秩序或善良风俗，或企业法人擅自改变经济性质，超出登记的经营范围和经营方式，领取营业执照后不从事经营，伪造、涂改、出租、出借、转让法人执照，抽逃资金、隐匿财产、逃避债务等，登记主管机关可以依法吊销企业法人营业执照，强令其消灭。

2. 法人的清算

除机关法人以及事业单位法人的解散适用法律或行政法规的特别规定外，其他法人的解散必须经过清算，未经清算不得解散。民法通则第40条规定，"法人终止，应当进行清算，停止清算范围外的活动"。

清算是法人解散后由清算组清理法人财产、了结法人事务、清偿债务并分配财产，使法人消灭的程序。清算则必须由清算人（清算组织）进行。清算组织应当由主管机关或者法院和有关人员组成。

法人在清算期间，其民事权利能力有必要在一定范围内继续存在，以避免损害第三人之合法利益，我国法律也一直坚持法律人格并不因清算而消灭的观点。①

清算分为破产清算和非破产清算。两者的区别在于：（1）适用的法律不同。前者适用破产法，后者适用民法和公司法。（2）清算原因不同。前者是由于公司资不抵债导致公司解散而进行的清算，后者是除公司分立、

---

① 最高人民法院（2000）24号批复明确指出，清算期间的公司的法人资格并不消灭："企业法人被吊销营业执照后，应当依法进行清算，清算程序结束并办理工商注销登记后，该企业法人才归于消灭。因此，企业法人被吊销营业执照后至被注销登记前，该企业法人仍应视为存续，可以以自己的名义进行诉讼活动。"

合并、破产等原因以外的情形导致公司解散而进行的清算。（3）清算机关不同。破产清算由法院组织破产管理人进行，而非破产清算则主要由公司依法组织。（4）确认程序不同。破产清算必须由法院确认，而非破产清算则由股东或股东代表确认。两者的主要联系是，非破产清算时，遇到依据破产法公司应破产的情形，清算程序应转为破产清算，适用破产法。

法人在清算期间仍然具有民事权利能力和民事行为能力，但为保护第三人利益，在清算期间，法人只能进行与清算有关的民事行为（如实现债权、履行债务的行为等），超出这一范围，法人即无民事权利能力，其实施的民事行为无效。法人在清算期间，其能力由清算组织行使，利害关系人应向清算组织主张权利。清算组织在清算活动中以法人名义对外实施的民事行为，其法律后果由法人承受。公司法第185条规定了清算组织的七项职权，主要是了解公司的债权债务，处理公司清偿债务后的剩余财产和代表公司参与民事诉讼活动。

清算组织因过失造成法人或者第三人的损失，也应承担相应的民事责任。

3. 法人消灭的效力

清算终结后，清算组织应当申请法人注销登记。此登记一经完成，法人人格即归于消灭。

法人的消灭与自然人的死亡具有相似的法律效力，即主体资格消灭，它参与的民事法律关系也都归于消灭。

与法人消灭相关的一个问题是：被吊销营业执照的企业是否还具有民事主体资格，是否仍应承担民事责任？我国法律没有明确规定这一问题。司法实践一般认为，企业被吊销营业执照后，其法人资格随即消亡。[①] 但这种观点对债权人明显不利。事实上，被吊销营业执照只是工商部门对企业的违法经营活动的一种行政处罚，对其民事权利义务并没有影响，它也必须对财产进行清算并经工商行政管理部门注销登记，才能消灭。[②]

---

① 国家工商局［2002］106号文规定："企业法人营业执照被登记主管机关吊销，企业法人资格随之消亡。"北京市高级人民法院1999年《审理经济纠纷案件若干问题的解答》认为：以被吊销营业执照的企业为被告的，裁定驳回起诉。

② 最高法院给辽宁高院法经［2000］24号复函规定："企业法人被吊销营业执照后至被注销登记前，该企业法人仍应视为存续，可以自己的名义进行诉讼活动。……如果该企业法人组成人员下落不明，无法通知参加诉讼，债权人以被吊销营业执照企业的开办单位为被告起诉的，人民法院也应予以准许。……该开办单位对被吊销营业执照的企业法人，如果不存在投资不足或者转移财产逃避债务情形的，仅作为企业清算人参加诉讼，承担清算责任。"

三　公司法人人格否认

（一）公司法人人格否认的原因

公司具有独立人格和股东承担有限责任是现代企业制度的核心内容。这有利于减少和分散股东的投资风险，降低交易成本，实现经济利益最大化。但正如谚语云："有光则必然有阴影。"在实践中，法人的独立人格和有限责任制度完全可能被股东（主要是控股股东，包括母公司）及公司管理层（包括董事会成员和高级管理人员）所滥用。因为法人财产与个人财产是分离的，个人很容易通过法人的有限责任制度逃避责任，从而损害社会利益和第三人利益。如虚假出资、抽逃注册资本、转移公司财产、逃避公司法定义务、侵害第三人债权等滥用公司法人制度的现象。对此，法律采取了相应的措施，以保护债权人的合法权益，维护社会交易秩序的安全。这种制度就是公司法人人格否认制度（disregard of the corporation）。

公司法人人格否认是指为阻止公司的出资人滥用公司独立人格以及保护公司债权人利益及社会公共利益，在具体的法律关系中，为了避免行为人利用法人机制逃避责任，直接否认公司的法人人格，由该法人的创立人直接承担无限责任。在英美国家，这被称为"刺穿公司面纱"（piercing the corporation's veil，简称PCV）、"揭开公司的面纱"（lifting the veil of the corporation，简称LCV），德国称为"直索"（Durchgriff），即直接追索法人的创立人的责任。它由美国法院在审理公司纠纷案件中首创，后为英、德、日在司法实践中接受并加以运用，法国、意大利等国家甚至将该理论立法化。我国公司法第20条第3款明确规定了这一制度："公司股东滥用公司法人独立地位和股东有限责任，逃避债务，严重损害公司债权人利益的，应当对公司债务承担连带责任。"此外，公司法第64条也可视为这一制度的具体体现。

（二）公司法人格的否认的类型及其构成

公司法人人格否认通常有以下几种类型：

（1）公司资本显著不足。"显著不足"是指公司资本与公司经营的事业及其风险相比明显不相称，或者与公司经营之规模相比非常之少。如果公司在其设立时投入了足够的资本，即使后来在经营过程中出现了亏损而导致资本严重不足，也不构成公司资本"显著不足"。但因控制股东减少或抽逃资本而导致公司资本不足的，构成公司资本显著不足。

（2）公司与股东完全混同，或者母公司对子公司过度控制。这又称为公司法人格"形骸化"，即公司与股东完全混同，股东就应当对公司的债权人承担责任。在前者，股东控制着公司的各种事务，公司没有独立的财产和对事务的决策权，公司与股东的财产和事务混合在一起，导致公司只是股东的"代理人"或"化身"，后者主要是指母公司对子公司的控制程度过深，导致子公司的独立性丧失。母公司对子公司的控制是必然的，但超过一定限度即为法所不容。过度控制可以从三个方面认定：第一，母公司完全支配了子公司的经营，而且这种支配是连续、持久和广泛的；第二，母公司对子公司的控制是为母公司的利益，损害了子公司的利益；第三，母公司对子公司的控制，损害了子公司的债权人或少数股东的利益。

（3）滥用公司形式，逃避合同义务或者法律义务。是指股东利用公司形态逃避合同义务或法律义务。通过抽逃资金或解散该公司或宣告该公司破产的方式，损害公司债权人的利益；投资人为避免对自己财产的民事强制执行而设立公司，并将财产转移到该公司中。

需要注意，法人人格否认的前提是公司必须合法设立。如果"公司"没有取得合法身份，就不能行使法人的权利。公司设立时存在实体要件或程序要件瑕疵的，如发起人低于法定人数、章程缺乏绝对记载事项等，又无法补正的，该公司视为自始无独立法人资格。其所有行为及后果都将由个人承担责任，自然不存在适用人格否认法理的必要。

公司法人人格否认通常需要具有如下几个客观要件：

（1）行为要件。公司股东实施了滥用公司法人人格的行为，是适用人格否认制度的行为要件。从各国的判例看，这些行为主要表现为前述的几种类型。

（2）结果要件。滥用公司法人人格的行为必须损害了公司债权人的利益和社会公共利益，这是适用人格否认法理的结果要件。

（3）因果关系。滥用公司法人人格的行为与债权人和公共利益所遭受的损失之间存在内在的必然的联系。

判定滥用公司法人人格的行为，是否需要股东有过错，各国的实践不尽相同。德国要求以"对他人施加损害为目的"，但目前也有所矫正；日本不强调主观故意。

法人人格否认只能由与法人有民事法律关系的善意第三人针对股东责任主张，股东自己不能为了自己的利益主张适用。因为公司股东既然选择了公司这种组织形式，在享受公司制度的利益时，就应承受公司制度的弊端。在诉讼中，善意第三人应承担举证责任。因为法人人格否认是法人独立责任的例外，所以司法中同样不能滥用法人人格否认制度。

（三）公司法人人格否认的法律效力

法人人格否认是对通过国家公权力对法人人格滥用者课以法律责任，对因法人人格滥用而无法在传统的法人制度框架内获得合法权益者给予一种法律救济。[①] 它必须在公司利益和其他相关利益人之间的利益取得平衡。公司法人人格否认法理只对特定个案中公司的独立人格予以否认，而不是对该公司法人人格全面和永久地否认。其效力只涉及特定的案件、特定的当事人和特定的法律关系，公司的人格和其他法律关系不受影响。

公司法人人格否认的直接后果是判决股东对公司债务承担连带责任。相对人既可以追究公司的责任，也可以追究公司背后滥用者的责任。如股东因滥用公司人格获得对公司的债权的，则直接否定股东对公司的债权。

四　非法人团体

（一）非法人团体的界定

现代社会都有大量的社会团体存在。但并不是每一个社团都是有法人资格的，如俱乐部等。在民法中，非法人团体是指没有法人资格，但能够以自己的名义从事民事活动的社会组织。

大陆法系民法典普遍采取民事主体"两元论"的观点，即民事主体包括自然人和法人，《德国民法典》、《瑞士民法典》、《日本民法典》等均采用此观点。这无疑限制了团体资格的延伸。非法人团体在德国称为无权利能力社团，根据其立法规定，无权利能力社团适用关于合伙的有关规定；日本非法人团体分为非法人社团和非法人财团两种。而台湾地区理论界认为，非法人团体包括设立中的社团、无权利能力社团、合伙等。[②]

我国民法通则仅承认了自然人和法人两种民事主体。合伙并不是一类独立的主体。[③] 民法诉讼法中将其他组织和法人、自然人并列，形成了民事主体与民事诉讼主体分离的现象。"其他组织"相当于国外的无权利能力社团。依据最高法院民事诉讼法司法解释第40条，其他组织是指合法

---

① 朱慈蕴著：《公司法人格否认法理研究》，法律出版社1998年版，第94页以下。

② 龙卫球著：《民法总论》，中国法制出版社2001年版，第411页以下。

③ 最高法院民法通则的司法解释第46条规定："起字号的个人合伙，在民事诉讼中，应当以依法核准登记的字号为诉讼当事人，并由合伙负责人为代表人。……未起字号的个人合伙，合伙人在民事诉讼中为共同诉讼人……"这一规定本来承认了合伙的当事人能力，但最高法院民事诉讼法司法解释第47条又否定了作为非法人组织的合伙组织诉讼主体资格，它规定个人合伙的全体合伙人在诉讼中为共同诉讼人。

成立、有一定的组织机构和财产，但又不具备法人资格的组织。该条规定了 8 类其他组织，包括依法登记领取营业执照的私营独资企业、合伙组织、合伙型联营企业、中外合作经营企业、外资企业；经民政部门批准登记领取社会团体登记证的社会团体；法人依法设立并领取营业执照的分支机构等。同时，该条还规定了一个兜底条款："符合本条规定条件的其他组织。"即只要符合其他组织条件的，都属于其他组织，具有诉讼能力。这就广泛赋予了无权利能力社团以诉讼当事人能力。合同法第 2 条规定，合同是"平等主体的自然人、法人、其他组织之间设立、变更、终止民事权利义务关系的协议"。[①] 这就把"其他组织"直接规定为了合同法主体，部分解决了我国民事实体法和程序法主体分离的现象。

（二）非法人团体设立的条件及其机关

一般而言，非法人团体应当具备下列条件：

（1）有自己的名称、组织机构和场所。非法人团体也是组织，必须具有组织的物质基础，即组织机构和场所。同时，它还必须与其他组织区分开，因此必须有自己的名称。

（2）有自己的组织章程或者组织规章。非法人团体必须有自己的活动宗旨，这种宗旨是通过章程或组织规章表现出来的。

（3）有自己享有处分权的财产或者经费。这是非法人团体活动的物质基础。非法人团体的财产所有权虽然不属于该团体，但团体对于财产享有处分权。

（4）根据法定程序设立。非法人团体的设立，必须经过登记。营利性非法人团体（包括合伙、法人的分支机构等），须经工商行政管理机关登记而设立；非营利性非法人团体（包括不具有法人资格的社会团体等）的设立须经主管机关审核批准并经登记机关登记。

非法人团体的主要负责人是非法人团体的法定代表人。非法人团体虽无民事权利能力和民事行为能力，但依法律的规定，能够以自己的名义实施民事行为，所以它也需要法定代表人。与法人一样，非法人团体的活动不得超越其经登记核准的营业范围或者组织规章所确定的目的范围。

---

① 最高人民法院《关于适用〈中华人民共和国民事诉讼法〉若干问题的意见》第 40 条规定了"其他组织"的性质和种类。其他组织是指合法成立、有一定的组织机构和财产，但又不具备法人资格的组织，包括依法登记领取营业执照的私营独资企业、合伙组织、合伙型联营企业、中外合作经营企业、外资企业；经民政部门批准登记领取社会团体登记证的社会团体；法人依法设立并领取营业执照的分支机构等。

（三）无权利能力社团的法律适用

在传统民法上，对无权利能力社团的处理规则，一般是直接准用合伙的规定。非法人团体可以以该团体自己的名义订立合同或者实施其他民事法律行为。以这种社团名义对第三人的法律行为，由行为人自己负责。行为人有数人的，负连带责任。

二战以后，因为无权利能力的社团大量出现，用合伙规则处理逐渐不适应社会的需要，为了解决这一问题，大陆法系民事诉讼法一般都承认非法人团体的当事人能力，即可以在诉讼中作为诉讼当事人，在诉讼中的地位与有权利能力的社团相同。如无限公司、两合公司虽然不是法人，但也可以作为诉讼主体。一些国家甚至赋予了它们更多的实体权利能力。如德国许可无权利能力社团引用民法典第714条的规定，对董事会通过法律行为发生的债务，仅由社团的财产承担责任，成员不承担责任。这相当于赋予了非法人团体独立的责任能力，无权利能力社团一般可以章程排除合伙法的适用，从而适用社团法。① 日本判例也逐渐承认未登记的非营利性社团具有权利主体资格，基本上可适用关于社团法人的规定。中国台湾地区对非法人团体的态度已有所改变。如大法官释字第486号解释认为，自然人、法人为权利义务主体，因为宪法保护的对象，唯为贯彻宪法对人身权及财产权的保障，非具有权利能力之社团亦受保障。② 英美法系采取的是灵活的实用主义做法。"就法律上的人而言，英美法系和大陆法系对团体的涵盖范围仍有不同，英美法系国家将大陆法系称为的非法人团体也作为人"。③

可见，非法人团体的权利今天基本上已接近法人，除了它的投资者不能承担有限责任以外，它与法人组织已没有太大的区别。

在我国，非法人团体虽然能够以自己的名义实施民事行为，但它并没有独立的责任能力，不能对自己的行为所产生的债务独立承担清偿责任。因此，对于其行为所发生的债务，非法人团体的财产能够清偿的，应以其享有处分权的财产予以清偿；不能清偿或者不能全部清偿的，由非法人团体的设立人或者开办人承担最终的民事责任。

在程序法上，民法诉讼法第49条规定："公民、法人和其他组织可以作为民事诉讼的当事人。法人由其法定代表人进行诉讼。其他组织由其主

---

① 梅迪库斯著《德国民法总论》，法律出版社2001年版，第895页。
② 龙卫球著《民法总论》，中国法制出版社2001年版，第194页。
③ 朱慈蕴著：《公司法人人格否认法理研究》，法律出版社1998年版，第4页。

要负责人进行诉讼。"该法实质上承认了非法人组织的民事诉讼主体资格。

在我国，对民法典因否定无权利能力社团的法律地位，学者有不同的观点。第一种观点认为，民法典中不应赋予非法人团体独立的民事主体地位，因为非法人团体种类繁多，形式多样，无法抽象出共同的规则；第二种观点认为，在民法典中应当规定非法人团体，但不应赋予其独立的民事主体地位，而是应扩大法人的概念，将非法人团体的规定纳入到法人的规定中。还有一种观点认为，应当采取"第三民事主体"说，即承认非法人团体为一类独立的民事主体，将其在民法典中单独规定。

我们认为，非法人团体既然在现实中广泛存在，民法典有必要对其进行规范。但我国现行法律和理论将法人成员有限责任与法人紧密相连，已成固定的法律思维方式，所以用"大法人"的概念来统括非法人团体会造成法人类型的混乱，而且可能对法人主体资格法定这一原则造成冲击，所以立法宜采取将非法人团体单独立法的做法。

本章小结

1. 自然人的法律主体资格，因自然而产生并消灭。但是自古以来并非一切自然人均有人格，而且历史发展到今天，也不是一切自然人的法律主体资格就会自然平等，因此，法律上创设的"权利能力"这个概念仍然有研究和坚持的必要。自然人的主体资格，依据自然人从婴儿到成年的生长养成，呈现出无行为能力、限制行为能力、完全行为能力不同阶段；但是成年人也可能因为某种情形成为限制行为能力人。从保护主义的原则出发，法律上建立监护制度保护行为能力欠缺者的正当利益。自然人的主体资格丧失，一般也是基于自然，但是也会发生拟制的情形。

自然人的人格、人格权以及一般人格权这些理论和制度，具有强烈的人文主义色彩，而且具有非常重要的实践价值。掌握人格权和财产权的区分，以及人格权的保护方法，对于我国法制文明建设意义重大。

2. 法人的产生，有着十分重大的社会价值。法人制度对于自然人能力的扩展，对于市场经济的发展，对于我国现实社会的改革，对于我国未来社会的发展，都发生着巨大的作用。法人成为民法上的人，首先在于法律的制度设计，因此必须掌握社团法人和财团法人、私益法人和公益法人等法人基本区分，掌握各种不同法人成立条件、法人机关、法人责任、法人与其成员之间的关系等基本制度。

对于公司法人，除掌握公司法人治理结构的理论和制度外，还必须掌握现代市场经济社会中法人的整体资格与控股关系的权利、义务和责任的特征等。

思　考　题

一、名词解释

（1）民事权利能力　　　（2）民事行为能力

（3）宣告失踪　　　　　（4）宣告死亡

（5）自然人的一般人格权　（6）隐私权

（7）社团法人　　　　　（8）财团法人

（9）法人机关

二、简答题

1. 简述自然人的行为能力的种类。

2. 简述宣告死亡的法律效力。

3. 简述法人与有限责任的关系。

4. 简述法人机关与法人职能部门的区别。

5. 简述法人人格否认的构成要件和法律效力。

三、论述题

1. 思考我国自然人（尤其是限制行为能力人）监护制度的立法完善。

2. 思考自然人一般人格权制度对权利能力制度的影响。

3. 思考法人治理有无一般性原理和规则。

4. 结合公法与私法的区分，思考中国法人制度的完善。

阅读参考文献

［德］迪特尔·梅迪库斯著：《德国民法总论》，邵建东译，法律出版社 2001 年版。

［德］卡尔·拉伦茨著：《德国民法通论》，王晓晔等译，法律出版社 2003 年版。

梅仲协著：《民法要义》，中国政法大学出版社 1998 年版。

王泽鉴著：《民法概要》，中国政法大学出版社 2003 年版。

魏振瀛主编：《民法》，北京大学出版社、高等教育出版社 2000 年版。

史尚宽著：《民法总论》，中国政法大学出版社 2000 年版。

梁慧星著：《民法总论》，法律出版社 2004 年版。

刘连煜著：《公司治理与公司社会责任》，中国政法大学出版社 2001 年版。

江平主编：《法人制度论》，中国政法大学出版社 1994 年版，第 30 页。

朱慈蕴著：《公司法人人格否认法理研究》，法律出版社 1998 年版。

［意］彭梵得著：《罗马法教科书》，黄风译，中国政法大学出版社 1992 年版。

虞政平著：《股东有限责任——现代公司法的基础》，法律出版社 2001 年版。

第五章　民法上的物

内容提要

物是物权的客体，但其研究应在民法总则中进行。在大陆法系民法，物有广义和狭义之分，两相对比，狭义之物更合理，它是指能够为人力所控制并具有价值的有体物。该定义包含了物之民法意义的一般规则，即有体性和可控制性。此外，还应把握人体与物的关系、财产与物的关系、动物和物的关系等因素。从不同角度划分，物可以分为不动产与动产、主物与从物、原物与孳息、流通物与非流通物、可分物与不可分物、消费物与非消费物、代替物与非代替物、特定物与不特定物等。

第一节　物的民法意义

民事法律关系必须具备主体、客体和内容（权利和义务）三个要素，因此，民法必须对于民事权利客体问题加以规定。而在民事权利客体分类内，物是最基本的要素。因为物不仅是物权的客体，也与其他财产关系具有重要的联系。所以，物历来是民法制度的重要内容之一。德国民法第一次草案将物的规定置于物权编，第二次草案置于民法总则编，《日本民法典》、《泰国民法典》等也是将物的规定置于总则编；而《瑞士民法典》和《土耳其民法典》将物的规定置于物权编。我们的看法是，物在民事法律关系中具有举足轻重的地位，在逻辑体系上物的规定也能够涵盖民法上的财产关系，因此，物的研究应该在民法总则进行。

一　物的基本含义

世界上的物千千万万、形形色色，看起来简单的物，却难以定义。因为，首先世界上很多物没有必要进入民法的范畴，比如太阳、月亮就是这样，所以首先在物理意义上的物中，只有一小部分才能成为民法中的物。另外，根据人类共同利益的需要，有些物不能成为民法上的物，比如海水、大气等。所以民法上的物，只能是人力能够支配和控制的现实存在物。人力无法控制、没有必要控制的物，不是民法上的物。

但是，民法意义上的物究竟是什么？世界各国的立法仍然存在争议。即使在大陆法系内，德意志法系和法国法系就有不同。在罗马法中，财产法还没有物权法与债权法的划分，当时的法学理论还没有认识到法律关系的内在逻辑。所以，罗马法中物的概念意义十分宽泛。根据罗马法学家盖尤士的划分，"物"可以分为有体物（res corporales）和无体物（res incorporales）。有体物是指作为一种客观存在可以为人感官所知觉的物，如土地、房屋、牲畜、工具等；无体物是指没有实体存在，而仅仅是由法律主观拟制为物的权利，如地役权、用益权、继承权、各种债权等；① 有体物和无体物共同构成财产权利的客体。罗马法上的"物"还带有奴隶制的时代特色，奴隶不享有自由权，而与牲畜一视同仁地被视为"物"，作为一种动产由主人在法律允许范围内自由处分。法国法属于罗马法系，基本上秉承了罗马法关于物的定义，在权利客体构造上并没有太大的超越和创新。

德国民法从根本上否认了罗马法系关于物的传统分类，厘清了物和财产这两个在法律上具有重要意义的概念的界限。德国民法鲜明地坚持"物必有体"的原则。《德国民法典》第 90 条规定："法律意义上的物仅为有体物（koerperliche Gegenstende）。"据此规定，物范围界限非常狭窄，它的外延不但比物理学意义上的物要窄得多，而且比罗马法法国法中的物狭窄很多，因为它不包括权利和思想。

对于有体物，德国法学界的一般解释是，它指的是符合既能为人所感知又能为人所控制这两个条件的物。有体的意思是有客观存在的实体，而不论其物理形态是固态、液态或者气态；能为人所控制，就是有为人控制的必要，或者有为人控制的可能。因此，大气层中分布的空气、不受约束的流水和海洋中的咸水及产物不是民法中的物，而是人类的共同财产（Allgemeingüter）。将物作狭义理解之后，才可以在民法中贯彻逻辑严密、法理清晰的法律关系理论。②

在大陆法系民法立法有关于物的广义和狭义定义的区分，对于我国

① 参见［罗马］查士丁尼著：《法学总论》，张企泰译，商务印书馆 1989 年版，第 59 页；陈朝璧著：《罗马法原理》（上册），商务印书馆 1936 年版，第 84 页；周枏著：《罗马法原论》（上册），商务印书馆 1994 年版，第 28 页。

② 孙宪忠著：《德国当代物权法》，法律出版社 1997 年版，第 2 页。

民法的发展意义重大。虽然广义概念的物，也就是财产的概念，具有贴近一般民众的日常认识水平的优点；然而广义概念将权利等无体物纳入作为法律关系客体（或者说权利标的）的"物"的范畴之中，而权利本身又是法律关系的内容，这样一来，民事法律关系的客体与民事法律关系的内容出现了意义的重叠。权利本身又成了权利的标的，这势必造成逻辑的混乱和法理上的冲突，不但物上的支配关系难以区分，而且物权与债权等其他财产权利之间的界限也无法确定，进而影响法律关系理论和法律实务操作。比如，依据法国民法，可以在逻辑上得出债权的所有权的结论，这样的法律制度建设难免引起矛盾。反观德国法上的狭义概念，物限定于有体物，不包括权利和思想，这使得法律关系的逻辑线索和意义脉络非常清晰，在法理上显得更为科学，在实践上更适应于市场经济的要求。

　　本书认为，在物的定义上应采纳狭义概念，将物严格限定为有体物，即能够为人力所控制并具有价值的有体物。除前述的利弊对照分析作为理由外，更为具体的理由就是：民法中许多关于物的规定并不能适用于权利。例如，所有权只能存在于有体物上，而请求权的权利主体是债权人；只有"有体物"这一概念，才能基于所有权上请求权请求返还原物；也才能根据法定的动产交付方式，从非权利人处善意取得其所有权，而权利的取得只能依据或准用债权转让的一般规则进行。[1] 鉴于科学技术的发展和人类活动范围的拓展，物的定义不能拘泥于"有体"的字面意思，能够为人力控制并具有价值的特定空间也应该视为物，人力控制之下的电气同样应视为物。

　　但是，什么是民法上的物？什么不是民法上的物？这不仅是立法技术，也是立法政策乃至社会通行伦理道德的问题。因此，必须从物的含义出发，结合技术、政策和伦理因素对物的范围进行科学而严格的限制。

二　物的范围限定

　　一般性的规则总难免存在例外情况，因此在特定情形下对物的外延范围进行限定是很有必要的。基于前面对物的基本含义的分析和界定，我们

---

① 参见［德］迪特尔·梅迪库斯著《德国民法总论》，邵建东译，法律出版社2001年版，第875页。

可以从不同的方面对物的内容进行限制。①

（一）私法上的物和公法上的物

公法上的物远比私法上物的范围广泛。公法上的物是指出于公共权力支配范围内一切客观存在的物。与民事权利支配范围内的物相比，公共权力所支配的物并不一定要求对私人具有现实意义上的价值，甚至不一定要求能为一般人的能力所控制，所以价值要素和可控要素的弱化导致概念外延的扩展。比如以土地而言，在国际法上领土也被称为国际法上的土地，但是主权支配的领土实际包括领土、领海、领空等，另外，专属经济区在国际法上被视为具有领土意义。而民法上的土地仅指陆地上的坚实部分，即陆地地表以上的部分。此外，有些公法上的物由于关系到公共利益，如尖端科技产品和秘密国防物资等，不具有私法上的意义，因而不属于民事权利支配范围。

但另一方面，基于公共权力和民事权利性质和功能的区分，一些民事权利支配范围内的物不容公共权力的侵吞，反过来公共权力支配范围内的物也不得成为民事权利的客体。公物上禁止设定私权（比如领海之上就不得设置私有所有权）。这一基本规则的意义在于防止公共权力的拥有和行使者以权谋私，保障公共利益不受损害。因此，将物区分为私法上的物和公法上的物，不仅在私法上具有重要意义，而且在整个法律体系建制中都具有至关重要的作用。

（二）无体物

广义上的物还包括无体物。无体物是相对于有体物而言的，是指没有物理意义的形体，但是具有财产意义的一切现实存在。② 一般而言，无体物主要指精神财产，也包括无形财产或无体财产。无形财产也称无体财产，在当今社会是财产的重要部分，如精神产品、专利以及物权之外的财产权利等。他物权中的用益权、地役权等之所以不能归入无形财产范畴，是因为这些权利就其本质而言属于物权，其权利客体是有体物。所以，将无形财产作为"物"，将导致法律关系理论的逻辑混乱，甚至推导出所有权也属于无形财产的悖论。

无形财产在法律上又可以划分为两大部分，一是人类精神财富，应该由知识财权法作专门调整，这是因为这一类物与民法上的物存在重大差

---

① 关于动物的民法地位，作为特殊形态将在后面单独论述。

② 孙宪忠著：《中国物权法总论》，法律出版社 2003 年版，第 126 页。

异。精神财产一般具有显著的创新性，其价值体现在人的创造性思想，而不体现在其有形的载体上。因此，对精神产品的评价和认定一般适用"专门评价"，某种精神产品是否具有创造性价值，是否应纳入知识产权的保护，只能由专门机构的专家进行评定，而不能交由缺乏专业知识的社会一般公众进行评定，最突出的例子就是，专利权的取得必须经过国家专职机构严格的专利审查程序。民法上的物根源于人类一般性的劳动，物的价值主要体现在不具有个性的有体的产品上，其中蕴涵的创造性因素几乎可以忽略，因此，民法上物的价值适用"社会一般评价"规则，也即一个物能否成为民法上的物以及它具有什么样的价值，依社会一般人所具有的正常认知水平进行评定。[①] 二是商业经营成果，如专有技术、商业联系、商业信誉、商业标记等，这些无形财产具有财产价值，但本身并不是有形的实体。其中商业联系并不是民法所承认的物，但是它作为一种负载了特定商业信息并能带来商业利益的特殊社会关系，显然具有财产性质。比如资深业务员总是通过庞大的业务联系掌握大量的商业信息，而竞争对手想方设法"挖走"企业精心培养的业务员，给对方商业利益造成明显的损失，无疑构成了侵权。商业信誉是指社会公众舆论对企业经营活动的评价，这种评价反过来会影响企业经营活动的利益实现，也是企业的一项重要的财产权，侵犯商业信誉也是一种侵权行为。

相对于民法上的物而言，尽管精神财产具有突出的个性，知识产权法也带有一定的行政法色彩，但是，物权法作为一切财产权法的基础，其基本原理可以用于解释和补充知识产权的拥有和行使，其保护方法在保护知识产权时同样应当得到适用。

（三）物的被控制性

民法上的物主要是指能被人力所控制并且有控制必要性的物。因为物权就是人控制或者说支配物的权利，如果一个物不能为人力所控制，那么在它上面设定物权也就没有丝毫意义。控制的可能性是指物能够得到现实上的支配，超出人力控制范围的物不能成立民法上的物，难以特定化的物也不能成立民法上的物，比如尚未制成的物、沧海一粟、谷堆一粒也不成为民法上的物。但是，民法上所说的人力控制是指一般人利用一般的手段即能控制，而不是说需要借助专门的科学家利用专门的科学手段才能达成控制。科学研究范畴中的物理宏观世界和微观世界不能成为民事权利客

[①]　参见孙宪忠著《中国物权法总论》，法律出版社 2003 年版，第 126 页。

体，比如日月星辰、分子、电子，毫无疑问符合有体的特征，虽然能够为少数科学家的科学探索所达到和掌握，但是它们超出一般民众能力的控制范围，因而不具有民法上物的意义。同样，没有必要加以控制的物，比如公海海水和大气，可以是人类共同的财富，但是因为没有控制的必要，所以不能归纳为民法上的物，不允许任何人主张民法上的所有权。

（四）人体

人是民法上理所当然的权利主体，绝对不能作为民事权利的客体或者手段。因此，人在民法上是绝对受保护的主体，而不是任何人包括自己的法律行为所支配的对象，更不是公共权力支配的对象。从维护人格尊严和保障人的生命健康的角度出发，人体的整体以及人体的任何一个组成部分都不能作为民法上的物，更不能在人体上设定所有权。

从保护人格尊严的角度出发，法律禁止处分人体为一个基本原则。从世界各国的立法和学说来看，对人体的处分一般仅限于血液和毛发这样的人体可再生组织，但同样应遵循不得损害人的尊严、生命、健康这一前提限制，其处分形态往往是献血和剪发。此外，人体器官移植和捐献，向来是根据主体的死因行为而生效。然而，随着医学技术的进步，器官的移植变得可行而且必要，在不妨害人的生命和重大健康的前提下，法律有必要谨慎地承认和规制。但是这是否意味着民法就应该将可移植的人体器官视为物呢？对这一问题不应该笼统地、草率地回答。当可移植的器官还没有从人体脱离时，不应当视为物，因为它与其他部分共同构成完整的人体，承载人的主体性价值；当该器官基于生命和健康目的而脱离原人体时，不再承载主体性价值，应当视为物并在其上成立所有权，而且首先应当是健在的原主所有；当器官被移植到他人身体上，它就构成他人身体并重新承载了主体价值，因而不再成为物，捐赠者不得请求返还原"物"。

人体仅仅指具有生理机能的肉体吗？这一问题的思考主要聚焦在尸体和人造器官问题上。从人格尊严受绝对保护的前提出发，大多数国家均认为尸体是人格的延续部分或扩展部分（Rest der Persoenlichkeit），[1] 侵害尸体需承担法律责任。在没有和具体的人的人格脱离之前，尸体也不视为物，关于物的一般性规则不适用于尸体，除非尸体变成"非人格化"的木乃伊或者骨骼。因此，死者家属对尸体不享有所有权，而只是一项不同于

---

① Crefelds：Rechtswoerterbuch, 12. Auflage, 1994, Seite 1006.

所有权的照管权利（及义务）。① 捐赠遗体的死因行为，在法律上是有效行为，但是这涉及公法调整，难以成立民法上的物。另外，人造器官如假肢、假牙、心脏起搏器等，未附着于人体时当然是物，一旦装上人体并发挥替代性的机体功能时，就具有人格属性或者说承载主体价值，再不能说是民法上的物了，例外情况就是，能够自由装卸而不伤害人体的，如牙套、假发等，还是应该成为民法上的物。

（五）物的流通能力

物的流通能力是物权取得的先决条件，是指物被许可进入交易机制的可能性，换句话说是指法律许可物的权利人将物纳入交易机制的能力、资格。民法典通常对物的流通能力进行概括性承认，然后通过特别法的强行性规定进行限制。一般而言，物可以自由进入交易机制，权利人能够以自己的意志对物进行处分。对流通能力的限制主要有两种方式，一是种类方面的限制，比如根据我国文物保护法的规定，国家文物保护范围内的文物，虽然允许私人所有，但是所有权人不能依据法律行为将这些文物在市场上进行交易，所有权人只能以赠与、遗赠、捐赠等方式处分这些物；又如一些涉及宗教、伦理、公益的物，如教堂、寺庙、墓地等，在各国法律上一般都禁止流通；再如世界各国基本上都限制政府机构财产的流转，因为政府财产来源于税收，政府机构随意处分无异于侵吞纳税人的财产。二是主体方面的限制，有些物依法只能在某些特定的主体之间流通，而不能在一般主体间广泛流通，比如军事用品和一些特殊医疗用品等。随着科学技术的发展，民法物的范围会不断拓展，流通能力的限制将得到弱化。

三　物的整体与部分

在经济上作为一个整体存在的物，往往由若干单个的物组合而成，比如图书馆，由大量书籍、书架、座位等构成，建筑物由混凝土、门窗、电梯、瓦椽等构成。现代社会工业精密化使得物的组成部分更加复杂，比如汽车由底盘、发动机、轮胎、车身等组成。这些聚合物被毁损或由整体分离，将会降低物的整体价值。丛书中的某一分册的残缺会使整套丛书的价值减损；混凝土的取出必然会毁损房屋；卸下轮胎，汽车也就无法行驶。

---

① 参见［德］迪特尔·梅迪库斯著《德国民法总论》，邵建东译，法律出版社 2001 年版，第 876 页。我国马王堆出土的女尸显然不具有人格利益，其不能为民法上的物，这只是因为这种考古文物为我国公法所禁止流通罢了。

如何维持物的整体状态是各国民法都必须考虑的问题，① 对这个问题的思考必须从分析物的整体与部分的一般关系入手。这样，问题就转化为：当一个物的组成部分对整体的性能具有决定性意义时，那么这个物和它的整体在物权法上能不能区分？如果一个物的组成部分对于物的整体没有决定性的作用，那么它与整体之间的物权法律规则又是什么样的？德国法学对这一问题的研究已经相当深入，并做出重要组成部分和一般组成部分的区分，这对我们无疑具有重要的参考价值。② 从物的功能或者说使用目的来看，基于对整体与部分的侧重点的不同，可以分为必要的组成部分和临时的组成部分，以下基于这种划分来展开论述。

（一）必要组成部分

所谓必要组成部分，是指对物的整体效用具有决定性的意义的组成部分，也就是如果与其他组成部分相分离将使得物的整体失去经济意义的组成部分。必要组成部分是从物的组成部分对实现物的整体功能角度而言的，如果从分割的角度而言，又可以在此范围内分为重要的组成部分和一般组成部分。③《德国民法典》所谓的物的"重要的"组成部分，第 93 条判断重要性的标准是"如不损毁其物的一部分或另一部分，或者变更其性质，就不能与物相互分离"，但这并不表明物的特性、质量或使用方法等方面具有特别重要的意义，而是就物的分割而言的，即如果一个物的组成部分和其他组成部分相分离就不再具有经济价值。④ 比如，水泥板中的钢筋就是物的必要组成部分，因为取出钢筋将会导致水泥板粉碎从而完全失去效用；再比如，为特定赛车或船舶量身定做的特殊发动机，不适合其他一般的车船，将它拆下来就会变更其性质，因此不能说是一台发动机了。当然，法律上所谓的重要组成部分与日常用语中的重要部分不能同日而

---

① 对这一问题的思考又被细分为两个层次：第一个问题涉及维持业已形成的物的整体状态，即在哪种情况下应该由法律的强行规范或者任意规范来维持物的整体性；第二个问题涉及法律技术上的难题，即如何才能确保物维持其整体状态，因为在物的某部分属于他人的情况下，一件物的所有权人有权请求剩余物的所有权人返还该物，这就使得物存在被四分五裂的危险。对于法律技术上的难题，罗马法提供了两种解决方案：一是保持所有权状态不变，但在符合状态持续期间，所有权返还请求权延缓行使。二是将合成物的各个部分概括视为唯一的权利客体，在这个客体上只能存在一个同一的所有权。对此可以参见［德］迪特尔·梅迪库斯著《德国民法总论》，邵建东译，法律出版社 2001 年版，第 880 页。

② 参见孙宪忠著《德国当代物权法》，法律出版社 1997 年版，第 16 页以下。

③ 参见［德］迪特尔·梅迪库斯著《德国民法总论》，邵建东译，法律出版社 2001 年版，第 881 页以下。

④ ［德］拉伦茨著：《德国民法通论》，王晓晔等译，法律出版社 2003 年版，第 387 页。

语。一般所谓的重要部分，并不涉及该部分对整体物发挥作用所具有的重要性。比如，日常所谓发动机和轮子是汽车的重要组成部分，因为没有发动机和轮子，汽车就不能实现其使用目的——行驶；但发动机和轮子不是法律上的重要组成部分，因为拆卸二者既不会对汽车各部分造成损害，也不会改变发动机和轮子的性质。

法律应尽量避免出于合法原因对物进行不经济的分割，因此法律规定一个物的重要组成部分不能再成为其他特别权利的客体，如果它不是在事实上已经分离的话。这一基本原则简单地说就是：物的必要组成部分之上不得设定独立的物权。这一原则的具体含义是，物的重要组成部分与物共享法律上的命运：如果主体对物的整体享有物权时，则肯定对物的必要组成部分享有同样的物权；如果物的整体物权发生变动，则该组成部分的物权随之发生同样的变动。如果在物的整体上设定了一项权利，该权利当然及于物的必要组成部分，物的整体处分人不得以任何理由主张对必要组成部分的权利保留。法律应该以强行性规则予以规定，维护物的整体性。

一般组成部分对于物的整体而言同样是必要的，但是一般部分的分割并不符合重要组成部分的两个要件——"损毁"和"性质"要件。最为典型的就是前述的汽车和发动机、轮胎的关系，这些部分对于实现汽车的功能是必要的，但是它们具有可替代物，从汽车上拆卸下来既不会改变自身性质，也不会影响汽车其他部分的经济价值，因为剩余部分重新装上其他的发动机和轮胎能够再度组成一辆汽车。因此，一般部分通常是作为从物与物的整体承担相同的法律命运，但是这种规则可以被当事人之间的约定所排除，比如，汽车供应商可以跟购买者约定轮胎或发动机的所有权保留。

必要组成部分与整体关系的规则在物权法领域普遍适用，在动产领域和不动产领域都会发生，对于维持物的整体性有着重要意义。在不动产法领域，一般情况下房屋是土地的重要组成部分，因此土地的物权发生变动时，该物权变动的效力及于土地上的房屋。这往往由强行性规范加以规定，在最高程度上维持了物的整体性。再如，可以认定房屋内的暖气、水管、电路等固定设施是房屋的必要组成部分中的一般成分，房屋发生变动时，这些物依主物和从物的关系规则处理，依据法理，当事人之间的特别协议可以排除这种规则。在动产物权领域，同样适用上述规则；不同的是，动产一般成分之间的附合，在可以辨别主从关系的情况下，依主物和从物的关系处理；在无法辨别的情况下，各权利人形成共有关系。上述规则不仅适用于所有权领域，在其他权利领域同样适用。

（二）临时性组成部分

如果说必要组成部分这一概念更侧重于考虑物的整体的功能，那么，临时性组成部分主要关注的是物的组成部分的功能。临时性组成部分是指为了临时目的而附着在整体上的物或者是根据另一项权利附着在它物上的物。严格说来，临时性组成部分并不是物的真正的组成部分，而是"表见部分"或称"虚假成分"（Scheinbestandteile），① 具有相当的独立性。在物权法上，临时性物权可以分为两种情况：

1. 为了临时目的而附着在整体上的物

这一类物对整体的功能效用没有决定性影响，只是为实现其独特的目的而临时性附着在整体之上。比如，建筑工地上的脚手架和工棚，汽车主人为自己的小孩加装的儿童座椅等。民法对于这类临时性的物，保护其原来的权利状态，其权利（所有权）取得并不是依据必要组成部分与整体关系的规则（性质上属于原始取得）而定，具体地说，法律允许当事人保留其权利，不得做出当事人没有约定时临时性附着物随同物的整体转移的推断，这一点与物的必要的组成部分是不同的。因此，当建筑工程完工后，施工单位可以通过拆除、搬挪等方式取回自己搭建的脚手架和工棚，因为该脚手架和工棚所有权属于施工单位；同样的道理，汽车的主人出卖汽车时，可以取回自己为小孩安装的座椅。

2. 他人根据一项合法的权利而临时附着在整体上的物

这里所指的权利既可以是民事权利，也可以是公法上的权利。根据一项权利附着在物的整体上的物，比如说根据地上权、承租权在他人土地上修建的房屋。这种根据权利的临时性附着的物，在物权法上也不得做出随同物的整体物权转移的推断。因为这样的房屋在物权法上不是土地或者说土地所有权的必要组成部分，而是地上权、土地租赁权的必要组成部分。所以，如果土地所有权发生转移，房屋并不随同转移。但是，如果房屋赖以建立的地上权、土地租赁权发生转移时，房屋应该随同转移。

综上所述，临时性组成部分具有独立的经济意义，且不影响物的整体价值，因此能够成为单独的权利客体，其意义并不在于维持物的整体性。

---

① 参见［德］拉伦茨著《德国民法通论》，王晓晔等译，法律出版社2001年版，第393页；另见［德］迪特尔·梅迪库斯著《德国民法总论》，邵建东译，法律出版社2001年版，第884页。

第二节　物的分类

民法中的物的范围非常广泛，为了更好地掌握民法中的物，有必要对物的范围进行划分。根据不同的标准，我们可以将物分为动产和不动产、从物和主物、原物和孳息等。

一　动产与不动产

不动产，就是依据自然事实或者法律规定不可移动、或者移动必然损毁其价值的物。依据自然事实不可移动比较容易理解；依据法律的规定不可移动，指并非绝对不能移动，而是从经济价值的角度看移动不可能，法律根据保护物的客观价值的原则不许可其移动。比如种子播撒于耕地之后，将种子从地上取回来并不是不可以，但是在价值上不可能，因此法律规定此时种子也成为不动产。不动产主要有土地、建筑物、土地生成物以及附着物三类。动产就是可以移动的物。因为动产的范围极为广泛，所以世界各国法律规定，不动产之外的物，均为动产。

动产和不动产可以说是法律上对物进行的最重要的分类。二者的区别，甚至可以在拜占庭（Byzantine）时期的罗马法中发现。[①]《德国民法典》，尤其是它的物权编，事实上建立在对动产和不动产区别对待的法律规范之上。[②] 它们的分类是以物能否移动和移动后是否变更其性质、损害其价值为标准的。

（一）动产和不动产的区分意义

在直观上，不动产往往显得比动产更有经济价值。然而，不动产与动产不仅存在经济价值上的区别，在法律上，动产和不动产的区分还具有着下列重要意义：

1. 不动产物权和动产物权在取得方式尤其是公示方式上不同。各种不动产物权的取得，包括设立、转移等，依不动产登记而取得。而动产物权的取得，依动产的交付而取得。

2. 两者之上的权利类型不一样。根据我国物权法的规定，动产能承担所有权类型的物权，不动产之上不能承载质押权、留置权等权利。

[①]　梁慧星主编：《中国物权法研究》，法律出版社 2001 年版，第 41 页。

[②]　Karl Larenz, Allgemeiner Teil des Deutschen Bürgerlichen Recht, 7. Auflage, Verlag C. H. Beck, 1989, Seite pp. 284—285.

3. 两者的设定担保方式不同。在设定担保时，不动产可以设定抵押，即不转移占有的担保；而动产能设定质押，即转移占有的担保。以前我国法律随苏联民法的模式，不承认动产担保和不动产担保的区分（实质上是不承认不动产的担保），将它们一概命名为"抵押"，现在这一问题已经得到改正。

4. 租赁权的性质不同。国际上对不动产租赁权一般都有特殊的规定，即按照买卖不破租赁的原则，赋予不动产租赁权人特殊的先买权。而且一般规定不动产租赁权也要登记。这就是常说的"不动产租赁权的物权化"。动产租赁一般无此特性。

5. 法律管辖地不同。对不动产的各种案件，法律实行属地主义的管辖原则，即有关不动产的诉讼，由该不动产所在地的法院管辖；而动产则以一般实行属人主义的管辖原则，由动产权利人所在地的法院管辖。

（二）不动产

1. 不动产的概念

由于对物的概念认识不一致，所以各国法律对不动产的概念认定也不一样。德意志法系的民事立法，一般是将不动产定义为不可移动的物。比如，《德国民法典》中的不动产即"unbewegliche Sache"，立法上的用语是"Grundstueck"①，虽然该名词被直接译为土地，但其实是指以土地为主、并在土地附加的而且不能与土地分离的物。②《日本民法典》、我国台湾地区"民法"、《瑞士民法典》均遵循此例。依据此例，可以把不动产的概念定义为不能移动或者移动必然毁损经济价值的物。不动产具体是指土地；土地之上的固着物如建筑物、固定于土地上的机器设备等；不能与土地分离的物如土地的出产物、果实、树木、种子、肥料等。这是《德国民法典》、《日本民法典》、我国台湾地区"民法"以及《意大利民法典》中适用的概念。③英美法对不动产概念的适用基本与此相同。依此看法，不动产归根到底是物，即不可动之物。

---

① 严格说来，德国民法中并没有使用"不动产"一词，而只有"不可动之物"（underweglische Sache，Liegenschaft）；我们所说的动产，在德国民法中为"可分之物"（bewegliche Sache，Fahrnis）。孙宪忠著：《德国当代物权法》，法律出版社1997年版，第7页。

② 《德国民法典》第94条（土地或建筑物的主要组成部分）（1）土地的主要组成部分，为定着于土地的物，特别是建筑物，及与土地尚未分离的出产物。种子自播种时起，植物自栽种时起，为土地的主要组成部分。

③ 《德国民法典》第90条、第94条；《日本民法典》第85、第86条；《意人利民法典》第812条、第813条；中国台湾地区"民法"第66条等。

　　法国民法采用的是另外的模式。它将不动产确定为"依据法律或者自然性质不可移动的财产"，而不是物。依据《法国民法典》的规定，不动产是依性质不可移动、依用途不可移动、依权利客体不可移动、或依法律规定不可移动的财产。具体包括土地及建筑物；固定于土地和建筑物之上的；土地之上不可以与土地分离的物，如土地的出产物、种子、肥料、农具、耕畜、圈养动物、不动产的使用收益权、不动产的股票、地役权、返还不动产的诉讼权等。这是《法国民法典》所使用的不动产的概念。[①] 依此，不动产有时指物，有时指权利，但归根到底还是权利，包括所有权和其他用益物权。[②]《法国民法典》的这种做法的缺陷上面已经分析过了。

　　我国法学中的不动产，字面上看好像是不可移动的财产，但实质是"不可动之物"，如土地和建筑物等。

　　2. 不动产的范围[③]

　　（1）土地。[④] 在各国立法中，均认可土地为当然的不动产，而且是基础不动产。其他不动产都只能按照"土地编成主义"原则，登记在不动产登记簿上。

　　（2）建筑物。建筑物又称为构筑物，它是通过人的劳动给土地增添价值而定着于土地的物。建筑物的范围非常广泛，不仅仅限于房屋。

　　（3）添附于土地和建筑物的物。添附于土地和建筑物的物，就是按照添附原则应按不动产规则处理的动产。依据这一规则成为不动产的动产，在范围上各国的规定虽不尽相同，但基本无争议的有：已经撒播于土地里的种子、肥料等；已经被使用的建筑材料、建筑物装饰材料；为建筑物的功用而添加的设备如住宅中的供水排水设施、暖气、煤气、各种电气设备等；定着于地面上，法律上难以分割的机器设备等。

　　（三）动产

　　在罗马法上，动产是指能够自行移动或用外力移动而不改变其性质和

---

　　① 《法国民法典》第2编第1章的第1节，即第517条至第526条，尤其表现其特征的是第526条，它规定不动产的用益物权、地役权、甚至不动产的诉权也是不动产。

　　② 孙宪忠著：《中国物权法总论》，法律出版社2003年版，第132页。

　　③ 同上书，第132—134页。其相关立法例有《德国民法典》第94条（土地或建筑物的主要组成部分）；《法国民法典》第517条；《日本民法典》第86条；中国台湾地区"民法"第66条；《意大利民法典》第812条。

　　④ 在《德国民法典》中，不动产的通行解释是"地产"（Grundstück）. See Creifelds：Rechtsw？rterbuch，12. Auflage，1994，C. H. Beck，Seite p. 1213.

价值的有体物。能自行移动的如奴隶、家畜，可用外力移动的农具和衣服等。① 在法律为其定义时，因其种类繁多，难以抽象概括，故在我国台湾地区"民法"和日本等地立法中，均依排除的方式，规定不动产之外的其他物均为动产。② 根据我国担保法的规定，所谓不动产是指不动产以外的物（第92条第2款）。

但工业文明社会中，作为动产的车辆、船舶、航空器等由于价值巨大，也采取了登记制度，由此也可于其上设定抵押。③

关于动产的范围，有以下几种:④

（1）可动之物。与不可动之物相对的，可动之物即依其自然性质可以移动而不损害其价值的物，它包括已经与不动产分离的不动产的出产物。

（2）货币。法学界的通说认为，货币的法律本质，是以国家特别认定的形式记载、确定并加以保护的债权，所以货币本身又是权利。但是，就其形式而言，它仍然是动产。故货币在民法上是一种特别动产。

（3）准动产。指物权之外的其他不记名的财产权利。物权之外的其他财产权利，在不记名的情况下，主要包括不记名的债权等，因其已经制作成有体物的格式，在性质上与动产相同。

二　主物与从物

民法中对主物与从物之间关系的确定，目的是确定权利主体处分一物时，是否可以对与此物有关联的物行使同样处分的权利。所以，主物与从物之间的关系也是民法中的一个重要问题。

（一）概念

所谓主物，指能够独立发挥效用的物。

非主物的组成部分而附着于主物，并对主物发挥辅助效用的物，在法学上被称为从物。主物与从物的划分规则，是在两个以上的物发生互相附着或者聚合而且在经济上发生密切的关联之后，在物上权利将发生变动时，为确定物的归属所确定的规则。

---

① 周枏著:《罗马法原论》，商务印书馆1994年版，第306页。

② 比如，《日本民法典》第86条关于不动产、动产的定义，在第一款规定不动产之外，规定:"此外的物皆为动产。"中国台湾地区"民法"第67条:"称动产者，为前条所称不动产之外之物。"

③ 梁慧星主编:《中国物权法研究》，法律出版社2001年版，第53页。

④ 相关立法例，参见《日本民法典》第86条第2、3款；中国台湾地区"民法"第67条；《意大利民法典》第812条第3款；我国《物权法》第180条。

（二）从物的认定

认定从物时，应注意以下几个要素：

1. 从物不是主物的构成部分。如果一个物成为另一个物的构成部分，那么它们就是一个整体的物，而不是两个物了。主物与从物均为独立物，但是在它们发生附着并在经济上产生密切关联之后，其中任何一物之上权利的变动，都会对其他物的利用发生影响。故从稳定社会经济秩序和保证物能够发生最大经济效用的角度看，最为合理的做法，是将附着之物按其在经济上的效用，划分为主物和从物，并确定从物随同主物处分的原则。①

2. 必须有从物附着于主物的事实。即主物和从物必须发生空间上的联系，并且从物对主物发挥着辅助性的作用。主物和从物本来均为独立之物，只是在发生了从物附着于主物、并协助主物发挥经济效用的事实后，才能发生主从关系。

3. 从物不限于动产。关于从物是否限于动产，各国立法不尽一致。如德国、瑞士民法规定，从物限于动产；日本民法未作规定。我国现行法也无规定。但本书认为从物的范围应该不限于动产，如建筑物中有主建筑和从建筑之分，车库、储藏室一般属于从建筑物。②

另外需要注意的是，我国台湾地区民法第68条还特别强调，主物和从物除发生附着的关系之外，还必须有"同属一人"的事实。这一点虽然有一定积极意义，但是，在强调主从物之间的因附着而发生权利变动的原则的前提下，再强调它们之间的权利归属问题显得多余。本书认为，应该依世界大多数国家的立法，而不应采纳我国台湾地区"民法"的做法。

（三）处理原则

主物与从物的划分只是根据一般的经济效用标准，它与交易上的规

---

① 如《德国民法典》第97条（从物）第1款："非主物的组成部分而确定性地辅助主物实现其经济目的、并为这一特性而于主物发生空间上的相应联系的动产（可动之物），为从物。但在交易上不认为是从物的除外。"《意大利民法典》第817条（从物）："永久性地供他物（参阅第667条、第1477条、第1617条、第2810条第1项）使用或者永久性地装饰他物的物品是从物（参阅第818条）。可以由主物的所有权人或者由对主物享有某一物权之人决定从物的用途。"第818条（从物制度）："以主物为客体的行为和法律关系也包括从物（参阅第667条、第1477条、第2912条），另有规定的除外。从物也可以成为独立行为和法律关系（参阅第817条）的客体。从物从属性质的终止不得对抗先前已经对主物取得了权利的第三人。"我国《物权法》第115条规定："主物转让的，从物随主物转让，但当事人另有约定的除外。"

② 梁慧星、陈华彬著：《物权法》，法律出版社1997年版，第40页。

则并不相同。所以，如果所附着之物之间的关系，虽然在经济效用上有主从的区别，但是按照交易的习惯认为并不是主从关系，甚至认为不发生附着关系时，应该按交易的习惯处理。这是世界各国基本上都承认的。

确定主物与从物之间关系的法律规则，出发点是在两个以上的物发生互相附着或者聚合而且在经济上发生密切关联之后，在一个物上的权利将发生变动时，必须从经济利益的角度出发确定附着之物的归属。在发生附着之前，主物与从物均为独立物；但是在它们发生附着并在经济上产生关联之后，其中任何一物之上的权利的变动，都会对其他物的利用发生影响。故从稳定社会经济秩序和保证物能够发生最大经济效用的角度看，最合理的做法，是将附着之物按其在经济上的效用，划分为主物与从物，并确定从物随同主物处分的原则。世界上主要国家确定的规则，大体上都是如此。①

从物随同主物处分的原则，有两个例外：

（1）一物附着于他物，但是交易的习惯不认为其属于主物者，依习惯。② 比如他人依据一项民法上的权利，在土地上进行建筑，那么该建筑物不能随同土地的所有权人处分。

（2）从物的所有权人与主物的所有权人之间有关于从物的协议，则依据协议处理。在特别情形下，当从物对原权利人有特别意义时，应当许可原权利人对从物的处分依特别规定予以保留。这一考虑的基本原因是：主物和从物毕竟是两物，从物附着于主物一般也有可分性，从物分离主物时并不会妨碍主物的经济效用的发挥。因此在当代德国民法学著作中，一般均采纳许可原权利人依特别的约定对从物进行处分的观点。③《瑞士民法典》第644条以及我国《物权法》第115条也采纳这一规则。从这种考虑出发，我们在规定从物随主物处分的原则的同时，也有必要规定"有特别约定的除外"的内容。

---

① 《日本民法典》第87条"物的所有人，为了达到通常的目的，而将属于自己所有的其他物附属于该物，则附属之物为从物。从物随主物处分"。《瑞士民法典》第644条（从物）规定："对物的处分，及于从物。但有特别约定的，不在此限。前款的从物，系指依地方通常见解或根据所有人的明确意思表示，继续为主物的所有人经营、利用或保存，并通过联结或依其他方式与主物有关系的动产。"

② 如我国台湾地区"民法"第68条（主物与从物）："非主物之成分，常助主物之效用，而同属于一人者，为从物。但交易上有特别习惯者，依其习惯。主物之处分，及于从物。"

③ 孙宪忠著：《德国当代物权法》，法律出版社1997年版，第18页。

三　原物和孳息

原物和孳息是民法上对物的另一个重要的区分。在实践中，有些物根据其自然属性或者法律的规定，会产生出新的物，原物和孳息的区分即由此而来。而且关于新产生的物的归属，也是一个重要的民法问题。

（一）概念及意义

所谓原物，从产生新物的意义上看，即出产新物的物。[①]　而孳息，指由原物产生的物。

孳息依其性质，区分为天然孳息和法定孳息。[②]　所谓天然孳息，是指物依自然而产生的出产物、收获物，如树木的果实、母畜所生的子畜、土地上生长的粮食等。所谓法定孳息，是指物依法律关系产生的收益，包括利息、租金等。

天然孳息的范围非常广泛，它们主要来自于种植业、养殖业，如耕作土地获得粮食和其他出产物，种植果树产生的果实，包括竹木、竹木的枝根，种植牧草获得畜草等；养殖业主要是产生养殖牲畜获得各种子畜和奶产品等。法定孳息，就是原物的所有人参加租赁、投资、储蓄等特定的民事法律关系应当获得的合法报酬。应注意的是，租金不仅仅产生于租赁的

---

① 关于原物，另一个概念是指物被损坏之前的状态，即原来的物。这一概念使用在物的返还的情况下。

② 相关立法例有《德国民法典》第99条（孳息）："物的孳息，指物的出产物以及依物的使用方法所取得的收获物。权利的孳息，指依权利的性质所产生的收入，尤其指对土地的组成部分享有权利者，所取得的土地的组成部分。孳息，也包括一项财产依据法律关系产生的物或者一项权利。"《日本民法典》第88条（天然孳息、法定孳息）："（1）依物的用法所收取的出产物，为天然孳息。（2）作为物的使用对价而收取的金钱或其他物，为法定孳息。"我国台湾地区"民法"第69条（天然孳息与法定孳息）："天然孳息者，谓果实、动产出产物，及其他依物之用法所收获的出产物。称法定孳息者，为利息、租金及其他因法律关系所得之收益。"《瑞士民法典》第643条（自然果实）："（二）自然果实系指定期出产物及依通常方法使用该物所得之收益。（三）自然果实，在与原物分离前，为原物的组成部分。"《意大利民法典》第820条（自然孳息和法定孳息）："那些需要或者不需要人类的劳动、由物直接产生的收益，诸如农产品、木柴、动物的幼崽、金属矿、石矿、石灰矿（参阅第826条）的矿产品是自然孳息。孳息在分离（参阅第821条）以前为主物的一部分。然而，可以作为未来的动产（参阅第771条、第1348条、第1472条）对孳息进行处分。作为他人享有财产的对价而从物中提取的收益是法定孳息。诸如取自本金的利息（参阅第1224条、第1282条、第1815条）、取自永佃土地的租金（参阅第960条）、终身年金（参阅第1872条）和其他任一定期收益（参阅第1861条）以及租赁契约（参阅第1571条）的租金。"我国《物权法》第116条："天然孳息，由所有权人取得；既有所有权人又有用益物权人的，由用益物权人取得。当事人另有约定的，按照约定。法定孳息，当事人有约定的，按照约定取得；没有约定或者约定不明确的，按照交易习惯取得。"

法律关系，在地上权等物权关系中，也会发生租金。

（二）孳息的归属

产生孳息的物，为原物。原物和孳息区分的基本出发点，是确定孳息的归属。一方面，人们享有、占有原物，并对原物进行生产劳动，其目的就是获得出产物、收获物。故依法律规定孳息的归属，实际上就是对劳动的保护。另一方面，日常生活中也常常发生原物在脱离其所有权人的情况下而产生孳息的情形，这样，就必须依法确定此时孳息的归属。

1. 天然孳息的归属

天然孳息，自从原物脱离后，立即会产生其归属的问题。但是天然孳息的归属的处理原则，在民法中至为复杂。享有取得孳息的权利的人，在民法上是包括原物所有权人、用益物权人、租赁权人、亲属法上的权利人在内的一系列人。考虑到孳息取得权利的根据甚为复杂，在法律条文中不可能详细列举，故按照日本民法和我国台湾地区"民法"的方法，只规定由享有取得权利的人取得。

天然孳息的归属原则上由原物所有人享有，即孳息归原物的所有人或者类似于所有权的独立物权人享有。对天然孳息，罗马法的处理原则是，"生根的植物从属于土地"，即原物的所有权人享有取得孳息的权利。孳息归属于原物所有人是确定孳息归属的最一般的原则，因为原物所有人是最有正当理由取得孳息的人。同时，与所有权类似的独立物权人，如传统民法中的地上权和永佃权人、我国民法中的土地使用权人等，他们对自己物权独立承担义务（如纳税），当然也有权利取得孳息。①

但是，法律同时许可其他善意的人提出可以对抗原物所有权人取得的抗辩。在关于德国民法、我国台湾地区"民法"和日本民法关于孳息的处理规范的解释、以及关于法国法系国家立法对所有权取得方式的处理规范的解释中，可以看到，孳息的归属的基本规则，是在承认原物的所有权人

---

① 如《日本民法典》第89条（孳息的归属）："（一）天然孳息，自其与原物分离时起，属于收取权利人。"我国台湾地区"民法"第70条（孳息之取得）："有收取天然孳息权利之人，其权利存续期间内，取得与原物分离之孳息。"《意大利民法典》第821条（孳息的取得）："自然孳息属于产生该孳息之物的所有人（参阅第1477条、第1775条），将孳息的所有权给予其他人（参阅第896条、第959条、第984条、第1021条、第1148条、第1615条、第1960条、第2791条）的情况不在此限。在这后一种情况下，孳息的所有权自孳息与母体分离（参阅第820条、第1472条、第2912条）之时起取得。欲取得孳息之人，应当在孳息价值的范围内，向生产或收获孳息之人偿还他们为生产或收获（参阅第984条、第1149条、第2041条）孳息所支付的费用。"

有取得的权利的大前提下，同时许可他人享有排斥原物所有权人的取得的权利。他人的这一权利，可以基于物权产生（如地上权人的取得），也可以基于债权产生（如承租人的取得），也可以基于亲属权利产生（如继承中的取得），也可以基于公法的规定产生。

在依据一项民法上的权利取得他人之物的占有，而且这种占有的目的自然包括取得孳息时，则孳息归属于有权占有者。比如承租人以产子的目的租借他人的母畜、以取得土地出产物的目的租用他人土地等，此时，母畜所生产的幼畜就不能归属于母畜的所有人；土地的产物也不能归属于土地的所有权人。但是，占有人占有的目的，或者依据其占有的本性不包括孳息的取得时，比如借用他人的母畜只是为了耕地时，则占有期间原物所生的孳息仍然归属于原物的所有权人。

2. 法定孳息的归属①

法定孳息，在德国民法中被称为"权利的孳息"。有为第三人设定的专以取得孳息为目的的物权类型，即动产（特指有价证券）的用益权。但此情形在我国没有出现。故一般认为，对于法定孳息，利息由债权人取得，租金由出租人取得。但出租人不能仅指原物的所有权人，也包括具有相当于所有权人地位的人。法定孳息其实是占有他人之物时，对他人的某种报酬。比如，承租人对出租人支付的租金、银行向储蓄人支付的利息等。原物的所有人损失了自己使用的权利，当然应当获得合法的报酬。因此，法定孳息一般以归属于原物的所有人、持有人或者原物的合法占有人为原则。同时，法律也许可当事人之间约定法定孳息的归属，比如将法定孳息给予指定的第三人（比如保险关系中的受益人）等。《德国民法典》第101条（孳息的分配）规定："对物的孳息或者权利的孳息享有取得权利者，在无其他规定的情况下，可以到确定的期限为止或者从确定的期限开始，取得如下利益：1. 第99条第1款确定的出产物和物的组成部分，当此孳息作为权利的孳息收取时，在该项权利的有效期间内，即使孳息与原物已经分离，权利人也得收取。"

由此我们可以看出，法定孳息的取得人的确定比较容易，即利息由债

---

① 相关立法例：《日本民法典》第89条（孳息的归属）规定："（二）法定孳息，于收取权利存续期间，以日计取得。"我国台湾地区"民法"第70条（孳息之取得）规定："有收取法定孳息权利之人，按其权利存续期间内之日数，取得其孳息。"《意大利民法典》第821条（孳息的取得）："法定孳息的取得根据享有权利的期限（参阅第820条、第1263条、第1531条）逐日计算。"

权人取得，租金由出租人取得。在日本民法和我国台湾地区"民法"中，规定法定孳息一律按日记取。但是，这一做法有失僵硬，我国《物权法》第116条第2款规定："法定孳息，当事人有约定的，按照约定取得；没有约定或者约定不明确的，按照交易习惯取得。"

四 物的其他分类

（一）流通物与非流通物

所谓流通物，也称为融通物，即可以交易的物；非流通物，也就是不融通物，就是不可以交易的物。在市场经济条件下，绝大多数物都是流通物，即可以由社会的人自己决定以各种方式进行交易的物。但是即便如此，不论是在我国还是在国外，也都有些物是不可以交易的。法律上的非流通物主要有：（1）公用物，即为完成公共事务管理的物，比如政府办公设施场所等，和直接为公共服务的物，如道路、公园等；（2）宗教用物，国外也称为神用物，如寺庙、教堂、清真寺等；（3）危害社会的物，比如假币、毒品、淫秽用品以及其他有伤风化的物品等；（4）法律禁止流通的物品，比如走私物品，和战争时期敌对国的产品。对流通物，法律许可当事人任意处分，对非流通物，法律不许可当事人任意处分。

（二）可分物与不可分物

所谓可分物，即物的整体被分割成部分时其性能不会损害的物。而不可分物的意义正相反。可分物，比如粮食，一袋面粉分为两袋面粉，其性能不会损害。不可分物，比如一匹马、一台电视机，就不能分割成两部分。法律对于可分物与不可分物予以区分的目的，是在处理共有关系转化为单一所有时，禁止不可分物分割，以保持物的价值。比如兄弟二人共同继承的财产中如果有不可分物，在该物只能由一个人继承时，另一个人只能获得价值的补偿。

（三）消费物与非消费物

所谓消费物，指的是一经使用即消灭其形状、使其不再存在的物。比如面粉一经使用，面粉便不再存在。酒水一经食用，也就不会存在。非消费物，指的是经过使用但其形状不会消亡，还可以继续使用的物。比如房屋，虽然经过借用，但是返还后还可以再用。区分消费物和非消费物的意义，是确定针对这些物所建立的租赁、借用、借贷等合同关系时，双方当事人之间的权利义务关系。如果是非消费物，则借用人应该返还原物；而在消费物的情况下，借用人当然只能用其他可以替代的物来返还。

（四）代替物和非代替物

所谓代替物，或者称为可代替物，指的是可以用其他物来替代的物。而非代替物，或称不可代替物，指的是不可以用其他物来替代的物。土地、建筑物、艺术品等为不可代替物，如果当事人之间订立了以不可代替物为标的的合同，在该物消失的情况下，该合同可以被撤销或者解除。但是如果当事人订立的合同是以代替物为标的的合同，在合同履行时，则当然没有因为标的物的灭失而导致合同被撤销或者被解除的问题。

（五）特定物与不特定物

所谓特定物，指的是由当事人自己的意思指定的物。而不特定物，指的是没有当事人的意思指定的物。特定物比非代替物的范围广一些。因为，非代替物肯定是特定物，但是一些代替物也可能因为当事人意思的选定而成为特定物，比如汽车在市场上未被选定之前，均为代替物；但是当事人在汽车市场上选定的"那辆车"，就成为特定物。区分特定物与不特定物，对于确定当事人之间的权利义务也很重要。物权法上的物，都是特定物，不特定物上不可以设定物权。比如没有建造好的房屋上，就无法设定抵押权。另外，在买卖合同的成立或解除、标的物灭失的风险负担、瑕疵责任等方面，这两种物产生的结果都是不一样的。

第三节　与物相关的特殊客体：财产、企业、动物

一　财产和物的区分

社会上的一般民众在日常生活中常常使用财产的概念，并不对有体物和无体物作严格的区分。那么，我们又如何界定财产和物的区分呢？

作为权利客体，大陆法系关于财产的含义有以下三种：[①]

1. 财产是指民事权利主体所享有的具有经济价值，依一定目的而结合

---

① 事实上，经济生活和司法实践中，财产概念的内涵更为丰富。除法律上最广义的概念所涵盖的以外，经营者个人和法人所具有的人身权，如字号权、名称权、商誉权，在立法上常常归入人身权法范畴，但是在经济生活和司法实务中却被视为财产，能够进行转让（但法理上真正的人身权不得转让）。另外，由于市场经济的高度发达，商业联系、商业资质等在法律上难以从正面上界定为财产的权利，在经济生活和司法实务中称之为"无形资产"，比如企业所开拓的营销网络和企业所培训的人力资源。具体参见孙宪忠著《中国物权法总论》，法律出版社2003年版，第14页。

的权利和义务的综合体,财产权利被称为积极财产,义务被称为消极财产。① 财产的这一意义在破产法和继承法里得到体现。比如,破产法里所说的财产清算,指的就是对破产人全部的具有经济价值的权利和义务的总和的清理;继承法里所说的遗产清算是对被继承人遗留的全部财产权利和义务的清理。这就是最广义的财产概念。

2. 从广义上说,财产是指具有经济意义的权利,相当于最广义财产概念下的积极财产。但是财产的含义仍然十分广泛,包括了有体物和无体物,表现为各种在法律上有明文规定的权利类型,如物权、债权和知识产权等。但是在上面我们曾经分析过,这些权利在本质上具有不容忽视的差异,当代民法为它们分别建立了法律制度。不论是最广义还是广义的财产概念,都是既包括了法律关系的客体,又包括了法律关系的内容,财产和财产权的意义无法有效区分。

3. 从狭义的角度来说,财产并不是指权利,而是指权利的客体即具体的物,相当于有体物,如土地、房屋、车辆、衣食等。在这一意义上使用财产概念时,财产和财产权是相区分的,财产指的是物,财产权指的是权利。

在英美法中,财产主要指民事权利主体所拥有的财产权利,义务和权利客体都被排除在外,因为,"正确的法律术语总是用财产这个词指人对于物的权利"。② "严格地说,这个术语用来指财产所有权,法律规范规定物的所有权转移的情形便是如此。此外,这个术语也被人们更经常地在转换了的意义上使用,正是它指所有权的客体,即指所有物。……财产这个词却常常被用来包括诸如股票等无形财产……"③ "这个术语也被认为包含着一切具有价值的权利和利益。"④ 从这些表述来看,英美法所说的财产,有时仅指物权,有时指对一切具有积极意义的支配权,有时指非权利性的利益,有时指权利的客体,如具体的物品等。这一意义与大陆法系的看法基本相同。

财产概念具有多义性,但总的来说它的外延比"物"的外延范围要广。它作为一个宽泛的法律概念,缺陷就是不能区分权利的内容与权利的

---

① 参见梁慧星著《民法总论》,法律出版社 2000 年版,第 107 页。

② 《不列颠百科全书》第 15 版,第 15 卷,46 页,转引自周楠主编《民法》,知识出版社 1981 年版,第 45 页。

③ 《牛津法律大辞典》,光明日报出版社 1988 年版,第 729 页以下。

④ *Black's Law Dictionary*, West Publishing Co. 1979, p. 1095.

客体，而在民法理论上，作为法律关系要素的内容和客体是必须区分的。因此，财产一词无法满足法律概念的精确性，因此只能适用于财产的概括性清理场合，如破产清算和遗产继承。因为在这些场合下，财产概念的运用不是要维持和厘清民事法律关系，而是要使聚集于某一消灭或行将消灭的民事主体之上的法律关系得到终局性、总括性的消灭，所以它不会引起法律关系的混乱，也不会妨害流通秩序和他人利益。但是在其他法律领域，财产概念就不适宜了，它无法区分传统财产权和知识产权，也无法区分物权和债权，甚至无法区分人身权和财产权。因此在精确的法律制度中，在使用财产一词表示权利客体的时候，应该使用物的概念，尤其是应该采用"有体物"的概念。

二　企业作为财产权利客体①

法律上的概念都有精确性的要求，一个社会使用的概念用精确的法律概念分析，常常变成多重含义的词语。比如企业，从法律上看就有三重含义：一是作为法律关系主体，它包括公司、合伙企业、独资企业、家庭企业等；二是作为客体，比如市场上常常发生企业转让的行为，就是把企业当作为客体来看的；三是企业被当作主体与客体的混合体，包括其主体资格、有形资产、无形资产等，这一概念经常在企业联合、企业网络式经营中使用。作为主体意义、混合意义的企业，我们不在这里讨论。

企业作为客体时，它能够被作为一种特殊的商品进入市场交易。所以，在民法的客体制度中应该考虑到其特点。企业可以作为一个整体进入交易，但是也可以一部分进入交易。从主体角度来说，每个人拥有一项财产。组成一项财产的各件东西，并不一定非得构成某种经济上的整体不可，这些东西的特征仅仅在于它们都属于一个人所有。② 由于各件东西都是不同的独立的权利客体，又不具有维持财产整体性的理由，因此法律不可能也没必要对它们做出概括性的规定。③ 但是，当一个人将其部分财产

---

① 参见［德］拉伦茨著《德国民法通论》，王晓晔等译，法律出版社2003年版，第400页以下。

② ［德］迪特尔·梅迪库斯：《德国民法总论》，邵建东译，法律出版社2001年版，第889页。

③ 在个别情况下，一个人可能拥有几份具有不同法律性质的财产。例如，继承人拥有遗产份额，还拥有自己的财产；破产债务人既拥有破产财产，也拥有破产范围之外的财产。基于财产各部分性质和目的的差异，必须将两类财产区分，适用不同的法律规则，一般是委托第三人来管理这类财产中的特别部分。这方面仍然不存在维持财产整体性的概括性规定。

投资于某企业的经营，那么这一部分财产就构成一个经济上的整体，法律政策也希望能够维持这些财产标的物的整体状态。

对企业的界定有主观说和客观说之分。主观说认为，企业作为一个整体不是取决于企业生产要素的客观性，而是取决于企业计划和决定能力的主观方面；客观说与此相反，将客观性的生产要素置于优先地位。两种定义无所谓对错，只是观察事物的角度不同而已。应该说，企业作为整体兼具客观的生产要素和主观的经营能力这两个决定性因素。通说认为，企业是具有整体性经济价值的权利客体，一个企业由人力和物力两方面结合而成，其中有企业拥有者所拥有的物（如企业的地产、建筑物、机器、货物、原材料和库存等），企业拥有者所拥有的各种权利（如债权、专利权等），还有企业主拥有的各种无形财产，如企业的商号、信誉、经营经验和商业联系，以及为达到某种经济目的而开展的经营战略和业务计划。因此企业的转让必须考虑到这些特征。

企业转让的方式很多，企业可以出售或出租，可以整体转让也可以部分转让。但企业又不能作为某个物上统一的支配权和使用权的客体，换句话说，企业并不是一个可以承受一体性处分的权利客体，而必须分别根据有关处分规则，对各个标的物进行处分：不动产须依据不动产的法律规则进行处分，动产根据动产的法律规则进行处分，债权则根据债权处分的规则进行处分。其中劳动关系的处理有许多特别的规则，只有在被让与企业中既存的劳动关系所产生的权利和义务，才能依据法律规定发生整体合同转移。比如在企业的转让中，应通过实施相应的处分行为将属于企业的每一种权利分别转让，并且使得企业的取得人能够取得企业所转让的无形财产，如转交企业客户名单、企业的战略计划、企业的标志和资质、企业的咨询和接待等种种业务。

虽然企业不能承受一体性处分，但人们可以通过一种间接的方式使一个企业获得法律上的独立性。[①] 如果将企业投资于一个法人（比如有限责任公司），通过对法人的股份做出处分，就可以将一个企业作为一个整体进行转让或者在该企业上设定负担。

三　动物

民法一直把动物视为权利客体，将其等同于一般的物，权利人可以随

---

①　参见［德］迪特尔·梅迪库斯著《德国民法总论》，邵建东译，法律出版社 2001 年版，第 890 页。

意处分。但是现在动物保护已经成为社会的主流认识。近年来，一些市场经济发达国家已经开始用民法来强化对动物的保护。在中国，鉴于动物尤其是野生动物的生存面临着比其他国家更大的威胁，在民法中强调对动物尤其是对野生动物的保护非常必要。

（一）动物是不是物

对动物进行法律保护，首要的问题是确立动物的法律地位：动物究竟还是不是物？《德国民法典》第90a条规定："动物不是物。它们受特别法的保护。法律没有另行规定时，对于动物适用为物确定的相关规则。"该条文是近年来为保护动物而新加的规定，通过1990年8月20日的民法修正案而生效。《德国民法典》为了表示对动物地位的强化，强调动物不是物，特意把它的第一编总则编中的第二章"物"重新命名为"物，动物"。把动物排除在一般意义上的物的概念之外，其地位不可以与其他的物相提并论。动物在此处既指家养动物也包括野生动物。对家养动物，《德国民法典》第903条（所有权人的权能）在原来规定所有权人的权利之后，又加上了"动物的所有权人在行使其权利时，必须特别遵守关于动物保护的规定"这一句很重要的补充。德国民法的这一规定，在世界上影响很大。

但是，值得我们注意的是，德国立法仍然把动物纳入物权客体的范围之内。《德国民法典》第90a条第1句，在将动物排除在物之外的同时，又在第903条后面一句使用"动物所有权人"一词，将动物纳入物权客体的范围之内。可见德国民法虽然否认动物是物，却并未否认动物是物权的客体。但是尽管如此，它也给我们提出了"动物不是物，那么是什么？"的疑问。

对于《德国民法典》第90a条，德国学者自己认为这对于保护动物是不足够的，因为这只是"一种概念的美容术"。[①] 但德国学者的这种做法并非简单的"概念的美容术"，这里体现的是一种公法对私法的干预。传统的民法的物的概念遇到了动物保护法的挑战，具体说是动物保护法这类法律对传统"物"的概念的干预和切割。然而，值得欣慰的是，这种"切割"让人们更为关爱动物。

对动物的法律地位的探讨，不仅仅在德国，英美法国家也一直都有激烈的讨论，有的学者也反思了动物的"物格"的问题。[②] 在我国，近年来

---

① ［德］迪特尔·梅迪库斯著：《德国民法总论》，邵建东译，法律出版社2001年版，第877页。

② Steven M. Wise：《动物的法律物格》，郭晓彤译，载于吴汉东主编《私法研究》（第3卷），中国政法大学出版社2003年版。

对动物的法律地位问题的讨论也如火如荼。这带来的最大的好处，恐怕就是对动物、对自然界的关注加大，这是有利于我们和自然界的协调共生的。

在这些观点中，通说仍然认为，对动物予以保护，意味着动物只是作为保护对象，它仍然是法律关系的客体，法律关系的主体还是人。因此，无论是现有的野生动物保护法还是学者们探讨的动物福利法，其中约束的还是人（主体）的行为，而不是约束动物的行为。赞成给动物主体资格的人多是站在自然界的高度，俯视人类与动物，深感人类与动物之不公平地位，要求对动物更多的关爱，以实现动物与人类平等和谐地生活在自然界中。但法律规则作为人类的规则只适用于人类自身，也只能约束人类自身。虽然从自然界的规则来看，人类与动物、植物等各类生命应享有平等的主体地位。但从人类的法律规则来看，只有人（包括人的组合）才能是规则的主体。

（二）对动物的民法保护

总体上说，以民法强化对动物的保护，可以有两种方式：一是把动物排除在物的范围之外，不许可人们用处分物的方式处分动物，也不得用先占无主物的方式取得野生动物的所有权。这是德国在 1990 年 8 月 20 日通过的民法修正案中规定的动物保护方式。对动物进行保护另一种方式是直接依据民法否定对动物、尤其是对野生动物的任意处分，但并不否定法律许可的对动物取得所有权的行为。这样，既回避了对动物和物的关系下定义而引起不必要的纠纷，又可以通过法律的明文规定使对动物的保护有法可依。在《德国民法典》关于动物的内容得到修改之前后，德国法同时制定了详细的动物保护法，而且原来的德国民事诉讼法的有关物的执行的内容也得到修改。① 也就是说，在这种体例下，对动物保护的单行法规越多，对动物的保护也就越周全。而且，还在民法和其他行政性法规搭建了桥梁，为自然资源法和动物保护法运用到民事领域提供了依据。

本章小结

作为最重要的民事权利客体，物应被严格限定为有体物，在对其范围进行限定时，应考察私法和公法的区分、无体物的含义、物的被控制性、

---

① 孙宪思著：《德国当代物权法》，法律出版社 1997 年版，第 5—6 页。

人体以及物的流通能力等要素。物的一个重要知识点是物的整体与部分，而它在我国大陆民法学教科书往往被忽略，简言之，物的必要组成部分与物的整体共享法律命运，后者承载的物权必然及于前者，该物权变动引致后者随之发生同样的变动；而物的临时性组成部分具有相当的独立性。在物的分类中，不动产与动产的区分最为重要，它们分别承载不同类型的物权，并有不同的公示方式，因而主导了物权法的基本架构。主物和从物是另一重要区分，其关系主要表现为从物随同主物处分。此外，财产、企业和动物是三种与物相关的特殊客体：前者不同于物，具有较宽泛和多重的意义；中者能作为财产权利的客体；后者产生了是否属于物的争议，要受到法律的特殊保护。

思　考　题

一、名词解释

　　（1）物　　　　　　　　　（2）有体物

　　（3）必要组成部分　　　　（4）不动产

　　（5）主物　　　　　　　　（6）孳息

二、简答题

　　1. 简述物的整体与部分的关系。

　　2. 简述不动产的范围。

　　3. 简述主物与从物的区分意义。

　　4. 简述原物与孳息的区分意义。

　　5. 简述物的概念与财产概念的区分。

　　6. 简述作为财产权利客体的企业的主要特征。

三、论述题

　　1. 试论物的民法意义。

　　2. 试论不动产与动产的区分意义。

　　3. 谈谈你对动产在民法中的地位的认识。

阅读参考文献

　　［古罗马］查士丁尼著：《法学总论》，张企泰译，商务印书馆1989年版。

　　周枏著：《罗马法原论》，商务印书馆1994年版。

〔德〕迪特尔·梅迪库斯著：《德国民法总论》，邵建东译，法律出版社 2001 年版。

〔德〕卡尔·拉伦茨著：《德国民法通论》，王晓晔等译，法律出版社 2003 年版。

梁慧星著：《民法总论》，法律出版社 1996 年版。

梁慧星主编：《中国物权法研究》，法律出版社 2001 年版。

孙宪忠著：《德国当代物权法》，法律出版社 1997 年版。

孙宪忠著：《中国物权法总论》，法律出版社 2003 年版。

Steven M. Wise：《动物的法律物格》，郭晓彤译，载吴汉东主编《私法研究》（第 3 卷），中国政法大学出版社 2003 年版。

Crefelds, 12. Aufl., Verlag C. H. Beck, 1994.

第六章　法律行为

内容提要

　　法律行为理论研究的问题是民事主体以自己的真实意愿为自己设定或者变更权利与义务，即其效果意思能够发生实际的法律效果。这一点能够得到法律的承认与保护，是民法社会意思自治原则的体现。只有真实的意思表示才应该发生效果，也是法治文明的体现。但是从民法的角度看，如何判断意思表示的真实的客观标准问题、意思表示不真实的法律效果问题，均成为法律行为制度设计的核心。

第一节　法律行为的界定

一　法律行为的意义

　　民法对社会关系的调整方法有两种：一种是法定主义，即直接由法律规定当事人在特定关系中的权利义务关系。这类调整方法的特点是：它使其调整的社会关系的权利内容固定化，一旦它所调整的社会关系发生，权利义务关系就强制性地出现。另外，当事人也不能改变这种权利义务关系。这类社会关系最典型的是各种身份关系。另一种是意定主义，即法律授权当事人创造、决定自己与他人的权利义务关系，法律只提供一个基本框架，在框架内的行为都是合法的。这是民法调整社会关系的最基本方法。这类社会关系最典型的是各种合同关系。

　　当事人要通过自己的意思创造和决定法律关系，就必须有一种有效的手段。这就是法律行为制度。

　　"法律行为"是德文"Rechtgeschafte"的翻译。这一词语是由"法律"（Recht）和"行为"（Geschaeft）合成的。这一词语是由法学家创造的"法律家德语"。① 而在德文中，表示行为最常见的词语也是 Handlungen。"法律行为"在英语中没有对应的词语，一般翻译为"juristic acts"或"judicial acts"等。

对法律行为的定义，学者基本没有争议。即它是当事人希望发生私法上法律效力的意思表示。如德国著名法学家拉伦茨和沃尔夫认为，法律行为是指"以发生私法上的效果为目的的，促成私法关系变动的单个人或者多数人的单个或多个有内在关联的行为。这些行为的目的是追求发生私法上的效果，改变或者引起具体的法律关系"。② 我国学者的看法与此相同，都认为法律行为是民事主体追求私法上效果的行为。③

法律行为的定义都强调法律行为是意思表示，而且是能够发生一定法律效力的意思表示。这里的"意思表示"实际上是对现实生活中各种表意行为的抽象。法律行为这一概念的产生，必须完成三个环节的甄别与抽象：第一，从人类的行为中，表达自己意愿的各种表意行为；第二，从这些表意行为中，抽象出具有法律意义的行为；第三，从有法律意义的表意行为中，抽象出追求私法上的权利义务关系的行为，如订立各种合同、订立遗嘱、创设公司和合伙、缔结婚姻的行为。在完成这些环节的抽象后，再对这类行为进行抽象，即德国法学家所说的"提取公因式"。这些行为的共同点是，其发生与否，不取决于法律的规定，而取决于主体单独或共同的意志。

"法律行为"是《德国民法典》中最抽象、最有特色的制度之一。它在《德国民法典》中居于非常重要的位置，被誉为"民法规则理论化之象征"；④"大陆法系民法学中辉煌的成就（the proudest achievement）"。⑤ 可以说，它是德国民法中最有特色的制度。

---

① 在比较法上，"法律家德语"是指德国法学家创造的法律术语。它一部分来自于法学家对拉丁文的改造，一部分来自于法学家通过德语的构词功能所做的创造。法律家德语是专门性的术语，与日常德语的意义有所区别。"法律行为"一词就是由"法律"和"行为"这两个德文单词合成的。但是，德语表达"行为"的日常用语是 Handlungen，而不是"法律行为"中的"Geschaeft"。

② Karl Larenz/Wolf, Allgemeiner Teil des Buergerlichen Rechts, 8 Aufl. C. H. Beck, 1997, S. 432.

③ 如史尚宽著《民法总论》，中国政法大学出版社 2000 年版，第 297 页；梅仲协著《民法要义》，中国政法大学出版社 1998 年版，第 88 页。

④ 参见董安生著《民事法律行为——合同、遗嘱和婚姻行为的一般规律》前言，中国人民大学出版社 1994 年版，第 1 页。

⑤ J. H. Merryman, *The Civil Law Tradition*, 2nd. Stanford University Press, 1985, p. 75.

二　法律行为的发展脉络

（一）理论发展脉络

罗马法并没有"法律行为"这个概念。中世纪法学家也没有明确提出法律行为这一概念。它的兴起是潘德克顿学派的产物。在 18 世纪，法律行为还没有统一的表述方式，在文献中人们既用拉丁文表示，也用德文表述。但是，也是在 18 世纪，学者开始使用 Rechtgeschafte 一词。[①] 在德国启蒙时期，法学家丹尼尔·奈特尔布莱特（Daniel Nettblandt）在 1748 年的著作中借用过拉丁文 actus iuridus（法律行为）和 delarato voluntatis（自愿表示），表示自愿追求法律效果的行为。他将 actus iuridus 定义为"设定权利和义务的行为"。[②]

一般认为，"法律行为"一词是由历史法学派的重要代表胡果（Gustav Hugo）首先使用的。之后，萨维尼在《现代罗马法体系》（Institutionen des heutigen roemischen Rechts）第 3 卷将法律行为理论进一步精致化，对法律行为理论做出了重要的发展。至此，法律行为理论就已经基本成形。

（二）制度发展脉络

只要人类社会有交易、遗嘱等行为存在，法律行为就必然存在，只是人们意识中没有"法律行为"这个概念而已。所以，法律行为制度虽然出现在近代，但是在近代以前，法律行为不仅就已经存在，而且还不断处于发展和完善过程之中。

法律行为制度的形成大致经历了罗马法—中世纪—近代三个主要时期。罗马法的契约法经过了从契约的类型强制（即法律只承认几种合意合同）到相对契约自由的过渡。到后期，罗马法已经初步具备了一切表意行为都可以适用的规则（如罗马最著名的法学家之一盖尤斯提出了"合意"这一概念）。罗马法关于契约的规则构成了中世纪的契约理论和实践的基础。罗马法的契约观念和希伯来宗教的"约法"思想，是近代社会契约论的思想渊源。

中世纪法学家结合神学教义，对罗马法做了重新解释和转化。在财产

---

① Werner Flume，Allgemeiner Teil des Buergerlichen Rechts, Bd. 2. Das Rechtgeschaft, 3 Auflage, Springer—Verlag, 1992, S. 29.

② Zweigert& Koetz, *An Introduction to Comparative Law*, Vol. 2, tr. by Tony Weir, 2nd. Clarendon Press, Oxford 1987, p. 3.

关系方面，他们不仅解决了经营活动的合法性问题，而且进一步将"契约严守原则"（*Pacta sunt servanda*）与宗教的神圣义务联系在一起。在人身关系方面，教会法认为，"合意"是婚姻很重要的因素。到了12世纪，格列西昂把当事人双方的同意作为合法婚姻的唯一先决要件。教会法采取了后期罗马法的婚姻法原则，以"夫妻感情"作为有效婚姻的唯一条件。大多数教会法都规定：婚姻必须以当事人的感情为基础，而感情则应由双方自由表达的同意的话语体现。① 此外，教会的遗嘱法继续发展了罗马法的遗嘱自由观念，"遗嘱"变成了"意志"，一种宗教上的"意志"。

近代在启蒙运动、资产阶级革命和工业革命后，理性和人的尊严获得了至高无上的地位。而法律行为是主体理性在私法领域的实践标志，也是人的尊严的体现。所以，当事人的社会关系各个领域逐渐以意定主义为主，私法自治及其实现手段——法律行为制度逐渐为大陆法系各国接受。

（三）立法发展脉络

1794年制定的普鲁士普通邦法（Allgemeines Landrecht fuer die Preussischen Staaten）规定了"行为"，但不是"法律行为"，同时采取了"意思表示"这一概念。1863年的《萨克森王国民法典》采用了"法律行为"这一概念，该法第88条规定："如某行为与法律要求相符，旨在设定、废止、变更法律关系的意思表示，即为法律行为。"

《德国民法典》首先采用了法律行为这一概念。此后，继受《德国民法典》的国家的民法典纷纷采纳了这一概念。

三　法律行为与类似行为

法律行为是民法上的行为（juristischen Handlungen）的一部分。民法上的行为是一个复杂的体系。德国民法典立法理由书就将行为分为三部分：法律行为、准法律行为和事实行为（后两者合称为Rechtshandlungen）以及侵权行为。② 与法律行为相关的概念主要是指准法律行为和事实行为。

（一）法律行为与准法律行为

准法律行为是与法律行为高度类似但又不完全符合法律行为特征，不能纳入到法律行为范畴的具有法律意义的行为。

民法学通常列举的准法律行为有三种：观念通知、意思通知和原宥。

---

① 参见林中泽著《西欧中世纪教会法中的婚姻与性》，《历史研究》1997年第4期。

② Werner Flume, Allgemeiner Teil des Buergerlichen Rechts, Bd. 2. Das Rechtgeschaft, 3 Auflage, Springer—Verlag, 1992, S. 105.

观念通知是对某种客观事实的通知，包括对过去事实的通知，如债权让与的通知、承诺迟到的通知；对现在事实的通知，如通知标的物有瑕疵；对将来事实的通知，如通知股东大会的召开。意思通知是向他人表示自己的主观意思，如履行催告、要约的拒绝、召集股东大会的请求等。观念通知与意思通知的区别在于，观念通知的对象是客观事实，意思通知的对象则是主观意思。原宥则是针对特定人的感情表示，只有在特定的情况下才能引起法律效果（如原谅继承人的虐待行为、原谅配偶的不忠等）。从人的心理结构出发，表示行为分别对应于知、情、意的表达。其中，观念通知是知的表示，意思通知是意的表示，原宥则为情的表示。[①] 而法律行为无疑是最典型的"意的表示"，所以，法律行为与意思通知最贴近。

法律行为与准法律行为的共同点在于，在主观上，两者都包含了当事人追求私法上效果的意思，在客观上，两者都有表示行为。两者的差别在于：法律行为的当事人可以自由设定自己的权利义务，当事人则可以依据自己的实际需要，选择适用不同的法律效果。但准法律行为一旦做出，法律就不问当事人企图发生何种法律后果，直接发生特定的法律效力，当事人对其追求的法律效果是不能选择的。也就是说，准法律行为类似于法定主义的调整。

（二）法律行为和事实行为

对事实行为，学界一般没有直接做出定义，而采取了列举方式来说明。事实行为可以定义为：当事人没有追求私法上效果的但又有表示外观的行为。和准法律行为一样，法律都直接规定了这些行为的效力。事实行为可以是合法行为，也可以是非法行为。如创作、侵权行为等。

事实行为不适用法律行为的规定，如有关行为能力、代理以及违反公序良俗的禁止性规定等。

一般认为，事实行为与法律行为、准法律行为的区别有二：一是事实行为不是表示行为，而后两者都是表示行为。二是事实行为不含有当事人追求私法效果的意思。但事实行为往往是有外观的（如加工、取得先占等），而且，当事人也完全可能有追求私法上效果的意思。如绘画等创作行为的行为人完全是为了取得著作权而创作。

所以，用上述标准很难区分事实行为与法律行为。如对先占的性质，学术界有三种观点，即认为先占是：（1）法律行为；（2）准法律行为；

---

① 参见史尚宽著《民法总论》，中国政法大学出版社2000年版，第302页。

（3）事实行为。三种观点的出发点都是先占中的意思的性质。法律行为说认为，先占是以所有为意思的，该意思是取得所有权的私法上的意思；准法律行为说认为，先占是以取得所有权的意思为要素的非表示行为，先占不是私法自治的制度，而是法律对这种意思的承认。事实行为说认为"所有的意思"并不是发生私法上效果意思，而是法律基于特定的事实赋予的特定效果。①

我们认为，事实行为与法律行为的区别是：

第一，有无相对人和合意过程。通常，法律行为有特定的相对人，而且法律行为的达成必须有当事人双方的合意。而事实行为没有相对人，更没有当事人之间的合意。

第二，行为人的意思是否具有社会典型意义。法律行为有各种类型，这些类型是法律对各种典型社会交往行为的总结。法律行为是人际交往或社会交际行为。② 事实行为并不是社会交往行为。

第三，法律行为都是"手段—目的"理性行为，当事人通过精细的计算，评估可资运用的手段，预测行为的后果，并在此基础上追求预定的目的。事实行为有些是这类行为，有些则不是这类行为，而是无法预测的偶然行为，如先占、发现埋藏物等。

四　《民法通则》中的"民事法律行为"

我国使用的"法律行为"是援用日本对"Rechtgeschaftet"一词的翻译。我国清末起草的民法草案及民国政府民法皆从之。③《民法通则》接受了前苏联的民法理论，抛弃了通用的"法律行为"，使用了"民事法律行为"。这一概念与大陆法系的法律行为有很大的差别。

我国的民事法律行为是指民事主体设立、变更和终止民事法律关系的合法行为。《民法通则》同时使用了民事法律行为和民事行为两个概念。"民事行为"是"民事法律行为"的上位概念，它是指民事主体基于自己的意志从事的民事活动。它与"法律行为"一词相同，既包括合法的行为，也包括无效和可变更、可撤销的行为。民事法律行为则都是合法的行为，不包括无效和可撤销、可变更的法律行为，而仅仅是指能够发生当事

---

① 参见谢在全著《民法物权论》（上册），中国政法大学出版社1999年版，第233页。

② 参见〔德〕拉伦茨著《德国民法通论》（下），王晓晔等译，法律出版社2003年版，第454页。

③ 胡长清著：《中国民法总论》，中国政法大学出版社1997年版，第184页。

人追求的法律效果的行为。

　　我国法律选择"民事法律行为"这一概念，从立法技术上看，有两个目的：一是为了与其他部门法中的法律行为区分，[①] 二是"法律行为"这一概念存在逻辑问题：既然法律行为有其生效条件，那么，不具备生效要件的"法律行为"是否为法律行为？ 如既然法律规定了婚姻的生效要件，那么，"无效婚姻"是婚姻吗？ 英美法的合同定义也遇到了同样的问题。[②] 为了解决这一逻辑问题，我国法律创立了"民事行为"这一中性概念。但民法通则的做法还是遭到很多人的反对。一是认为民事法律行为没有揭示法律行为的本质和内涵，因为它不能把意思表示行为与观念通知、事实通知等事实行为区分开。[③] 二是认为民事法律行为与民事行为的对立在逻辑上不通。[④]

　　我们认为，将法律行为是否仅仅界定为合法的行为，这完全是立法的选择。这种界定无所谓对错，只是一个选择问题。因为不同文化、不同国家的人可能会对同一个概念的内涵和外延做出不同的界定。本书之所以使用法律行为而不使用民事法律行为一词，主要的考虑是，法律行为一词是大陆法系民法典普遍采用的概念，在比较法上有坚实的立法和理论基础，采用这一概念有助于法律的国际交流。另外，法律行为只是一种社会事实，这种事实通过法律调整就成了法律行为。判断一个社会行为是否为法律行为不涉及任何价值因素，社会事实只是法律评价的材料和对象。

五　法律行为与民法典的结构

（一）民法典有关法律行为的两种立法例

　　各国民法典有关法律行为制度的规定，有两种立法例。一种是规定法律行为制度，如《德国民法典》、《日本民法典》和《韩国民法典》等。二是不规定法律行为。如同为德国法系的《奥地利民法典》、《瑞士民法典》就没有规定。《法国民法典》、《荷兰民法典》、《魁北克民法典》及拉美国家的民法典等也没有规定。

---

　　① 参见梁慧星著《民法总论》，法律出版社 2004 年版，第 157 页。

　　② 有学者认为违法合同并不是合同，因为他们缺乏一个真正合同的本质要素，即在违约时可以得到救济。因此，Wade 建议用"不法交易"（illegal bargain）来取代"无效合同"（illegal contract）。Wade, "Benefits Obtained Under Illegal Transactions—Reasons For and Against Allowing Restitution", 25 *Tex. L. Rev.* 31（1946）.

　　③ 参见王家福主编《中国民法学·民法债权》，法律出版社 1991 年版，第 259 页。

　　④ 高在敏、陈涛著：《对民事法律行为本质合法说的质疑》，《法律科学》1996 年第 1 期。

没有规定法律行为，而仅仅规定了合同的民法典，通常会规定其他法律行为可以准用合同的有关规定。如《瑞士民法典》第7条规定："债法中关于契约的履行及解除的一般规定，对其他民事法律关系同样适用。"《奥地利民法典》也采取了这种立法模式。该法没有规定法律行为，只是对契约中的一般性问题作了规定。

不规定法律行为的民法典，在法律适用上会造成一个难题：某些不属于合同的法律行为（如单方法律行为）就难以找到法律依据。如果要为这些行为做出专门规定，则必然造成重复立法。如《法国民法典》因为没有规定法律行为，所以它对遗嘱、合同等具体法律行为，都单独规定了其法律效力。

（二）法律行为与民法典的风格

大陆法系各国的民法典虽然都是成文法，但其风格差别相当大。拉伦茨认为，一部法典的风格，很大程度上取决于立法者想要达到的目标，也取决于立法者生活时代的法学发展状况，以及占主导地位的思维方法。立法风格可以分为三类：（1）决疑式（kasuistischen Stil）。立法者的理想是制定一个囊括社会生活中一切可能事项的、包罗万象的"万全法"，能够囊括立法者能够设想的全部情况，其代表作是《普鲁士普通邦法》。（2）指令准则式（Richtlinien Stil）。立法者意识到，立法不可能把现实生活中的一切事项都概括在法典中，所以，法律只规定一般性的原则，它赋予法官相对大的自由裁量权，使这些一般性的规范能够适用于一切事项。民法通则就是类似于这种立法。（3）抽象概括式（abstrahierend-generali-sierenden Stil）。它与指令准则式的立法思想基本相同。两者的差别在于：指令准则式基本上不限制法官的自由裁量权，而抽象概括式则限制。法律严格界定概念，将其适用于社会生活中的事实（Tatsbend）。这种立法对法学有很高的要求。[①] 最典型的立法无疑是《德国民法典》。

《德国民法典》使用了大量经高度提炼的概念，如"人"统合了自然人与法人；"法律行为"是对现实生活中所有有法律意义的行为的总结。这些高度抽象的概念，构成了《德国民法典》的基石。可见，规定法律行为制度的民法典，应属于抽象概括式的立法。

（三）法律行为与民法总则

在民法典中，规定或不规定法律行为，不仅决定了民法典的风格，而

---

① Karl Larenz/Wolf, Allgemeiner Teil des Buergerlichen Rechts, 8 Aufl. C. H. Beck, 1997, 80ff.

且还影响了民法典的内容。这表现在它影响了民法典的总则。从现有立法看，没有规定法律行为的民法典，都没有总则，这些民法典在人法前面一般都设立了一个小总则（一般称为"序编"或"序言"），① 如《法国民法典》、《瑞士民法典》、《意大利民法典》、《荷兰民法典》等。规定了法律行为的民法典，一般都设立总则，如《德国民法典》、《日本民法典》、我国台湾地区民法典以及《俄罗斯民法典》等。

　　民法设置总则编，在德国的学术著作中早已提出，而在法典中正式设置，则自撒克逊法典始。② 民法总则的总则是从整个民法典规则中抽象出来的规则。法律行为制度使民法总则和一个整全的、抽象概括式的民法典得以可能。民法总则是一个人—物—行为的三位一体的结构，这一结构又是以法律行为为中心的。因为"人"和"物"分别是法律行为的主体和客体。

　　可见，没有法律行为，总则是无法也没有必要建立起来的，此时，总则中关于人的规定可置于人法，物的规定也可以被置于物权编。与此相关的问题就是，民法典设立总则的合理性何在？

　　我们认为，设立民法总则最重要的三个理由是：第一，可以减少重复立法，确保法律体系的内部和谐。第二，总则使民法典成为一个整体，它是民法典的一般规则，它授权法官可以通过法律解释等司法技术，与社会生活保持一致。第三，是民法统合商法，尤其是特别民法的需要，更是构建一个统一的私法体系的需要。民法典总则奠定了民法典作为私法核心的地位，使民法典适用于商法与特别民法有了一个坚实的理论基础。

　　（四）法律行为与人法和物法的顺序

　　是否在民法典中规定法律行为，直接影响了民法典中人法与物法的顺序。没有规定总则（当然也不可能规定法律行为制度）的国家，采取的立法模式都是人法在前、物法在后；设立了总则的国家，采取的立法模式一般都是物法在前，人法在后。

　　民法典是没有规定法律行为和总则的，人法在逻辑上是必然要前置的。这些民法典的第一编规定的就是"人"。人法的所有内容，包括主体

---

　　① 民法典中设置序章的立法例，源自《法国民法典》。《法国民法典》中的序章（《前编·法律的公布、生效以及一般适用》）规定了法律的原则，包括法律不溯及既往的原则、立法与司法分离的原则等。拉美国家的民法典继受了《法国民法典》的做法。从世界范围看，设置民法典序章的国家多于不设序章的国家。

　　② 参见谢怀栻著《大陆法国家民法典研究》，《外国法译评》1994 年第 4 期。

的能力、人格权、亲属法和继承法等。唯有如此，人法才不至于被分割。

《德国民法典》规定了总则。在这种立法体系，人法与物法的顺序是无关紧要的。因为法律行为和总则的规范是共同适用于人法和物法的。

六 法律行为理论与法学方法

法律行为作为一种法律制度，是法律思维高度抽象的结果，也是法技术的创造物。[1] 从法学方法看，法律行为与启蒙紧密联系。在法学领域，启蒙运动的两个分支——理性主义和浪漫主义都影响了法学方法。法律行为制度是在历史法学派和理性法学派的方法共同催生出来的制度。

（一）法律行为理论与历史法学派

创造法律行为的第一个理论方法是历史法学派的方法。历史法学派又与德国的浪漫主义紧密联系在一起，它是浪漫主义的一个分支，也是浪漫主义在法学中推进的结果。

浪漫主义最重要的观念是突出人和历史的独特性，它致力于寻求"意义"。浪漫主义催生了德国的"精神科学"（Geisteswissenschaften）的发展。它以狄尔泰、李凯尔特、齐美尔（Simmel）和新康德主义哲学家为代表，[2] 它与启蒙时代以牛顿的物理学、莱布尼茨的微积分为科学典范的研究方法不同，它反对将对自然科学的研究方法运用到人类生活领域。它为研究人和人类社会提供了一种不同的思路，即不再采取数学理性的冰冷方法解剖社会和人类。相反，它认为，研究人类社会和人类行动的目的在于获得主观意义（Sinn）。

法律行为是人类追求"意义"的结果。它将人类的行为置于一个高度统合的体系之中，对各种表意行为予以抽象，然后赋予这类社会行为统一的名称。法律行为抽离了行为的个别因素，留下的只是行为中的普遍性的、反复出现的因素。法律行为概念的提出，使人类的行为被浓缩和简化了，它抽离了行为的具体因素，改变了因地域差别而带来的认识差异（如合伙，有的地方称为搭伙），使人们获得了行为的统一意义。

（二）法律行为与理性法学派

法律行为这一概念最终是由概念法学派创立的，而概念法学派是由历

---

[1] 参见梁慧星著《民法总论》，法律出版社2004年版，第158页。

[2] 实际上，西方向来有几何心灵与敏感（直觉）心灵（帕斯卡）、酒神文化/日神文化（本尼迪克特）、自然科学/社会科学（李凯尔特）等"两种文化"（斯洛语）的分野。参见斯诺著《两种文化》，纪树立译，三联书店1984年版。

史法学派发展来的。历史法学和概念法学又都深受理性法学（Ver-nuftrecht）的影响。

启蒙运动的理性至上主义导致了社会科学的追求之一就是建立人类社会和人类自身的知识体系。这种"体系精神"（esprit systéma tique）要求从具体的、个别的事物中抽象出一般性的原理和规则。体系化思想的核心，是通过意义的关联（Sinnzusammenhang），将多样性的事物统一在一起，形成一个整体。在对具体材料作分析的基础上，形成概念有机体。在这种思想氛围中，德国逐渐形成了理性法学派。他们主张用自然科学的方法程序发现统治人类社会的基本规律，并据此提出一些普遍的法律规则。

法律行为是对有法律意义的人的行为的最高抽象。它通过意思表示这一关键词的连接，使所有表意行为成为了一个统一的整体。这一过程是从具体到抽象、经验到概念的过程。可见，法律行为这一术语完全是建立在法学家的理性能力上的。理性法学派的法学家对法律形式体系化和抽象化的追求，使得法律行为这一术语可能被创造出来，并且纳入到民法典中。

（三）小结

发现法律行为的方法可以概括为归纳法。这种方法也决定了《德国民法典》的风格是高度抽象和概括的。《德国民法典》的这种风格，使其在世界范围内被广泛继受。从法制史看，只有《德国民法典》的继受几乎是继受国自由选择的结果，其他法典的继受（如英美法、法国法等）几乎都是文化殖民的产物。这是因为，《德国民法典》使用的概念都抽离了历史因素和民族因素的语境，而仅仅是一套抽象的、放之四海皆准的规范，任何国家只要掌握了其基本原理，都可以接受它。法律行为的继受就是一个典型的例子。

第二节　法律行为与私法自治

一　法律行为与私法自治

（一）法律行为与私法自治

私法自治作为市民社会运行的基本规则，必须有相应的手段。这一手段就是法律行为。正如德国法学家弗卢姆指出的那样，"法律行为确定法律秩序的方式如下：通过个人自己的意思设定、变更和终止法律关系，即通过规则确定实现私法自治"。① 通过法律行为，民事主体可以按照"自由意愿，去塑造他和其四周的法律关系"。②

任何社会的资源都是稀缺的。自古以来，人类社会就始终设想有一种最能实现公平的分配方式，最有吸引力的无疑就是由一个组织统一分配。德国法学家梅迪库斯设想了这样一种社会制度：每个人的所得都是由国家分配的。粮食、房屋、衣服等都是依行政行为取得的；受领人在死后没有消耗的东西应该退还给国家，因此也不存在遗产；国家禁止公民用衣服换取面包。③ 但这样一种社会在现代国家中还没有成为现实，现实中有的只是奥维尔笔下的动物庄园、索尔仁尼琴笔下的古拉格群岛等对这种乌托邦的拙劣模仿，以及这种模仿带来的惨剧。这并不是因为这种乌托邦有问题，而是因为实现乌托邦的人，是达不到这种要求的。

近代以来，私法自治逐渐成为市民社会运行的基本逻辑。它授权民事主体按照自己的意愿决定自己的事务，私法领域"法不禁止即授权"的观念得以确立。法谚云："契约胜法律"，《法国民法典》也明确规定，契约相当于法律的效力。启蒙思想家卢梭也说，法律是"公意"的体现，法律行为则是私人意愿的体现，是当事人自己为自己立法。

正因为私法自治的确立，法律行为才成为不可缺少的制度。因为法律行为是对当事人追求私法上效果的所有行为的通称。它不仅使主体可以自由地决定财产关系，还可以决定部分身份关系（婚姻和收养等）、创设与自己独立的另一个民事主体——法人团体。当然，私法自治的实现手段并不仅是法律行为，它还包括其他行为，如对自己的财产做各种物理处分。

（二）法律行为制度中的国家、社会与个体

法律行为制度设立后，对国家、社会和个人都有一定的影响。这种影响主要是私法自治带来的。这里我们讨论法律行为制度中国家、社会和个体的角色。

1. 法律行为制度中的国家

法律行为制度的确立，意味着私人领域获得了法律承认；个体的私权利与国家的公权力、政治国家与市民社会也才得以区分。但这并不意味着

---

① Werner Flume, Allgemeiner Teil des Buergerlichen Rechts, Bd. 2. Das Rechtgeschaft, 3 Aufl., Springer—Verlag, 1992, S. 23.

② 黄立著：《民法总则》，中国政法大学出版社 2002 年版，第 184 页。

③ 参见［德］梅迪库斯著《德国民法总论》，邵建东译，法律出版社 2001 年版，第 172 页。

国家与个人分为完全两个不同的领域。法律行为制度虽然奉行当事人自由、自决，但民法依然规定了法律行为的各种成立条件和生效条件，在民法内部为法律行为设定界限。也就是说，当事人从事的法律行为都处在国家规定的框架下，当事人从事的法律行为越多，对国家的认同就越深。法律首先规定了哪些行为是法律行为；其次规定了哪些法律行为可以发生追求私法上的法律效果；最后，法律行为的当事人必须信任国家的制度体系，如对私人所有权的法律保护，才可能完成法律行为，法律对契约的保护等。此外，随着现代国家向福利国家的转型，国家出于各种名目，如社会正义、市场失灵、民生、环境正义、经济发展、消费安全等，不断干涉当事人的法律行为。法律行为生效的合法性条件，就把国家的管制有效地纳入到了法律行为制度中。

2. 法律行为制度中的社会

法律行为制度因为许可当事人自由创设权利义务关系，最终它可以形成自发秩序，与人类主动选择某种"理想"社会的做法相比，它更可能使社会繁荣和幸福。因为国家不可能掌握所有个体的知识、个体的偏好，因此计划经济不可行；而市场与语言一样具有沟通功能，能够达到资源配置效益最大化的目的，国家的干预常常会造成资源的浪费和效率的低下。这已为苏格兰启蒙传统的理论和现实所证实。

另一方面，法律行为奉行的有限政府、市场经济、消极自由等观念都要求区分法律与道德，弘扬个性和追求多元化。这些都要求国家保持价值中立。如此一来，国家就远离了民众的道德与良善生活，忽视了柏拉图以降的政治哲学对培养公民德性的追求。但这些观念及其实践使现代社会的道德越来越成为问题。在个人主义成为一种新的宗教时，个体却可能"逃避自由"，只有权利意识，而没有道德和义务意识。法律行为必须不违反公序良俗原则才能够生效，事实上就是社会对个人道德的一种限制。公序良俗就是民法确立的一个道德底限。它吸纳了社会重大价值，对一些重大道德问题，它强制性地要求公民达成共识。它体现的是社会的道德利益，是民法将社会主流道德纳入到法律中的努力。在现代道德与法律分离、实证法与自然法分离的背景下，公序良俗无疑为道德制度化地进入法律打开了一个缺口，它限制了个人的自治空间，禁止以牺牲社会道德为代价来成就个人。

3. 法律行为制度中的个人

法律行为中假定的"人"是一个典型的理性人或经济人，也是一个自律和自治的人。他有充分的行动自由空间，可以决定自己的事务，但同时也必须对自己的行为负责。法律行为之所以成为私法自治的工具，就是因为在法律行为中，人可以自由地决定自己的社会关系，创造自己的命运。

这一人像（Menschenbild）的哲学渊源来自于笛卡尔—康德的主体论哲学。它也是现代法律塑造现代公民的技巧：国家不再是一个"慈爱的父亲"的形象，它强迫公民担当起对自己的责任，自己决定自己的命运，以培养一个独立的、负责的现代公民。法律行为为不断生长的、具有无限的可能性、无限深度的自我实现提供了制度支持，也为形成一个多元化的、充满生机的社会提供了条件。

二　法律行为的效力来源

法律行为何以会在当事人之间发生效力，甚至如法律一般的效力呢？这个问题可以很简单的回答：因为法律的规定。但是法律何以要这样规定呢？这就涉及法律行为效力的终极来源问题了。这一问题虽然是理论探讨，但它对法律实践影响相当大，甚至社会契约论推理的逻辑起点也是契约必须履行。古往今来，有关这一问题的讨论可谓汗牛充栋。我们可以将各种不同的学说，总结为两种：主观理论和客观理论。

（一）主观理论

主观理论有很多版本，如古希腊思想家认为，履行合同是一种美德，它或者是正义的体现（伊壁鸠鲁），或者是诚实的体现（斯多葛学派）。中世纪教会法学家将它与宗教神圣义务、良心和宗教上的罪（sin）联系在一起。①

现代的主观理论以"意志理论"（will theory）为代表。它可以表达为："法律行为所产生法律效果，不仅仅是因为法律的规定，而是首先因为当事人意欲如此。"② 这种思路基本上是康德奠定的。自奥古斯丁在上帝安排的必然性之中为自由意志找到一个缝隙以来，近现代的思想家基本上都认为，道德行为是以自由意志为基础的。在康德那里，道德是"人自己为自己立法"的过程，道德活动完全依赖主体内心自觉，而不是外在的强

---

① 中世纪的情况，参见［美］伯尔曼著《法律与革命》，夏勇等译，中国大百科全书出版社 1997 年版，第 419 页。

② Karl Larenz/Wolf, Allgemeiner Teil des Buergerlichen Rechts, 8 Aufl. C. H. Beck, 1997, S. 432.

力干涉，所以康德尤其强调自由选择。① 通过理性的培养，确立对自我的调控与限制，可以免于使人沦为"情欲的奴隶"，使人获得真正的道德上的自由。

主观理论认为，个人意志是个人承担义务的唯一原因，正是这种意志选择构成道德活动的前提，也是确认个人行为道德的内在依据。法律行为的效力其实来源于当事人自己对自己的约束，法律行为的效力是意思的当然结果。意思对于法律行为的效力具有决定意义，欠缺内心效果意思的法律行为无效。国家赋予了人以主体资格，就必须尊重主体的自由意思。

康德的这种思想为近代自然法学接受，并影响了萨维尼、温德夏德等德国著名学者。

（二）客观理论

客观理论（objective theory）也有不同的版本，其主要分支又有两种：

一是信赖说。这一理论盛行于 19 世纪最后 10 年间。信赖说认为，法律行为发生效力的根据是法律行为给予对方和第三人的信赖。这样，欠缺内心效果意思的法律行为是有效的。它的理论前提是：与行为人的内在意思相比，外在的表示更可靠。当事人承担责任的，是当事人表现在外的、可以观察到的而且可以被理解的一种行为。② 相应地，它认为，欠缺意思的表示行为，对行为人也是有效的，因为它形成了对方当事人的信赖。

二是法律规范说。这是解释法律行为效力来源最简单的学说。它认为意思和表示行为都不是法律行为的效力根据。法律行为之所以有效，是因为实定法律秩序。"不是意思具有拘束力，相反，就拘束力系于意志而言，拘束力是通过法律而与意志相连接的。"③

此外，还有一些观点，从现实角度考虑法律行为的效力来源。如休谟认为，合同的强制力是基于这样一个社会事实：承诺是建立在社会利益和必要性基础上的。④

（三）小结

上述两种观点在回答法律行为效力的终极依据时，侧重点各有不同。

---

① 参见康德著《实践理性批判》，关文运译，商务印书馆 1960 年版，第 85 页以下。

② See Hanoch Sheinman, "Contractual Liability & Voluntary Undertaking", *Oxford Journal of Legal Studies*, Vol. 20, No. 2, Spring 2000. p. 209.

③ ［德］罗尔夫·克尼佩尔著：《法律与历史——论〈德国民法典〉的形成与变迁》，朱岩译，法律出版社 2003 年版，第 141 页。

④ Friedrich Kessler, Grant Gilmore and Anthony T. Kronman, Contracts, 3rd. 1986. in *A Contracts Anthology*, ed. with comments by Peter Linzer, Anderson Publishing Co. .

主观理论是近现代的主流理论，它最重要的贡献在于为道德强制和道德自由的矛盾做了解释，但它存在两个问题：一是既然法律行为的效力来源于当事人的自由意志，那么法律何以不尊重当事人不愿履行以往诺言的意志？二是它与民法的制度有所抵牾，不能解释现代法越来越明显的强调行为的外观主义，也不能解释现代社会义务扩大的趋势（即法律行为当事人的义务不仅仅来源于合意，还有一些来自法律和习惯的义务）。客观主义从现实角度解决了法律行为何以有效力，但也存在问题：一些没有相对人的法律行为，或者相对人不知道的法律行为（如遗嘱），何以会发生法律效力？

总之，如果我们一定要解释法律行为效力的来源，我们可以说，它来源于当事人自愿承担义务的意思，和对方的确信，以及法律对交易安全的保护。

第三节　法律行为的类型

一　法律行为的判断

法律行为可以从两个角度理解：一是从法律事实角度理解。产生民事法律关系的两种法律事实，一种是事实，一种是行为。法律行为是能够引起法律关系变动的行为。法律行为的一个直接法律效力是发生民事权利的变动。民事权利的变动主要是通过法律行为实现的。二是从"构成要件"（Tatbestaend）角度理解。民事法律行为的核心是意思表示。意思表示是指当事人追求民法上的效果，并把这种内心意思表达于外部的行为。

法律行为的判断标准有两个：一是必须有表意行为。二是该行为必须具有法律意义。表意行为即意思表示，我们以后再介绍。这里仅仅讨论第二个要件，即法律意义。

"法律意义"更理论化的表达是追求"私法上的效果"，英美法称为创设合同的意图（intention to create a contract）。这一要件的目的在于排除社交行为。如甲和乙约定，如果明天不下雨，就一起去长城。第二天没有下雨，但甲拒绝去长城。乙不能请求甲履行，因为甲乙之间的约定不具有法律意义。

但是，在很多情况下，对于一个行为是否是有法律意义是很难界定的。而且，一个行为是否具有法律上的意义也是变动不居的。

德国法院曾经处理过一个类似的事件：几个人组成了一个"彩票共同

体"，合伙轮流按照约定的号码购买彩票。因为其中一人没有按照约定的号码购买彩票，致使其他人没有中奖。法院判决：当事人之间在分配中彩的奖金以及支付购票款项方面有法律关系的，但在可得利润方面，当事人之间是没有法律义务的。这一判决依据的是客观标准来判断是否存在法律义务，即不能中奖的风险与当事人所得利益的对比，表明当事人不承担这种责任。[①]

在大陆法系，判断一个行为是否有法律意义，主要看它是否具有民法上权利义务的内容。这也是判断法律上"利害关系人"的标准。但这一标准必须结合利益衡量和价值判断。"法律意义"这一要件为法院减轻了工作负担和合法性的压力。拉丁法谚云"法律不干细事"，就表明法律只调整重要的社会关系类型。对不具有法律意义的行为，法院可不受理。如果法院受理并做了肯定判决，就意味着法院对社会的干涉程度过深，它要求当事人必须对自己所有的承诺承担责任，这样既可能造成滥诉，使法院的工作量因此加大，也会抑制社会的生机，把对个人品质的道德判断不适当地纳入到权力的评价体系中，从而可能造成社会思想的禁锢甚至某种极权主义。而如果法院不支持这样的承诺，就会使法院在道德评价中处于尴尬地位：法院不尊重诺言，从而影响法院的权威和合法性。

英美法系合同的有效条件之一是"约因"（consideration）。简单地说，它是合同一方为获得对方的给付而提供给对方的各种利益。这一制度的存在，使很多在大陆法系上根本不具有法律意义的行为具有了法律意义。因为约因可能是当事人合同权利义务以外的给付，如甲给乙5元钱，要求乙保留一天甲购买乙的手机的权利。这里的5元钱和手机买卖合同的权利义务截然不同。

二　法律行为的类型

法律行为是对各种表意行为的抽象，而社会生活中的表意行为的种类可谓林林总总，不一而足。因此，依据不同的标准，可以对法律行为做不同的分类。下面介绍常见的法律行为的分类。

（一）财产行为与身份行为

这是依据法律行为的内容所涉及的权利种类所做的分类。

财产行为是指以发生财产法上的效果为目的的法律行为，包括发生物

[①]　［德］梅迪库斯著：《德国民法总论》，邵建东译，法律出版社2001年版，第155页。

权效力和债权效力的行为，如买卖合同、抵押合同、承揽合同和委托合同等。

身份行为是指以发生身份法上的效果为目的的法律行为。身份行为分为两种，即亲属行为和继承行为。亲属行为，是指发生亲属法上效果的行为，如结婚、收养、认领等。继承行为，是指发生继承法上效果的行为，如继承的抛弃、指定继承、遗嘱等。

（二）单方行为、双方行为和多方行为

这是以参与法律行为各方的人数所做的分类。

1. 单方行为

单方行为是指只需当事人一方的意思表示，无须对方承诺就可以成立的法律行为，也称单独行为或一方行为。包括行使形成权（同意、抵消等）的行为、遗嘱以及认领非婚生子女的行为等。这里的一方是指法律关系主体的一方，它可以是一个人，也可以是数个人，如同一租赁关系的几个承租人，共同做出解除合同的通知，这一行为依然是单方行为。

单方行为有两类：一是有相对人的单方行为，行为人必须向相对人做出意思表示。这里的相对人可以是特定的，也可以是不特定的。前者如法律行为的解除、债务的免除等；后者如悬赏广告。二是无相对人的单方行为，如抛弃继承权和订立遗嘱等。

对无相对人的单方行为，行为人在单方行为之后亦可变更或撤销其行为。如遗嘱人设立遗嘱后可随时变更其遗嘱内容，也可撤销遗嘱。但有相对人的法律行为，因为涉及对方的利益，所以当事人通常不得变更或撤销，如债务免除的意思表示一经到达相对人，即发生债务免除的效力，当事人不得再变更或撤销。

单方行为的行为人仅仅依自己的一方意思就可以形成、变更或者消灭某种法律关系，确立对方法律的义务，可能会破坏私法自治原则。因此，除非有法律明文规定或者当事人之间有特别约定（如约定一方的合同解除权），否则不能成立单独行为。

对同一个行为，认定为是单方行为还是双方行为对当事人的利益影响很大。以悬赏广告为例，对其性质，学者有两种意见，一是单方行为，二是双方行为。如果行为人在知道广告后，完成广告所指定的行为，这两种学说在法律效果上是没有任何差别的。但在两种情况下是有差别的：第一，如果一个人没有看到广告，但却完成了广告指定的行为，那么，他是否享有报酬请求权？如果我们把悬赏广告界定为合同，因为行为人在完成广告指定的行为时，并不知道有该悬赏广告的存在，所以双方之间并不存在合同关系，他就不能依据合同请求报酬。如果将其界定为一个单方行为，那么他就有权取得报酬。因为该悬赏广告从发布之日起就发生法律效力了。第二，无行为能力或限制行为能力的行为人完成了广告指定的行为的，是否享有报酬请求权？如果认为悬赏广告是一个合同，因为合同当事人必须有相应的行为能力，否则合同就不能生效。所以，他们就可能得不到报酬。如果将悬赏广告界定为单方行为，他们就可以取得报酬。

在民法中，还有一种很重要的单方行为——捐助行为。它专指以设立财团法人为目的而出资的法律行为。财团的设立除了捐助行为以外，虽然还需要主管机关的许可，但捐助行为如果在主管机关许可之前就已经成立，设立人此后死亡或丧失行为能力，其设立行为不受影响。而且，主管机关的批准是行政许可行为，与法律行为无关。所以通说认为它是单方行为。

2. 双方行为

双方行为是指基于双方当事人意思表示一致成立的法律行为。它存在两个意思表示，这两个意思表示通过当事人的约定达成了一致。绝大部分法律行为都是双方行为，如合同行为和婚姻行为等。

3. 多方行为

多方行为是指数个权利义务主体为追求共同的目标成立的法律行为，如合伙的设立行为、公司的设立行为等。其特点是：当事人的意思表示不是对立的，而是平行的，其方向相同，目标一致。而双方行为的当事人追求的目标则是相反的，利益也完全对立。所以，我国民法学传统理论区分了合同与契约。合同是由两个内容相同的意思表示一致而成立的法律行为。如合伙、公司的设立行为。设立人仅两人时，叫做合同；设立人为多人时，称为多方行为。契约双方当事人的意思表示的内容是相反的，当事人的利益是对立的。但现在我国的法律基本上不再使用"契约"这一概念（但在税法领域有"契税"一词）。"合同"是一个综合概念。

多方行为的一种重要类型是决议。它又称"组织内部行为"，是指组织成员依一定的组织规则（如资本多数决定原则或者由多数人决定）进行的多方行为。主要出现在各种组织法（如《公司法》、《合伙法》等）。决议是成员共同作出的，它只与组织的内部关系有关，对外不发生法律效果。决议对那些没有对决议表示同意的人也能够产生约束力。如一个公司以必要的多数票通过变更章程的决议，对于那些没有投票、投反对票或者投弃权票的成员，也具有约束力。

（三）单务行为与双务行为

这是以当事人之间的权利义务关系为标准所做的分类。"务"就是义务的意思。

单务行为是指仅一方负担民事义务，而另一方则仅享有权利的法律行为。最为典型的就是赠与行为。

双务行为是指双方都负担义务，享有权利，而且这些权利义务相互关联、互为条件的法律行为。大多数合同行为都是双务行为。在民法中，双务法律行为是常态。

区分单务行为和双务行为的主要意义在于，出于公平的考虑，法律对单务法律行为和双务法律行为的当事人规定的义务有所不同。区分单务和双务合同的主要意义在于是否适用双务合同的履行抗辩权。合同法第66—69条规定了双务合同的三种抗辩权。这三种抗辩权适用的前提都是合同双方当事人互相对对方承担义务，享受权利。只有双务合同才存在着抗辩权问题，单务合同不存在。

（四）有偿行为和无偿行为

这是以法律行为的一方当事人承担义务是否需要对方给付对价（体现为具体的义务）为标准所做的分类。

有偿行为是指一方当事人承担义务的条件是对方给付相应的对价的法律行为，大多数法律行为都是有偿行为。

无偿行为是指一方当事人承担义务不需要对方给付相应的对价的法律行为。如赠与。

有偿行为与无偿行为区分的意义在于：（1）当事人的义务不同。无偿合同的义务人只承担较低的注意义务，有偿合同的双方当事人都承担较高的注意义务。如保管与委托的有偿和无偿决定了义务人的注意程度（《合同法》第374条、第410条）。（2）主体要求不同。有偿合同的当事人原则上应具备完全行为能力。但对于纯获法律上利益的无偿合同，如接受赠与等，限制或无行为能力人可以单独订立。（3）债权人是否行使撤销权的条件不同。损害债权人利益的无偿行为，债权人都可以撤销；如是有偿行为的，则第三人必须是恶意的。（4）适用善意取得的要件不同。善意取得以第三人有偿取得为前提。

（五）诺成行为和要物行为

这是以法律行为的成立是否需要交付特定的物为标准所做的分类。

诺成行为是指仅以当事人意思表示一致即可成立的法律行为。法律行为通常都是诺成性行为。

要物行为是指除当事人意思表示一致外，还需要交付特定的物才能成立的法律行为，也称实践性行为。如保管合同等。交付移转的可能是所有权，也可能是使用权等。要物合同则限制了意思表示的效力，按照私法自治的原则，意思表示生效的时间应该由当事人自由约定。在要物合同中，意思表示的成立需要两个条件：合意和交付，而通常意思表示仅仅需要合意就可以成立。

这两种法律行为最大的区别在于，诺成行为中物的交付是履行义务的行为，而在要物法律行为中，交付物是使法律行为成立的行为。

（六）要式行为和不要式行为

这里的"式"是指形式。这是以法律行为的成立是否需要特定形式为标准所做的分类。

要式行为是必须采取特定形式的法律行为，不要式行为则无须采取特定的形式。依据私法自治原则，当事人可以任意选择法律行为的形式。

（七）处分行为与负担行为

这是依据法律行为的效力所做的分类，它是德国法系特有的分类。

1. 处分行为

处分行为是指直接以权利转移、变更或设定负担（如抵押权、地役权等）为内容的行为。它又可分为单方处分行为和双方处分行为。前者如抛弃所有权的行为；后者如移转所有权的行为。处分行为还可以分为物权行为和准物权行为。前者处分的对象是物权，后者处分的是其他权利，如债务免除。处分行为理论是以物权行为为原型的，其集大成者是萨维尼。这一理论被《德国民法典》的立法者所接受，并成为该法典的理论根据，被称为"德意志法系的特征"。

2. 负担行为

负担行为是指发生债权债务关系的法律行为，又称债权行为，它是以发生债权为目的的行为。负担行为仅产生当事人的请求权。它也包括单方行为和双方行为，前者如悬赏广告，后者如买卖合同、委托合同等。

3. 两者的关系

处分行为和负担行为在不同的法律关系中，关系并不相同。它们有如下两种关系：

（1）并存关系

此时，负担行为通常是处分行为的原因行为，后者为负担行为的履行行为，这发生在以财产所有权转移为目的的行为中。如买卖合同是一个负担行为，产生债权请求权；物的交付或登记则是一个处分行为，直接产生物权变动的效力。

（2）非并存关系

又可以分为两种：

第一，仅有负担行为而无处分行为。即负担行为的当事人不承担移转绝对权的义务，如委托合同等。

第二，仅有处分行为而无负担行为，如动产所有权的抛弃。

4. 两者的区分

处分行为与负担行为的区别是：（1）效果不同。处分行为发生使相对人取得权利的法律效果，而负担行为的效力则在于使行为人承担给付义务（如移转所有权的义务）。（2）处分行为以行为人具有处分权为生效要件，负担行为则不需要行为人具备处分权。如甲将自己借用的乙的 CD 机卖与丙，甲依据合同承担了转让 CD 机的义务。这个合同并不因为甲没有处分权而无效。但甲将 CD 机转让给丙的行为属于处分行为，需要甲有处分权才能生效。（3）处分行为适用标的物特定化原则，即处分行为的标的物必须是特定的，任何一个标的物的转让都需要一个特定的处分行为。负担行为则没有这样的限制。如卖 3 本书，可以只有一个负担行为（买卖合同），但必须有 3 个处分行为（依据物权特定原则，每本书的所有权的转移，都必须有一个处分行为）。（4）处分行为适用公示原则，物权的变动必须以一定的足以让外界可以辨认的征象（交付或者登记），以维护交易安全，避免第三人遭受不测的损害。但是负担行为没有这一要求。

5. 两者区分的意义

如前所述，因为处分行为与负担行为的区分是德国法系特有的特征，很多国家并没有承认这种区分，而是认为不存在独立的处分行为，处分行为只是负担行为的法律效力而已。这一观点是不可取的，比如，一个人抛弃自己所有权的行为，抛弃自己债权的行为，都是典型的独立处分行为，它们和负担行为没有任何关系。由此我们可以明确地看到，这些否定负担行为和处分行为区分的观点，在法理上是不严谨的。

这里以物权行为为例说明两者的区分：合同法或债权法上的合同，仅仅能够产生债权请求权，如买卖合同产生请求对方交货的权利，抵押合同产生请求对方登记的权利；但所有权的转移或者抵押权的设定并不能自动发生，还必须有一个独立的处分行为，这个处分行为必须有公示手段（交付或登记）。

我国学术界对处分行为与负担行为的争议历来都聚讼盈庭。我们认为，坚持两者的区分可以从权利的来源上区分物权和债权这两种不同性质的权利，明确法律关系，而且它也尊重了私法自治原则：是当事人的意思表示发生与其效果意思相适应的法律效果，实际上是法律与当事人意思的结合。[①] 在司法实践中，它也具有相当大的价值：（1）在合同生效而物权变动未成就情况下发挥对保护合同当事人的债权请求权；（2）在原因行为生效时，发挥确定物权变动的准确时间界限，保护第三人的正当利益。[②]

我国物权法第 15 条、第 187 条和第 212 条体现了区分原则的基本要求，这有利于保护守约方的利益。[③]

6. 给与行为

与处分行为、负担行为相关的另一个概念是给与行为（Zuwendungs-geschaefte），也译为"加利行为"，[④] 有学者将其翻译为"给与行为"。[⑤] 它是指行为人使他人的财产有所增益，其结果是行为人的财产减少，相对人的财产增加："当事人使他人（相对方或第三人，第三人如《德国民法典》第 328 条以下的利他契约）的财产增加，获得某种利益或者相互获得利益的法律行为。"[⑥] 它的提出，主要是为了分析财产行为中的原因（causa）。

负担行为与处分行为都涉及给与行为。它们都有给与的意义。在负担行为中，行为人可以获得对相对人的请求权；在处分行为中，因标的物的处分，而获得某种物权性质的利益。[⑦]

---

① 参见田士永著《物权行为理论研究》，中国政法大学出版社 2002 年版，第 328 页。

② 参见孙宪忠著《论物权法》，法律出版社 2001 年版，第 47 页以下。

③ 《物权法》第 15 条规定了区分原则。"当事人之间订立有关设立、变更、转让和消灭不动产物权的合同，除法律另有规定或者合同另有约定外，自合同成立时生效；未办理物权登记的，不影响合同效力。"这一规定确立了物权变动的区分原则。此外，《担保法》第 41 条和第 64 条没有区分抵押合同与抵押权、质押合同与质押权。这一做法为担保人损害债权人的利益提供了法律依据，它鼓励了担保人违约。为了纠正这一弊病，担保法司法解释第 56 条和第 86 条做了修正，但依然没有解决问题。《物权法》第 187 条和第 212 条明确规定了担保物权中的区分原则。

④ 参见龙卫球著《民法总论》，中国法制出版社 2002 年版，第 495 页。

⑤ 参见王泽鉴著《物权行为无因性理论之检讨》，载《民法学说与判例研究》（1），中国政法大学出版社 1998 年版，第 258 页。

⑥ Werner Flume, Allgemeiner Teil des Buergerlichen Rechts, Bd. 2. Das Rechtsgeschaeft, 3 Aufl., Springer—Verlag, 1992, S. 152.

⑦ 参见梅仲协著《民法要义》，中国政法大学出版社 1998 年版，第 94 页。

（八）有因行为与无因行为

这里的"因"是指法律行为的原因。原因是当事人给付所欲实现的通常的典型的交易目的。① 原因是给与行为的基础。这种原因可以是当事人之间的法律行为，也可以是法律的规定。以所有权的转让作为给与行为为例，所有权的转让要求法律基础，以使所有权取得人取得所有权的正当性。原因与动机不同。动机是由法律行为的当事人决定的，而不是由法律行为决定的。法律行为只考虑原因而不考虑动机。②

以法律行为的生效，是否需要独立的原因行为，可以将法律行为分为有因行为和无因行为。这是对财产行为的分类。

1. 有因行为

是指在财产给付行为中，必须有原因行为存在的法律行为，也称要因行为。当事人之所以处分自己的权利或对他人负担债务，都是基于一定的原因。如果法律认为，原因是给付财产的必要因素时，其行为为有因行为。原则上，债权行为多为有因行为。如在买卖合同中，买受人之所以支付对价，其原因在于获得对方交付的标的物的所有权。

2. 无因行为

指在财产给付行为中不以原因行为为必要的法律行为。物权行为是一种典型的无因行为。物权行为的无因性包括两层意思：第一，外在无因性，即和债权关系联系在一起的无因性。这是指物权行为不受债权行为（原因）行为的效力的影响。债权行为不成立、无效或被撤销，物权行为仍然有效；买受人通过物权行为取得的标的物，其所有权仍归买受人享有；出卖人只能通过不当得利制度请求买受人返还其所取得的不当利益。第二，内在无因性，指物权行为的原因从物权行为中抽离，从物权行为本身无从窥知其法律上原因，而须求诸其他法律行为，如买卖契约、赠与契约等原因行为。因此，主张因所有权移转行为取得所有权的受让人，仅需证明所有权移转行为的要件已经具备，而无须证明原因行为的存在及其生效。③

外部无因性与内部无因性区分的实际意义在于：外部无因性更加彻底

---

① 参见王泽鉴著《物权行为无因性理论之检讨》，《民法学说与判例研究》（1），中国政法大学出版社 1998 年版，第 259 页。

② Werner Flume, Allgemeiner Teil des Buergerlichen Rechts, Bd. 2. Das Rechtgeschaft, 3 Aufl. , Springer—Verlag, 1992, pp. 152—153.

③ 参见陈自强著《民法讲义 I. 契约之成立与生效》，法律出版社 2002 年版，第 337 页。

地维护了物权行为的无因性。如甲出卖 A 物于乙，误取 B 物交付。如果仅承认外在无因性，则物权行为可以因错误意思而被撤销，此时，债权行为并无瑕疵。如果承认内在的无因性，则物权行为不因对标的物性质的认识错误而能被撤销，对方当事人只能依据合同请求对方交付 A 物。

（九）生前行为与死因行为

这是依据法律行为是否以当事人的死亡为生效条件所做的分类。

生前行为是指其效力发生于行为人生前的民事法律行为。凡死因行为以外的一切民事法律行为，均为生前行为。死因行为也称死后行为，是指以行为人的死亡作为民事法律行为效力发生根据的行为。死因行为主要是为了决定行为人死亡时的法律关系。死因行为可以是单独行为，如遗嘱，也可以是双方行为，如死因赠与。

（十）主行为与从行为

这适用于一个法律关系中有两个法律行为的情况，其分类依据是法律行为的主从关系。

主行为不以其他行为之存在为前提的民事法律行为。如债权行为为主行为，它不以担保行为为存在条件。从行为是指以其他主行为的存在为前提的一种行为。如担保行为本身不能独立存在，它必须以债权契约为存在前提。从行为之命运依附于主行为，主行为如果无效或被撤销，从行为亦无效或被撤销。

需要注意，依据我国《物权法》第 172 条的规定，在担保物权领域，我国是不许可当事人约定从行为的效力独立于主行为的。①

第四节 法律行为的核心：意思表示（一）

一 意思表示的界定

（一）意思表示的用语及其形成

在法律行为理论和制度建构中，意思表示也是最为基础的概念。意思表示是当事人向外部表明其意欲设立、变更、终止民事权利义务关系的行为。

---

① 《担保法》第 5 条规定："担保合同是主合同的从合同，主合同无效，担保合同无效。担保合同另有约定的，按照约定。……"在以往的司法实践中，这被视为约定独立担保的依据。但《物权法》第 172 条规定："设立担保物权，应当按照本法和其他法律的规定订立担保合同。担保合同是主债权债务合同的从合同。主债权债务合同无效，担保合同无效，但法律另有规定的除外。……"本条并没有认可当事人约定独立担保的效力，只规定了"但法律另有规定的除外"。

在德文中，意思表示是由 Willenserklaerung 表示的，与"法律行为"这一概念一样，这个词也是一个合成词，由 Willen（意志）和 erklaerung（表示）构成。英文一般翻译为 declaration of will/intention。这里的 Wille 是一种意欲（desire），是积极追求特定法律效力的一种心态。这种意欲中也包含了知的因素，因为如果不知，意思表示的行为人通常是不会做出表示的。可见，意思表示中包含了通常所谓的人类知—情—意这一认知和精神结构中的知和意两个层面。

"意思表示"这一概念主要是从自然法学中发展出来的，它的源头之一可以追溯到中世纪有关人的自由意志与原罪、天意及神恩的关系的思想。它与"法律行为"几乎同时出现，也是德国民法的基本概念。最初，格劳秀斯在其著作《战争与和平法》中用传统罗马法的"诺言"所表达的思想，推动了18世纪末期法学的极大的发展。"意思表示"这一概念源于18世纪，是从自然法学家格劳秀斯使用的"诺言（Versprechen）"一词演化而来。到18世纪，沃尔夫（Christian Wolff）首次提出并阐述了这一概念。此后，这个概念就成为19世纪德国民法理论的基本概念。① 后来，萨维尼在《当代罗马法体系》中将意思表示与法律行为作为同义语使用。《普鲁士普通邦法》为了与《奥地利民法典》的用语有所区别，使用了"意思表示"这一概念（第1章第4节），以"清楚地把法律行为意义上的行为，确定为人的意思的结果"。② 其后，它为《德国民法典》以及其他继受《德国民法典》的国家广泛采用。

（二）意思表示与法律行为

在法律行为理论和制度建构中，意思表示是最为基础的概念。意思表示是法律行为的核心要件。关于意思表示与法律行为的差别，理论上有争议。如萨维尼认为，意思表示和法律行为是相同的概念，《德国民法典》的《立法理由书》基本上也做了相同的处理。

《德国民法典》第3章以"法律行为"为章名，但同时又频繁使用了意思表示这一概念。这表明法律行为和意思表示在《德国民法典》几乎没有差别。《德国民法典》的《立法理由书》写道："就常规言，意思表示与法律行为为同义之表达方式。使用意思表示者，乃侧重于意思表示之本

① 参见沈达明、梁仁杰编著《德意志法上的法律行为》，对外贸易教育出版社1992年版，第49页。

② ［德］汉斯·哈腾保尔著：《法律行为的概念：产生以及发展》，孙宪忠译，杨立新主编《民商法前沿》（第1、2辑），吉林人民出版社2002年版。

身过程，或者乃是某事法律行为事实构成之组成部分而已。"① 弗卢姆认为，在很多情况下，意思表示与法律行为是作为同义词使用的，虽然法律行为可能由一个意思表示组成，也可能由数个意思表示组成。②

我们认为，意思表示与法律行为几乎是同义词，按梅迪库斯的说法，两者的区别是"微乎其微"。③ 法律行为是在法律对意思表示做了某些调控和管制后，赋予意思表示的另外一个称呼。但因为意思表示经过了法律调整，所以意思表示与法律行为并不完全等同，如在要式行为和要物行为中，当事人虽然有意思表示，但是没有采取特定的形式或交付物的，就根本不存在法律行为。

二　意思表示的构成

"意思表示"由"意思"和"表示"两部分构成。其中，"意思"主要是指当事人追求发生私法上的效果的内心状态。这里的"意思"是特指的意思，即设立、变更、终止民事权利义务关系。"表示"则是表达这种内心状态的外在行为，即身体的动静。这两方面结合就构成了一个完整的意思表示。

理论上一般认为，意思表示的成立过程是：

（1）因一定的动机形成一定的思想活动，即目的意思（Zweckwille）或行为意思（Handlungswille），这是意思表示的基础"意思"（所谓Grundwille）。它强调行为人从事某项行动的"自觉性"（Bewusstheit），这就将人处于无意识状态或者受强制而为的行为排除出去了。另外，这种意思不具有法律意义，是完全个人化的、生活中的意思。在意思表示中通常不会表示出来。

（2）基于这种动机形成追求私法上法律效力的效果意思（Geschaeftswille/Rechtswille/Erfolgswille）。④ 这是行为人追求的私法上特定法律

---

① 参见［德］梅迪库斯著《德国民法总论》，邵建东译，法律出版社 2001 年版，第 190 页。

② Werner Flume, Allgemeiner Teil des Buergerlichen Rechts, Bd. 2. Das Rechtgeschaft, 3 Aufl. , Springer—Verlag, 1992, pp. 25—26.

③ ［德］梅迪库斯著：《德国民法总论》，邵建东译，法律出版社 2001 年版，第 191 页。

④ 对 Geschaeftswille，我国学者的翻译不一致。胡长清把它翻译为行为意思，其中并不包含法律效果。而史尚宽、王泽鉴则将其翻译为法效意思。参见胡长清著《中国民法总论》，中国政法大学出版社 1997 年版，第 224 页；史尚宽著：《民法总论》，中国政法大学出版社 2000 年版，第 350 页；王泽鉴著：《民法总则》，中国政法大学出版社 2001 年版，第 337 页。

效果的意思。它为目的意思附加了法律上的效果，是目的意思法律化的结果。效果意思是法律上的意思，它是对某一类行为效力的概括，如所有的买卖合同，无论是买什么，效果意思都是取得货物或金钱的所有权。即在法律上，所有买卖行为的效果意思都是一样的。

（3）具有表示这种效果意思的意思，即表示意思（Erlarkungsbewusstein/Erklaerungswille），是指认识到其行为的意义并有将其意思表达于外部的心理状态。

（4）将效果意思表达出来，并为他人所知悉。当事人不仅仅是在内心里想要做什么事情，而且他还必须想把自己的这种内心意思表示出来，以便让他人知道。

可见，民法理论中的意思表示中的"意思"与"表示"都被细化了，"意思"被分解为目的意思与效果意思，"表示"也被细分为表示意思和表示行为，但其核心依然是"意思"与"表示"。两者缺一不可。如某人在拍卖场参加竞买，突然看到一位老朋友，好多年不见，非常兴奋，于是举手向他致意。这一动作让拍卖师看见了，以为他要买，于是一锤定音。在这种情况下，因为当事人没有效果意思，也没有表示意思，所以不是意思表示。

英美法认为，合同是由一个或一系列的允诺构成的。允诺相当于大陆法系中的意思表示。虽然英美法上没有意思表示这一概念，但学者对合同或允诺的要素的总结与大陆法的意思表示理论大致相同。如安森总结了协议行为（agreement）的五个要素：①至少必须有双方当事人；②各方当事人都有一个明确的共同的意思；③每一方当事人都必须将其意思向其他当事人表示。④这一意思必须将能够达到影响法律关系；⑤法律关系必须将影响到当事人。帕顿认为，法律行为（juristic acts）包含四个条件：①意思（the Will），这一点主要针对当事人不能自由决定自己意思的情况，比如胁迫等；②意思表示（The Expression of the Will/Declaration of Intention）；③能够发生所欲的法律效果的权力（power）；④内容合法（Material Validity）。①

三　意思表示的生效时间

（一）无相对人的意思表示的生效

无相对人的意思表示，于意思表示成立时发生效力。无相对人的意思

---

① See G. W. Paton, *A Text Book of Jurisprudence*, 4th. Oxford, at the Clarendon Press, 1972, pp. 432—433.

表示的成立即意思表示完成。无相对人的意思表示常常是以意思表示人的外部行为表示出来，如订立遗嘱、抛弃所有权等。

无相对人的意思表示属于单方意思表示，该意思表示不存在受领人。当事人是否做出意思表示、何时做出意思表示都取决于本人。因此，这种意思表示应从意思表示行为完成时成立，也就发生法律效力，它的成立时间和生效时间完全一致。如所有人抛弃自己的动产，就从抛弃行为时生效。

但是某些情况下，无相对人的意思表示的成立时间与生效时间并不一致。如当事人订立遗嘱的行为，遗嘱是生前订立的，但在当事人死亡之后才能发生法律效力。又如所有人抛弃自己的不动产的行为，即使当事人已经抛弃的，也必须经登记程序后才能生效。但是，这种登记行为并不是以登记机关为意思表示的相对人，登记机关只是履行该抛弃行为的登记手续而已。

因为无相对人的意思表示没有特定的受领人，这样就存在一个问题：表意人是否做出了意思表示，其他人常常无法知悉。所以，法律为了使意思表示明确，往往规定这种行为为要式行为，如遗嘱等。这种行为也有部分是不要式行为的，如继承的单纯承认、动产所有权的抛弃等。[①]

（二）有相对人的意思表示的生效

有相对人的意思表示又可以区分为对话的意思表示与非对话的意思表示。

对话的意思表示中的"对话"就是直接以语言口头交流，当事人可能是面对面的交流，也可以是隔地的电话交流。

对于对话的意思表示的生效时间，我国和大多数国家一样，采取的是了解主义原则，即从相对人了解其内容时生效。所谓"了解"，是指依据通常情形，相对人明白和理解了表意人的意思。采取这一原则的理由很简单：从效率的角度看，对话的意思表示是当事人之间的言语交流，如果当事人已经相互了解了对方的意思，那么双方的意思表示自然就应该生效。如果依据通常标准，当事人应当理解的，当事人主张自己没有了解的，应当承担举证责任。

非对话的意思表示，是指当事人不是直接以言语交流，而是以言语以外的方式做出意思表示，如书面、电报等。对于非对话的意思表示的生效时间，各国有以下几种立法模式：（1）表意主义。以表意人的意思表示完

---

① 参见史尚宽著《民法总论》，中国政法大学出版社 2000 年版，第 352 页。

成时为意思表示生效的时间。（2）发信主义。以意思表示发出时为意思表示的生效时间。（3）到达主义。以意思表示到达相对人，处于相对人的支配范围内为生效时间。（4）了解主义。以相对人了解其意思表示时为生效的时间。

我国法律采取的是到达主义原则。这一原则很好地协调了表意人和相对人之间的利益，对意思表示没有送达的风险分配最为合理。它以意思表示到达相对人的支配范围内为限，如果相对人没有阅读，不知悉表意人的意思表示的，意思表示也生效。因为该意思表示已经客观上处于相对人的控制范围内，相对人应当承担这样的风险。如果采取了解主义对表意人则有失公平；采取表意主义和发信主义对于相对人而言也过苛求。到达主义则采取折中方式，很好地平衡了两者的利益，而且也符合一般的交易情形。

意思表示是否到达需依据一般标准判断。表意人应承担到达事实以及到达的时间、地点的举证责任。例如，邮差将信交于要约人的专门收件人或投于要约人所设置的信箱，均构成到达。

所谓到达，是指意思表示已经进入到相对人可以支配的范围，相对人随时可以了解其内容。到达主义只要求信函、电报等意思表示的载体处于要约人所控制范围内，而不要求相对人实际了解意思表示的具体内容。到达主义符合常识观念，而且还有效地解决了信函、电报在传递中可能发生的风险负担问题。根据到达主义，信函、电报发出至送达要约人这段时间的风险，由要约人负担；信函、电报自送达要约人支配范围时起，风险由受要约人负担。

（三）特殊意思表示的生效时间

1. 新闻媒体及其他公告方式的意思表示的生效

通过电视、广播为意思表示的，意思表示在播放时发生法律效力；通过报刊、公告意思表示的，在报刊出版和公告发布时发生法律效力。这是因为，通过这种形式发布的意思表示的特点是，它往往没有特定的、明确的相对人，任何人都有接近这些媒体的可能性。公共媒体播放、刊发该意思表示后，法律就视为该意思表示到达了相对人的支配范围内，处于当事人随时可以了解的状态。至于事实上相对人是否知道该意思表示，不影响该意思表示的生效。

2. 采用数据电文形式的意思表示的生效

采用数据电文形式为意思表示，相对人指定特定系统接收数据电文的，于该数据电文进入该特定系统时发生效力；未指定特定系统的，于该数据电文进入相对人的任何系统时发生效力。"数据电文"，仅仅指电子数据交换和电子邮件形式。电报和传真只是合同的书面形式，而不是数据电文。

数据电文形式是通过计算机系统来接受资料的。这种意思表示与传统意思表示的方式不一样。它不通过物质媒质来传达信息，而是通过计算机在网络这一虚拟空间中进行数据交换。目前，数据电文形式主要包括电子数据交换和电子邮件。电子数据交换（EDI）是指当事人之间依据商定的标准，形成结构化和程序化的信息处理结构，通过计算机交换彼此的信息。电子邮件（E-mail）则是通过国际互联网的快捷信息传递方式。

通过数据电文形式做出意思表示的，表意人的意思表示可以通过计算机确定相对人的路径，进入到相对人的系统中。表意人的意思可能是表意人自己具体确定的，也可能是表意人仅仅设置了程序，由计算机自动生成意思，即自动化的计算机的意思。如果相对人指定了接受数据的系统的，表意人自然应当发送到该特定的系统内；如相对人没有指定接受数据的系统的，表意人就可以将数据发送到相对人的任何系统以内。

3. 收到意思表示的回执

表意人为意思表示的同时要求相对人以回执确认其收到意思表示的，于回执到达表意人时发生效力。

如果表意人在意思表示的同时，要求相对人以回执确认其收到意思表示的，这就相对于表意人对自己的意思表示的生效时间做了限定。在表意人做了这种限制的情况下，意思表示的相对人应做出收到意思表示的回执。因为相对人做出回执的内容是表示自己已经收到该意思表示，而这种回执又是为表意人所要求的，所以意思表示自然应于回执到达表意人时发生效力。

四　意思表示的解释

（一）意思表示的解释与补充

严格意义上说，所有的意思表示都是不完备的。这有两方面的原因：一是由语言的特性决定的。语言本身具有模糊性，无论是何种语言，都很难精确地、毫无歧义地表达语言使用者的意思。二是当事人没有规定某些条款，或者有意不规定合同的部分条文，留待以后决定。在现代社会中，当事人常常为了追求合同订立的效率，只规定他们认为必要的条款，并不追求条款的完备。而且，因为人的理性的有限性和市场变化的迅速，当事人在合同中也很难约定合同履行的所有条款。

意思表示的目标就是通过当事人表达出来的意思，推知当事人的意思。它和意思表示的补充是两个不同的概念。后者是指对意思表示没有就当事人争议的事项作出明确规定，当事人无法按照约定履行时，依一定的步骤对此予以补充，从而确定双方的权利义务的活动。

两者的联系体现在：解释与补充都是对当事人意思表示的推定，在意思表示的意思不明时，首先，应进行解释，在无法通过解释弥补漏洞时，才能适用补充。意思表示的补充是对空白点的补充，它补充的内容是根本没有规定的。解释则是对已有规定的条款进行解释。其次，补充是法律对当事人意思的推定，把这种推定的意思视为当事人的效果意思（这种意思当事人根本就没有表示出来）；而解释判断的是当事人表达的到底是什么意思。最后，补充所探求的不是当事人的真意（事实上的意思），而是"假设的当事人意思"，即双方当事人在特定的交易类型中通常愿意接受的合理的条款。它并不是依当事人的真实意愿补充，而是依客观标准补充。如在买卖合同中，没有约定交货地点的，法官可以直接适用法律规范填补。在这种情况下，无须法官解释。

（二）意思表示的解释方法

我国意思表示解释的法律依据主要是合同法第 125 条。依据该条的规定，合同解释有如下方法。

1. 文义解释

即对当事人使用的语言的含义进行解释。文义解释又包括限制语义的解释和扩大语义的解释。意思表示的首要解释规则是探求当事人的内心真实意思。如果通过文义解释能够直接确定当事人的真实意思的，一般就无须再采用其他解释规则了。

文义解释之所以是首要的意思表示解释规则，是因为当事人的真实意思是通过语言表示出来的。通常情况下，当事人的内心真实意思与表示它的语言是一致的，当事人以及法官、仲裁机构可以从普通语用学的角度出发对意思表示表达的意思达成共识。所以，文义解释规则典型地体现了私法自治原则，与意思表示的精神是完全一致的。

各国民法原则上规定，解释契约时，不得拘泥于文字，而应探求当事人的共同意思。解释者不应仅满足于对词语含义的解释，也不应拘泥于所使用的不当词句。

文义解释的一般规则是：

（1）文件中的一般词语必须按该词语的一般意思解释，特别词语必须按特有的意思解释，技术性词语须按技术性的意思来解释。

（2）意思表示的解释应从文义解释入手。若文义解释仅出现一种结果，则不再运用其他解释原则；若出现两种以上的结果时，应运用其他原则，对解释结果进行取舍。

2. 整体解释

又称体系解释，即在解释意思表示的某项具体规定时，必须结合当事人的整个意思表示进行解释。解释意思表示，不应孤立地仅仅就某一个条款作解释，而应当结合其他条款，各条款相互解释，以确定意思表示的各个条款在整个意思表示中的正确意义。

在解释学上，有所谓的"解释学循环"的难题。① 它是指人们在解释上存在这样一种困境：要正确理解部分的意义，就必须先理解整体的意义，将其置于整体意义中把握；而要理解整体的意义，又必须先理解各个部分的意义，各个部分的意义贯通、融会形成整体的意义。这一困境从认识论上揭示了这样一个道理：即文本的部分与整体的意义关联性。整体解释方法同样要求法官在解释意思表示的某一条条款或数条条款时，必须将其置于意思表示的整体中予以阐明和把握。整体解释方法的前提和必要性体现为：一个独立的意思表示构成一个整全的体系，它的各个部分都是前后呼应、存在意义上清晰的脉络的。意思表示的这些单独的条款，构成了一个完整的意思表示。

在解释意思表示的某一个条款可以得出多个结果的情况下，必须运用整体解释来分析何者是当事人的真实意思。整体解释要求从意思表示的内在逻辑性、体系性、前后文连贯性、意义的关联角度出发，将整个意思表示理解为一个统一的目的，以确定意思表示具体条款的真实意思。如果机械地、孤立地解释意思表示的某一争议条款，可能使得解释结果与其他条款之间自相矛盾，意思表示前后不统一。如一个广告承揽合同中，双方约定找火车站的"出站口"设立公告牌，后来对"出站口"有不同的理解，一方理解为检票口，一方理解为火车站广场；又如在一个借款合同纠纷中，甲乙双方约定，乙借给甲2.5万元，甲后来还款一部分，留下一张字据，上写"甲还欠款1万元"。当事人对"还欠款1万元"中"还"字的

---

① 参见梁慧星著《民法解释学》，台北五南图书出版公司1999年版，第260页以下。

理解，一方说是"还（huan）欠款 1 万元"；而另一方说是"还（hai）欠款 1 万元"等。对于前者，我们可以从法律行为的价金、约定的广告牌的大小等因素来解释；对于后者，可以从合同约定的分期还款日期、数额等条款综合分析，确定"还"的真实含义。

在适用体系解释时，应注意两个问题：第一，文义解释优先于体系解释。因为意思表示是按照以语言文字为载体的，脱离了文字意义的解释必然会伤害当事人的真意。第二，体系解释的结果受到目的解释的支配。任何意思表示都是为了追求一定的目的，因而在体系解释出现多种结果时候，如何取舍主要应受到目的解释的支配。

3. 目的解释

目的解释是指以意思表示规定的目的为根据，阐释意思表示条款疑义的一种解释方法。

目的解释的功能是：第一，维持意思表示的体系性，并且贯彻当事人意思表示所要达到的目的。每一个意思表示的所有条款都体现了当事人的目的，意思表示本身就是当事人为追求私法上的效果而成立的。第二，维护私法自治原则。私法自治是民法的基本原理，在意思表示解释时当然也需要遵循私法自治原则。而当事人订立意思表示的目的是他从事意思表示的全部动因，所以探究当事人的目的就是尊重当事人的真实意愿，维护私法自治原则。第三，目的解释的结果还可以用来印证文义解释、整体解释结果的正确性。在意思表示的解释中，当事人的目的应成为解释意思表示的全部线索和中心。如果文义解释和整体解释等解释方法得出的结果与目的解释不同，那么可以推知这种解释结果一定是错误的。正因为此，目的解释在意思表示的解释中的地位极其重要。耶林曾经说，目的是法律的全部创造者，这表明了目的解释在法律解释中的重要性。而目的解释也应成为意思表示解释的最重要的方法之一。"当事人所欲达到之目的，实为决定意思表示内容的指南针。"①

目的解释的可能性在于，任何意思表示的当事人都有其特定的目的。目的解释要求在解释意思表示时，必须考虑意思表示当事人订立意思表示的目的。它的具体要求是：①当意思表示的用语可以作不同的理解时，应当按照符合意思表示目的的意思进行解释，摒弃不符合意思表示目的的含义。如果意思表示的用语意思与意思表示目的相反时，不能拘泥于当事人

---

① 史尚宽著：《民法总论》，中国政法大学出版社 2000 年版，第 462 页。

所使用的文字，应作适合于意思表示目的的解释。②意思表示内容含糊或互相矛盾时，应当在确认每一意思表示用语或条款都有效的前提下，尽可能通过解释的方式予以统一和协调，使其符合意思表示目的。③当事人一方的意思表示目的应当是对方已经知道或应该有理由知道的，如果对方当事人对其目的不知情的，在这种情况下作目的解释就会破坏意思表示当事人之间的利益平衡。

目的解释也有自身的限度。除了前面所述的当事人一方根本不知道也不可能明确知道意思表示目的时，目的解释原则不适用以外，在目的违法时，目的解释也没有适用的余地。

4. 习惯解释

习惯解释是指意思表示所使用的文字词句有疑义时，参照当事人的习惯予以解释。习惯解释是世界通行的合同解释方法。如美国统一商法典第1—205 条（5）规定："协议中任何一部分内容之履行地的行业惯例，应作为解释协议该部分之履行的依据。"《联合国国际货物销售合同公约》也做了规定。

习惯解释的根据在于：第一，习惯常常构成当事人为意思表示时环境的一部分。习惯是某地区或者某行业的人们在日常交往中形成的并被反复践行的行为规范，它对于在其有效范围内的当事人的意思表示常常会发生影响。第二，如果仅仅是当事人之间的习惯，因为这种习惯是当事人以往为意思表示时常常采纳的，所以对当事人而言更应该采纳。当事人以往一致采用这种习惯的，在解释当事人之间的意思表示时，就可以推定当事人有采纳以往交易习惯的意思。

习惯解释中的习惯必须符合以下条件：①习惯必须是当事人双方所共同遵守的习惯。习惯的特征之一是，它是区域性、地方性和行业性，各地、各行习惯不一。如果当事人一方或者双方不知悉该习惯的，就不能将其作为意思表示解释的依据，否则就违背了当事人的真实意思，违背了私法自治原则。仅当事人一方遵守的习惯亦同。无论是地方习惯还是行业习惯，其是否存在以及是否为对方所认可，应由主张依据习惯解释的一方承担举证责任。②习惯不能违反法律的强行规范和不违反公序良俗。习惯违反强行规范和公序良俗的，不能作为法律的渊源，自然也就不能作为意思表示的解释依据。习惯仅仅违反任意规范的，如果该习惯为当事人所知悉，则优先于任意规范，可以作为解释的依据。

在依据习惯做解释时，需要注意：

第一，习惯应是当事人双方共同遵守的习惯，如果仅为一方的习惯，除非订立合同时已将该习惯告知对方并获得对方认可，否则不能作为解释的依据。

第二，交易习惯不能与意思表示的明示条款相抵触。如果当事人的约定与交易习惯不同，就表示当事人已经排除了习惯的适用。

第三，习惯的内容应由主张方举证证明。

第四，在合同没有明示时，当事人之间的习惯应优先于特殊习惯，特殊习惯应优先于一般习惯。

5. 公平解释

是指解释意思表示时应当遵守公平原则，兼顾当事人双方的利益。可见，公平解释方法是在意思表示解释中对公平原则的运用。

作为一种解释方法，公平解释方法要求解释者遵循公平原则，根据不同的情况配置当事人的权利义务。它的具体规则包括：①对于双方意思表示，如果是无偿的，在意思表示所使用的词句有两种不同的含义时，应按对债务人义务较轻的含义解释。②如果是有偿行为，应按照双方均较公平的含义解释。因为有偿合同是双方当事人的对价交换，所以应兼顾双方的利益。以保管合同为例，如果它是无偿保管的，保管人的责任就应当轻一些；如果是有偿保管的，保管人的责任就要重一些。有的国家笼统规定对意思表示的解释应有利于债权人而不利于债务人。③如果是单方决定意思表示内容的，则应作按照对决定一方不利的含义解释。如格式合同发生歧义时，应对决定条款一方不利的含义做出解释。

6. 诚实信用解释

诚实信用解释是指解释意思表示应遵循诚实信用的原则。诚实信用原则是当事人行使权利和履行义务的基本原则，也是法院或仲裁机构正确解释意思表示的基本原则和基本方法。

诚实信用解释方法与其他解释方法有所不同。其他解释方法如文义解释、习惯解释、目的解释的目的主要是探求当事人真意，而诚实信用解释方法和作用在于协调和平衡意思表示当事人双方的利益。但是，在解释合同时，一般不能首先运用诚实信用原则，而应首先运用文义解释、目的解释及习惯解释，去探求当事人的真实意思，最后用诚实信用原则检验这些解释的结果。如果这些解释结果违背了诚实信用原则，这个解释结果就是无效的，应当重新解释或直接按诚实信用规则解释。如果意思表示中所使用的文字词句有疑义时，应依诚实信用原则确定其正确意思。

在当事人对意思表示的理解有疑义时，诚实信用原则的解释方法首先是推定当事人在意思表示成立时，其主观真意是符合诚实信用原则；其次，依据诚实信用原则对于意思表示有疑义的条款做出解释。这里的解释不仅仅是单纯的文义解释，而可能是对文义作限缩性和扩张性的解释。

诚实信用方法是效力最高的法。无论采取何种解释方法，最后所得结果均不得违反诚实信用原则。

（三）意思表示解释中的主观主义与客观主义

意思表示的解释实际上是一个法官的判断的过程，法官解释意思表示的目的在于探求当事人的真意，使当事人的合同目的能够实现。但是在如何达成这一点上，出现了两种对立的原则：一种是主观主义，一种是客观主义。

1. 主观主义

又称"意思说"，即以当事人订立意思表示时的真实意图为准。通说认为大陆法系国家采取这一解释立场。它是极端个人主义在法律中的反映，体现了个人本位和自由主义的精神，赋予"意思"对意思表示的决定意义。但它有两个缺点：一是可能损害交易安全，在当事人的内心真实意志与表示不一致时，第三人只能信赖表示出来的意思，如果赋予当事人的内心真意更高的效力，无疑会损害交易安全。二是对行为人真意的探究很难操作。

2. 客观主义

又称"表示说"，即以意思表示的外观如语言、文字、行为等作为解释基础。通说认为英美法系国家采取这一解释立场。它侧重意思表示表达出来的客观意思，体现了法律的社会本位和社群主义倾向，赋予"表示"对意思表示的决定意义。其合理性在于，行为人的效果意思只有通过其表示手段才可能为他人所察知，为了维护交易的安全，法律根据行为人所表示的意思赋予其法律上的效果。但它的缺点在于可能会损害表意人的利益，尤其是在表意人的表示明显错误时。

3. 折中主义

这种理论试图采取上述两种理论的优点，兼顾意思表示者和行为相对人的利益。折中主义或者以意思主义为原则、以表示主义为例外，或者以表示主义为原则而以意思主义为例外的一种理论。

在一个人际关系越来越复杂的社会中，法律不可能再如《法国民法典》时期那样，仅仅注重当事人个体的自由，而必须兼顾交易安全和效益。所以大多数国家采取的实际上都是折中主义。如日本以意思主义为主，表示主义为辅；德国等多数国家以表示主义为主，以意思主义为辅。事实上，上述差别也没有那么大。两者都采取的是主观与客观相结合的"折中说"，不过其侧重有所不同而已。

第五节　法律行为的核心：意思表示（二）

一　瑕疵意思表示的界定

私法自治通过法律行为来实现，法律行为直接表现为意思表示。私法自治的理想，是每个人通过自己的自由意志，自主决定与他人的关系、自主安排自己的生活。这样的一种意愿通过行为表示出来，即意思表示。只有当事人的内心意思与表示行为表里如一、内外一致，并发生其所欲发生的法律效力时，私法自治的这种理想才能够得以实现。但是，就意思表示涉及的知、情、意三种人类的心理结构而言，人的理性总是有限的，思维又极其复杂，难以精确表达于外；加上与理性对应的情的干扰，意思与表示高度一致的健全状态很难实现。如果当事人在自我决定过程中存在瑕疵，如意思表示欠缺主观要素，为虚伪表示、意思表示有错误，或受欺诈、胁迫所为，法律就必须予以调整。只有在健全、无瑕疵状态下所形成的自我决定才值得完全尊重。①

一个要发生当事人追求的效力的意思表示，应该是真实和自由的。不自由和不真实的意思表示就是瑕疵意思表示，更简单地说，就是意思与表示的不一致。瑕疵意思表示的出现，既可能是意思表示人本人的原因，也可能是相对人和其他人的行为造成的。

为什么民法学要专门讨论意思表示的瑕疵，而不在法律行为的成立和生效要件中讨论呢？这是因为意思表示的瑕疵，讨论的仅仅是内在意思与外在行为的关系，它涉及的是事实问题，即意思与表示的不正常关系。而法律行为的成立和生效要件是法律判断问题，即何种意思表示可以发生当事人追求的法律效力。另外也是为了体系简洁的考虑，因为法律行为的成立与生效要件内容非常多，糅合了诸多不同的情形。

意思表示的不真实、不自由是两类独立的瑕疵。当然，这一分类只是

---

① 参见陈自强著《意思表示错误之基本问题》，《政法大学法学评论》1994 年第 12 期，第315 页。

相对的，因为从逻辑上说，如果意思表示是不自由的，往往会造成意思表示不真实。但为了论述的便利需要，下面仍然采取这种分类。

二　意思表示不真实

意思表示不真实是指意思与表示不一致的情形。它又可以分为故意的不一致和非故意的不一致。前者是指行为人做出意思表示时，故意使其效果意思同其表示出来的意思不一致。包括单独的虚伪表示和通谋的虚伪表示。后者是指效果意思与表示行为的不一致并非行为人故意造成的，即错误的意思表示。

（一）单独虚伪表示

亦称心中保留，非真意表示或真意保留，是指表意人故意隐匿其内心所欲追求的效果意思，而为与效果意思相反的表示行为。它是德国民法学最初采纳的概念，后来为《日本民法典》、我国台湾地区民法典以及《韩国民法典》等继受。

单独虚伪表示的构成是：第一，需有意思表示的存在。第二，表示行为与表意人的效果意思在客观上不一致。即表意人内心的真意不同于表示行为表示出来的意思。第三，表意人自己意识到其意思与表示的不一致。真意保留是表意人的故意行为。如果是因过失导致内心真意与外在表示不一致的，可能构成错误，但是不构成单独虚伪表示。比较典型的单独虚伪表示的情况是碍于情面答应他人的要求。

单独虚伪意思表示的法律效果因不同的立法立场而有所区别。采取主观主义（意思主义）的立法认为，单独虚伪表示所表达的不是当事人的真意，所以该行为无效；采取表示主义（客观主义）的立法认为，真意保留所表示出来的行为有效；采取折中主义的立法，则真意保留原则上有效，例外为无效。

各国民法的一般规则是，表意人不得主张该意思表示无效，但该不一致为相对人所明知的除外。这一规定有利地维护了交易安全，而且避免了行为人借口表示出来的意思并不是其真意，而随意主张意思表示无效。在相对人明知表意人的真意时，表意人可以主张其意思表示无效。这样就在表意人的真意是与相对人的利益之间取得了平衡，因为相对人既然知道表意人的真意与表示不一致的，相对人就应当承担法律上的不利后果。

（二）通谋虚伪表示

通谋虚伪表示又称虚伪表示、假装行为，指表意人与相对人对非真意都有认识，并且双方通谋而为虚伪的意思表示。

通谋虚伪表示的特点是，双方当事人都欠缺效果意思，并不想使其行为真正发生法律上的效力。

虚伪表示构成要件是：第一，须有意思表示存在。第二，须表示行为与效果意思不一致；第三，须表意人本人对其效果意思与表示行为不一致有认识；第四，须其非真意表示与相对人通谋。通谋是指表意人与相对人共同为非真意的意思表示，因此，双方当事人必须有意思上的联络，才能构成通谋。没有意思上的联络的，即使存在两个单独的虚伪表示的，也不构成通谋的虚伪表示。① 可见，通谋虚伪表示须有两个非真意表意，即表意人的虚伪意思表示和相对人的虚伪意思表示，并且它们互为条件。表意人和相对人为数人时，必须表意人全体和相对人全体都有为虚伪表示的意思联络才构成虚伪表示。通谋的目的对虚伪表示的构成并没有任何影响。

通谋虚伪表示的法律效力有两方面：

（1）在当事人之间，其意思表示无效。即使第三人主张为有效，它在当事人之间也不发生法律效力。但是在某些情况下，为了保护保障公众信用和交易安全而须牺牲当事人的利益时，可以排除虚伪表示无效规则的适用。如向公众发行股份的行为在公司成立后不得以发起人的通谋虚伪表示为由主张其无效，另外，还有某些身份行为也限制这一规则的适用。

（2）在当事人与第三人之间的效力：其一，第三人为恶意的（知悉他人之间的通谋虚伪表示），虚伪表示为无效。因为第三人知其为虚伪表示，不因其无效而使自己受到损害，而且，法律对于恶意的第三人也没有予以特别保护的必要。其二，第三人为善意的（不知悉他人之间的通谋虚伪表示）当事人不得以通谋虚伪意思表示无效而对抗第三人，即当事人不得对于第三人主张其行为的无效。但是，第三人可以选择主张无效或有效。这样有助于保护善意第三人的利益。

在我国法上，依据民法通则第 58 条和合同法第 52 条规定，恶意串通，损害国家、集体或者第三人利益的法律行为无效。在司法实践中，这一规定与合同法第 74 条规定的债权人的撤销权有时会形成法律适用冲突。合同法第 74 条第 1 款规定，因债务人放弃其到期债权或者无偿转让财产，对债权人造成损害的，债权人可以请求法院撤销债务人的行为。债务人以明显不合理的低价转让财产，对债权人造成损害，并且受让人知道该情形

---

① 参见史尚宽著《民法总论》，中国政法大学出版社 2000 年版，第 385 页。

的，债权人也可以请求人民法院撤销债务人的行为。这一冲突表现在，如果债权人可以证明债务人与第三人的行为是恶意串通的，该行为应无效。此时债权人又可以行使撤销权，但撤销权的行使受合同法第75条规定的1年或5年的除斥期间的限制，而无效是否受2年的诉讼时效限制。对这一问题，理论上历来有争议，司法实践的做法也不统一。

（三）隐藏行为

是指隐藏于虚伪表示中依其真意所欲订立的法律行为。隐藏行为必须与虚伪意思表示共存。没有虚伪意思表示就无所谓隐藏行为。存在隐藏行为的，就必然存在虚伪表示行为；但存在虚伪表示行为的，不一定存在隐藏行为。

隐藏行为的处理规则是，虚伪意思表示行为无效，但隐藏行为并不因此无效。它的效力取决于隐藏行为本身。如假托买卖，实际上是赠与或者寄托的，买卖行为无效，而买卖行为所隐藏的赠与行为或寄托行为是否有效，应适用有关该类行为的规定。如果隐藏行为具备赠与或寄托所规定的要件，则为有效，否则即为无效。[①]

法律对虚伪意思表示和隐藏行为的效力做不同规定的原因在于：虚伪意思表示的双方意思表示都不是真实的，双方都不愿意发生意思表示本来应该发生的法律效果，而且，虚伪意思表示常常可能会损害国家、社会和当事人的利益，所以法律没有必要让其发生法律效力或者不能让其发生法律效力。但如果虚伪意思表示隐藏了另外的意思表示，该意思表示又符合法律规定的生效条件，自然应该让其生效，这既体现了私法自治的要求，也体现了法律对效率的追求。

一般认为，民法通则第58条和合同法第52条"以合法形式掩盖非法目的"的，是我国法律关于隐藏行为的规定。但本条仅规定了一种情形，即隐藏行为的目的是"非法的"，此时，隐藏行为应无效。如果隐藏行为的目的是合法的，则应有效。

（四）戏谑意思表示

是指表意人根本就没有追求私法上效果的意思表示，而是以开玩笑的形式做出的意思表示。这一行为的性质界于真意保留和虚伪意思表示之间，[②] 表意人对于其意思表示是缺乏真意的。虽然表意人的目的也有欺骗

[①]　参见史尚宽著《民法总论》，中国政法大学出版社2000年版，第391页。

[②]　参见［德］梅迪库斯著《德国民法总论》，邵建东译，法律出版社2001年版，第447页。

相对人的意思，但他并不想长期欺骗相对人，他的真实目的并不是要发生法律上的效力，而是要通过这种戏谑的意思表示使相对人惊讶，或者使相对人陷入尴尬状态。总之，其目的并不是为了使该意思表示发生法律上的效果，而是一般的社会交往中的游戏，并不是一个法律行为。而且，表意人也能够从一个常人的角度考虑到，他表达的这种意思不会使对方误解，对方不会相信他表达的是真实意图。如果对方已经误解他的意思表示的，他必须采取有效的方法说明。

但依据一般情况，相对人无法辨认该意思表示不是当事人的真意，以为当事人表达的是自己的真实意思，该意思表示依然无效。此时，相对人有权请求表意人承担信赖利益的损害赔偿。如果相对人主张该意思表示行为有效的，表意人则必须证明自己的行为不是出于真意，而且必须证明相对人能意识到他的表示是戏谑表示。

（五）错误

1. 错误的界定

错误是意思与表示不一致最复杂的类型。它是基于不符合事实的认识而做出的意思表示。表意人的表示是非故意的、偶然的、不自觉的与其意思不一致。即表意人内在的效果意思与外在的表示行为的不一致，不是出于故意，而是因为误认或不知。在错误的界定方面，大陆法和英美法有一定的差别。大陆法将错误界定为意思与表示的客观"不一致"，英美法则界定为一种心理状态。①

传统大陆法系民法区分错误与误解。错误（也称不知）是指表意人方面的认识错误，它发生在意思表示成立之前。如甲本想以 20 万的价格出售 A 房于乙，但误说成了 B 房，乙答应购买。误解（也称误认）是指受领人方面的错误，即其错误理解了对方的意思表示时。它发生在对方的意思表示后。如甲向乙表示愿意以 20 万卖 A 房，但乙却理解为是 B 房而答应购买。传统民法区分错误与误解的效力，误解不构成错误。因错误订立的合同成立，发生撤销问题；因误解订立的合同则不成立，不发生撤销问题。但英美法没有这一区分。传统民法将错误主体仅限于表意人的做法，无疑对受领人不公，区分错误与误解并安排厚此薄彼的法律效力，理由并不充分。因此，我国民法通则和合同法都没有区分错误

---

① 在英美法中，错误简单的说就是一种错误的观念或认识。它与大陆法理解的错误差别很大，也包括一些大陆法上的欺诈。［美］A. L. 科宾著：《科宾论合同》，中国大百科全书出版社 1998 年版，第 676 页以下。

与误解。

　　错误仅仅包括事实错误而不包括法律错误。对法律的认识错误不影响意思表示的效力。罗马帝政时代的立法，就将错误区分为法律上的错误和事实上的错误，并且认为法律上的错误一般不影响民事行为的效力。法谚云："不知法律不免责。"负有遵守法律义务的人，不得主张不知法律，而具有辨认和控制能力的人都应知道法律。具有辨认能力的任何人，法律都推定其知道法律。

　　错误的一般构成要件是：第一，有意思表示。第二，表意人的意思与其表示不一致。表意人虽然做出了意思表示，但是，其内心的效果意思与其表示的行为不一致。第三，表意人不知效果意思和表示行为的不一致。至于此种不一致是否是基于表意人的过失，各国法律规定差别较大。有的要求不以表意人有过失为条件，有的则要求以表意人没有过失为条件。从一般的理解看，既然是错误，行为人必然存在一定的过失，只是过失的程度可能不同而已。无论如何，如果行为人对错误的形成有重大过失的，法律不予救济。第四，行为人的错误与其所为法律行为之间存在因果关系。行为人因为自己的错误认识而实施了与其真实意思相悖的法律行为。第五，意思与表示的不一致必须是重大的。即误解必须达到这种标准：如果表意人在表意的过程中是没有错误的，他将不会从事此种行为或会根据不同的条件从事此种行为。

　　2. 错误的类型

　　在大陆法系中，错误的类型主要有如下几种：法律行为内容错误、表示错误、关于当事人资格或物的性质的错误以及传达错误。[①] 普通法中的错误包括错误（mistake）与虚假陈述（misrepresentation）。前者又包括单独错误、双方相互错误和共同错误。[②] 单独错误是指当事人一方的错误；双方相互错误是指双方当事人都做出了错误的意思表示，但错误的内容不同。如甲购买乙的马，乙不知其马有病，甲则错误地书写了合同，将5千元写成了6千元。共同错误是双方都对同一事项的认识错误。如甲和乙都误以为甲收藏的画是真迹，其实是赝品。

　　对错误分类的重要原因是，区分不同的错误种类，决定哪些能够产生无效或可撤销的法律效果。这种区分标准主要是根据意思表示的不同

---

　　① 参见史尚宽著《民法总论》，中国政法大学出版社 2000 年版，第 400 页以下；王泽鉴著：《民法总则》，中国政法大学出版社 2001 年版，第 371 页以下。

　　② 参见何宝玉《英国合同法》，中国政法大学出版社 1999 年版，第 450 页以下。

阶段做出的，即错误发生于意思表示的哪个阶段。并同时考虑表意人对其错误是否具有过错；错误对表示受领人来说是否具有可识别性；受领人在信任意思表示时付出了多大的代价。① 这里介绍几种重要的错误类型。

1. 动机错误

意思表示中的"动机"是指直接推动行为人实施法律行为的内心起因，如为看病人而购买鲜花。它不是意思表示的法律要素。

动机错误这一表达实际上并不准确。根据一般的定义，动机错误是指"表意人在其意思形成的过程中，对其决定为某特定内容意思表示具有重要性的事实，认识不正确"。② 事实上，动机没有错误可言，错误的是对形成动机的事实的认识。如为误以为某人生病而购买鲜花，即使某人没有生病，但不能说为看病人买花的动机错误了，而是他对形成买花的动机的事实——某人生病的事实错误了。

民法的一个基本规则是，"法律不问动机"。这是因为动机完全是当事人内心的活动，相对人是无法考察的。对动机的考察会导致法律关系的不稳定，影响交易安全，而且动机往往无法审查。

动机错误的法律效力是：

（1）区分动机错误形成的阶段。

第一，如果动机错误发生在意思形成阶段，即表意人虽然做出了与意思相同的表示，但在意思形成过程中出现了误会。这种动机错误没有法律意义，法律不予调整。

第二，如果动机错误发生在意思表示做出后，意思表示的效力不受到任何影响。这种情况事实上根本不是动机错误。因为判断意思表示的瑕疵存在与否，是以意思表示做出的时间为标准的。此时，如果动机错误构成了情势变更的，可以解除合同。如甲以为单位要分给他一套住房而与销售商订立了未来交货的家具买卖合同，但后来单位没有分给他房。此时，甲可以主张解除合同并赔偿损失。

（2）区分动机是否表达出来作为意思表示的一部分。

如果动机已经表示于外，构成意思表示的内容时，这一意思表示其实就是附条件的法律行为。其效力参看本书有关附条件的法律行为的论述。

---

① 参见［德］迪特尔·梅迪库斯著《德国民法总论》，邵建东译，法律出版社 2001 年版，第 565 页以下。

② 王泽鉴著：《民法总则》，中国政法大学出版社 2001 年版，第 373 页。

但需要注意，如果动机没有作为意思表示的一部分，相对人只是知道行为人的动机，动机错误也不宜导致意思表示发生可撤销的效力。因为这样会使表意人将其认识错误的风险转嫁给相对人，不仅有损交易安全，而且也违背了基本的公平观念。除非相对人在明知行为人的动机是错误的，还与行为人订立法律行为。

（3）区分单方动机错误还是双方动机错误。

单方动机错误通常不影响意思表示的效力。但是，如果双方当事人对一定动机都认识错误，此时，也不宜使法律行为发生可撤销的效力，因为这种情况更接近情势变更。

（4）区分动机合法与违法（或公序良俗）。

如果动机是违法的，则无论动机是否发生错误，都导致意思表示无效。此外，适用公序良俗审查意思表示时，审查的恰恰是行为人做出意思表示的动机。本书还将在第六节详细论述。

2. 表示错误

表示错误指表意人若知其情时，根本不欲为此一内容之表示，如误说、误写、误取等表示行为本身有错误之情形。① 表示错误可以发生可撤销的效果。

3. 传达错误

传达错误也称误传，是指意思表示因传达人或传达机关传达不实而产生的错误。如由于传达人将表意人的买卖意思误传为赠与意思。

误传与误递不同。误递的对象传已成立的意思表示，如将写给甲的信误投于乙。此时，因意思表示已做出，应适用关于意思表示未到达的规定。误传则发生在意思表示的形成阶段，它造成的后果是当事人的真实效果意思被传达错误。

传统民法理论认为，传达错误准用民法关于错误的规定，但传达不实如果是由表意人自己的过失造成的，则不得撤销。传统民法以传达人或传达机关的过失作为误传发生撤销效力的必要条件。故意则不产生误传的效力，而应类推适用无权代理的规定。

我国民法通则司法解释第 77 条规定，意思表示由第三人义务转达，而第三人由于过失转达错误或者没有转达，使他人造成损失的，一般可由意思表示人负赔偿责任。但法律另有规定或双方另有约定的除外。本条规

---

① 参见黄立著《民法总则》，中国政法大学出版社 2002 年版，第 291 页。

定仅仅规定了过失误传，但故意误传也应当适用这一规定。这是因为传达人是表意人的使用人，在意思表示传达过程中，表意人比受领人更能够控制误传的风险。

4. 错误的效力

在比较法上，因为对意思与表示不一致的处理有主观主义和客观主义两种做法，所以对错误的效力也有不同的处理规则。主观主义认为，根据私法自治原则，每个人应自由决定法律关系，如果意志与表示不一致，这就表明当事人的意志没有得到体现，他做出的意思表示是无效的。客观主义则强调，民法上的人既是自由的，也是自律的，能够承担责任的人。他应当承担自由表达的风险，否则就会破坏交易安全。

在大陆法系国家，主观主义的思想影响较大，一般规定，因错误而做出的意思表示无效或可被撤销。传统上，大陆法系国家认为"错误者无意思"，主张错误做出的意思表示都可以撤销。但现代的立法也强调，只有错误是"重大"的，才能够撤销，以在交易安全和私法自治之间取得平衡。英美法则受客观主义影响较大，更强调对相对人的信赖保护，以维护交易安全。所以，"普通法的律师从来没有像大陆法律师那样关注表示意图被破坏的问题，也没有关于由于错误而撤销的一般规则。普通法更关注于对于合理地依赖当时情形下表示方意思表示的一方进行保护"。[1] 普通法一般不允许行为人撤销错误的意思表示，只有两种例外：一是错误的发生导致双方当事人之间根本无一致的意思表示时，才能使合同无效。[2] 二是一方完全是基于对另一方的误述或虚假声明的合理依赖才订立合同的，此时合同可以被撤销。[3]

对于第三人而言，如果第三人是善意的，则在因错误行为被撤销而受到损害时可以要求表意人对自己承担损害赔偿责任；如为恶意第三人，则不得要求表意人承担损害赔偿责任。

行为人撤销错误的意思表示后，如果相对人是善意的，应当赔偿相对人的信赖利益损失，即相对人因相信合同成立而遭受的损失。

5. 错误与意思表示解释与补充

错误涉及的是表意人的内心真意与外在表示是否一致，而意思表示的解释涉及的是意思表示不明确、不完整及不统一的情形。通常情况下，两

---

① ［德］海因·克茨著：《欧洲合同法》，周忠海等译，法律出版社2001年版，第250页。

② 参见杨桢著《英美契约法论》，北京大学出版社2003年版，第171页。

③ ［德］海因·克茨著：《欧洲合同法》，周忠海等译，法律出版社2001年版，第251页。

者不会发生冲突。但因错误做出的意思表示，可以理解为双方没有达成合意，意思表示不成立。如甲向乙购买一车水泥，双方约定了价金。甲理解的"一车"是东风卡车，乙理解的则是小农用车。此时，可以说双方没有达成合意。在这种情况下，为了避免意思表示不成立，或者被撤销，为了贯彻鼓励交易、私法自治的原则，应先通过意思表示的解释和补充规则解决。如不能解决的，才发生可撤销的效力。如计算错误可以通过总价与单价条款解释或运用合同法第61—62条补充。

6. 我国民法中的重大误解

我国民法通则和合同法规定的是"重大误解"而不是错误制度。它包括大陆法系中的错误和误解。它是指行为人因对行为的性质、对方当事人以及标的物的品种、规格和质量等错误认识，使行为的后果与自己的意思相悖并造成较大损失的行为。

"重大误解"的判断标准是：任何处于表意人地位的理性人，在没有误解的情况下将不会做出这种意思表示，或者会在意思表示中约定不同的条件。而且，如果按照已经成立的法律行为履行的话，会给当事人造成较大的损失。之所以要规定"重大"，是因为错误本身是由于表意人的原因造成的，赋予其完全的法律效力显然忽略了表意人的真实意思，不利于保护其利益；但是，如果完全不赋予这些法律行为以法律效力，相对人的利益就会受到损害，不利于保护交易安全。

依据民法通则司法解释第71条的规定，以下误解可以构成重大误解：①关于行为性质的误解。这是指对法律行为的性质认识的错误，如误以为买卖为出租。②对相对人的误解。包括当事人本身的错误和当事人资格的错误，前者如误以为甲为乙，后者如以为对方当事人有某种订立合同的资格，其实对方没有该资格。③对标的物的误解。包括对标的物的质量、规格和数量的误解。如以为进口散件为原装进口，误以为赝品为真品等。

重大误解的一方或者双方，可以撤销其意思表示。如果误解是单方的，那么单方享有撤销权；如果误解是双方的，那么双方都享有撤销权。但是，对某些特定的法律行为，法律不允许当事人撤销或者限制当事人的撤销权。一类是涉及人身和伦理关系身份行为，如婚姻、收养等，这类行为常常需要变通适用撤销权。另一类是为了公共利益和交易安全的需要而须加以限制的行为，这主要发生在公司法、劳动法中，因为在这些关系中，涉及的人数众多，如果借口重大误解而撤销已经履行的契约，则会导致社会的动荡，法律的不稳定和不公平的后果。①

三　意思表示不自由

意思表示不自由是指虽然表意人的意思与其表示虽然一致，但表意人所为意思表示并非出于其自由意志，而是由于他人的不当干涉。如果法律保护基于不自由的意志做出的意思表示，将严重损害私法自治原则。所以，这种瑕疵意思表示有不应产生完全的意思表示的效力。在比较法上，意思表示的不自由包括基于欺诈和胁迫所为的意思表示。我国民法增加了乘人之危做出的意思表示。

（一）欺诈

1. 欺诈的界定

是指故意欺骗他人，使其陷于错误判断，并基于此错误判断而为意思表示的行为。欺诈分为两种：即当事人的欺诈和第三人欺诈。前者是指意思表示的当事人一方所做的欺诈，后者是指意思表示当事人以外的第三人欺诈。

2. 欺诈的构成要件

依据我国民法通则司法解释第68条，欺诈的构成要件包括：

第一，欺诈人在客观上有欺诈行为。欺诈行为指为使受欺诈人陷于错误或加深错误，保持错误而虚构、变更、隐匿事实的行为。因此，欺诈行为有三种：捏造虚假事实、隐匿真实事实以及变更真实事实。欺诈通常由积极的行为构成。对沉默是否构成欺诈，各国的立法有所不同。通常情况下，沉默不构成欺诈。但我国法律规定，隐瞒事实真相也构成欺诈。这里的"隐瞒"应作限缩解释，即隐瞒的是交易上的重要事项（足以决定是否成立意思表示）。对这些事项，行为人故意不告知的，构成欺诈。

如果一方对交易事实并不明知，只是对其陈述的真伪不能做肯定的判断时，仍向他人作出陈述，后来证明其陈述的事实是错误的或虚假的，是否构成欺诈？如甲怀疑其牛有病，出售给乙时，为了打消乙的顾虑，对乙说该牛没有病。此时，甲的行为也应构成欺诈。因为行为人在不能判断程序的真实性时，是有一种类似于刑法上的间接故意的，即放任自己的行为结果。

第二，欺诈人有欺诈的故意。欺诈故意指欺诈人有使受欺诈人陷入错

---

① 参见史尚宽著《民法总论》，中国政法大学出版社2000年版，第413页以下。

误并因此种错误而为一定的意思表示。因此，欺诈的故意包括两个层次：第一个层次是有使受欺诈人陷于错误的故意，他对于自己欺诈行为和使受欺诈人陷于错误都是故意的。第二个层次是有使受欺诈人依其错误而为一定的意思表示的故意，也就是欺诈人对于受欺诈人因错误而为意思表示有认识。至于欺诈人是否有使自己或者当事人得利益的故意，或者使相对人受损害的故意，并不影响欺诈的成立。

第三，受欺诈人因欺诈而陷入错误。如果欺诈人客观上实施了欺诈行为，但受欺诈人并没有因此陷于错误，不构成欺诈。如果在欺诈人欺诈以前，行为人已经陷入了错误，但是欺诈人的欺诈使其错误加深，也构成欺诈行为。

法谚云："被欺诈人明知者，不构成诈欺（*Non decipitur qui scit se decipi*）。"由此可见，知假买假的行为根本不构成欺诈。因为行为人并没有陷入错误。此外，对一些明显夸张的广告，如化妆品广告"今年80岁，明年18岁"，依通常观念，也不构成欺诈。

第四，受欺诈人因欺诈而为意思表示。即错误与意思表示之间有因果关系。如果没有错误，受欺诈人就不会为意思表示或根据不同的条件为意思表示，即表明错误与意思表示之间有因果关系。[1]

3. 欺诈的法律效力

自罗马法以来，大陆法系和英美法系都认为，基于欺诈做出意思表示是可以撤销的，但是不能对抗善意第三人。民法通则第58条把因欺诈而成立的法律行为规定为无效法律行为。而合同法第54条规定，一方以欺诈手段订立的合同，只有在损害国家利益的情况下才无效，其他情况的欺诈都是可撤销的。依据新法优于旧法以及特别法优于普通法的法律适用规则，合同欺诈应适用合同法。其他法律行为（如单方法律行为、身份行为等）适用民法通则。

欺诈人为当事人一方的，受欺诈的相对人可以撤销其意思表示。欺诈人为第三人的，依据民法理论，如果相对方知情的，构成欺诈；如果相对方不知情的，不构成欺诈。至于何人为相对人，则应依据具体的情况确定。[2]如张三卖假皮鞋，王五对李四说，张三卖的是真皮鞋，因为李四不懂皮鞋，因王五的话而认为张三卖的是真皮鞋。因此，尽管李四在购买皮

---

① 参见史尚宽著《民法总论》，中国政法大学出版社2000年版，第424页以下；胡长清著：《中国民法总论》，中国政法大学出版社1997年版，第246页以下。

② 参见黄立著《民法总则》，中国政法大学出版社2002年版，第316页。

鞋时，张三没有欺诈，但却在明知王五欺诈了李四的情况下达成买卖，那么这一买卖也构成欺诈。

因欺诈而撤销意思表示的，不得对抗善意第三人。这是各国民法典和民法理论一致公认的规则。善意第三人是指不知道意思表示的欺诈事实，但是对该欺诈的意思表示却有法律上利害关系的人。至于其意思表示是否有相对人，并不影响善意第三人的权利。

4. 欺诈与侵权行为

在英美法系国家，自 1798 年斯图亚特诉弗里曼（Stuart V. Freeman）一案以后，欺诈就被作为一种侵权行为。根据英美法，行为人在受到欺诈时，既可以主张撤销合同，也可以同时主张损害赔偿请求权。这种欺诈侵害的是受害人的精神自由，即使没有造成实际损害，也可能会产生精神损害赔偿请求权。而且，受害人在撤销合同时，法院还可能判决对方赔偿惩罚性赔偿金。[①] 这种侵权行为的对象是被害人的精神自由。但大陆法系国家，法律一般不承认欺诈构成侵权行为。

我国民法没有直接规定这一问题。依据民法通则第 106 条，欺诈行为如未给他人造成人身、财产的损害，不构成侵权行为。只有在欺诈行为同时直接侵害了他人的人身和财产权益的情况下，才能构成侵权行为。

（二）胁迫

1. 胁迫的界定

是指以不法加害威胁他人，使其产生恐惧心理，并基于此恐惧心理而为意思表示的行为。胁迫也分为两种，即当事人的胁迫和第三人的胁迫。

胁迫与英美法上的不正当影响（Undue influence）不同。后者是指合同一方利用其优越的地位、意志，在精神或其他方面向另一方当事人施加非正当的间接压力，从而迫使对方签订合同的行为。这种影响通常发生在父母与子女、监护人与被监护人、医生与病人、律师与当事人、受托人与设立信托人之间。这一制度是英国衡平法为了弥补普通法的胁迫概念的不足而发展起来的。普通法上的胁迫的构成要件严格，适用范围狭窄，仅限于对合同当事人人身施加暴力或以暴力相威胁，不包括经济胁迫以及对人的精神、意志等方面的胁迫。衡平法创立了不正当影响规则来调整对人的精神、意志等方面的不正当影响。我国合同法在立法草案中曾纳入了英美法

---

① Village Toyota Co. Inc. v. Stewart 433 So2c 11150（ALA. 1983）102.

系的不正当影响制度，但最终将其删除。①

2. 胁迫的构成要件

依据我国民法通则司法解释第 69 条，胁迫的构成要件包括：

第一，胁迫人有胁迫行为。胁迫行为指以加害威胁被胁迫人，向他人预告将来会加以祸害的情形。胁迫加害的对象包括被胁迫人和其亲朋好友、法人组织的权利；侵害的客体包括被胁迫人及其亲友的生命、身体、自由、名誉及财产等。胁迫还必须达到使被胁迫人产生恐惧心理的程度。至于其要挟的内容、胁迫的方式都不影响胁迫的构成。

第二，胁迫人有胁迫的故意。胁迫故意指使表意人产生恐惧心理并因此种心理而为一定的意思表示。胁迫故意包括两个层次：须有使表意人陷于恐惧心理的故意；须有使表意人因此种恐惧心理而为一定的意思表示。

第三，须胁迫为不法。包括胁迫手段违法与胁迫目的违法。合法的"胁迫"不构成胁迫，如以向法院起诉为由要求对方还债。非法的胁迫包括：①手段和目的都非法的胁迫，如"你不帮我运输这批毒品，我就把你杀死"。②手段合法，但是目的不合法的胁迫，如"你不给我 10 万元人民币，我就向检察机关揭发你的贪污行为"。③目的合法，但是手段不合法的胁迫，如"你不履行我们之间的合同的话，我就把你杀死"。

第四，表意人因胁迫而产生恐惧心理，并基于这种恐惧心理为一定的意思表示。是否陷入恐惧状态应依主观状态决定而不依客观状态决定，即应依据受胁迫人自身的情况决定。产生恐惧心理包括表意人原无恐惧心理，因胁迫而发生恐惧和表意人原有恐惧心理，因胁迫而继续存在或加深。

第五，须表意人因胁迫而为意思表示。即胁迫与意思表示之间有因果关系。胁迫具有绝对性效力。表意人在受胁迫与自由表达自己的意志之间权衡，选择了不自由的意思表示。②

与欺诈不同的是，第三人胁迫的，无论相对人是否知道，都构成胁迫。即在意思表示的过程中，只要存在胁迫的，无论胁迫来自于何人，都可以构成胁迫。因为胁迫较欺诈更为恶劣，所以法律特别保护被胁迫人。

3. 胁迫的法律效力

（1）与欺诈一样，民法通则规定基于胁迫成立的法律行为无效。合同

---

① 参见齐恩平著《合同上的胁迫与不正当影响》，《法学》2000 年第 1 期。

② 参见史尚宽著《民法总论》，中国政法大学出版社 2000 年版，第 433 页以下。

法规定，一方以胁迫手段订立的合同，只有在损害国家利益时，才是确定无效的合同，其他都是可撤销的合同。

（2）在传统民法中，胁迫的撤销具有绝对的效力，可以对抗任何善意第三人。其原因在于，胁迫对于私法自治的危害极为严重，所以法律宁愿牺牲交易安全以保护当事人的自由意志。如甲胁迫乙低价出售房屋于甲，甲取得房屋所有权后，即转让于丙。后来乙撤销了与甲的房屋买卖合同，这一撤销的效力可以对抗丙，即甲可以请求丙返还房屋。我国法律对此没有明确规定。依据物权法第106条的规定，如果乙此时是善意的，乙可以善意取得该房屋的所有权。

（3）胁迫同时构成侵权行为。这是大陆法系和英美法系都承认的规则。

（4）在传统民法中，受害人可以取得废止请求权。这是指对侵权行为人因为侵权行为而获得的对受害人的债权，被害人有予以废除的请求权。如行为人胁迫乙贱卖某名画，乙的胁迫行为构成侵权行为，同时有取得对乙请求交付名画以及移转其所有权的请求权。为了不使侵权行为人获得不当利益，法律特别赋予受害人以侵权废除该债权的请求权。而且，与侵权损害赔偿请求权不一样，法律一般规定废止请求权不因诉讼时效的经过而消灭，以使侵权人永远不能得到非法利益。

（三）乘人之危

1. 乘人之危的界定

依据我国民法通则司法解释第70条的规定，乘人之危是指一方当事人乘对方处于危难之机，为牟取不正当利益，迫使对方作出不真实的意思表示，严重损害对方利益的，可以认定为乘人之危。

乘人之危与胁迫的区别在于，它利用的是对方的危难、窘迫的处境，让受害人主动同意做出意思表示。而胁迫则是主动威胁对方，与对方是否处于危难、窘迫的境地无关。

2. 乘人之危的构成要件

依据我国民法通则司法解释第70条，乘人之危的构成要件包括：

第一，一方当事人处于危难境地。比如因妻子生病急需金钱。第二，相对人以牟取不正当利益为目的，利用对方的危难情况，提出苛刻条件，严重损害对方的利益。第三，乘人之危一方主观上是故意的。第四，危难一方所为的法律行为与乘人之危行为之间存在因果关系。

需要注意，乘人之危的构成必须是受害人主动做出意思表示，如果是加害人主动做出意思表示，不应构成乘人之危，而应按照胁迫或者违反公序良俗原则的行为处理。如甲不慎落水，呼救，乙在岸边无动于衷。甲说，如果你救我，给你 1 万元。乙于是跳水救起了甲。乙的行为不应构成乘人之危，这一合同可认定为违背公序良俗的合同。如果乙主动说，给我 1 万元，我救你上来，甲答应。这一行为可认定为乘人之危的行为。

3. 乘人之危的法律效力

民法通则将乘人之危的行为规定为无效行为，而合同法则将其规定为可撤销的法律行为。

第六节　法律行为的成立要件和生效要件

一　成立要件与生效要件的区别

对法律行为的成立要件与生效要件的区分的必要性，理论上有争议。但从实践角度看，两者的区别是较大的。一般而言，法律行为的成立要件，是法律行为成立时不可缺少的条件，如果无此要件，法律行为不能成立。法律行为的生效要件，是指已经成立的法律行为发生当事人追求的法律效力所不可缺少的要件。如果不具备这些要件，即便法律行为已经成立，也不会发生当事人所期待发生的效力。

两者的核心区别在于：法律行为的成立要件是一个事实判断问题，而法律行为的生效要件则是一个法律价值判断问题。法律行为的生效要件体现了民法典对私法自治的限制，这种限制来自于民法典内部，体现了市民社会本身的要求，也体现了民法典中的国家强制与私法自治的张力。它有效地解决了民法典中国家强制与私法自治的关系：一方面，私法自治是个人决定自己事务的原则；一方面，这一原则又必须在民法典规定的限度内进行。

另外，在附条件和附期限的法律行为中，法律行为的成立时间和生效时间是不一致的。

二　法律行为的成立要件

民法理论一般将民事法律行为的成立要件分为两种，即一般成立要件和特别成立要件。

（一）法律行为的一般成立条件

法律行为的一般成立要件，是所有法律行为成立所应当具有的要件。

对法律行为的一般成立要件，理论上有一定的争议。如认为仅有意思表示就可以成立，也有人认为包含意思表示和标的。① 通说采取三要件说，即认为当事人、意思表示和标的为一切民事法律行为的构成要件。② 标的就是当事人想要达到的私法上的效果，即法律行为的内容——民事权利和义务，比如转移所有权等。

只要存在这三个条件，就表明法律行为成立了。但是，某些特殊的法律行为除了一般的成立要件以外，还需要特别的成立要件。

（二）法律行为的特殊成立要件

包括要式法律行为和要物法律行为两种。

1. 要式行为

（1）要式行为的界定

要式行为是指需要采取特定形式才能成立的法律行为。要了解要式法律行为，我们必须先掌握法律行为的基本形式。

法律行为的形式包括：

其一，明示形式。

是指当事人通过积极的、直接的、明确的方式表达意思表示，包括口头形式和书面形式及其他形式。

口头形式是指行为人通过言语表达的方式成立的法律行为。它一般适用于实时履行的小额交易。

书面形式是指行为人以文字符号表达其内心意思而成立的法律行为。大量的合同都采取的是这种形式。

其他形式包括视听资料形式和需经特定主管机关履行特定手续的特殊书面形式。它主要包括：①视听资料。即行为人通过录音、录像等所反映的声音和形象以及电子计算机储存的资料表现法律行为内容的形式。②公证形式。即公证机关对法律行为的真实性和合法性予以审查并加以证明的方式。③审核批准。即依法必须经有关主管机关审核批准才能成立的法律行为。④登记形式。即依法必须向有关机关办理登记才能生效的形式。如不动产物权的移转必须经登记才能生效。

其二，默示形式。

是指不依赖于语言或文字等明示形式，而通过某种事实即可推知行为

---

① 参见胡长清著《中国民法总论》，中国政法大学出版社1997年版，第193页。
② 参见梁慧星著《民法总论》，法律出版社2004年版，第166页。

人的意思表示而成立的法律行为形式。如租赁合同到期后，承租人继续居住，出租人也继续按照以前的租金收取租金，此时他们之间就又形成了一个新的不固定期限的租赁合同关系。默示形式作为法律行为的表现形式，是受到法律严格限制的。民法通则司法解释第 66 条规定，一方当事人向对方当事人提出民事权利的要求，对方未用语言或者文字明确表示意见，但其行为表明已接受的，可以认定为默示。不作为的默示只有在法律有规定或者当事人双方有约定的情况下，才可以视为意思表示。

要式合同就是指法律规定或法律行为约定应采取特定形式的合同，这里的特定形式是除口头形式和默示形式以外的形式。

（2）要式行为的目的

现代法的基本规则是法律行为形式自由。但法律出于特定目的管制法律行为的形式。在民法中，规定意思表示的形式的目的在于：①警告目的。使当事人理解其法律行为的意义和利害关系，避免仓促和轻率决定。②证据目的。特定形式能够确定法律行为的成立及其内容。③确保一定的法律关系的公开性，尤其是不动产交易。④促进一定的债权的流通，如有价证券。[1] 在英美法上，法定形式的目的在于发挥证据作用、谨慎警示与引导当事人等三项功能。因为英美法上存在对价制度，所以特定的合同形式还可以区分可执行合同与不可执行合同的允诺，从而为合同的可执行性提供更为简便的外部规则。[2]

（3）法律行为形式欠缺的法律效力

依据我国民法通则第 56 条的规定，法律行为可以采用书面形式、口头形式或者其他形式。法律规定用特定形式的，应当依照法律规定。合同法第 10 条第 2 款也做了类似规定。这是我国民法关于法律行为形式的一般性规定。结合其他法律规定，欠缺形式的法律行为的效力是：

第一，原则上不成立或无效。民法理论一般认为，如果法律行为没有履行法定的或者约定的形式的，法律行为不成立或者无效。[3] 一些国家规定为无效，一些国家规定为不成立。依据我国合同法和相关法律，如果合同没有采取书面形式的，应认为合同不成立；没有采取行政法规要求的审

---

① 参见王泽鉴著《民法总则》，中国政法大学出版社 2001 年版，第 304 页。

② Lon L. Fuller, Consideration and Form, 41 Colum. L. REV. 800—803（1941）. 转引自刘承韪著《对价原则研究：英美法合同拘束力核心根源的考察》，中国社会科学院研究生院 2005 届博士论文，中国社科院研究生院图书馆藏，第 118 页。

③ 参见王泽鉴著《民法总则》，中国政法大学出版社 2001 年版，第 310 页。

批手续的，一般为无效。

第二，履行治愈形式瑕疵。合同法第36条规定，法律、行政法规规定或者当事人约定采用书面形式订立合同，当事人未采用书面形式但一方已经履行主要义务，对方接受的，该合同成立。第32条和第37条规定，采用合同书形式订立合同，合同自双方签字或盖章时起成立。在签字或者盖章之前，当事人一方已经履行主要义务，对方接受的，该合同成立。此外，约定合同应公证才成立的，如果双方没有办理公证，但已经履行了大部分合同的，合同也成立。

第三，发生特别效果。如合同法第215条规定，租赁期限6个月以上的，应当采用书面形式。当事人未采用书面形式的，视为不定期租赁。

（4）要式行为效力的重构

在现代社会中，法律行为一般都奉行方式自由原则。而古代法都对形式有严格的要求。如在很长一段时间内，罗马法都规定，合同的订立应采取严格的形式，这种形式几乎是一种严格的仪式。

严格的仪式可以增加法律行为的神圣性，使它容易得到履行。另外，也可以使法律规则通过形象化的方式传播。但现代的要式合同已经不再是仪式了，它只是记载意思表示的特定形式而已。承担的责任的基础不再源于任何仪式，而基本是来源于合意以及社会义务的要求。

在现代国家中，对形式的要求实际上已经转化成了现代国家对物的管理的要求。现代国家对物的登记、对合同的形式要求，是国家对物的治理的一部分。它与国家对人的治理一道，构成一个完整的治理体系：一方面，国家通过户籍登记、身份证、婚姻等，对个体进行数字编码，以获取个体化治理的详细信息；另一方面，国家又通过对财产的分配、对物的登记和管理，有效地掌控个人的财产资源，确保国家运行的物质基础。两者紧密相连，使国家的集权和威权得以形成和巩固，并掌握强大的社会动员能力。但它是以牺牲私人自治为代价的。但合同形式几乎与公共秩序无关，所以应以形式自由为原则，除非有涉及公共利益的理由（如特定合同的审批等）。

传统民法管制合同形式的一个重要考虑是便于举证。但在现代私法中，因为举证责任制度的设立，传统民法中考虑的司法效率和传统司法考虑的实质公正基本上不再是一个问题，这典型的体现为"事实"向"证据"的技术性转变。当事人是否采取必要的形式完全可以由当事人自己自由决定，只是当事人必须承担举证责任及可能的不利后果而已。[1]

管制意思表示形式的另外一个理由是国家的"父爱主义"，即呵护市民领域的当事人，不使其仓促订立合同或没有订立特定形式的合同而受到损害，即所谓的警示功能。然而，这种做法可能会适得其反。因形式的瑕疵认定法律行为不成立或无效，不利于鼓励交易，因为当事人是追求合同效力发生的。

所以，合同法中关于合同形式的规定是任意性条款，其目的在于指引当事人做出有利于他们的行为。[2]违反合同形式规定的，只要当事人可以证明其合同存在，就应发生成立效力，除非行政法规有重大理由要管制法律行为的形式。

2. 要物行为

要物法律行为需要交付一定的标的物才能成立。

在要物行为中，意思表示的成立需要两个条件：合意和交付。交付标的物的行为不是履行法律行为的行为，而是使法律行为成立的行为。交付移转的可能是所有权，也可能是使用权（如借用合同）等。而通常意思表示仅仅需要合意就可以成立。要物行为也可以这样理解：在交付物以前，当事人之间的合意只是生活中的一般合意，不具有法律上的约束力。只有交付物以后，它才是法律上的合意。要物行为的另外一个特征是，行为从交付时成立，通常不会遗留履行问题。

要物法律行为主要有两种：第一种是仅一方负担义务的无偿合同。如借用合同等。这里的主要考虑是，对无偿合同中的施与者，不宜要求过苛。此外，将这类行为规定为要物行为，还可以减轻当事人的人情负担

---

① 现代社会的举证责任这一法律制度的设计，使法律行为的自由空间扩大了。《圣经·列王纪上》记载了这样一件事：一日，两妓女争夺孩子，久执不下。所罗门王令人将孩子一劈为二，各与半，一女愿劈，一女不愿，宁送子与彼。王遂判子归后者。这类智慧故事在中国也很多。在《管锥编》（第3册）中，钱钟书先生举了很多例子，如《风俗通义》中的黄霸判子栾、薛宣断缣案、《魏书·李崇传》中断子案、《灰栏记》第四折中的包拯断子案等等。裁判者与所罗门王使用的技巧完全相同。现代法官解决判子案，会采用亲子鉴定技术，以科学理性来保障案件的公正裁决。这是科学技术发展对法律的影响。关于这一影响，可参见苏力著《法律与科技问题的法理学的重构》，《中国社会科学》1999年第2期。今天的法官采取这种方法判案，会被认为是违反证据规则的。实际上，即使没有这种科技手段，举证责任也可以妥善解决这一问题。这样既减轻了法官的责任，也维护了法官的权威。因为判决的合法性基础不再是法官的智慧及由此带来的公正裁决，而是法律本身。正如波斯纳所言，对一个死刑犯，法官可以说"是法律杀你，而不是我杀你"。

② 参见王轶著《物权变动论》，中国人民大学出版社2001年版，第208页注。

（面对面时可能不好意思拒绝，因为这类行为通常发生在熟人之间）。第二种是基于社会交易性质和交易习惯的合同。以保管合同和仓储合同为例。前者是要物行为，后者则不是。因为保管合同的当事人常常不会事先约定，都是临时存储的；而存储合同之所以是诺成合同，是因为它是商业合同。

三　法律行为的生效要件

（一）导言

法律行为的生效要件也分为两种，即一般生效要件和特别生效要件。前者是指一切法律行为要发生法律效力时应当具备的要件。后者是指某种特定的法律行为所应当具备的生效要件。如遗嘱应当以立遗嘱人死亡作为特殊生效要件。考虑到法律行为生效的特别要件多为法律直接规定和当事人约定，这里仅介绍法律行为的生效要件。

传统民法典都没有明确规定法律行为的生效要件，只是规定了各种瑕疵法律行为的种类及其效力。我国民法通则和合同法则明确规定了法律行为生效的一般要件。

依照通说，法律行为的生效要件一般从三个方面来界定：当事人、意思表示和标的。对于当事人，要求有相应的行为能力；对于意思表示，要求真实和自由；对于标的，则要求可能、确定和合法。行为能力和意思表示本书已经介绍过，这里仅介绍标的。

（二）法律行为的标的

标的是法律行为的内容，即行为人通过法律行为所追求的法律效果。依据传统理论，法律行为的生效，要求标的确定、可能、合法。这里的合法不仅要求标的不违反法律和行政法规的强制性规定，也要求标的不违反公序良俗原则。

1. 标的确定

标的确定是指法律行为必须确定当事人的权利义务。

标的确定包括已经确定和可以确定两种。已经确定，是指当事人在为法律行为时，当事人的权利义务关系已经被具体确定。可以确定，是指当事人在为法律行为时，当事人的权利义务关系虽然没有确定，但法律行为规定了确定的方法。标的如果不确定的，依据其不确定的程度，可以确定为不成立或无效。如果标的全部没有确定的，表明当事人没有达成合意，法律行为不成立。如甲对乙说，我答应你的一切要求，这样的合同标的就不确定。如果标的可以通过法律行为的解释和补充来确定的，合同有效。如甲对乙说，我把这个 CD 机卖给你，你我是朋友，给多少钱都无所谓，你看着办就行了。乙说：钱我看着给，大概在 900—1500 元之间。在传统民法中，该买卖合同的价金并没有确定下来，买卖合同不能生效。但是依据合同法第 62 条的规定，价金没有确定的，适用按照订立合同时履行地的市场价格履行。这样，该买卖合同的标的就是确定的，合同也是有效的。

2. 标的不违反法律、行政法规的强行规范

违反强行法的法律行为无效是相当古老的规则，各国民法典都沿袭了这一规则，我国民法通则第 58 条和合同法第 52 条第 5 项也做了类似规定。这一规范可以称为法律行为生效的"适法规范"。

（1）任意规范与强行规范

从内容的自由与强制角度，法律规范分为任意规范（ius dispositivus，也称任意法）和强行规范（ius cogens，也称强行法）。前者是指当事人可通过法律行为排除或者变更其适用的规范。后者则无论当事人的意思如何，都强制性地调整当事人的法律关系。任意规范是私法自治的补充，其目的主要在于填补契约的漏洞。它是立法者从"公正的旁观者"（impartial spectator，亚当·斯密语）的立场，模拟当事人的交易形态与过程，权衡当事人利益，拟制当事人的意思而做出的一种利益安排。

强行规范依其内容又分为两种：一是强制规范或义务规范（Gebot），它要求当事人必须履行特定的法律义务。其标志用语通常是"应当"、"必须"等。二是禁止规范，也称法律禁令（Verbot）。它要求当事人不得为一定行为。其表达模式多为"不得"、"禁止"等。我国合同法第 52 条第 5 项使用的"强制性"规范，应理解为包括禁止规范和义务规范。

需要注意，只有违反强行规范的法律行为才无效，违反任意法规范的法律行为有效。

（2）适法规范的性质

这一规范的性质可以从两个方面理解：

第一，引致规范。它将公法规范引入到私法中，使公法成为法律行为效力的一个限度。这一规范没有独立的规范内容，只是单纯引致某一具体规范。它是公法进入私法领域的管道，也是疏通公法与私法价值的管道，[①] 从立法宗旨

---

① 参见苏永钦著《违反强制或禁止规定的法律行为》，《私法自治中的经济理性》，中国人民大学出版社 2004 年版。

看，它是为了在私法领域实现公法管制的效力。这样，对公法调整的民事领域的事项，除了产生公法上的效力外，还可以产生私法上的效力，这就增强了公法的效力。传统上，大陆法系的私法与公法分工明确，界限清晰，但两者又都是国家的强制性规范体系，如果民法不规定适法规范，就会出现法律行为依据民法可为，但依据公法却不可为的矛盾。[①] 另外，公法常常只规定禁止规范及违法应承担的公法责任，而不规定违反禁止规范的法律行为在私法上的效力，所以民法有必要确定它们的私法效力。

第二，授权规范。与我国合同法规定，违反强行法的法律行为一概无效不同，大陆法系国家的民法典在原则性地引入公法规范后，在公法没有明确评价违法行为的私法效果时，授权民事法官就具体情形判断并决定公法规范是否在私法领域发生影响。其实质是"对法官作理念、价值、政策接轨的概括授权，使法官对多如牛毛的公法规范该有多少私法效力，就具体个案扮演把关者的角色，去发现、权衡、认定"。[②] 依德国学者的观点，适法规范只是说明了，如果违反禁止规范的行为有悖于禁止规范的宗旨的，则行为完全无效。但它并没有具体规定什么情况下无效。[③]

（3）法律行为违法的形态

法律行为违法的形态相当复杂。在大陆法系，通常包括目的违法、标的违法、条件违法和方式违法。[④] 在英美法系，则包括成立、履行、对价（内容）和目的违法，覆盖了从合同订立到履行的全过程。[⑤]

（4）法律的范围

在计划经济时期，经济合同被作为国家行政和经济管理的一种手段，而不是当事人意思自治的途径。当时管制合同的法律相当多，出现了禁令如林的情况。无效合同相当普遍。在这种情况下，我国法律将法律行为"违法"限定于法律和行政法规，违反地方性法规和行政规章的法律行为并不无效。最高法院合同法司法解释（一）第4条明确规定："合同法实施以后，人民法院确认合同无效，应当以全国人大及其常委会制定的法律和国务院制定的行政法规为依据，不得以地方性法规、行政规章为依据。"

---

① 参见［德］梅迪库斯著《德国民法总论》，邵建东译，法律出版社2001年版，第484页。

② 参见苏永钦著《违反强制或禁止规定的法律行为》，《私法自治中的经济理性》，中国人民大学出版社2004年版。

③ 参见拉伦茨著《德国民法通论》（下），王晓晔等译，法律出版社2003年版，第588页。

④ 参见董安生著《民事法律行为——合同、遗嘱和婚姻行为的一般规律》，中国人民大学出版社2002年版，第153页。

⑤ George Applebey, *Contract Law*, Sweet & Maxwell, 2001. p. 350.

（5）脱法行为

即规避法律的行为，是指以迂回手段规避法律强行规定的行为。在大陆法系国家，通说认为，脱法行为是一个法律解释问题，并不能一概认定无效。但我国民法通则和合同法都规定，以合法形式掩盖非法目的的行为无效。其理由是，如果当事人以迂回的方式规避了本该适用的强行规范，则强行规范的目的就会落空。

我们认为，脱法行为的效力应取决于它规避的法律的性质。如果强行规范的目的是禁止某种法律行为，行为人依迂回方式规避强行规范，实现同一目的，其行为应为无效。反之，如果强行规范的目的在于禁止以特定的方式实现一定的效果，而行为人依其他迂回方式实现了同样的效果，其行为为有效。①

3. 不违反公序良俗原则

与法律行为生效的适法规范一样，不违反公序良俗原则是民法引入社会道德入民法的引致规范。它和适法规范的功能不同，它纳入的是社会价值，适法规范纳入的是国家管制。

公序良俗原则在法律行为中适用范围非常广泛。如子女在父母健在时的分割遗产的行为、合同中规定结婚就解雇的条款以及以同居为目的的赠与等，都属于违背公序良俗的行为。

自《法国民法典》规定公序良俗原则以来，该原则在现代民法中发生的主要变化是，公序良俗的概念逐渐扩展到经济的公序，如以公序良俗保卫消费者和劳动者的权益（典型的如确定女职工在结婚后应自动离职的"单身条款"无效）。另外，随着国家对鼓励交易原则的强调，违背公序良俗原则的法律也逐渐从绝对无效向相对无效发展，即仅仅违反公序良俗部分的法律行为无效；只有当事人可以主张无效。② 这使法院有更大的灵活性，更能够体现私法自治的精神。

公序良俗原则调控的是法律行为的动机，可以说是"法律不问动机原则"的例外。依据民法理论，法律行为的动机并不影响法律行为的效力，除非该动机被明确地表示出来成为意思表示的一部分。民法中的法律行为事实上都是类型化的行为，如买卖、租赁、赠与等，这些类型化的意思都是相同的。所以，如果抛除法律行为的动机，即使是违背公序良俗原则的

---

① 参见胡长清著《中国民法总论》，中国政法大学出版社1997年版，第257页。

② 参见梁慧星著《市场经济与公序良俗原则》，《梁慧星文集》，法律出版社2003年版，第370页。

行为，只要意思表示是真实、自由的，那么该法律行为本来也应该有效。但是，因为该法律行为的动机违背了法律的强行性规定，其行为就因违背公序良俗原则而无效。如甲为了和乙保持非法性关系而赠与乙财产若干，这本来是一个典型的赠与行为，应该是有效的；但甲的动机是为了和乙保持通奸关系，这种动机违反了公序良俗原则，所以该行为无效。如果动机不违反公序良俗原则，则不能认定法律行为无效。如果甲已婚，并和乙之间保持长期的情人关系，甲为了报答乙，赠与乙财产若干，则其动机并不违反公序良俗原则，该赠与也是有效的。

在公序良俗原则适用时，要注意两个问题：第一，这一原则涉及道德观念，而一个社会的道德观念也是不断变化的，所以，对法律行为是否违背公序良俗的判断时间是该行为实施的时间。第二，公序良俗原则的内容具有很大的弹性，为了避免法官滥用该条款，在司法中必须对各种违反公序良俗原则的行为予以归类总结。

4. 标的不能

标的不能，是指法律行为的内容难以实现或不能实现。标的不能可以做多种多样的分类。

（1）自始不能与嗣后不能

自始不能是指不能的原因发生在法律行为成立之前，如房屋买卖合同订立时，作为合同标的物房屋已被烧毁。嗣后不能是指不能的原因发生在法律行为成立后，即法律行为成立时尚属可能，但在法律行为成立后变为不可能。如房屋买卖合同订立后因洪水而倒塌，致标的物不复存在。在传统民法上，标的自始不能导致法律行为无效，嗣后不能则不影响法律行为的效力。但现代民法不再做这样的效力区分。

（2）事实不能与法律不能

事实不能是指法律行为在事实上不可能实现，传统民法常常以"挟泰山而越北海"为例。法律不能指因法律上的原因而导致标的内容不能实现，主要是指行为违反了法律的强行性规定。事实不能和法律不能都使法律行为无效。

（3）客观不能与主观不能

客观不能是指任何人处在行为人的地位时都不能实现标的的要求。客观不能既可以依物理上的属性加以判断，也可以依社会观念加以判断。如海底捞针，在物理上虽可能，但依社会一般观念而言，这是一种极其没有效益的行为，所以也是客观不能。主观不能是指不能的原因仅存在于行为人本身。如演员订立演出合同后生病不能演出。在传统民法上，两者的区分在于，客观不能的，法律行为无效；主观不能并非绝对导致法律行为无效，而仅在相对人明知标的不能时才无效。

（4）永久不能与一时不能

永久不能是指标的永久不能实现，它导致法律行为无效。一时不能是指法律行为给付不能仅为暂时的，不能的原因必然消失。一时不能不影响法律行为的效力，但可能产生违约责任。

（5）全部不能与一部不能

全部不能是指民事法律行为的内容全部不能实现。全部不能使民事法律行为全部无效。一部不能是指民事法律行为的内容仅部分不能实现。一部不能通常不会使法律行为全部无效，除去该部分后其余部分仍可成立，其余部分仍为有效。

根据中国《合同法》的规定，履行不能的法律效力是：

①合同的效力并不因履行不能而受影响，合同完全可以是有效的。如甲不知其房屋已遭火灾而出售给乙，该合同是有效的。

②一方当事人在缔约时明知合同不能履行，仍签订合同的，构成欺诈。损害国家利益的，合同无效；其他情形，相对人有权请求法院或者仲裁机构变更或者撤销合同。无论哪种情形，相对人因此遭受损失的，均有权要求赔偿。

③双方当事人在缔约时均不知合同不能履行，如属于对标的物的品种、质量、规格和数量等的错误认识，使行为的后果与自己的意思相悖，并造成较大损失的，可以认定为重大误解。

④合同有效，一方当事人不能履行的，如有免责事由，则不承担违约责任。如果当事人不能履行没有免责事由，则承担违约责任。①

第七节　附条件和附期限的法律行为

一　导论

私法自治的原则允许当事人根据自己的意思而创设法律行为，这就当然包括自由决定法律行为是否生效和何时生效。通常，当事人都希望法律行为后，随即发生效力，以获得确定性。

---

① 参见韩世远著《中国合同法总论》，法律出版社 2008 年版，第 364 页。

但是，如果法律行为是长期的，当事人在订立合同时是无法充分预见到未来的情况变化的。当事人为了将未来的风险合理分配，可以在法律行为中规定，法律行为何时生效，或者何时失效；或者当事人对未来有一定的安排时，在未来特定事项出现以前，可以约定法律行为在将来生效或者失效。

附条件和附期限的法律行为的作用就在于使当事人能够在当下合理安排未来的生活。附条件和附期限的法律行为的性质，理论上有两种观点：一是认为附条件和附期限的法律行为中的条件和期限是法律行为，是法律行为外独立的一个意思表示，其作用在于限制法律行为的效力；一是认为法律行为的条件或期限，并非是一种独立的意思表示，而是原来意思表示的组成部分。目前通说是后一种观点。① 我们认为，这一争议的实际意义不大。从逻辑上说，后一种观点更为合理。因为条件和期限只是对法律行为效力的限制，是意思表示的效力条款，并不具有独立性。

二　附条件的法律行为

是指双方当事人在法律行为中设立一定的事由作为条件，以该条件的成就与否（是否发生）作为决定该法律行为效力产生或消灭根据的法律行为。其意义在于限制民事法律行为的效力。

（一）条件的界定

条件是指当事人在法律行为中约定将来以客观上不确定的事实作为条件，并将该条件的成就或不成就作为法律行为效力发生或消灭的根据。依据通说，条件是法律行为的附款，即对于法律行为效果之发生或消灭所加的限制。②

法律行为附条件是贯彻私法自治的结果。条件其实是凸显了当事人的动机，条件本身就是当事人动机的一部分。另一方面，条件的适用，使当事人可以降低未来可能发生、也可能不发生的不确定的事实对于当事人的不利影响。法律规定条件，也体现了法律为减少不确定性的努力。条件的意义就在于，当事人为未来不确定的事实事先做了约定，条件的成就与否将影响现在的法律行为的效力。

---

① 参见胡长清著《中国民法总论》，中国政法大学出版社 1997 年版，第 269 页。

② 参见梁慧星著《民法总论》，法律出版社 2004 年版，第 179 页；黄立著：《民法总则》，中国政法大学出版社 2002 年版，第 365 页。

条件的特征是：

第一，条件为决定法律行为效力的附款。条件是由当事人任意加于法律行为效力上的限制。作为意思表示的一部分，条件也必须同时具备意思与表示两个要件。条件必须是当事人依其意志所选择的事实，法律规定的条件则不属于法律行为的所附条件。法律的规定不是条件，比如移转不动产所有权需要登记的规定就不是条件。

第二，条件是以将来客观上不确定的事实为内容的附款。构成条件的事实必须是将来的不确定的事实。过去已发生的事实，将来确定会发生的事实都不能作为条件。这种不确定指客观上不确定而非主观上不确定。如果事实在客观上已确定，只是当事人主观上不确定，不能作为条件。①

下列几种条件不是真正的条件，不能发生条件的效力：

1. 确定条件

条件必须是未来不确定的事实。确定条件是指在法律行为成立时就已确定的条件。确定条件的效力是：条件在法律行为成立时已经成就的，如果为延缓条件的，则法律行为被视为无条件，如果为解除条件，则法律行为无效。条件在法律行为成立时已经不成就，如果是延缓条件，法律行为无效，如果是解除条件，则法律行为无效。

2. 不法条件

以违反法律强制性、禁止性规定或公序良俗的事项为内容的条件，为不法条件。不法条件有三种：以违法行为作为条件，如以走私作为赠与条件；条件内容违反公序良俗，如夫妻一方不能生育则离婚；以不为违法行为作为条件，如不杀人则为赠与。法律行为如附上述三种条件，均属无效行为。

3. 不能条件

以客观的成就不能事实为内容的条件，为不能条件。不能包括法律不能和包括事实不能。以不能条件为延缓条件的，其法律行为应为无效；以不能条件为解除条件的，法律行为视为未附条件。

4. 法定条件

依法律规定的条件为法律行为的生效条件。如依据法律，遗赠以遗赠人的死亡作为受遗赠人取得赠与的条件。当事人附加这一条件的，视为没有附加条件，因为法定条件是当事人不能约定的。

----

① 参见胡长清著《中国民法总论》，中国政法大学出版社 1997 年版，第 270 页。

（二）不允许附条件的法律行为

依据私法自治原则，当事人可以创设附条件的法律行为。但如果附条件违反公序良俗或违反强行法，法律就不允许当事人附条件。主要包括三类：

1. 法律行为性质上不容附加条件

主要是指汇票、本票及支票等票据行为，这类行为不得附条件，否则，法律行为无效。因为票据的目的是为了流通，设定条件将使其流通相当困难甚至不可能。

2. 法律行为附条件违反公序良俗原则

主要是身份法上的行为，如结婚、离婚、收养以及非婚生子女的认领等。① 这类行为附条件的，视为未附条件。

3. 法律行为附条件会损害相对人或第三人的利益

主要针对各种行使形成权的行为。这类行为附条件会导致法律关系更不稳定，因为形成权的存在本来就使法律关系不确定，如果形成权的行使再附加条件，将使本来就不确定的法律关系更加不确定，使相对人处于更加不利的境地。

（三）条件的分类

1. 延缓条件和解除条件

这是按照条件的作用进行的分类。

延缓条件又称停止条件，是指决定法律行为效力发生的条件。附延缓条件的法律行为，在条件成就前，法律行为已经成立，但暂时未生效，因此，其效力处于停止状态。如约定我儿子从国外回来，我就租你的房子。延缓条件的作用在于使法律行为产生效力。如果条件不成就，则该法律行为将永远不生效。

解除条件是指决定法律行为效力消灭的条件。附解除条件的法律行为自成立时起即已生效，如果条件成就，其法律效力即消灭；如果条件不成就，则此种法律行为将继续有效。如约定我儿子从国外回来，我们就解除租赁合同。解除条件的作用则在于解除法律行为的效力，即法律行为自成立时即生效，在条件成就时，法律行为的效力解除。

2. 肯定条件和否定条件

这是按照条件的内容所做的分类。

---

① 参见梁慧星著《民法总论》，法律出版社 2001 年版，第 185 页。

肯定条件是约定事实的发生作为条件成就的条件，又称积极条件；否定条件是约定事实的不发生作为条件成就的条件，又称消极条件。延缓条件和解除条件也可以是积极条件，也可以是消极条件。

3. 随意条件、偶成条件和混合条件

这是以条件的发生取决的因素所做的分类。

随意条件是指依当事人一方的意思即可决定条件成就或不成就的条件，又分为纯粹的随意条件和非纯粹的随意条件。条件成就，完全由一方当事人的意思所决定，为纯粹的随意条件。条件成就，除一方当事人的意思外，还须某种积极的事实的，为非纯粹的随意条件。偶成条件是指条件的成就与否与当事人的意思无关，而取决于当事人以外的偶然事实。如"明日如下雨买你的雨伞"。混合条件是指条件的成就与否取决于一方当事人与第三人的意思，如"你如与甲结婚，则赠房屋一套"。

（四）条件的成就、不成就及其拟制

附条件法律行为的效力取决于条件的成就。条件成就指作为条件内容的事实已经实现。条件成就因条件的性质不同而有所不同。在积极条件，其条件事实已经发生为条件成就；在消极条件，其条件事实不发生为条件成就。

因条件的成就而遭受不利的人，为了阻止条件的成就而使用不当手段妨害条件的成就，法律认为在此种情况下为条件成就。在条件成就前，法律行为虽然没有法律效力，但是当事人对条件的成就享有期待利益。

条件是未来不确定的事实，它的发生应当随其自然。只有这样，当事人预先对风险的分配目的才能实现。如果当事人恶意阻碍条件的成就或者不成就的，这就完全违背了当事人设立条件的目的。法律因此规定了条件成就的拟制制度：当事人不得为了自己的利益而不正当地阻止或者促成条件成就，否则，不正当阻止条件成就的，视为条件已成就；而不正当促成条件成就的，则视为条件不成就。

三　附期限法律行为

是指双方当事人在法律行为中约定一定的期限，以期限的到来决定其效力产生或者终止的法律行为。附期限的法律行为，所附期限到来时生效或者解除。

（一）期限的界定

期限是指双方当事人在法律行为中约定一定的期限，以期限的到来决定其效力产生或者终止的法律行为。期限的作用在于限制法律行为的效力，即决定法律行为效力的发生或消灭。

附期限与附条件一样，都是当事人对法律行为所为的一种附款。期限并非独立的意思表示，而是行为人意思表示的一部分。期限是当事人任意附加的条款，因而不同于法律规定的期限。附期限的法律行为与附条件的法律行为最大的区别在于，条件是否成就是不能确定的，而期限则是必然要来临的。期限的不确定性不在于"是否"，而在于"何时"。

期限的构成要件：①必须是在将来确定发生的，具有未来性。②必须是双方当事人约定的，具有意定性。③期限的目的应当是限制法律行为效力的产生或终止，具有特定的目的性。

期限也体现了私法自治原则。当事人可以对法律行为附加一定的期限，以作为其效力发生或消灭的根据，但是，某些法律行为不得附加期限，如结婚、收养等身份上的行为，以及行使形成权的行为等。

需要注意的是，附期限的法律行为与规定债权履行期限的法律行为的区别。期限的到来决定的是法律行为的效力问题，而法律行为的履行期限是对当事人行使权利或履行义务的期限的规定，期限的到来并不影响法律行为的效力。前者的期限到来以前，法律行为是没有生效的，当事人也不能取得债权。后者在履行期限到来以前，法律行为已经生效，当事人已经现实地取得了债权，只是债权还不能请求履行。前者的当事人如果转让债权，属于未来债权的转让；后者的当事人转让债权，则属于债权转让。

（二）期限的分类

以期限的作用在决定法律行为效力的发生或消灭为标准，期限可分为始期和终期。始期指决定法律行为效力发生的期限。在法律行为规定的期限届至前，法律行为虽然已经成立，但并不发生法律效力，其效力处于一种未确定的状态，待期限届至，其效力开始产生。终期是决定法律行为效力消灭的期限。在法律行为规定的期限届满前，法律行为已经生效，至期限届满时，法律行为效力归于消灭。

以期限是否确定为标准，期限可分为确定期限和不确定期限。发生的时期确定的，为确定期限，发生的时期不确定的，则为不确定期限。

四　附条件和附期限法律行为中期待权的保护

在法律行为的条件成就与不成就未确定，或期限到来以前，法律行为的效力发生或消灭处于不确定状态时，当事人享有期待权。双方当事人都享有期待权：（1）如果法律行为附加了延缓条件，在条件成就与否未确定之前，虽然法律行为是否生效没有确定，但一旦条件成就，当事人就会获得权利；（2）如果法律行为附加了解除条件，在该条件成就与否未确定之前，虽然法律行为的效力已经发生，但是一旦所附加的条件成就，则法律行为将丧失其效力，对方已经取得的权利，应当回复给原权利人，所以财产的处分人也有一旦条件成就即取得其权利的希望。①

在理论上，法律应通过侵权行为保护这种期待权。附条件法律行为的当事人所享有的期待权，不仅对抗相对人，而且还可以对抗第三人。也就是说，不仅行为的相对人侵害期待权要承担侵权责任，第三人侵害的，也要承担侵权责任。② 但依据我国民法通则第106条，这种期待权难以受侵权法的保护。因为这种期待权在我国的权利体系中，还不是一种真正的绝对权，而只是一种取得绝对权的期待权，在我国法上，其性质依然属于债权。

第八节　法律行为的无效、可撤销与效力未定

一　导论

法律行为具备成立要件和生效要件时，就可以发生当事人追求的私法上的效果。如果不具备完全的生效要件的，就属于瑕疵法律行为。依据法律行为中意思表示的情形，法律行为的效力可分为完全法律行为和不完全法律行为。前者是指有效的法律行为，后者则是指无效、可撤销及效力未定的法律行为。

本章第五节讨论了各种瑕疵意思表示的类型，即意思表示不自由和不真实的类型。意思表示出现瑕疵，法律行为也就出现瑕疵。除此之外，违法强行规范的法律行为、限制行为能力从事的超越其民事行为能力的法律行为等，都是有瑕疵的法律行为。这里所称的瑕疵法律行为针对的是法律行为的内容而不是形式，因为法律行为欠缺法定形式的，通常认为是法律行为的成立问题而不是生效问题。

对瑕疵法律行为，民法采取的规范机制有三种：即无效、可撤销和效力未定。某种具体的法律行为到底发生何种效力，取决于法律行为所欠缺的生效要件的性质及其严重性程度：欠缺的要件如果涉及公共利益的，则

---

① 参见胡长清著《中国民法总论》，中国政法大学出版社1997年版，第282页。
② 参见梁慧星著《民法总论》，法律出版社2004年版，第187页。

应无效；仅仅关系到私人利益的，则属于可撤销；仅仅属于程序问题的，则效力未定，需另外一个法律行为来补正。①

二　法律行为无效

（一）导言

法律行为无效是法律对瑕疵法律行为最强的否定性评价。法律行为无效是指法律行为因欠缺法律行为的生效要件而自始、当然和绝对地不发生当事人期待的法律效力。

法律行为无效是法律对法律行为最具有否定性的评价，也是法律当事人最具有责难性的评价。因此，法律行为无效的事由必须由法律做严格的限制，如此才能在国家管制和私法自治之间取得平衡。

（二）法律行为无效的效力特征

依据理论通说，法律行为无效的效力特征体现在：

1. 无效完全不发生当事人所期待的法律效力

无效法律行为虽然已经成立，但因为不具备民事法律行为的有效要件，即便当事人之间已经履行了此种行为，该种行为也不能产生当事人所期待的法律效力。但无效法律行为并非不产生任何法律效力，它也会产生其他的法律效力。如民法上的返还请求权等，有时甚至产生公法上的效力。

2. 无效自始不发生当事人所期待发生的法律效力

无效法律行为在法律行为成立时就不产生当事人所期待发生的法律效力，即便该法律行为已经履行完毕也如此。

3. 无效当然不发生法律效力的行为

法律行为无效其无效是当然无效，即无须任何人主张，也无须经过任何程序，都是无效的。当然，如果当事人一方主张法律行为无效而另一方认为有效，当事人完全可以向法院或者仲裁机构提出申请，要求法院或者仲裁机构确认行为无效。

4. 无效确定的不发生当事人所期待发生的法律效力

无效法律行为在其成立时即不产生当事人所期待产生的法律效力，因此，只要法律行为是无效行为，此后就不得再转化成有效行为，即使当事人一致同意也是如此。如法律行为违反了法律禁令，但在法律行为履行过程中，该禁令取消，法律行为也不因此有效。

---

① 参见王泽鉴著《民法概要》，中国政法大学出版社 2003 年版，第 135 页。

（三）无效的分类

民法理论依据无效的不同情形，将无效分为不同的种类。

1. 全部无效与一部无效

这是依据法律行为无效的范围所做的分类。法律行为的内容全部不发生当事人所期待发生的法律效力，为全部无效；部分内容无效，其余部分有效的，为一部无效。

法律行为之一部无效应当符合三个构成要件，即：第一，法律行为是单一的。如果一个法律行为实际上包含了多个法律行为，不发生一部无效。某个法律行为是否是单一的法律行为，主要应依据当事人的意思认定。第二，法律行为的内容具有可分性。第三，法律行为中的部分内容不发生当事人所期待的法律效力。

对一部无效的效力，各国民法有两种立法例：一是无效不损害其他部分的原则。罗马法采取此原则。二是一部无效导致全部无效。德国民法和我国台湾地区民法采取这一原则。英美法以往采取的也是这一原则，但20世纪以来，逐渐采取"蓝铅笔规则"（blue pencil），即如果剔除无效部分，法律行为有效的，可以有效。我国民法通则第60条规定，民事行为部分无效，不影响其他部分的效力的，其他部分仍然有效。这一立场无疑是有助于鼓励交易和贯彻私法自治的。

法律行为的一部无效表现在两个方面。第一，法律行为的部分内容超出法律许可的范围，此时，超出的部分无效，没有超出的部分仍然有效。如定金超过合同价金的20%的，超出的部分无效，没有超出的有效。第二，法律行为的部分条款违反强行规范。此时，应考虑违反强行规范的内容与整个法律行为的关系，如果该条款构成法律行为的核心，则法律行为无效；相反，则可以删除无效约定，使其有效。

2. 绝对无效与相对无效

这是依据无效所涉及的范围标准所做的分类。任何人均可主张法律行为无效或对任何人均可主张无效的，为绝对无效；只有特定的人或对特定的人主张无效的，为相对无效。无效以绝对无效为原则，以相对无效为例外，并限于法律明确规定。这一分类是对传统民法理论的改进，因为传统理论认为无效都是绝对无效。

3. 自始无效与嗣后无效

这是依据无效发生的时间所做的分类。自始无效是指法律行为自成立时起即为无效；嗣后无效是指法律行为成立后因一定的法律事实的发生而无效。如买卖合同附加了一个延缓条件成就，在条件成就前，法律禁止其标的物流通。

（四）无效法律行为的类型

法律行为无效是指因欠缺法律行为的有效条件而不产生法律效力的法律行为，又称绝对无效的法律行为。

依据民法通则和合同法，我国无效法律行为有如下几类：

1. 主体不合格型

（1）无行为能力人实施的法律行为。法律另有规定的除外。

（2）限制法律行为能力人实施的其依法不能独立实施的法律行为，又未征得其法定代理人同意或追认的。

（3）法人超出其经营范围从事的国家禁止经营、限制经营或特许经营的业务。

2. 意思表示不真实型

（1）因欺诈而为的损害国家利益的法律行为。

（2）因胁迫而为的损害国家利益的法律行为。

如前所述，合同法修改了民法通则有关欺诈和胁迫的效力规定，将欺诈和胁迫的效力一分为二：损害国家利益的，无效；其他的，发生可撤销的效力。而国外的立法一般规定，因欺诈和胁迫订立的法律行为，都发生可撤销的法律效力。我们认为，合同法完全可以统一规定欺诈、胁迫订立的合同都发生可变更、可撤销的效力。因为如果欺诈、胁迫损害国家利益的，构成违法，本来就应无效。这一做法不仅使欺诈和胁迫的效力得以统一规定，而且还避免了法官认定"国家利益"的随意性。

3. 违反国家法律型

依据我国合同法第52条第5项的规定，违反法律、行政性法规强行规范的法律行为无效。在实践中，只要合同违反了法律和行政法规的，法院一律判决合同无效。但是，在比较法上，一致的观点是：违反强行法的法律行为并非一律无效。法官必须要探究公法规范的目的是否是禁止法律行为本身，如果公法规范的目的是禁止法律行为的，法律行为无效；如果其目的不是禁止法律行为本身，而是禁止法律行为的手段等（如国外的商店关门法要求商店周日必须关门），法律行为有效，当事人只是承担公法上的责任而已。①

---

① 参见苏永钦著《违反强制或禁止规定的法律行为》，《私法自治中的经济理性》，中国人民大学出版社2004年版。

可见，我国合同法虽然将"违法"限制在违反法律、行政法规的强行法，但还是不足以捍卫私法自治，为此，可借鉴国外的规定，增加但书，"但法律、行政法规不以其无效的除外"。另外，我国将"法律"明确限定为狭义的法律和行政法规，虽然可以消除行政规章对法律行为的影响，避免法官对行政规章不享有司法审查权的尴尬，但这种做法与立法法的规定是有所冲突的。国外的立法都没有限制行政规章或地方性法规不能认定合同无效。所以，很多学者建议，合同如果违反地方性法规、行政规章的，可以结合案件的具体情况，援引合同法第52条第4项有关违反社会公共利益的规定，认定合同无效。①

（五）无效法律行为的具体法律效力

依据民法通则和合同法，无效法律行为的具体效力表现为：

（1）返还财产。当事人因法律行为取得的财产，应当予以返还。如果只有一方从对方取得财产的，则单方返还；如果双方均从对方取得财产的，则双方都应返还。不能返还或者没有必要返还的，应当折价补偿。

（2）赔偿损失。有过错的一方应当赔偿对方因此所受到的损失，双方都有过错的，应当分别按照其过错程度承担相应的责任。这里的损害赔偿责任的性质是缔约过失责任，而不是违约责任。

（3）追缴财产。对于恶意串通实施的，损害国家、集体和第三人利益的法律行为，应当将当事人因该法律行为所取得的财产，包括已经取得和约定取得的财产，予以追缴，收归国家、集体所有或返还给第三人。

需要注意的是，无效法律行为损害第三人利益的，一般不会产生追缴财产的法律效力，而仅仅导致产生损害赔偿的法律效力。其原因是，民事主体之间是平等的，任何一方对对方都不享有处罚权。而在侵害第三人利益的情况下，追缴财产事实上是赋予了一方的处罚权。

（六）无效法律行为的转换与补正

1. 导言

传统民法理论认为，法律行为的无效，原则上应当是确定、自始、终局的无效。"无效譬如死产之儿，虽经如何名医，亦不得使之复生。"② 这种极端的理论是有害的。它违背了国家的整体治理目标，而且也与私法自治的目标相违背。因为对于国家而言，它从否定法律行为的效力中得不到

---

① 王利明著：《关于无效合同确认的若干问题》，《法制与社会发展》2002年第5期。

② 参见李宜琛著《民法总则》，中国方正出版社2004年版，第236页。

任何积极的利益，只能使公共利益免受非法侵害，但得不到任何经济利益。对于当事人而言，如果法律行为的无效只产生消极效力，他不仅没有从法律行为中得到任何利益，反而还支付了谈判、缔约等成本，甚至还可能承担要承担的法律责任。

从鼓励交易原则的角度出发，对无效法律行为，可以运用无效法律行为的转换和补正技术使其发生法律效力。这一制度是法律在私法自治原则和公共利益方面协调的产物。其目的是对无效法律行为，轻易不让其不发生当事人追求的法律效力，而是使法律行为尽量生效。所以，在现代，无论是大陆法系国家，还是英美法系国家，都有对无效行为的若干补救措施。在大陆法系上即为转换和补正。

2. 无效法律行为的转换

无效行为的转换（Umdeutung/Konversion）是指将无效的法律行为，通过当事人的意志或者法律规定，将其转换为合法的法律行为。其目的在于治疗法律行为的瑕疵，使其发生当事人追求的法效意思，降低再次交易的成本。

在理论上，转换可以分为法律上的转换和解释上的转换。前者是指由法律直接规定的转换；后者是指裁判时由法官进行的转换。法律上的转换如合同法第 28 条"受要约人超过承诺期限发出承诺的，除要约人及时通知受要约人该承诺有效的以外，为新要约"。一般所称的转换是指解释上的转换，它需要具备如下条件：

第一，有无效法律行为的存在。法律行为是否无效，应经过适用法律或者通过法律解释才能够认定，法律适用和法律行为的解释应先于转换规则的适用。尤其是如果经过解释可以认定法律行为的效力的，那么就无须经过转换了。另外，这种无效必须是已经确定的无效。

第二，无效法律行为中的某些要素，能够成立一个单独的、有效的法律行为。转换就是要从已经无效的法律行为中找出一个替代行为（Ersatzgeschaeft）。这一替代行为可能是隐藏行为，如通谋虚伪意思表示；也可以是公开的行为，比如部分无效的行为。也就是说，转换事实上包含了两个法律行为：一是无效法律行为本身，一是转换后的新法律行为。在转换的操作环节，无效法律行为可以称为第一行为或原行为，转换后的法律行为可以称为第二行为或替代行为。这一转换后的行为必须符合法律行为的生效要件，如关于当事人行为能力的要求等。

第三，当事人有在法律行为无效的情况下，以其他法律行为代替的意思，转换前后的行为需在功能上相似。它包括主观和客观两个要件：一是主观上，当事人在法律行为无效后，有转换为新法律行为的意思。这里的意思是法律拟制的、可以推测的当事人的意思。唯有如此，才能保障当事人的意思自治；二是新旧两个法律行为之间必须在功能上具有相似性，否则法官就有替代当事人订立合同的嫌疑。

第四，转换需受无效规范的立法目的限制。如一项不符合形式要件而无效的保证，不能被转换成一项无须形式要件的债务承担行为。一般认为，违反公序良俗原则的法律行为不能实行转换。

可见，无效法律行为的转换追求的是法律的效率价值。它是一种法院的拟制手段，通过这种拟制使法律行为能够发生当事人追求的法律效果，又避免了违背法律的情况出现。

3. 无效法律行为的补正

无效法律行为的补正（Heilung），是指通过消除无效法律行为无效的原因，经当事人的承认，在当事人之间成立与该无效法律行为有同一内容的法律行为。

补正需要具备如下条件：

第一，被补正的法律行为是一个无效法律行为。可撤销的法律行为、效力未定的法律行为不得适用，未成立的行为都没有适用余地。

第二，无效的原因可以被治愈。如合同当事人没有取得法定主体资格的合同，当事人在合同履行前取得相应资格的，合同可以发生效力。

第三，当事人必须有补正的意思，而且承认新法律行为的效力。

（七）无效的相关效力

1. 无效合同的善后条款

善后条款是指当事人在合同中约定的合同被确认无效以后，当事人之间应如何处理的条款。从逻辑上说，因为无效合同不能发生当事人所追求的法律效力，法律对无效合同的效力做了强行规定，所以这种约定是无效的。如果承认这一约定，无疑相当于使合同有效，这就完全违反了无效规定的目的。各国的法律也基本采取了这一做法。

2. 诉讼主体

传统理论认为，任何人都可以主张法律行为无效。只有如此，才能真正贯彻国家对无效法律行为的管制。我们认为，在我国目前无效事由过多的情况下，对这一问题应区别对待：

（1）如果法律行为违反了强行规范或公序良俗原则，法律行为无效是绝对无效、当然无效，任何人都可以主张无效，法院也可以依职权审查，主动宣告无效。因为这类无效法律行为损害了公共利益，各国都允许法官依职权认定合同无效。如在英国，法院可以主动指出合同违法，而无须当事人主张。[①]

（2）除此以外的无效事由，包括损害第三人利益的，法律行为虽然无效，但只有与该法律行为有利害关系的人才能主张其无效，[②] 法院也不能主动认定无效。这首先符合合同的相对性原理，无利害关系第三人并非合同的当事人，所以不能提起诉讼。其次，无利害关系的第三人不具有诉的利益。最后，如果允许没有利害关系的第三人任意介入他人的合同，还可以造成第三人恶意诉讼。

3. 无效与诉讼时效

我国法律没有明确规定无效是否适用诉讼时效制度。实务界和学术界争议较大。依据我国民法通则，应认为，无效法律行为是否适用诉讼时效制度，取决于当事人的诉讼请求权的选择。即当事人请求确认合同无效的，不应适用诉讼时效制度；如果当事人直接请求适用返还原物等无效合同的后果的，应受诉讼时效的限制。

但要根本解决这一问题，还需要法律直接规定。如《法国民法典》第1304条规定：请求宣告契约无效或取消契约之诉，应在5年内提出，但在一切情况下特别法律有较短期限规定者，从其规定。我国有必要在民法典中直接规定确认无效法律行为的诉讼时效。因为从利益衡量上看，无效法律行为的社会危害性通常不如犯罪行为严重，既然刑法中都有追诉时效（一些国家还有行刑时效），无效的确认不受时效限制显然是不公平的。

（八）我国无效法律行为制度的重构

我国无效法律行为制度最大的问题是，无效的事由过多，损害了当事人的私法自治。为此，本书建议：

第一，将无效的事由仅仅限制为违反强行规范和违反公序良俗两类。

我国司法实践历来存在"违反＝无效"的简单思维，加之又将"违法＝违反公法＋违反私法"，所以实践中认定了大量无效的法律行为。我们认为，无效既然是法律否定性评价最强烈的效力，必须对其进行限制。我国法律规定的适法规范中的"法律"强行规范仅仅指公法规范，不

---

①　Cheshire & Fifoot, *The Law of Contract*, 13th, Butterworths, 1996. p. 373.

②　参见王利明著《合同法研究》（第1卷），中国人民大学出版社2002年版，第630页。

包括民法规范。

第二，区分法律行为的无效与"不生效力"。

区分违反私法强行法和违反公法强行法的法律行为的不同效力。虽然违反这两种强行法都可能无效，但这两种无效的效力是不同的。一是违反民法强行法的法律行为的效力只受民法评价，违反民法强行法的法律行为受法律的责难程度最低，它只在个人和个人之间发生法律效力，而且没有任何制裁措施，体现的是恢复原则。而违反公法强行法的行为，无论是否在民法上无效，都一定会受到公法制裁。德国民法的"无效"（Nichtigkeit）与"不生效"（Unwirksamkeit）相当精确地表达了这一点。前者是指绝对无效；后者是指法律行为或者处分相对的不发生效力，如对特定的人或者在特定的方面没有效力。① "无效"是法律最强烈的否定性效力评价。不生效力不会带来任何法律上的不利后果，甚至也不妨碍当事人将该行为看成是有效的，只是不能运用法律的强制力来实现这些行为。② 违反私法强行法的行为最严重的后果只是"不生效"，如不具有法定主体资格者订立的合同、没有采取法定书面形式的合同、没有达到法定婚龄的婚姻和履行不能的法律行为等。二是民法上的无效法律不会主动干预，而公法上的无效，国家则会主动干预。如果当事人不诉诸国家救济，或行为的违法瑕疵被消除后，就可以认定为其成立并生效，③ 这类民法规范的目的在于为当事人提供一个自我解决的规则。如果当事人不寻求法律救济的，国家通常不会干预。而违反公法强行规范的行为，因为损害了国家或公共利益，法律往往会主动干预。

采取"违反私法——不生效"和"违反公法——无效"的区分模式，可以解决无效制度中的许多问题，如无效是否受时效限制、当事人能否主张无效等。以后者为例，依据这种模式，既然违反私法强行法的行为是不生效，它就只在当事人之间发生法律效力，第三人不能请求法院确认无效。如果违反了公法和公序良俗原则的，产生的则是个人对国家和社会的责任，第三人可以请求确认无效。

---

① Creifelds（Hrsg.），Rechtswoeterbuch, 12 Aufl. 1994, C. H. Beck, S. 1242.

② 参见［德］梅迪库斯著《德国民法总论》，邵建东译，法律出版社2001年版，第372页。

③ 我国很多司法解释都肯定了这一点。如婚姻法司法解释（一）第8条规定，在未达到法定婚龄的瑕疵消除后，婚姻有效。《关于审理建设工程施工合同纠纷案件适用法律问题的解释》也突破了合同法第272条。

三 可撤销的法律行为

（一）导论

可撤销的法律又称相对无效的法律行为，是指当事人依照法律规定针对欠缺有效条件而请求法院或者仲裁机关予以变更或者撤销的法律行为。

"撤销"一词有多种含义，狭义的撤销是指法律行为的撤销，广义的撤销则除了法律行为的撤销之外，还包括非法律行为的撤销。法律行为的撤销，是指享有可撤销权的人，通过行使撤销权，使某种法律行为的效力消失。非法律行为的撤销，是指国家机关通过法定的途径取消某种已经作出的决定（包括行政决定和司法判决等），如法人的撤销、自然人失踪宣告的撤销等。

（二）可撤销法律行为的效力特征

可撤销法律行为的效力的特点是：它已经发生了法律效力，但这种效力取决于有撤销权的当事人对该法律行为的态度。一旦有撤销权的人行使撤销权，则被撤销的法律行为归于无效；但撤销权人不行使撤销权或者撤销权消灭的，则该可撤销的法律行为为有效的行为。当事人如果不行使撤销权而请求变更法律行为的，该行为也成为生效法律行为。

可撤销法律行为的效力与无效民事行为的效力的差别在于：

第一，无效法律行为是法律最强烈的否定性判断，它损害的是国家利益、社会利益或者第三人的利益。可变更、可撤销的民事行为则仅仅涉及当事人双方的利益，因此，它的效力是赋予当事人以选择权：或者使之有效，或者终止其效力。

第二，无效民事行为是根本无效、绝对无效、自始无效，绝对不能发生当事人追求的法律效力；而可变更、可撤销的民事行为在撤销以前是有效的，只是这种效力能否持续下去，完全取决于有撤销权的当事人是否行使撤销权。如果当事人不撤销或者除斥期间经过后，它就成为有效的。

第三，无效法律行为还可能发生当事人对国家的责任，而可撤销法律行为的当事人不承担这种责任。损害国家利益和社会利益的无效法律行为的当事人，应承担对国家的责任。而可撤销法律行为的当事人仅仅承担民事责任。

（二）可撤销法律行为的类型

依据合同法第 54 条的规定，可撤销的法律行为的种类包括：（1）因重大误解而为的法律行为；（2）因欺诈所为的法律行为，没有损害国家利益的法律行为；（3）因胁迫所为的法律行为，没有损害国家利益的；
（4）因乘人之危而为的法律行为；（5）显失公平的法律行为。

本书已经介绍了重大误解、欺诈、胁迫、乘人之危。这里我们仅介绍
显失公平的法律行为。

我国学者对显失公平的定义，一般都从结果入手，即指合同双方当事
人的权利义务明显处于不对等状态，使一方遭受重大不利。①

合同法领域的发展路径是：客观主义—主观主义—新客观主义。客观
主义是要求公平价格，一方不能从交易中谋取过高的利益。从罗马法以
来，法律就对显失公平的意思表示予以调控。优帝法典规定，买卖的价金
少于标的物的价值的一半时，出卖人可以解除契约。② 中世纪的教会法也
认为承诺必须是合理和平等的，③ 并提出了公正价格（*justum contrapassum*）
教义。中世纪初期，受道德、哲学和神学的影响，法律认为物都有合理的
价格（*pretium iustum*）。经过中世纪长期的改造，近代才废除全面这一制
度。当事人的意志成了合同效力的来源，主观主义获得统治地位。随着社
会的发展，交易越来越频繁和风险越来越多，合同法要求当事人承担当事
人意志以外的法定义务和社会义务，法律也越来越关注契约权利的公平
性。尽管现代合同法奉行的是主观价值理论，但合同法还是在一定程度上
保留了公平价格的精神，即如果合同的条款对一方明显且重大不利，超出
了法律允许的限度时，法律允许受到不利的当事人主张撤销合同。如法国
法中的"合同损害"、德国和瑞士法的"暴利行为制度"以及英美法中的
"显失公平"等。

传统民法上，显失公平的法律行为的构成要件是：第一，必须有交易
关系的存在。第二，给付与对待给付之间显然失衡。这种失衡的原因可能
是因为对方处于急迫的环境中无法选择、没有经验或者轻率等。民法通则
司法解释第72条对显失公平的认定和通常的理解不同，它必须具备主观
条件和客观条件，而不仅仅是客观条件（即双方当事人的权利义务明显不
公）。它规定："一方当事人利用优势或者利用对方没有经验，致使双方的
权利与义务明显违反公平、等价有偿原则的，可以认定为显失公平。"由
此，显失公平的构成要件是：

---

① 参见崔建远著《合同法》，法律出版社2007年版，第109页。
② 参见黄立著《民法总则》，中国政法大学出版社2002年版，第347页。
③ 参见［美］伯尔曼著《法律与革命：西方法律传统的形成》，贺卫方、高鸿钧、张志铭、
夏勇译，中国大百科全书出版社1996年版，第297页。

第一，主观上，一方当事人故意利用自己所处的政治、社会、经济等方面的优势或者利用对方没有经验，使相对方从事法律行为。

第二，客观上，双方的民事权利和民事义务严重失衡，明显违背公平、等价有偿原则。

司法解释这样规定的目的，在于减少显失公平制度的适用，避免法院过多介入当事人的合同，保护交易安全。

我国法律将显失公平的行为规定为是可撤销的行为，一些国家则认为，这类行为违反了公序良俗原则，应无效，如德国。

在民法通则和合同法中，显失公平与乘人之危的共同点在于，两者的最核心的构成要件都是"双方权利义务显失均衡"。两者的区别在于：第一，显失公平主要是从受害人的角度做出的客观判断，即受害人是否遭受了重大不公；乘人之危主要是从加害人的角度做出的主观判断，即加害人是否有恶意；第二，显失公平的受害方与对方有协商的机会，而乘人之危的受害方对对方提出的苛刻条件根本没有选择余地。

判断一个意思表示是否是显失公平的时间是在意思表示成立时。这样，法律对显失公平的意思表示的规定与对情势变更原则结合在一起，构成了民法典对法律行为的公正性的保护体系。情势变更适用于合同订立后，订立合同时的情势发生了根本性变化的情形。显失公平制度也体现了民法典对个人的呵护：显失公平法律行为的当事人在交易中因自己的主观或客观原因处于弱势，这种结果是由他自己造成的，但法律也体恤个体的弱点，使其免于遭受的不公正之痛。

（三）可撤销权法律行为的具体法律效力

首先需要指出，我国的可撤销法律行为的称为"可变更、可撤销"的法律行为。因此，在我国法律上，可撤销法律行为的具体效力是：

1. 变更法律行为

即撤销权人可以请求法院或仲裁机构变更，也可以请求撤销。而且，依据我国法律规定，当事人如果请求变更的，法院或仲裁机构不能撤销。国外的法律一般都没有规定当事人的变更权，其目的是为了减少司法权对合同的干预，因为法院不能代替当事人订立合同。法律之所以规定当事人可以在撤销和变更之间选择，有两个原因：其一，法律规定撤销权的目的是为了保护在瑕疵法律行为中处于弱势的一方，赋予他可以请求变更法律行为的权利，更有利于保护他的利益。其二，贯彻鼓励交易原则，尽可能维护当事人双方的利益。瑕疵法律行为虽然有瑕疵，履行合同可能会损害一方当事人的利益，但当事人可以在变更法律行为后获得利益。

法律行为一经法院或者仲裁机构变更，就确定地发生效力，当事人的撤销权也就消灭。

2. 撤销法律行为

可撤销法律行为的撤销权人一旦行使撤销权，法律行为就确定地无效，而且通常溯及到法律行为成立时起无效。此时发生与无效相同的效力，但行为人不承担公法上的任何责任。如果当事人对法律行为的瑕疵的形成有过错的，应承担信赖利益的损害赔偿责任。

（1）撤销权的性质

一般认为，撤销权是一种形成权。① 大陆法系国家一般规定，撤销权可以通过意思表示行使。但是在我国，撤销权并不能通过意思表示的方式行使，民法通则和合同法都规定，撤销权必须通过诉讼方式或仲裁方式行使，但婚姻的撤销应向民政机关请求。因为撤销权的行使直接涉及法律行为的效力，对当事人的利益影响非常大。如果允许当事人以意思表示的方式行使撤销权，可能会造成纠纷，使这种方式事实上难以取得效果；另一方面，也可能会使当事人滥用这一权利，使法律关系变得不稳定。所以，在我国，撤销权并不是纯粹的形成权，它必须由法院或仲裁机构确认。如果撤销权人做出意思表示，对方同意的，在我国应作为合同协议解除处理。②

（2）撤销权人

我国民法并没有规定法律行为的撤销权人。撤销权人是指那些因为欺诈、胁迫、重大误解、乘人之危而为不自由、不真实意思表示的人，享有撤销权的人是：欺诈、胁迫法律行为中的受害人，显失公平行为中的受到不利的当事人以及重大误解的当事人一方或者双方。在代理的情形，撤销权为本人而非代理人，因为代理的法律效力归属本人。

（3）撤销权的消灭

撤销权可因三种方式消灭：

第一，因行使而消灭。在我国，撤销权人请求法院或仲裁机构撤销合同，裁决做出后，撤销权自然就消灭。

---

① 参见梁慧星著《民法总论》，法律出版社 2004 年版，第 197 页。
② 同上书，第 198 页。

第二，因除斥期间的经过而消灭。撤销权的存在是可撤销法律行为处于不稳定状态。为了维护法律关系的稳定，保护可撤销法律行为的相对人的利益，就必须确定撤销权的存在期间，以限制当事人行使撤销权。民法通则没有规定除斥期间，民法通则司法解释规定这一期间为一年，自可撤销的法律行为成立之日起计算。但合同法第 55 条规定，合同的撤销期间为 1 年，从当事人知道或应当知道之日起计算。

我国法律没有区分可撤销法律行为的种类，一概规定为 1 年。这对胁迫情形有所不公，而且会造成合同法的规定被架空，因为被胁迫人在 1 年期限内可能继续受到胁迫，不敢请求撤销合同。国外一些立法对胁迫的除斥期间做了特殊规定，值得我国借鉴。

第三，因放弃撤销权而消灭。合同法第 55 条第 2 项明确规定了这种情形。撤销权的抛弃，即撤销权的人通过行为或言词追认所为的法律行为的效力，包括明示和默示的抛弃。前者如受欺诈人向相对人明确表示，不会撤销合同；后者如受欺诈人将所购货物转售给其他人。

这一规定体现了权利失效原则的精神，[①] 其目的是保护对方当事人的信赖。依据本规定，如果撤销权人抛弃撤销权的，即使在 1 年的除斥期间内，也不得再行使撤销权了。为了平衡撤销权人的利益，应认为，抛弃撤销权的意思表示应向相对人做出，可以是书面方式或是口头方式；如果是向第三人做出的，原则上不构成撤销权的抛弃。

3. 确认法律行为效力

撤销权人可以通过抛弃撤销权的方式确认法律行为的效力。法律行为生效后，在欺诈、胁迫和错误的情形，受害人是否可以追究对方的违约责任（瑕疵担保责任）呢？

我们以一个案例来说明这一问题。甲在某商场购买了一台 SONY 录音机。商品标签上写明，该录音机是日本原装的。后来甲在使用该录音机的过程中，发现该录音机是马来西亚组装的，而且该录音机的 PLAY 键有质量问题。如果商场售货员不知道其标签贴错了，双方成立共同错误，可以构成重大误解。如果商场售货员知道，但是没有告诉甲，则构成欺诈。

---

① 对这一原则的介绍，参见杜颖、谢鸿飞著《论权利失效原则》，《河北法学》1998 年第 5 期。

错误与物的瑕疵担保责任之间的关系，是法解释学上的一个疑难问题。① 这一问题的实际意义在于，如果受害人在撤销权的除斥期间内没有撤销法律行为，是否还可以主张合同解除或请求对方承担违约责任？

我们认为，欺诈、错误与物的瑕疵担保责任可以竞合，受害人可以选择其一行使。如主张欺诈而撤销合同的，买卖合同一经撤销即不存在，自然根本不存在物的瑕疵担保责任了。主张物的瑕疵担保责任的，也就不能主张欺诈而请求撤销合同了。

四 效力未定的法律行为

（一）导论

效力未定法律行为是指法律行为是否发生效力不能确定的法律行为。效力未定的法律行为的当事人欠缺某种权源，法律行为的生效需要其他有权利的人予以追认。

依据私法自治原则，法律行为的效力取决于当事人，第三人对法律行为的效力不产生影响。但在例外的情况下，双方当事人所为的法律行为的效力取决于当事人的行为或其他事件。效力未定的法律行为的性质是，它已经成立，但因为缺乏法律行为的必要要件——如处分权或行为能力等，效力并不齐备。但是这些法律行为并没有违反强行规范或公序良俗，所以，法律并不干预这些合同，而是让真正的权利人决定法律行为的效力。

效力未定的法律行为与无效法律行为的区别在于，它的效力处于不确定状态，可能有效，也可能无效，而无效法律行为从法律行为成立时起就确定无效。可撤销的行为在撤销之前是有效行为，而效力未定的行为在其成立之时并非无效，亦非有效，其效力取决于第三人的行为。

（二）效力未定法律行为的类型

在我国民法中，效力未定的法律行为有很多种，如限制行为能力人从事的超过其行为能力范围的法律行为、无权处分行为、无权代理等。限制行为能力人从事的超过其行为能力范围的法律行为，我们已经做了部分介绍，无权代理在本书的"代理"部分介绍。这里主要介绍无权处分行为。

---

① 参见［日］北川善太郎著《日本民法体系》，李毅多、仇京春译，科学出版社1995年版，第77页。

（三）效力未定的法律行为的具体法律效力

效力未定的法律行为的具体法律效力是：

（1）有法律行为的成立效力，即法律行为的当事人受其拘束，不得随意撤销。

（2）其效力是否发生取决于法定代理人的追认，或无权处分人取得处分权利。如果法定代理人追认的，发生法律效力；如果法定代理人不追认的，不发生法律效力。如果无权处分人取得了处分权的，发生法律效力；如果没有取得处分权的，不发生法律效力。

（3）法定代理人或其他有权利的人获得追认权。如限制民事行为能力人从事了他依法不能单独从事的法律行为的，法定代理人享有追认权。相对人可以催告法定代理人在一个月内予以追认。法定代理人未作表示的，视为拒绝追认。"视为"表明，它不允许法定代理人举反证推翻。即使法定代理人的真意是追认，也不能推翻这一法律拟制。这是因为：其一，效力未定的法律行为效力是一种不确定的法律行为，法律必须尽快使法律关系稳定下来，以促进民事流转，获得更大的社会效益。其二，如果法定代理人不予表示的，法律上视为拒绝有利于避免限制行为能力人因法律行为受损失。如果该法律行为对限制行为能力人确实有利的，也可以重新订立法律行为。如果认定为接受，可能还会引发纠纷。

相对人的催告应向法定代理人做出。因为限制行为能力人不具有完全的行为能力，而催告是相对人行使形成权的行为，性质上是一种准法律行为。而且，催告的内容也与法律行为有关，既然限制行为能力人从事其依法不能独立从事的法律行为的效力为效力未定，相对人自然不能向限制行为能力人做出催告，否则就陷入了效力未定的循环之中。

（4）相对人获得撤销权。为了保护相对人，法律赋予了相对人有撤销权。① 相对人的撤销权和法定代理人的追认权是法律为了平衡相对人和法定代理人的利益而设置的权利。它有两个条件：一是在法定代理人或其他权利人没有追认之前。二是相对人是善意的。

撤销权和追认权是一对矛盾的权利，两者不可能同时行使。那么，何者应当优先呢？法定代理人追认权优先于相对人撤销权。如因为相对人是自愿与未成年人订立合同的，他是追求合同效力的发生的，而法定代理人

---

① 按照严格概念法学的用语，这里的撤销应该是撤回。因为撤销针对的是已经发生法律效力的意思表示，而撤回针对的是没有发生法律效力的意思表示。参见张谷著《略论合同行为的效力》，《中外法学》2002 年第 2 期。

不知道未成年人与其他人订立了合同，因此，法定代理人的权利应先于相对人的权利。这种利益平衡是非常合理的。

（四）效力未定法律行为的重要问题

在效力未定的法律行为中，有以下一些相当重要的问题。

1. 缺乏行为能力的法律行为中相对人信赖的保护

无行为能力实施法律行为的，其法律行为直接无效，除非是纯获法律上利益的行为等，不存在法定代理人追认的问题。限制行为能力人从事的法律行为，法定代理人才有权追认。如果限制行为能力人在从事法律行为时，对方以为他是完全行为能力人，此时，应否保护相对人的信赖利益？

这一问题涉及两种基本价值：一是保护未成年人的利益；二是保护交易安全。一般认为，前者应优先保护。法律对行为能力的规定采取的是客观的年龄标准，这种标准常常不具有识别性（如17周岁和18周岁的区分），但这是交易相对人应当承担的风险。"每一个人都应当自行承担碰见无行为能力人并因此遭受信赖损害的风险。""法律之所以规定了［无行为能力人从事的行为的］无效性，恰恰是为了保护无行为能力人。这种保护应当与对方当事人的善意或者恶意无关。"① 我国法律没有明确规定这一问题，但从价值衡量上看，也应采取未成年人的保护优于交易安全的做法。

2. 无权处分行为中效力未定的行为

合同法第51条规定了无权处分行为。这一规定条文简单，但实践中引发的争议相当大，是我国争议最热烈的问题之一。争议的焦点在于，效力未定的是否是买卖合同？

通说认为，合同法第51条规定的"合同"是指债权合同（买卖合同、赠与合同）。因为我国民法不区分债权行为与物权行为，因此，法律上对买卖合同"一体把握"，"标的物所有权变动为买卖合同直接发生的效果"，出卖人因此必须享有处分权。② 这种观点可以称之为"债权合同效力未定说"。这种观点的一个重要理由是合同法第132条第1款："出卖的标的物，应当属于出卖人所有或者出卖人有权处分。"另外一种观点认为，在无权处分中，仅仅是处分行为因为欠缺处分权而处于效力未定状态，债

①　参见［德］梅迪库斯著《德国民法总论》，邵建东译，法律出版社2001年版，第417页。

②　参见梁慧星著《如何理解合同法第51条》，《人民法院报》2000年1月8日。

权行为并不因此无效。①

我们认为，无权处分中效力未定的不是买卖合同，而是转让物权的法律行为。主要理由是：

（1）我国一直坚持物权变动的原因和物权变动的结果区分的原则，物权法第15条明确规定了区分原则。即使我们认为本条规定并没有承认物权行为，但我们也可以得出结论：买卖合同和物权转移是两个不同的阶段，两者相互不影响对方的效力。合同法第132条的规定并不正确，它排除了对未来物的买卖这种重要的交易形态。

（2）认定买卖合同有效，有助于维护相对人的利益。如果认定买卖合同效力未定，行为人没有取得所有权或者取得所有权人的同意，买卖合同则无效。此时，行为人仅仅承担缔约过失责任，对相对人不公。无权处分的买卖合同完全可以作为有效合同处理，然后依据合同法关于权利瑕疵担保责任的规定以及违约责任的规定处理。

3. 无权处分行为中权利人追认的法律效力

在无权处分中，权利人的追认，使无权处分的效力最终确定，即发生有效的效力。但这种追认是对处分人的一种事后授权，它并不能改变无权处分人无权处分的事实。如果无权处分人的无权处分行为已经构成侵权的，相对人的追认并不发生侵权行为消灭；双方产生的其他请求权（违约请求权与不当得利请求权）也不因此消灭。

此外，无权处分人追认的，并不导致无权处分合同的主体变更，所有权人不能依据处分人与相对人的买卖合同，请求相对人支付价金。依据合同相对性原理，买卖合同是处分人与相对人订立的，所有权人并非合同主体。所有权人的追认只是补正了处分人处分行为的权源瑕疵，对合同主体不发生任何影响。② 所有权人要取得对相对人的价金请求权，必须经过债权转让或者合同转让程序。

4. 无权处分行为与欺诈

当事人为无权处分行为时，相对人可能不知道对方无权处分的事实，甚至处分人还可能隐瞒无权处分事实。此时，行为人与相对人之间是否构成欺诈？我们认为，无权处分行为一般不构成欺诈，因为无权处分人在无权处分后，完

---

① 参见韩世远著《无权处分与合同效力》，《人民法院报》1999年11月23日；葛云松著《论无权处分》，载梁慧星主编《民商法论丛》，第21卷，金桥文化出版公司2001年版。

② 王泽鉴先生为此写了三篇文章分析这一问题。如《出卖他人之物与无权处分》，《民法学说与判例研究》第2册，中国政法大学出版社1998年版。

全有可能取得标的物的所有权或取得处分权人的追认。但如果无权处分人在处分他人之物时，根本没有任何确信和把握可以取得使自己的处分有效的标的物，可以构成欺诈。但即使在这种情形，如果无权处分人事后取得了标的物的所有权，或者取得了所有权人的同意，从价值衡量的角度，也不应将其作为欺诈。因为虽然欺诈的成立应从法律行为的成立时为标准判断的，但法律没有禁止无权处分行为，并且专门规定了其补正情形，如果无权处分已经补正的，无论当事人无权处分出于何种目的，都不构成欺诈。

本章小结

意思自治是市场经济体制和人民群众生活的基本伦理原则，法律不得随意为市场行为和民众的民事行为施加强制性规范，这是我国社会文明发展的必然。这也是法律行为制度建立的广泛基础。

民事权利变动的基本法律依据是当事人自己的行为，而最重要的，是当事人以自己的真实意愿追求某种权利义务关系发生变动的法律行为。市场主体所从事的各种交易，基本上都是法律行为。一般民众所从事的日常生活行为，也有很多是法律行为。

从民法角度理解法律行为，必须从法律行为的各种分类理解当事人效果意思发生效果的异同。在支配权和请求权作为民法上的基本权利、物权和债权作为这两种基本权利的主要表现方式的学说，已经被我国立法接受的情况下，法学界应该接受支配权的法律行为和请求权的法律行为相互区分的学说，也就是处分行为和负担行为相互区分的学说，因此而接受物权行为理论。

法律行为制度的核心之一，是意思表示。意思表示制度探索的基本出发点，是探索当事人的真实意思表示。法学上是依据意思表示的结构的理论来对此进行分析的。

法律行为制度的另一个核心，是法律行为的效力。如果当事人的意思表示不真实、不自由，就会发生法律行为可撤销甚至无效的结果。同时，法律行为的效力可以附条件或者附期限。

思　考　题

一、名词解释

（1）意思表示　　　　　　　　（2）处分行为

（3）负担行为　　　　　　　　（4）要物行为

（5）要式行为　　　　　　　　（6）乘人之危

（7）错误　　　　　　　　　　（8）欺诈

（9）条件　　　　　　　　　　（10）效力未定的法律行为

二、简答题

1. 简述意思表示的构成要素。

2. 简述动机在民法中的意义。

3. 简述无效法律行为的种类。

4. 简述可撤销法律行为的特征。

5. 简述附条件和附期限法律行为中当事人期待权的保护。

三、论述题

1. 请思考民法典有无必要规定法律行为制度？规定与否对民法典以及司法实践有何种影响？

2. 请思考民法通则和合同法在法律行为方面的法律适用。

2. 请对比民法通则和合同法对无效法律行为的规定，并思考我国无效法律行为制度的完善。

3. 请结合合同法第 132 条有关权利瑕疵担保的规定和物权法第 106 条关于善意取得的规定，思考无权处分合同中效力未定的合同是否为买卖合同。

4. 合同法第 214 条规定，租赁期限不得超过二十年。超过二十年的，超过部分无效。租赁期间届满，当事人可以续订租赁合同，但约定的租赁期限自续订之日起不得超过二十年。

在实践中，很多企业都会规避这一规定。如甲乙 2008 年订立租赁合同时，双方同时订立了三个合同，第一个租赁合同的期限是 2008 年到 2028 年，第二个租赁合同是 2028 年到 2048 年。双方约定第二个合同是附期限合同。请结合本案思考脱法行为的合法性。

阅读参考文献

Werner Flume, Allgemeiner Teil des Buergerlichen Rechts, Bd. 2.

梅仲协著：《民法要义》，中国政法大学出版社 1998 年版，第 94 页。

王泽鉴著：《民法学说与判例研究》（1），中国政法大学出版社 1998 年版。

［德］迪特尔·梅迪库斯著：《德国民法总论》，邵建东译，法律出版

社 2000 年版。

［德］卡尔·拉伦兹著：《德国民法通论》，王晓晔等译，法律出版社 2003 年版。

王泽鉴著：《民法概要》，中国政法大学出版社 2003 年版。

魏振瀛主编：《民法》，北京大学出版社、高等教育出版社 2000 年版。

史尚宽著：《民法总论》，中国政法大学出版社 2000 年版。

梁慧星著：《民法总论》，法律出版社 2004 年版。

孙宪忠主编：《制定科学的民法典——中德民法典立法研讨会文集》，法律出版社 2002 年版。

胡长清著：《中国民法总论》，中国政法大学出版社 1998 年版。

杨鸿烈著：《中国法律发达史》，上海书店 1990 年版。

Hans Hattenhauer, Grundbegriffe des Buergerlichen Rechts, Verlag C. H. Beck, 1985. 本书第十章《法律行为理论的产生及其演变》曾经由孙宪忠译，发表于杨立新主编《民商法前沿》1999 年号。

Juergen Baumann, Einfuegung in die Rechtswissenschaft, Rechtssystem und Rechtstechnik, Verlag C. H. Beck, 1989.

Hans Brox, Allgemeiner Teil des Buergerlichen Rechts, Carl Heymann Verlag K. G., 1986.

第七章 代 理

内容提要

代理是指代理人以被代理人的名义，在代理权限内与第三人为法律行为，其法律后果直接由被代理人承担的民事法律制度，故其与委托、行纪、居间、代表、传达等有较大的差别。代理主要特性在于由非直接进行法律行为之人（被代理人），直接承受该行为的后果，它必须符合法律行为的成立要件和生效要件，另外在代理行为、代理关系、代理权方面还要具备特殊要件，从而使被代理人承受代理人行为所产生的权利和义务。根据代理权取得原因的不同，可将其分为意定代理权、法定代理权和指定代理权，无论何者，均要遵循法定规则来行使，不得滥用。无权代理是指在无正当代理权之人以代理人身份从事的民事行为，它分为狭义无权代理和表见代理，前者着重保护被代理人，后者特别保护第三人，它们各有不同的构成要件和法律后果。

第一节 代理概论

一 代理的基本意义

（一）代理的界定

在日常生活中，我们会以法律行为的方式来处理衣食住行的事务，如到商场购物、坐车去上班等，其中涉及的是合同这种法律行为，而且这些都是我们亲历亲为的行为。但有些情况下，你可能没有时间或者精力来处理这些事务，但又想取得事务处理的结果利益，比如，你去购物，但又想购买，这显然是个矛盾，怎么办？为了解决该矛盾，一种无需我们身体力行但又可以取得意欲获得之利益的制度安排随之而生，这就是代理。

代理是指代理人以被代理人的名义，在代理权限内与第三人为法律行为，其法律后果直接由被代理人承担的民事法律制度。其中，以他人名义实施法律行为的人，是代理人；承受该法律行为后果的人，是被代理人，又称为本人；直接与代理人从事法律行为的人，是第三人，又称为相对人。如甲授权乙为其购买房屋，乙依据甲的授权，以甲的名义与丙协商谈判，订立了房屋买卖合同，在这个行为中，甲为被代理人，乙为代理人，丙为第三人，该房屋买卖合同所产生的权利义务关系最终要由甲与丙来承担。

显见，代理涉及三方主体，他们之间能组合出以下三种关系：

第一，被代理人与代理人之间的关系。即代理人为何能以被代理人的名义进行法律行为，这将给代理人所从事的法律行为以及由此产生的法律效果提供正当性基础。当事人之间的这种关系属于内部关系，它可以是因为当事人的意思表示而产生的关系，如甲委托乙代其购买货物，甲与乙之间为委托合同关系；也可以是基于法律直接规定而产生的关系，如丙代未成年的儿子丁购买食物，丙和丁之间是监护关系。

第二，代理人与第三人之间的关系。即代理人与第三人直接进行法律行为，为第三人与被代理人之间产生、变更或者消灭法律关系提供了契机。如甲的代理人乙以甲的名义与丙订立买卖合同，该合同因为乙的直接参与而订立，从而为甲和丙之间建立债权债务的约束提供了可能。

第三，被代理人与第三人之间的关系。实际上就是由代理人的行为而产生的各种法律行为关系，因为代理人行为的直接法律后果发生在被代理人与第三人之间。如甲的代理人乙以甲的名义与丙订立买卖合同，甲虽然未直接参与订立合同，但其要承受由此产生的法律后果。

（二）代理的属性

代理的主要特性在于由非直接进行法律行为之人（被代理人），直接承受该行为的后果，何以如此，就涉及代理的性质。对此，法学界大致存在以下三种观点：（1）被代理人行为说，即法律将代理人的行为拟制为被代理人的行为；（2）共同行为说，即代理人的行为是其与被代理人所为的共同行为；（3）代理人行为说，即代理人行为的法律效果，因为代理法律制度的作用，而直接归属于被代理人。[①] 其中，代理人行为说符合代理的客观构成状况，为德国民法所采用，并为后世的大陆法系民法所继受。

民法通则第 63 条第 2 款规定："代理人在代理权限内，以被代理人的名义实施民事法律行为。被代理人对代理人的代理行为，承担民事责任。"

[①]　参见史尚宽著《民法总论》，中国政法大学出版社 2000 年版，第 514—515 页。

据此，代理人所从事的法律行为后果由被代理人承受，是因为法律规定的结果，这表明，我国民法也将代理的性质定位为代理人行为说。既然代理的基本特性是由被代理人直接承受代理人的行为后果，即一个人要为另一个人的活动负责，那么，有关代理的法律规范在性质上就属于归属规范，即将一个人的行为所产生的法律后果归属于另外一个人的规定。①

（三）代理的定位

代理是为近现代民法所普遍承认的法律制度，我国民法通则对此也有明文规定，即第 63 条第 1 款："公民、法人可以通过代理人实施民事法律行为。"不过，在立法体例上，德国、日本、我国台湾地区等民法典在"总则编"中，将"代理"放置于"法律行为"一章之中。而《民法通则》则将"代理"与"民事法律行为"并列设置，即《民法通则》的第四章为"民事法律行为与代理"，其中第一节为"民事法律行为"，第二节为"代理"。

从理论上看，代理是实现私法自治的法律工具，② 是民事主体从事法律行为的重要方式，而且仅仅于法律行为范围内存在才具有法律意义，但它又不同于民事主体直接以自己名义从事法律行为的情形，故它既依附于、也独立于法律行为。如果注重"代理"对"法律行为"的依附性，可将之放在民法典的"法律行为"制度体系框架之中；如果注重其独立性，当然也可与"法律行为"制度并列存在。故而，上述两种立法体例各有其合理性。

二　代理的构成要件

代理是引发特定民事法律后果的法律行为，故其必须符合法律行为的成立要件和生效要件，除此之外，代理如果要发生由被代理人直接承受代理人行为后果的结果，则在代理行为、代理关系、代理权方面还要符合特殊要件。

（一）有效的代理行为

代理行为是代理人以被代理人名义实施的行为，通常表现为代理人做出或者接受意思表示。代理行为是代理人独立所为的行为，而不是被代理

---

① 参见［德］迪特尔·梅迪库斯著《德国民法总论》，邵建东译，法律出版社 2000 年版，第 671 页以下。

② 代理具有扩展和补充私法自治的功能，参见王泽鉴著《民法总则》，中国政法大学出版社 2001 年版，第 441—442 页。

人的行为，故代理行为是代理人基于自己的自由意志作出的行为，而非被代理人意思的简单和直接的反映。正如上面所言，代理行为是意思表示的体现，并因此直接对被代理人发生效力，故代理行为的范围限定在法律行为的范围之内，遗失物拾得、埋藏物发现等事实行为或者是侵权行为，不会产生基于意思表示而发生效力的问题，故不得适用代理。而且，代理行为既可以是各种独立的法律行为，还可以是要约、承诺等意思表示；诸如催告、通知等准法律行为，也可类推适用代理的规定。①

代理行为除符合法律行为的生效要件之外，还应当符合特别的限制条件，即：（1）不得是带有人身性质的行为，如结婚登记、订立遗嘱、收养子女等；（2）法律规定或者双方当事人约定应当由特定人亲自进行的行为，如演出、授课等。不过，一旦代理人获得被代理人的正当授权，即使代理人是限制行为能力人，也不影响代理行为的效力，因为代理行为的法律后果归属于被代理人，与代理人的利益无关，如果允许以代理人不具有完全行为能力为由来消除代理的效力，就极度不利于交易安全；而且，只要被代理人做出的选择限制行为能力人作为代理人的决定，的确出于自己真实的意思，就属于风险自负的自治行为，法律没有必要予以严格的限制。但是，出于保护被代理人利益目的的考虑，无行为能力人所为的代理行为通常不为法律认可。②

（二）公开的代理关系

所谓公开的代理关系，是指代理行为要以被代理人的名义来实施，从而使第三人知悉代理人和被代理人之间的关系，了解自己的真实相对人，以达到信息沟通，使得代理行为的后果直接归属于被代理人。该要件在学说上被称为"显名原则"或"代理的公示"。民法通则第63条第2款所规定的"以被代理人名义"，就是这个要件的表现。如果代理人在从事法律行为时，不采用被代理人的名义，那么，即使他们之间存在有效的代理权限，该行为也非代理行为，而是代理人自负其责的法律行为。比如，甲授权乙为其销售货物，乙将货物卖给丙时，并未表明自己的代理人身份，丙也不知甲、乙之间的关系，则乙出售货物的行为就非代理行为，而是自己所为的法律行为。

---

① 参见王泽鉴著《民法总则》，中国政法大学出版社2001年版，第443页。
② 德国民法第165条规定："代理人所为或所受的意思表示的效力，不因代理人为限制行为能力人而受影响"；我国台湾地区民法第104条规定："代理人所为或所受的意思表示之效力，不因其为限制行为能力人而受影响。"

　　代理关系的公开形式很多，既可以由代理人明确向第三人表示，也可以从具体情况中进行推断，如商店售货员在交易时即使没有言明代理关系，也可被视为代理公示。在通常情况下，代理公示不仅要公开代理事实，还要公开被代理人，但公开被代理人不是必要条件，只要经过第三人同意或者默认，代理人的此种行为就对被代理人直接发生效力；不过，当代理人在事后不能指明被代理人时，就要承担无代理权人的责任。①

　　代理关系公开的标志是"以被代理人的名义"，这属于"一人以另一人的名义从事行为"现象的一种，与此相关的还有"以虚假姓名从事行为"和"冒用他人姓名从事行为"，那么，如何界定后两种现象，它们是否属于公开的代理关系？

　　对此，学说上的意见如下：（1）对于诸如以假名在宾馆中付款住宿这样的"以虚假姓名从事行为"的情形，依据当事人的意思，姓名的标示不具有私法上的意义，他并不想使该姓名的载体成为该行为的当事人，而是要自己承受由此产生的权利义务，这当然就不属于公开的代理关系。在此情形，行为的后果要由行为人独立承担，真正的姓名载体不可能取得被代理人的法律地位。（2）对于"冒用他人姓名从事行为"的情形而言，行为人旨在指向特定之人，并使该人接受私法上的约束，对此，可以类推适用代理法的规定，即如果姓名载体同意他人冒用自己姓名从事行为，那么他就直接承担他人从事的行为所产生的法律后果。②

　　（三）正当的代理权③

　　代理权是指代理人以被代理人的名义与第三人实施法律行为，并由被代理人承受该行为法律后果的权限或者法律地位。需要注意的是，代理权虽然被冠以"权利"的称谓，但通常不认为它是权利，因为它存在的目的不是为了代理人的利益，而是为了被代理人的利益，故它是一种资格或者法律地位。④ 代理人以被代理人的名义从事法律行为，仅仅具有形式上的代理意义，其要发生真正的代理效果，还必须有正当的代理

---

① 参见［德］迪特尔·梅迪库斯著《德国民法总论》，邵建东译，法律出版社 2000 年版，第 698—699 页；［德］卡尔·拉伦茨著《德国民法通论》，王晓晔等译，法律出版社 2003 年版，第 838—840 页。有关无权代理，请参见本章第四节和第五节。

② 参见［德］迪特尔·梅迪库斯著《德国民法总论》，邵建东译，法律出版社 2000 年版，第 693—695 页。

③ 由于代理权是代理制度的核心所在，本章第二节要专门讨论代理权，在此仅简要进行介绍。

④ 参见王泽鉴著《民法总则》，中国政法大学出版社 2001 年版，第 449 页。

权提供正当性基础，换言之，正当代理权是有效代理关系存续的基础，它同时也是保障被代理人利益的机制，可以防止他人任意干涉被代理人的事务。

正当代理权的"正当性"主要体现为：（1）权源的正当性，即由被代理人给予代理人真实、正当的授权或者来自法律的授权，代理人基于权源不正当的代理权所从事的行为，不发生代理效力，如甲将电视机借给乙使用，乙擅自以甲的名义将电视机售出，由于甲并未给乙出卖电视机的授权，乙的行为没有正当代理权的支持，显然不能产生代理效力。（2）范围的正当性，即代理人在以被代理人的名义从事法律行为时，必须符合代理权限范围，否则，逾越权限的部分不构成正当代理，如甲授权乙代其出卖房屋，而乙将房屋连同其中的家具等动产一起出卖给丙，乙出卖这些动产的行为超越代理权限范围，对甲不产生法律效力。（3）存续的正当性，即在代理人以被代理人的名义从事法律行为时，应当已经具备权源和范围均正当的代理权，否则就不能产生代理效力。

三 代理的法律后果

当上述的要件具备时，被代理人要承受代理人行为所产生的权利和义务，其理论基础正是前面提及的代理人行为说。这同时意味着，在代理行为存在法律效力上的瑕疵，如有胁迫、欺诈等因素，是被代理人而非代理人享有撤销权等决定代理行为效力的权利；当然，如果被代理人给予代理人相关的授权，代理人也可以行使相应的权利。

四 代理与相关概念的区别

在实务中，代理与委托、行纪、居间、代表和传达往往有着比较密切的关系，以至于人们经常将它们混为一谈，但实际上它们的差别很大。

（一）代理与委托

根据合同法第396条的规定，委托合同是指委托人和受托人约定，由受托人处理委托人事务的合同。委托合同通常是产生代理关系的基础，但它们之间也存在很大的差别：（1）代理是代理人、被代理人和第三人这三方关系的综合体，缺一不可；委托则只涉及委托人和受托人之间的关系，至于被委托人与第三人之间关系，并不属于委托关系的范围。（2）在代理关系中，代理人应当以被代理人的名义从事行为；委托则无这种限制，受托人既可以以委托人的名义、也可以以自己的名义进行活动。① （3）代理是实现法律行为的工具，其事项限制在法律行为之中；而委托合同中的受托人根据合同的约定，可以为法律行为也可以为事实行为。

（二）代理与行纪

根据合同法第414条的规定，行纪合同是指行纪人以自己的名义为委托人从事贸易活动，委托人支付报酬的合同。代理与行纪的主要区别在于：（1）代理的重要要件之一，就是代理人必须以被代理人的名义行为；行纪人则要以自己的名义从事行为，成为由此引发的法律关系的直接当事人。（2）代理的效果是由被代理人直接承受代理行为的法律效果，而与代理人无关；在行纪中，则由行纪人先承受行为后果，即行纪人与第三人订立合同的，行纪人对该合同直接享有权利、承担义务，② 然后由行纪人将该后果移交给委托人。（3）代理可以适用于整个民事、商事领域，代理人也无特殊的资格限制；行纪属于典型的商事行为，行纪人通常要取得国家许可的特定营业资格。

（三）代理与居间

根据合同法第424条的规定，居间合同是指居间人向委托人报告订立合同的机会或者提供订立合同的媒介服务，委托人支付报酬的合同。代理与居间的主要区别在于：（1）在代理关系中，代理人要直接与第三人从事行为；在居间中，居间人只是接受委托，为双方当事人建立民事法律关系提供条件，并不独立表达其意思。（2）符合法定要件的代理在被代理人和第三人之间建立法律关系，而居间的直接法律后果是给委托人提供所需的机会或者信息，至于委托人是否因此而与第三人建立法律关系，与居间无关。

（四）代理与代表

法律意义上的代表，专指法人的法定代表人。民法通则第38条规定："依照法律或者法人组织章程规定，代表法人行使职权的负责人，是法人的法定代表人"。代理与代表的主要区别在于：（1）在代理法律关系中，代理人与被代理人是两个独立的民事主体；而在代表法律关系中，代表人与被代表人是同一人格，即代表人与其所代表的法人是同一主体。（2）代理行为是由代理人做出的行为，其基于代理制度的法律作用而由被代理人

---

① 参见《中华人民共和国合同法》（以下简称合同法）第402—403条。
② 参见《中华人民共和国合同法》第421条第1款。

承受法律后果；代表行为在法律上就是被代表人的行为，被代表人直接承担代表行为的法律后果。（3）代理行为被限定在法律行为的范畴之内，而代表行为不受这个范围的限制，可以是事实行为或侵权行为。

（五）代理与传达

法律意义上的传达，是指将委托人的意思表示转达给他人的行为，其中，转达者是传达人，在传统民法中又称为"使者"。代理与传达的主要区别在于：（1）代理行为中包含的是代理人独立的意思表示，但其法律效果归属于被代理人；传达行为不包含传达人的独立意思表示，传达被用以作为表达他人意思表示的工具，不涉及法律效果的归属。（2）由于代理行为涉及被代理人与第三人的利益，为安全起见，无行为能力人不能进行代理行为；传达行为完全受制于委托人的意思表示，只要传达人具有完全的传达能力即可，而不考虑他的行为能力状态。

第二节　代理权

一　代理权的取得

（一）代理权取得的类型

代理权的取得，即新的代理权的产生，那么，如何取得代理权呢？根据代理权取得的原因是否为法律行为，可以分为：

第一，依据法律行为的取得，如甲授权乙以甲的名义购买房产，乙作为代理人的资格的取得，就是基于被代理人甲的授权意思表示，乙由此而享有的代理权，被称为意定代理权。

第二，非依法律行为的取得，这又可以分为两种：（1）根据法律规定直接取得，这种代理权被称为法定代理权，如甲为7岁的儿子乙购买玩具，甲作为乙的监护人依据法律规定直接取得对乙的民事活动的代理权，对此，《民法通则》第14条规定："无民事行为能力人、限制民事行为能力人的监护人是他的法定代理人"；第16条第1款规定："未成年人的父母是为成年人的监护人。"（2）依据有权机关的指定而取得，如《民法通则》第16条第3款规定："对担任监护人有争议的，由未成年人的父、母的所在单位或者未成年人住所地的居民委员会、村民委员会在近亲属中指定。对指定不服提起诉讼的，由人民法院裁决。"由此而取得的代理权称为指定代理权。

在基于上述原因而取得的代理权中，意定代理权在实践中最为常见，也最具理论意义，下面将专门讨论意定代理权的取得。

（二）意定代理权的取得

1. 代理权授予行为的性质

正如前面所言，意定代理权产生的基础是法律行为，该行为的目的是由被代理人授予代理人以代理权，这自无疑问，如甲乙为好友，之间无任何法律关系，甲直接授权乙代其购物，正是基于甲给予乙代理权的意思表示，乙得以以代理人的身份从事行为，该授权行为在学理上被称为"代理权授予"。问题在于，如果被代理人与代理人之间存在有合同关系，并基于这种关系而存在授权的意思表示，如甲雇佣乙出卖货物，或者甲委托乙出卖房屋，那么，是雇佣合同、委托合同还是授权意思表示属于乙取得代理权的直接依据即"代理权授予"行为？

对此，有学者认为，代理权授予具有雇佣、委托等基础法律关系的情形，代理权与基础法律关系紧密结合，以基础法律关系成立的性质来认定代理权授予的性质，符合事理又自然易懂，据此，在甲雇佣或者委托乙从事特定行为的情形，代理权取得的依据即为这些合同行为。对于代理权授予没有基础法律关系的情形，其性质为单方法律行为。[①] 这显然不同于源于德国法的代理权授予行为为单方法律行为的观点，这种观点认为，代理权授予行为是有相对人的单方法律行为，不同于基础法律关系包含的行为形态（即作为代理权授予行为的基础行为）。[②]

两相对比，后种观点更合理，因为代理权授予行为与其基础行为相比，有以下本质区别：（1）代理权授予行为基于被代理人的单方意思表示即可成立，其效力及于被代理人、代理人与第三人之间的权利义务关系，并能决定代理行为是否有效，故不仅在代理人与被代理人之间确立了关系，还关涉到第三人的利益；雇佣、委托等基础行为基于被代理人和代理人的意思表示一致而成立，它仅仅对该两方当事人具有法律约束力，并不涉及第三人。（2）代理权授予行为的结果是代理人因此取得代理人的资格，但不因此就向被代理人负担从事代理行为的义务，因为任何人不得以单方行为，给他人设定法律义务，在这个意义上，代理权授予行为不是债的发生原因；基础行为则明晰了当事人之间的债权债务关系，直接导致债的发生。

---

① 参见曾世雄著《民法总则之现在与未来》，中国政法大学出版社 2001 年版，第 243 页。

② 参见［德］卡尔·拉伦茨著《德国民法通论》，王晓晔等译，法律出版社 2003 年版，第 856 页。

　　故而，代理权授予行为在一般情况下，虽然要有雇佣、委托合同等基础法律行为，但它并不同于、而且还独立于这样的基础关系。我国民法的规定也体现出这样的特色，民法通则第65条第2款规定："书面委托代理的授权委托书应当载明代理人的姓名或者名称、代理事项、权限和期限，并由委托人签名或者盖章。"据此，代理权授予行为显然是委托人（被代理人）针对代理人而做出单方法律行为，这完全不同于委托合同。

　　在确定代理权授予的单方法律行为性质之后，问题也随之而来，即代理权授予行为与其基础行为之间的关系是什么，具体而言，在基础行为无效或者被撤销时，代理权授予行为是否与之无效？对此可以采取肯定和否定这两种截然不同的立场。

　　如果采用肯定的立场，就意味着只要雇佣、委托等基础法律行为无效或者被撤销，代理权授予行为随之无效，代理权自然因此就不具有正当性，代理行为也就不能具有法律效力，这样，无辜的第三人也就不能实现自己的目的，显见，在这种立场上，正是被代理人与代理人之间的内部关系，决定了第三人对代理行为享有的利益，这增加了第三人对自己利益预期的不稳定性，不足以充分地保护交易安全。

　　而否定的立场则割断了雇佣、委托等基础行为与代理权授予行为在效力上的联系，据此，即使基础行为无效或者被撤销，只要授权行为符合法律行为的生效要件，代理人仍然能取得正当的代理权，第三人基于代理行为而获得的利益，不会受被代理人与代理人之间的内部关系变化的影响，这更能照料第三人的利益和保护交易安全。这种立场就是学理上所谓的"代理权授予行为的无因性"。

　　2. 代理权授予行为的形态

　　根据代理权授予行为的形式，可将代理权授予行为分为书面授权行为和口头授权行为。民法通则第65条第1款规定："民事法律行为的委托代理，可以用书面形式，也可以用口头形式。法律规定用书面形式的，应当用书面形式。"据此，法律原则上不强制要求代理权授予行为的形式，这两种形式行为的效力等同，均能赋予代理人以代理权，只不过书面授权行为的证据效力更强，法律也对它提出更高的要求，民法通则第65条第3款即规定："委托书授权不明的，被代理人应当向第三人承担民事责任，代理人负连带责任。"

　　根据代理权授予行为的对象，可将代理权授予行为分为内部授权行为和外部授权行为。所谓内部授权行为，是指以代理人为对象的代理权授予行为；外部授权行为则是指以第三人为对象的代理权授予行为。正是因为授权的对象不同，这两种行为产生了以下区别：（1）当授权行为存在可撤销的效力瑕疵时，在内部授权行为中，由被代理人向代理人主张；在外部授权行为中，则由被代理人向第三人主张。（2）对于代理权的范围和存续期间，在内部授权行为中，要根据代理人的理解进行解释和认定；在外部授权行为中，则依据第三人的理解进行解释和认定。

二　代理权的行使

（一）代理权行使的规则

代理权给代理行为提供了正当性基础，并在被代理人、代理人和第三人之间建立起正当的法律关系网络，据此，代理人以被代理人名义从事的法律行为，能给被代理人和第三人带来预期的利益。不过，由于代理人基于代理权而进行的代理行为，是代理人独立意志的表现，其中存在代理人为自己谋取私利或者怠于维护被代理人利益的风险，而被代理人对此并不能加以全面的控制。为了控制代理人可能的失范行为，也为了保护被代理人的利益，代理人在行使代理权时要遵循以下规则：

第一，在代理权限范围内行使代理权。法定代理权的权限范围由法律明定，指定代理权的权限范围由特定机关指定，意定代理权的权限范围由被代理人自由决定，通常包括以下三类：其一，特定代理权，即授权为特定行为，如出租某屋；其二，种类代理权，即授权为某种类的行为，如买卖股票；其三，概括代理权，即授权代理的行为不予限制。① 无论是何种代理，代理人都必须在代理权限范围内行为。在意定代理中，对于前两种代理权限而言，代理人必须在授权的范围内行为；对于概括代理权，代理人的活动范围则比较广泛，但仍应遵循诚实信用原则和交易习惯的要求；如因为特殊情况需要变更被代理人授权的，需经被代理人的同意，不经被代理人同意，代理人不得擅自扩大或者变更代理权限；代理期限一旦届满，代理人应自动终止代理行为，并及时向被代理人汇报，听从被代理人的安排。

第二，维护被代理人的利益。这是代理人从事代理行为的根本宗旨，据此，代理人必须像对待自己的事务一样来从事代理行为，以最大限度地实现和维护被代理人的利益，否则，代理人就要承担相应的法律责任。比

---

① 参见王泽鉴著《债法原理》第 1 册，中国政法大学出版社 2001 年版，第 296 页。

如，民法通则第18条规定，法定代理人要履行监护职责，保护被代理人的人身、财产以及其他合法权益，除为被代理人的利益外，不得处理被代理人的财产；法定代理人不履行监护职责或者侵害被代理人的合法权益的，应当承担责任，给被代理人造成财产损失的，应当赔偿损失。同时，由于被代理人和代理人之间存在高度的人身信赖关系，代理人在通常情况下应当亲自实施代理行为，才能符合被代理人的利益，故而，除非经过被代理人同意，或者有法定的紧急事由，代理人不得将代理事项转委托于他人。

第三，遵守诚实信用原则的要求。代理人在从事代理行为时，必须按照诚实信用原则的要求，以善良管理人的注意来处理代理事务，如代理人在代理过程中应当及时向被代理人汇报有关事项，以便于被代理人及时掌握相关信息；又如，代理人在代理过程中和代理终止后不得披露或不正当地使用被代理人的商业秘密。如果代理人不按照诚实信用原则的要求履行职责，而给被代理人造成损害的，应当承担民事责任。

（二）代理权的滥用

代理人行使代理权不遵循上述规则的，就构成为代理权滥用，为法律所限制或者禁止。具体而言，滥用代理权的典型情形有以下几种：

第一，与自己利益冲突的代理，即代理人所为的代理行为与自己利益冲突，从而违背最大限度维护被代理人利益的规则要求。这包括以下两种代理：其一，自己代理，即代理人以被代理人的名义与自己为法律行为，如甲授权乙以甲的名义购买房屋，乙将自己房屋出卖给甲；其二，双方代理，即代理人同时代理双方当事人为同一项法律行为，如甲授权乙为其租赁房屋，丙授权乙为其出租房屋，乙遂代理双方订立房屋租赁合同。在这两种代理中，代理人实际上完全掌控了代理行为的运行，以其个人意志取代了在正常情况下的代理人与第三人之间的意思表示一致，这种代理人个人力量和意志过度膨胀的现象打破了正当代理关系中的利益平衡局面，会损害被代理人的合法权益。

不过，自己代理和双方代理并非全都对被代理人不利，在被代理人允许代理人为自己代理或双方代理，或者代理行为的目的在于履行已有债务，或者自己代理或双方代理对被代理人完全有利时，就不违背被代理人的利益，应当为法律认可。比如，甲将房屋赠与10岁儿子乙，其通过自己代理的方式完成房屋所有权的移转，由于该行为使得被代理人乙完全受益，符合民法保护未成年人的规则，故该行为有效。

第二，为了损害被代理人的利益，代理人与第三人恶意串通而为的代理行为，属于违反善良风俗的恶意串通行为，属于无效的行为。[①] 民法通则第66条第3款对此也规定："代理人和第三人串通，损害被代理人利益的，由代理人和第三人负连带责任。"

第三，其他违背诚实信用原则的行为，其中的典型的情形为：代理人在从事代理行为时，虽然没有超出代理权限，但违背其内部关系的义务。比如，甲委托乙出售某件古董，授予代理权，表示售价不得低于50万元，乙拒绝丙愿以60万元购买该件古董的要约，而以50万元的最低价格出售给其亲友丁，如果丁明知其事，甲可主张乙滥用其代理权，违背诚实信用原则，而否定代理行为的效力。[②]

三　代理权的消灭

根据民法通则第70条的规定，对于非依法律行为而取得的代理权——即法定代理权和指定代理权——而言，以下情形将导致其消灭：（1）被代理人取得或者恢复民事行为能力；（2）被代理人或者代理人死亡；（3）代理人丧失民事行为能力；（4）指定代理的人民法院或者指定单位取消指定；（5）由其他原因引起的被代理人和代理人之间的监护关系消灭。

根据民法通则第69条的规定，意定代理权的消灭原因有：（1）代理期间届满或者代理事务完成；（2）被代理人取消委托或代理人辞去委托；（3）代理人死亡；（4）代理人丧失民事行为能力；（5）作为被代理人或代理人的法人终止。这种规定虽然概括了意定代理权消灭的主要原因，但与传统大陆法系民法规定和实践相比，并不全面。

在传统民法中，意定代理权消灭的原因可以大致分为以下几类：

第一，代理权授予行为消灭，这从根本上断绝了意定代理权存续的基础。这个原因又可以分为：其一，代理权授予行为自身失效，如代理权授予行为附有解除条件或者消灭期限的，在条件成就或者期限届满时，该行为丧失法律效力，代理权随之消灭。其二，基础行为消灭导致代理权授予行为的消灭，前面提及的代理权授予行为的无因性，主要限于基础行为效力存在瑕疵的情形，并不及于消灭的情形。对此，德国民法第168条第1

---

① 参见［德］迪特尔·梅迪库斯著《德国民法总论》，邵建东译，法律出版社2000年版，第728页。

② 参见王泽鉴著《债法原理》第1册，中国政法大学出版社2001年版，第297页。

项规定："代理权的消灭，依其授予代理权的法律关系决定之。"比如，在雇佣合同终止时，工厂推销员的代理权随之而消灭。

第二，被代理人方面的原因，这大致分为：其一，被代理人通过与授权方式等同的形式撤回授权；其二，被代理人破产，此时，破产管理人的管理行为将取代代理人的行为，代理权当然要消灭；其三，被代理人死亡，除当事人另有约定或者法律另有规定之外，代理权消灭；① 其四，被代理人丧失行为能力虽然不能直接导致代理权消灭，但被代理人的法定代理人或者指定代理人可以因此而撤回授权，从而消灭代理权。

第三，代理人方面的原因，这大致分为：其一，代理人放弃代理权，但由此违背代理人与被代理人之间内部关系的，由代理人对被代理人承担相应的责任；其二，代理人破产虽然不是直接导致代理权消灭的原因，但是被代理人撤回代理权的条件；② 其三，代理人死亡或者丧失行为能力。

第三节　代理的分类

一　委托代理、法定代理与指定代理

《民法通则》第 64 条规定："代理包括委托代理、法定代理和指定代理。委托代理人按照被代理人的委托行使代理权，法定代理人依照法律的规定行使代理权，指定代理人按照人民法院或者指定单位的指定行使代理权。"这是最常见的代理分类，其标准在于代理权取得的依据。

所谓委托代理，是指根据被代理人的委托授权而产生的代理，其中，被代理人又称为委托人，代理人又称为被委托人。由于委托代理根据委托人的意思表示而产生，代理人据此取得的是意定代理权，故委托代理又称为意定代理。委托代理是最常见的代理形态，通常建立在委托合同、劳动合同、雇佣合同、合伙、工作职务关系等特定的基础法律关系之上。

所谓法定代理，是指根据法律规定而直接产生的代理。法定代理的产生，无需当事人的意思表示，而是源于法律的强行性规定。法定代理主要

---

① 我国最高人民法院在《关于贯彻执行〈中华人民共和国民法通则〉若干问题的意见（试行）》第 82 条中则规定："被代理人死亡后有下列情况之一的，委托代理人实施的代理行为有效：(1) 代理人不知道被代理人死亡的；(2) 被代理人的继承人均予承认的；(3) 被代理人与代理人约定到代理实现完成时代理权终止的；(4) 在被代理人死亡前已经进行的、而在被代理人死亡后为了被代理人的继承人的利益继续完成的。"

② 参见黄立著《民法总则》，中国政法大学出版社 2002 年版，第 408 页。

是为保护无行为能力人和限制行为能力人的合法权益而设，但也不局限于此，还可以包括以下特殊情形：（1）在紧急状态时法律特别授权的代理，如在某种紧急的特殊情况下，船长、承运人、保管人依据法律规定的紧急代理权，从而成为货主的代理人;①（2）夫妻日常家务的代理，即夫妻对于夫妻以及未成年子女共同生活所必需的食物、水电、医疗保健等事项，可以互为代理人。②

所谓指定代理，是指根据法院或者行政主管机关的指定而产生的代理。指定代理旨在弥补委托代理和法定代理在适用范围上的不足，主要适用于民事主体需要他人代为法律行为，但没有代理人或无法确认代理人的特殊情况，比如，根据最高人民法院《关于贯彻执行〈中华人民共和国民法通则〉若干问题的意见（试行）》第 14 条的规定，在无行为能力人或者限制行为能力人的监护人存在争议时，法院有权依据法律以及对被监护人有利的原则，指定监护人。

二　积极代理与消极代理

根据代理方法的不同，可以将代理分为积极代理与消极代理，前者是指代理人在代理权限范围内，以被代理人的名义做出意思表示，从而对被代理人发生法律效力的代理，又称为主动代理；后者是指代理人在代理权限范围内受领他人做出的意思表示的代理，又称为被动代理。

这两种代理经常交织在一起，如甲授权乙代其购买房屋，乙向丙发出的购房要约即属积极代理，受领丙的承诺则为消极代理。它们区别的意义在于：在积极代理，代理人要决定意思表示的内容，并对外进行表示，故代理人的代理行为由意思表示内容的决定和表示行为所构成；在消极代理，代理人代为受领的意思表示，是第三人对代理人做出的意思表示，无需代理人以被代理人的名义或者以为被代理人的意思而受领。③

三　单独代理与共同代理

根据代理权归属主体数量的不同，可以将代理分为单独代理与共同代理，前者是指代理权属于一人的代理，后者是指代理权归属于数人的代理。与单独代理相比，共同代理除了发生代理人、被代理人和第三人之间

---

① 参见梁慧星著《民法总论》，法律出版社 1996 年版，第 221 页。
② 参见王泽鉴著《民法总则》，中国政法大学出版社 2001 年版，第 459 页。
③ 参见史尚宽著《民法总论》，中国政法大学出版社 2000 年版，第 511—512 页。

的三方关系之外，还涉及数个代理人如何行使代理权的问题，对此，代理权原则上应由代理人共同行使，若仅由其中一人或者数人为代理行为，只有经过被代理人或者其他的共同代理人追认后才能发生法律效力。代理权归属和行使的共同性，是共同代理的基本特性，也是共同代理与集合代理的根本区别，后者是指代理人有数人，但被代理人分别授予各代理人独立的代理权，代理人可各自从事单独代理行为的代理。

共同代理在性质上属于代理权在人的方面的限制，具体而言：（1）数个代理人中一人的意思表示，因为有意思欠缺、被欺诈、被胁迫等情形时，就会导致代理行为具有瑕疵；（2）数个代理人中有一人是无行为能力人，代理行为即无效；（3）代理权必须共同行使，但不必同时作成，有行使先后顺序的，代理行为在最后一人作出意思表示的时候，发生法律效力。不过，这些情形只适用于积极代理，对消极代理而言，为了保护第三人，对代理人中的一人为意思表示（如对要约的承诺）即可。① 在委托代理中，如果共同代理人中的一人或者数人未与其他委托代理人协商，所实施的行为侵犯被代理人权益的，由实施行为的代理人承担民事责任。②

四　显名代理与隐名代理

根据是否存在公开的代理关系的标准，可以将代理分为显名代理与隐名代理，前者是指代理人在代理权限范围内，以被代理人名义为法律行为，并对被代理人直接产生法律效力的代理；后者是指代理人虽然不以被代理人的名义为法律行为，但实际上存在代理的意思，而且第三人对此明知或者应当知道的，则由被代理人取得法律行为后果的代理。

合同法第402条规定了隐名代理制度，即"受托人以自己的名义，在委托人的授权范围内与第三人订立的合同，第三人在订立合同时知道受托人与委托人之间的代理关系的，该合同直接约束委托人和第三人，但有确切证据证明该合同只约束受托人和第三人的除外"。据此，如果代理人在被代理人的授权范围内实施隐名代理行为，而第三人在订立合同时，知道代理人与被代理人之间存在代理关系的，则该隐名代理产生与显名代理相同的法律效力，即第三人与代理人订立的合同直接约束被代理人和第三人。

---

① 参见王泽鉴著《债法原理》第1册，中国政法大学出版社2001年版，第295—296页。
② 参见最高人民法院《关于贯彻执行〈中华人民共和国民法通则〉若干问题的意见（试行）》第79条第1款。

　　根据合同法第 403 条的规定，[1] 如果第三人不知道代理人与被代理人之间存在代理关系的，并不直接产生显名代理的效果，而是要通过被代理人行使介入权或者第三人行使选择权来产生相应的法律后果，即：（1）代理人因第三人的原因不能对被代理人履行义务时，则应当向被代理人披露第三人，被代理人因此可以行使代理人对第三人的权利。（2）代理人因被代理人的原因不能对第三人履行义务时，则应当向第三人披露被代理人，第三人因此可以选择被代理人或者代理人作为相对人主张其权利。

五　直接代理与间接代理

　　根据代理行为的名义和后果归属的不同，可以将代理分为直接代理与间接代理，前者是指代理人在代理权限内，以被代理人的名义从事法律行为，由被代理人承受由此产生的法律后果的代理；后者是指行为人为了被代理人的利益，以自己的名义与第三人进行法律行为，自己先承受法律行为的后果，然后依内部关系移转给被代理人的代理，其中，行为人又称为间接代理人。在传统民法中，代理仅仅指直接代理，间接代理不被视为代理的类型，而是与代理类似的制度。我国民法通则也没有规定间接代理，但合同法第 22 章规定的行纪制度通常被视为间接代理，[2] 故我国民法认可间接代理作为代理类型的存在。

　　这两种代理的区别意义在于：（1）在直接代理，代理人以被代理人的名义从事法律行为，并直接对被代理人产生法律效力；在间接代理，行为人以自己名义与第三人进行法律行为，并由行为人自己直接取得法律行为的后果。（2）在直接代理，如果代理行为的效力存在欺诈、胁迫等意思表示的瑕疵，代理人可以对这些事实进行主张，但由于代理行为的法律后果归属于被代理人，故否定代理行为效力的撤销权等归属于被代理人；在间

---

　　[1]　我国合同法第 403 条规定："受托人以自己的名义与第三人订立合同时，第三人不知道受托人与委托人之间的代理关系的，受托人因第三人的原因对委托人不履行义务，受托人应当向委托人披露第三人，委托人因此可以行使受托人对第三人的权利，但第三人与受托人订立合同时如果知道该委托人就不会订立合同的除外。受托人因委托人的原因对第三人不履行义务，受托人应当向第三人披露委托人，第三人因此可以选择受托人或者委托人作为相对人主张其权利，但第三人不得变更选定的相对人。委托人行使受托人对第三人的权利的，第三人可以向委托人主张其对受托人的抗辩。第三人选定委托人作为其相对人的，委托人可以向第三人主张其对受托人的抗辩以及受托人对第三人的抗辩。"

　　[2]　参见龙卫球著《民法总论》，中国法制出版社 2001 年版，第 680 页；王利明著《民法总则研究》，中国人民大学出版社 2003 年版，第 620 页。

接代理，如果间接代理人受欺诈或者胁迫而为意思表示，其既可主张这些事实，也应享有撤销权，因为间接代理人是间接代理行为效果的直接承受人，被代理人不得享有这些权利。（3）在直接代理，如果代理人的意思表示是按照被代理人的意思做出时，则要由被代理人来决定代理行为效力瑕疵存在与否的事实；在间接代理，被代理人不直接承受代理行为的后果，也就不享有这样的权利。

六　有权代理与无权代理

根据有无代理权的标准，可以将代理分为有权代理与无权代理，前者是指有正当代理权的代理，后者是指无正当代理权的代理。在有权代理，代理人所为的代理行为对被代理人直接发生法律效力，对此，民法通则第63 条第 2 款规定："代理人在代理权限内，以被代理人的名义实施民事法律行为。被代理人对代理人的代理行为，承担民事责任。"在无权代理，除非符合特定要件的要求，代理行为对被代理人不产生法律效力，对此，请参看本章第四节和第五节的论述。

七　主代理与复代理

所谓主代理，是指代理人根据被代理人的授权，或者根据法律规定，或者根据有关机关指定而取得代理权的代理，又称本代理，包括委托代理、法定代理和指定代理；所谓复代理，是指由代理人根据代理权，以自己名义授予他人担任被代理人的代理人的代理，又称再代理，其中，从代理人处取得代理权之人称为复代理人。复代理主要适用于委托代理的情形，但也可适用于法定代理和指定代理，如最高人民法院《关于贯彻执行〈中华人民共和国民法通则〉若干问题的意见（试行）》第 22 条规定："监护人可以将监护职责部分或者全部委托给他人。"

与主代理相比，复代理具有多层次性，由此产生的关系更为复杂，法律也对复代理的产生加以严格的限制。民法通则第 68 条规定："委托代理人为被代理人的利益需要转托他人代理的，应当事先取得被代理人的同意。事先没有取得被代理人同意的，应当在事后再及时告诉被代理人，如果被代理人不同意，由代理人对自己所转托的人的行为负民事责任，但在紧急情况下，为了保护被代理人的利益而转托他人代理的除外。"据此，对委托代理而言，复代理的产生必须具备以下条件：（1）代理人转委托的目的旨在实现被代理人的利益；（2）原则上应当取得被代理人的同意，对此，被代理人既可事先授权，也可事后追认；① （3）代理人只能在其享有的代理权限范围内，向复代理人转委托其代理权的全部或者部分，但不得超过其代理权限。对于法定代理和指定代理，复代理的产生无需有被代理人的同意。

复代理关系一经形成，复代理人就是被代理人的代理人，而不是代理人的代理人，复代理人在代理权限内，以被代理人名义实施代理行为所产生的法律后果由被代理人承受。当因为委托代理人转托不明而给第三人造成损失时，根据最高人民法院《关于贯彻执行〈中华人民共和国民法通则〉若干问题的意见（试行）》第81条的规定，第三人有权要求被代理人赔偿损失，被代理人在承担民事责任后，可要求代理人赔偿损失，复代理人有过错的，应当负担连带责任。

第四节　无权代理

一　无权代理的基本意义

无权代理是指在无正当代理权之人以代理人身份从事的民事行为。所谓无正当代理权，包括以下情形：（1）根本就无代理权；（2）超越代理权限的范围；（3）代理权消灭。如果某人具有上述情形之一，仍以被代理人的名义进行法律行为，就构成无权代理，该人则被称为无代理权人。比如，甲将某件古玩寄存于乙处，乙擅自以甲的名义将该古玩出售给丙，就属于典型的无权代理，其中，甲为被代理人，乙为无代理权人。

在民法理论中，无权代理可以区分为以下两种：（1）无第三人信赖利益的无权代理，即无代理权人不具有代理权的外观，第三人不会据此信赖他有代理权，从而认为自己在与被代理人从事法律行为，自然也就无第三人信赖利益的存在，在此情况下，法律在平衡被代理人和第三人利益的基础上，着重保护被代理人；（2）有第三人信赖利益的无权代理，即无代理权人具有代理权存续的外观，导致第三人信赖他有代理权，从而产生信赖利益，对此，法律要特别保护第三人。前一种无权代理被称为狭义的无权

---

① 但出现紧急情况是无需被代理人的同意，按照最高人民法院《关于贯彻执行〈中华人民共和国民法通则〉若干问题的意见（试行）》第80条的规定，所谓紧急情况，是指由于急病、通讯联络中断等特殊原因，委托代理人自己不能办理代理事项，又不能与被代理人及时取得联系，如不及时转托他人代理，会给被代理人的利益造成损失或者扩大损失的情形。

代理，后一种无权代理被称为表见代理。

二　狭义无权代理

（一）构成要件

狭义无权代理的基本构成要件是：

第一，存在代理的形式，即无代理权人以被代理人的名义为法律行为，这意味着无权代理必须符合代理的要件，据此，没有被代理人的代理也就不能构成无权代理，如以不存在的法人名义而为的法律行为、以死者的名义而为的法律行为均非无权代理。①

第二，无正当代理权的基础，即无代理权人在上述代理关系中缺乏代理权，这意味着无权代理仅仅在代理人与第三人的关系方面具有代理的形式，但在代理人与被代理人的关系方面缺乏正当代理的实质。

由此也可以看出，尽管狭义无权代理、无权处分②和无因管理③都涉及到无权利人或者无特定法律地位之人处理他人事项的情形，但狭义无权代理与无权处分、无因管理存在本质区别：

第一，在合同法中，狭义无权代理与无权处分规则同时并存，它们均产生行为效力未定的法律效果，但各自的构成要件是不同的：（1）在狭义无权代理中，无代理权人以被代理人的名义从事行为；在无权处分中，无处分权人以自己的名义从事行为，如甲将某件古玩寄存于乙处，乙谎称该古玩为己所有，而通过买卖将古玩的所有权移转给丙；（2）狭义无权代理所指涉的行为是法律行为，既可以是负担行为也可以是处分行为；无权处分所指涉的行为类型是移转所有权等处分行为，而不包括买卖合同等债权行为。④

第二，狭义无权代理与无因管理同样具有无法律义务而管理他人事务的属性，但它们在构成要件上的区别也非常明显：（1）在狭义无权代理中，无代理权人要以被代理人的名义从事行为；在无因管理中，管理人为了本人的利益

---

① 参见史尚宽著《民法总论》，中国政法大学出版社2000年版，第544—545页；王泽鉴著《债法原理》第1册，中国政法大学出版社2001年版，第311—312页。

② 合同法第51条规定了无权处分："无处分权的人处分他人财产，经权利人追认或者无处分权的人订立合同后取得处分权的，该合同无效。"

③ 民法通则第93条规定了无因管理，即："没有法定的或者约定的义务，为避免他人利益受损失进行管理或者服务的，有权要求受益人偿付由此而支付的必要费用。"

④ 参见［德］迪特尔·梅迪库斯著《德国民法总论》，邵建东译，法律出版社2000年版，第771页以下。

而以自己的名义从事行为，如甲将某件古玩寄存于乙处，乙将之借给丙用以展览，丙为此而支付一定费用；（2）狭义无权代理所指涉的行为只能是法律行为；无因管理涉及的行为不限于法律行为，还可是事实行为。

（二）法律效果

与正当的有权代理相比，狭义无权代理仅仅具有代理的形式，而无实质，如何处理由此引发的关系，就属于狭义无权代理法律效果调整的范畴。对此，民法通则第66条第1款规定："没有代理权、超越代理权或者代理权终止后的行为，只有经过被代理人的追认，被代理人才承担民事责任。未经追认的行为，由行为人承担民事责任。被代理人知道他人以被代理人名义实施民事行为而不作否认表示的，视为同意。"在此基础上，合同法第48条进一步规定："行为人没有代理权、超越代理权或者代理权终止后以被代理人名义订立的合同，未经被代理人追认，对被代理人不发生效力，由行为人承担责任。相对人可以催告被代理人在一个月内予以追认。被代理人未作表示的，视为拒绝追认。合同被追认之前，善意相对人有撤销的权利。撤销应当以通知的形式作出。"两者相比，合同法的上述规定比民法通则的规定更具有操作性，内容更完备，也更接近传统大陆法系民法的相关规定。①

根据合同法的上述规定，狭义无权代理产生效力未定的基本法律后果，为了使该后果确定化，当事人要采用特定的行为，如被代理人的追认、第三人的撤销等，这些行为的实施不仅会决定无权代理行为的法律效力，同时也将改变当事人之间代理关系的构造。从代理关系的角度分析，狭义无权代理的法律效果包括以下三方面：

1. 被代理人与第三人的法律关系

狭义无权代理在被代理人与第三人之间确立了法律关系，其实质内容主要表现在当事人享有的权利之上，具体而言：

（1）被代理人的追认权和拒绝权

追认权是被代理人对于无代理权人擅自以被代理人名义实施的无权代

---

① 需要注意的是，德国民法在无权代理的法律效力上，根据指向的行为是合同还是单方行为而有所不同，即针对合同行为的无权代理为效力未定（第177—178条），针对单方行为的无权代理，原则上受到法律禁止，是无效的行为，被代理人无从追认（第180条）。对这些规则的详细阐释，参见〔德〕迪特尔·梅迪库斯著《德国民法总论》，邵建东译，法律出版社2000年版，第738—742页；〔德〕卡尔·拉伦茨著《德国民法通论》，王晓晔等译，法律出版社2003年版，第873—876页。

理行为承认其效力，同意承受该行为法律后果的权利。追认在性质上属于有相对人的单方法律行为，该相对人既可以是代理人还可以是第三人；追认的方式可为积极的明示，也可为消极的默认，即被代理人知道他人以自己的名义从事代理活动而不作否认表示的，就被视为同意。追认权在性质上属于形成权，一经行使，无权代理行为就溯及于其成立之时而产生法律效力，被代理人和第三人之间即产生相应的法律关系。

拒绝权是指被代理人对于无代理权人擅自以被代理人名义实施的无权代理行为不予以追认的权利。被代理人既可积极地拒绝追认，也可消极地拒绝，即在第三人催告被代理人追认的1个月期限内，被代理人未作任何表示的，就视为拒绝追认。被代理人拒绝追认后，无权代理行为确定无效，被代理人不承受无权代理的法律后果，被代理人和第三人之间也就不会因无权代理而发生关联，无代理权人要承担由此引发的民事责任。

（2）第三人的催告权和撤销权

被代理人追认权和拒绝权的行使，将决定无权代理的法律效力，但完全由被代理人掌控无权代理的效力，对无辜的第三人未免不利，为了平衡他们之间的利益，法律特赋予第三人以催告权和撤销权。

催告权是第三人告知被代理人在一定期限内就是否行使追认权予以明确答复的权利。第三人可以催告被代理人在1个月内予以追认，被代理人未作表示的，视为拒绝追认。显见，在被代理人不积极进行追认的情况下，催告权使得第三人占据了主动地位，能通过积极的行为来促使被代理人决定无权代理行为的效力。

撤销权指善意第三人在被代理人行使追认权之前，解除与代理人所为民事行为的权利。该权利的行使，虽然不受第三人是否向被代理人发出催告的影响，但必须符合以下要件：（1）主体为善意第三人，即不知交易相对人是无代理权人，否则，就不得享有撤销权，而只能行使催告权；（2）在被代理人追认无权代理行为之前行使，否则，无权代理行为经被代理人的追认而确定发生法律效力，自不因第三人的撤销而有所改变。同被代理人的追认权一样，第三人的撤销权也是形成权，只要它符合上述要件，无权代理行为即确定无效，被代理人和第三人之间自然也无基于无权代理而发生的法律关系。

2. 被代理人与无代理权人的法律关系

被代理人的追认权是其享有的权利，无代理权人不得基于此，请求被代理人追认无权代理行为，只有在例外情形下，被代理人可能要负担承认的义务，如在无因管理中的紧急事件处理。①

在被代理人追认无权代理行为时，被代理人和代理人之间的关系依照其内部关系予以确定。如甲公司业务员乙超越授权范围与客户订立合同，甲为维持信用而承认该合同，甲对因此而造成的损害，可请求乙予以赔偿；在被代理人拒绝追认无权代理行为时，无代理权人可依据无因管理的规定主张权利，如甲家无人而其住宅因台风而遭毁损，乙以甲的名义雇佣丙修缮，当甲不承认该代理行为时，由于乙的管理行为利于甲，也不违背甲明示或者可推知的意思，乙有权请求甲清偿其对丙所负担的损害赔偿责任。②

3. 无代理权人与第三人之间的法律关系

第三人行使撤销权而撤销无权代理行为时，该行为即无法律效力，无代理权人与第三人之间也就无法律关系可言。当被代理人追认无权代理行为时，该行为在被代理人和第三人之间发生法律效力，与代理人无关，代理人与第三人也无法律关系可言。

只有在被代理人拒绝追认无权代理行为时，无代理权人才要承担由此产生的责任，即该行为给第三人造成损害的，无代理权人要负担赔偿责任。不过，按照学界通说，此时可以获得损害赔偿请求权的第三人，应当是不知代理人无正当代理权的善意之人，至于有无过失，在所不问，故该责任在性质上属于法定担保责任。③ 如果第三人明知无代理权人缺乏代理权而仍然与之从事法律行为的，因此而造成的损失，第三人对无代理权人无损害赔偿请求权；不仅如此，根据民法通则第 66 条第 4 款的规定，在这种情形，他人因为无权代理行为而遭受损害的，由无代理权人和第三人负担连带责任。

三 表见代理

（一）基本意义

所谓表见代理，是指第三人基于特定客观事实信赖无代理权人具有代

---

① 参见黄立著《民法总则》，中国政法大学出版社 2002 年版，第 420 页。台湾民法第 175 条规定了无因管理中的紧急事件处理，即"管理人为免除被代理人之生命、身体或财产上之急迫危险，而为事务之管理者，对于因其管理所生之损害，除有恶意或重大过失外，不负赔偿之责"。

② 参见王泽鉴著《民法总则》，中国政法大学出版社 2001 年版，第 472 页。

③ 参见王泽鉴著《民法总则》，中国政法大学出版社 2001 年版，第 470 页。也有学者认为该责任属于缔约过失责任，并认为无代理权人以被代理人名义从事法律行为，很难想象他会没有故意或者过失。参见黄立著《民法总则》，中国政法大学出版社 2002 年版，第 419—420 页。

理权，从而产生有权代理法律后果的无权代理。对此，合同法第49条规定："行为人没有代理权、超越代理权或者代理权终止后以被代理人名义订立合同，相对人有理由相信行为人有代理权的，该代理行为有效。"比如，甲对丙表示授予乙代理权，由乙代甲向丙协商购买机器设备，后甲对乙撤回该授权，但并未通知丙，乙仍然以甲的名义购买这些机器设备，此时，乙属于无代理权人，但丙有足够理由相信乙具有代理权，乙和丙之间的买卖合同就对甲产生法律约束力，甲要承受由此产生的法律后果。

从上述概念和法律规定中可以看出，表见代理是无权代理的一种，代理人在从事代理行为时并不具有正当的代理权，但法律为了保护第三人的利益，将本属于无权代理的表见代理拟制为有权代理，致使无权代理行为在被代理人与第三人之间产生法律效力。之所以如此，最基本的导向就是在无代理权人具有代理权外观的情形下，通过衡量被代理人和第三人双方的利益，来保护更无辜或者利益较大的一方。与被代理人是与代理人具有内部关系之人的地位相比，第三人是代理人与被代理人关系之外的人，很难知悉代理人与被代理人之间的真实关系，在不能获得充分信息的情况下，他只能凭借代理人显示出的代理权外观，信赖代理人具有正当的代理权，在此基础上与代理人从事法律行为，并有充分理由相信该法律行为的后果，是在自己与被代理人之间建立相应的法律关系。无代理权人之所以具有代理权外观，往往是由被代理人的疏忽等可归责的原因造成的，与第三人无关，而且，只要第三人在交易时尽到相当注意而不知此代理权外观虚假，那么，对于无权代理行为的做出，第三人显然比被代理人无辜。不仅如此，被代理人与代理人之间的关系，仅仅约束当事人双方，不能对无辜的第三人产生必然的法律约束力，即被代理人的利益和意志不能对第三人与代理人之间的关系形成必然制约，否则，代表社会公众的第三人在与所谓的"代理人"从事法律行为时，就不得不花费成本进行代理权正当与否的调查，而这不仅会增加交易成本，实际上也不可行，为了保护交易的正常进行，为了保护社会公众的利益，就有必要保护第三人在无权代理行为中能够取得的利益。

在表见代理中，正是无代理权人具有代理权的这个外在事实引起了第三人的信赖，即一般人在这种事实表象下，都会信赖它是真实的，显然，第三人基于无代理权人的代理权外观而得到保护的表见代理规则，体现了法律对无辜第三人因为信赖代理权外观而产生的利益的保护，体现了在特定条件下代理权外观能够替代正当代理权的效力，这样的规则属于代理制度中的权利外观责任（Rechtsscheinhafung）规则。对此，德国著名法学家拉伦茨的解释是：法律保护这种信赖，即对于那种在正常情况下由法律行为而发生的有效的拘束或授权（如意定代理）的发生或存续的信赖，这种信赖的依据并不是或者不仅仅是某项可归责的意思表示，其所依据的只是由其他方式产生的、存在某种相应的权利状态的表象。在这种情况下，那个必须承认这个既存的权利状态的表象之存在并对之负责的人，通常是可归责于他自己的方式引发了这一权利表象的人，或者是具有消除这一表象的能力而未去消除这一表象的人。而在受益人方面，他必须是信赖了这一表象的人，而且在通常情况下，他还是尽到了交易上应有的注意之后仍然信赖这一表象的人，结果就是，对于这个应予保护的人，有关的法律后果视为已经发生或者继续存在。①

（二）构成要件和法律后果

表见代理是无权代理的一种，但它又不同于狭义的无权代理，故除了要具备无权代理的基本构成要件之外，表见代理还要具备以下特殊的构成要件：

第一，无代理权人具有代理权的外观，即无代理权人给第三人造成了他具有代理权的假象，而且，一般人在这种情况下，都会信赖代理人有代理权。比如，甲虽然没有真实地对乙授予代理权，但提供自己的印章给乙，或者对外宣称要授予乙代理权，虽然乙从甲处并未取得正当的代理权，但甲的这些行为足以导致第三人相信乙有代理权，乙也实际具有了代理权的外观。

第二，被代理人对于无代理权人取得代理权外观的事实，具有可归责性，即被代理人如果尽到正常人的注意，就可防止行为人以代理人的身份从事活动，但被代理人对此有所懈怠而导致无代理权人取得代理权外观。

第三，第三人善意且无过错，即第三人不知道无代理权人不具有正当的代理权，而且第三人的这种不知情，在主观上没有过错。

一旦具备上述要件，表见代理就要产生等同于有权代理的法律效力，即无代理权人与第三人之间实施的法律行为对于被代理人具有法律约束力，被代理人必须承担由此产生的法律后果。当然，在无权代理中，不属于表见代理的狭义无权代理，要发生上一节提到的无权代理的效果。

由此也可看出狭义无权代理与表见代理的主要区别：（1）构成要件不

---

① 参见卡尔·拉伦茨著《德国民法通论》，王晓晔等译，法律出版社2003年版，第886页。

同，即在狭义无权代理中，代理人无正当代理权也无代理权外观，第三人无从信赖代理人具有正当代理权；在表见代理中，代理人虽然无正当代理权，但他具有的代理权外观足以导致无辜第三人信赖代理人具有正当代理权。(2) 法律后果不同，即在狭义无权代理中，被代理人享有追认权和拒绝权，一旦无权代理行为得到被代理人的追认，就对被代理人产生法律效力，否则，就由代理人自负其责，故而，在被代理人追认之前，狭义无权代理行为属于效力未定的法律行为；在表见代理中，无权代理行为被拟制为有权代理行为，无需被代理人的任何行为，就要对被代理人产生法律约束力，故表见代理行为属于效力确定的法律行为。

本章小结

　　代理涉及三方主体，即代理人、被代理人和第三人，由此组合出三种关系，即代理人以被代理人的名义进行法律行为、代理人与第三人直接进行法律行为、被代理人承受由此产生的法律后果。代理与法律行为紧密相关，它必须符合法律行为的成立要件和生效要件，此外，为了发生被代理人预期的后果，有效的代理行为要以被代理人的名义来实施，且代理人应具有正当的代理权。符合这些要件后，被代理人要承受代理人行为所产生的权利和义务。

　　在代理制度中，代理权属于核心问题，其中意定代理权是重中之重。意定代理权产生的基础是法律行为，即代理权授予，它与被代理人与代理人之间委托、雇佣等合同不同，后者无效或者被撤销不影响代理权授予行为的法律效力，这体现了代理权授予行为的无因性。代理权在行使时，应受权限范围的限制，要维护被代理人的利益，还应遵守诚实信用原则的要求，否则，就构成为代理权滥用，代理人应承担相应的法律责任。

　　如果没有正当代理权之人从事代理行为，就是无权代理。此时，如果无代理权人没有代理权的外观，第三人不信赖他有代理权，被代理人可认可或者拒绝承担该行为的效果，第三人也有权告知被代理人在一定期限内就是否行使追认权予以明确答复，或者善意第三人在被代理人行使追认权之前，解除与代理人所为民事行为的权利。一旦被代理人追认无权代理行为，被代理人和代理人之间的关系依照其内部关系予以确定。一旦被代理人拒绝追认无权代理行为，该行为给第三人造成损害的，无代理权人要负担赔偿责任。另外，虽然为无权代理，但第三人基于特定客观事实信赖无代理权人具有代理权，该代理就产生有权代理的法律后果，是谓表见代理，以保护善意第三人的利益。

思 考 题

一、名词解释

（1）代理 　　　　　　　　（2）代理权

（3）委托代理 　　　　　　（4）隐名代理

（5）间接代理 　　　　　　（6）复代理

（7）无权代理 　　　　　　（8）表见代理

二、简答题

1. 简述代理关系的基本构造。

2. 简述代理权行使的规则。

3. 简述直接代理和间接代理的区别。

4. 简述狭义无权代理和表见代理之间的异同。

5. 简述表见代理的意义。

三、论述题

1. 谈谈你对"代理权授予行为的无因性"的理解。

2. 试论无权代理。

阅读参考文献

［德］迪特尔·梅迪库斯著：《德国民法总论》，邵建东译，法律出版社 2000 年版。

［德］卡尔·拉伦茨著：《德国民法通论》，王晓晔等译，法律出版社 2003 年版。

史尚宽著：《民法总论》，中国政法大学出版社 2000 年版。

王泽鉴著：《民法总则》，中国政法大学出版社 2001 年版。

曾世雄著：《民法总则之现在与未来》，中国政法大学出版社 2001 年版。

黄立著：《民法总则》，中国政法大学出版社 2002 年版。

梁慧星著：《民法总论》，法律出版社 1996 年版。

王利明著：《民法总则研究》，中国人民大学出版社 2003 年版。

龙卫球著：《民法总论》，中国法制出版社 2001 年版。

王泽鉴著：《债法原理》第 1 册，中国政法大学出版社 2001 年版。

第八章　时间的民法意义

内容提要

本章以诉讼时效制度为重心论述时间的民法意义。所谓诉讼时效，是指在特定期间内不行使权利而导致请求权的实现受到抗辩的法律事实，其主要意义在于促使权利人及时行使权利，具有法律强制性，不受当事人意思表示的影响。诉讼时效有普通诉讼时效、特殊诉讼时效和最长诉讼时效之分，前者是普遍适用请求权法律关系的诉讼时效，中者是适用于法律规定的特定请求权法律关系的诉讼时效，后者是对于各类请求权予以保护的最长时效。诉讼时效期间届满而请求权人不主张权利的，该权利在实现上就存在法律障碍，但权利本身并不消灭。为了保障请求权人的利益，法律还设置诉讼时效中止、中断和延长等制度，来确保在正当情形下，请求权不受诉讼时效的不当约束。在诉讼时效之外，取得时效、除斥期间、权利失效等制度也与时间有关。

第一节　期日与期间

时间不仅在日常生活中具有重要意义，同时也是十分重要的法律事实，民法中存在许多与时间有关的规则，而在民法总论中专门设立期日、期间、诉讼时效等有关时间的一般性规则，也成为大陆法系中德国法系的立法传统和学理传统。民法通则基本上也遵循了这个传统模式，于第七章专门规定了"诉讼时效"这个重要的时间制度，于第九章"附则"规定了"期间"规则（第154—155条）。

民法中有关时间的规定极其繁杂，表述方式也极其不同，但按照其作用方式，大致分为两类：第一，法律事实性质的规范，即时间在此被视为具有法律事实的属性，能引发法律关系的变动，如取得时效就表明在一定时间和平、公然并持续占有他人财产，最终导致取得占有物所有权的效果；第二，简单的时间因素，与法律事实或者法律关系的过程联系起来，仅作为确定特定法律关系起始、消灭或者存续的法律标志，如出生的时间在民法上是确定自然人生命、主体权利能力和人格权等法律事实或者法律关系始点的标志。①

一 期日

期日是指不可分或视为不可分的一定时间点。期日在物理意义上不一定就是特定日期（如 2004 年 5 月 31 日），还可以是特定的某年、某月、某时、某分、某秒。实际上，期日的法律意义就是特指时间上的点，是时间的静态表现，只要某特定时间被作为期日，即使它在物理意义上具有可分性，如 2004 年 5 月 31 日由 24 个小时构成，但仍然要将该日的全日当作不可分的期日，当事人在该日内所为的民事活动具有相当的法律意义。不过，期日的确定还要遵循交易惯例或者生活习惯，即在以某日为给付或者意思表示的期日时，原则上应当于通常营业或者作息时间内为给付或者意思表示，于凌晨或者深夜为之者，依其情形，可视为违反诚实信用原则。②

期日具有独立的存续意义，可用以确定某法律事实的发生或者消灭，如确定人的出生或者死亡；但在更多的情况下，期日主要依附于期间，用以确定期间的起点和终点，对此，民法通则第 154 条规定是：第一，规定按照小时计算期间的，从规定时开始计算；规定按照日、月、年计算期间的，开始的当天不算，从下一天开始计算。第二，期间的最后一天是星期日或者其他法定休假日的，以休假日的次日为期间的最后一天。③ 第三，期间的最后一天的截止时间为 24 点。有业务时间的，到停止业务活动的时间截止。

二 期间

（一）期间的基本意义

期间是指某一期日与另一期日之间的持续时间。期间是时间的动态表现，表明了特定时间段的持续，如从某年到某年、从某日起若干日等。与

---

① 参见龙卫球著《民法总论》，中国法制出版社 2001 年版，第 683 页。

② 参见王泽鉴著《民法总则》，中国政法大学出版社 2001 年版，第 509 页。

③ 最高人民法院《关于贯彻执行〈中华人民共和国民法通则〉若干问题的意见（试行）》第 198 条第 2 款对此进行了修改，即期间的最后一天是星期日或者其他法定休假日，而星期日或者其他法定休假日有变通的，以实际休假日的次日为期间的最后一天。

期日是特定时间点的性质相比，期间属于时间线或者时间段。根据民法通则第 154 条第 1 款的规定，期间的计算单位是公历年、月、日、小时，但这并非强行的限制性规定，季度、旬、星期、分、秒也可以成为计算单位。期间必有一定的长度，其开始之时，称为起算点；其终结之日，称为终止点。

在计算期间时，有两种方法可供采用：第一，自然计算方法，即严格按照时间的物理意义单位计算期间，据此，时、日、星期、月、年等时间单位中所包含的时间，非常一致而且精确，即 1 小时为 60 分，1 日为 24 小时，1 星期为 7 天，1 月为 30 天，1 年为 365 天。多数国家对于以日、时、分、秒为单位的期间，以及以星期、月或者年为单位但不连续的期间，多采用这种方法；我国最高人民法院《关于贯彻执行〈中华人民共和国民法通则〉若干问题的意见（试行）》第 198 条第 1 款则规定："当事人约定的期间不是以年、月第一天起算的，一个月为三十日，一年为三百六十五日。"第二，历法计算方法，即按照历法所定的时、日、周、月、年计算期间，据此，1 日指从 0 时至 24 时，1 星期指从周一至周日，1 月指从月的首日至末日，1 年指从 1 月 1 日至 12 月 31 日。各国民法对于以星期、月或者年为单位而且连续的期间，一般采用历法计算法。

（二）除斥期间

作为期间的一种，除斥期间是指权利人在法律规定或者当事人意定的权利存续期间内不行使权利的，因该期间届满而导致该特定权利消灭的法律制度。在传统民法中，除斥期间主要适用于形成权，其目的在于尽早确定形成权的状态，用特定时间来决定形成权的存续，即在除斥期间内，形成权存在，期间届满导致权利消灭，而且，这种消灭的后果无论当事人是否主张，法院都要依职权进行是否适用除斥期间的审查。

不过，我国有关的法律规定扩大了除斥期间的适用对象，比如《个人独资企业法》第 28 条规定："个人独资企业解散以后，原投资人对个人独资企业存续期间的债务仍应承担偿还责任，但债权人在 5 年内未向债权人提出偿债请求的，该责任消灭。"据此，该期间的经过消灭的是债权请求权。又如，《物权法》第 202 条规定："抵押权人应当在主债权诉讼时效期间内行使抵押权；未行使的，人民法院不予保护。"该条规定确立了抵押权的存续期间，这也可视为除斥期间。

除斥期间有法定期间和意定期间之分，前者由法律直接予以规定，后者则由当事人基于意思表示而确定，比如，合同法第 95 条规定："法律规定或者当事人约定解除权行使期限，期限届满当事人不行使的，该权利消灭。法律没有规定或者当事人没有约定解除权行使期限，经对方催告后在合理期限内不行使的，该权利消灭。"据此，对于合同解除权，当事人可以直接约定除斥期间，也可以在未约定时由对方催告确定合理期间。

第二节　时　效

时效是指特定的事实状态在特定期间内持续存在而产生与该事实状态相适应的法律效力的法律制度。根据事实状态为权利行使或者不行使的不同情形，可以将时效分为取得时效和诉讼时效（又称消灭时效）两类，前者是指依据取得所有权的意思，公开、和平、继续地占有他人之物达到法律规定的期间，从而取得物之所有权的制度;[①] 后者是指在特定期间不行使请求权而导致当事人丧失请求法院保护其权利的制度。[②] 从立法体例上看，德国、我国台湾地区"民法"将取得时效当作物权变动的一种原因，故该制度被放置在民法典的物权编之中，而诉讼时效则作为普遍适用于民法诸多领域的制度，而规定于民法典总则编之中。

一　诉讼时效

（一）诉讼时效的意义

诉讼时效是指在特定期间内不行使权利而导致请求权的实现受到抗辩的法律事实。诉讼时效在罗马法中属于诉讼法上的制度，直到 19 世纪，德国著名法学家温德夏德（Winscheid）创设了请求权的概念，德国民法以此为基础，在实体法上形成了诉讼时效制度，并为后世民法所继受。[③] 民法通则第七章也专门规定了诉讼时效制度。

诉讼时效的最基本意义在于，促使权利人及时行使权利，以达到稳定社会经济秩序的目的，从而使得社会中新生成的经济秩序不会发生异常变动。当然，诉讼时效还利于法院及时正确地处理民事纠纷，因为过了几年以后，纠纷的证据常常无法获取，而诉讼时效可以减少诉讼，避免不必要的争议。

诉讼时效最基本的特征是其具有严格的法律强制性，即当事人不得以

---

①　参见孙宪忠著《中国物权法总论》，法律出版社 2003 年版，第 202—204 页。

②　参见王利明著《民法总则研究》，中国人民大学出版社 2003 年版，第 701 页。

③　参见王泽鉴著《民法总则》，中国政法大学出版社 2001 年版，第 514—515 页。

其意思排除诉讼时效规定的适用，协议变更法定诉讼时效制度的内容或者约定预先放弃时效利益等均为法律所禁止，这是因为诉讼时效制度要求债权人为公共利益做出牺牲，原则上属于强制性规定，①比如，我国台湾地区"民法"第147条即规定："时效期间，不得以法律行为加长或缩短之，并不得预先抛弃时效之利益。"

（二）诉讼时效的客体

正如诉讼时效的定义所界定的，诉讼时效是适用于请求权的法律制度，而不适用于支配权、抗辩权和形成权。不过，请求权因为其基础权利的不同而有不同的特性，诉讼时效究竟能适用于哪些请求权，需要认真探讨。一般说来：

第一，基于债权产生的请求权，即债权请求权，如违约的损害赔偿请求权、不当得利返还请求权、侵权行为损害赔偿请求权等，均为诉讼时效的客体。不过，其中也存在例外，最高人民法院《关于贯彻执行〈中华人民共和国民法通则〉若干问题的意见（试行）》第170条就规定："未授权给公民、法人经营、管理的国家财产受到侵害的，不受诉讼时效期间的限制。"

第二，基于物权产生的请求权，即物权请求权，如所有权人排除返还请求权、占有人的返还请求权等，不适用于诉讼时效制度。之所以如此，是与债权请求权相比，物权请求权依附于物权而存续，是从物权的排他性、绝对性衍生出的防护性请求权，是一种不可脱离所附属的物权的权利，②而物权的性质是支配权，不适用诉讼时效，以恢复和保全物权完满状态为根本宗旨的物权请求权当然也不应受诉讼时效的制约。

第三，基于人身权产生的请求权，除其中具有财产权性质的请求权（如夫妻间的损害赔偿请求权、赡养费给付请求权、人格权受到侵害而产生的损害赔偿请求权）之外，其余均不适用诉讼时效制度。③比如，德国民法第194条第2款规定，对亲属法上旨在恢复符合亲属法状态的请求权，如夫妻同居请求权、离婚请求权等，不适用诉讼时效。

（三）诉讼时效的分类

根据民法通则的规定，诉讼时效分为普通诉讼时效、特殊诉讼时效和

---

① 参见［德］迪特尔·梅迪库斯著《德国民法总论》，邵建东译，法律出版社2001年版，第93页。

② 参见孙宪忠著《中国物权法总论》，法律出版社2003年版，第317页。

③ 参见王泽鉴著《民法总则》，中国政法大学出版社2001年版，第514—515页。

最长诉讼时效，分别具有不同的期间。

普通诉讼时效是指普遍适用请求权法律关系的诉讼时效，又称一般诉讼时效。民法通则第135条规定，除法律另有规定外，向人民法院请求保护民事权利的诉讼时效期间为2年。

特殊诉讼时效是指适用于法律规定的特定请求权法律关系的诉讼时效，它又可以分为短期诉讼时效和长期诉讼时效。其中，诉讼时效期间在2年以下的为短期诉讼时效，民法通则第136条规定："下列的诉讼时效期间为1年：（一）身体受到伤害要求赔偿的；（二）出售质量不合格的商品未声明的；（三）延付或者拒付租金的；（四）寄存财物被丢失或者损毁的。"除此之外，民法的特别法也有规定短期诉讼时效的，如海商法第257条规定："就海上货物运输向承运人要求赔偿的请求权，时效期间为1年，自承运人交付或者应当交付货物之日起计算；在时效期间内或者时效期间届满后，被认定为负有责任的人向第三人提起追偿请求的，时效期间为九十日，自追偿请求人解决原赔偿请求之日起或者收到受理对其本人提起诉讼的法院的起诉状副本之日起计算。"长于2年（2年以上至20年以下）期间的诉讼时效即为长期诉讼时效，合同法第129条规定："因国际货物买卖合同和技术进出口合同争议提起诉讼或者申请仲裁的期限为四年。"

根据民法通则第137条的规定，最长诉讼时效是指对于各类请求权予以保护的最长时效，其时效期间是20年。

（四）诉讼时效的计算

依据民法通则第137条的规定，诉讼时效期间应从请求权人知道或应当知道权利被侵害时开始计算。据此，在尚未发生侵犯权利的事实，或者权利人不知或不应当知道权利被侵害事实的情况下，诉讼时效不得开始计算。最高人民法院《关于贯彻执行〈中华人民共和国民法通则〉若干问题的意见（试行）》第168条则对人身损害赔偿的诉讼时效期间的计算进行了更具体的规定，即"伤害明显的，从受伤害之日起算；伤害当时未曾发现，后经检查确诊并能证明是由侵害引起的，从伤势确诊之日起算"。

不过，上述的计算方式适用于普通诉讼时效和特殊诉讼时效，不适用于最长诉讼时效，最长诉讼时效要从权利被侵害之时开始计算，即使权利人不知道其权利被侵害，也只能在20年内获取法律保护。最高人民法院《关于贯彻执行〈中华人民共和国民法通则〉若干问题的意见（试行）》第167条也规定："民法通则实施后，属于民法通则第135条规定的2年诉讼时效期间，权利人自权利受侵害时起的第 18 年后到第 20 年期间才知道自己的权利被侵害的，或者属于民法通则第 136 条规定的 1 年诉讼时效期间，权利人自权利被侵害时起的第 19 年后至第 20 年期间才知道自己的权利被侵害的，提起诉讼请求的权利，应当在权利被侵害之日起的 20 年内行使；超过 20 年的，不予保护。"

（五）诉讼时效的中止、中断和延长

1. 诉讼时效中止

诉讼时效中止又称为诉讼时效暂停，是指在诉讼时效期间内，因发生法律规定的事由而阻碍权利人行使请求权，诉讼时效依法暂时停止进行，并在法定事由消失之日起继续进行的制度。根据民法通则第 139 条的规定，诉讼时效中止的适用条件是：（1）出现法定事由，该事由主要包括两大类：其一是不可抗力，即不能预见、不能避免并不能克服的客观情况；其二是其他阻碍权利人行使请求权的情况，比如，根据最高人民法院《关于贯彻执行〈中华人民共和国民法通则〉若干问题的意见（试行）》第 172 条的规定，权利被侵害的无民事行为能力人、限制行为能力人没有法定代理人，或者法定代理人死亡、丧失代理权，或者法定代理人本人丧失行为能力的，可以认定为因其他障碍不能行使请求权。（2）法定事由发生在诉讼时效期间的最后 6 个月内。

当上述两个条件具备时，就发生停止诉讼时效期间的效果；在中止事由消除后，时效期间继续进行，中止事由的存续时间不计入时效期间，即诉讼时效中止之前已经经过的期间与中止事由消失之后继续进行的期间合并计算，对此，民法通则第 139 条规定："从中止时效的原因消除之日，诉讼时效期间继续计算"。

2. 诉讼时效中断

诉讼时效中断是指已开始的诉讼时效期间因发生法定事由不再进行，已经经过的时效期间因此丧失效力，并在法定事由消除后重新计算诉讼时效期间的制度。

根据民法通则第 140 条的规定，诉讼时效中断的法定事由包括：（1）起诉。在此所谓的起诉应当做广义的理解，包括因诉讼时效而遭致不利的当事人向法院提起诉讼、申请调解、申请支付令、申请强制执行、债权人在破产程序中申报债权，向仲裁委员会申请仲裁，向人民调解委员会或者有关单位提出保护民事权利的请求等。起诉的起算，应从当事人的申请意思表示到达有关机关时开始。如果当事人上述各项起诉的意思表示被有关机关驳回、不予受理或者当事人自行撤回，或者诉讼调解不成立、仲裁裁决不能达成，均视为未起诉，自不成为中断时效的事由。应注意的是，最高人民法院《关于贯彻执行〈中华人民共和国民法通则〉若干问题的意见（试行）》第174条的规定："权利人向人民调解委员会或者有关单位提出保护民事权利的请求，从提出权利时起，诉讼时效中断。经调处达不成协议的，诉讼时效期间即重新计算；如调处达成协议，义务人未按协议所定期限履行义务的，诉讼时效期间应从期限届满时重新计算"，据此，诉讼外调解即使不能成立，也构成中断诉讼时效的事由。（2）请求。是指权利人直接向义务人作出请求履行义务的意思表示。根据民法通则第173条第2款的规定，权利人可以向义务人请求，也可以向义务人的代理人、财产代管人或者保证人请求。（3）承认。即义务人在诉讼时效进行过程中，直接向权利人作出同意履行义务的意思表示。基于此承认人所承担的义务，双方当事人的权利义务关系重新明确，诉讼时效因此中断。承认的方式包括部分清偿、请求延期给付、支付利息、提供履行担保等。

诉讼时效的中止与中断之间的区别非常明显：（1）中止只适用于诉讼时效的最后6个月，中断适用于诉讼时效进行过程中的全部阶段；（2）引起中止的事由是阻碍当事人行使权利的情形，基本上处于当事人可控制的范围之外，引起中断的事由则与当事人意志有关，是当事人自由意志决定的行为；（3）中止仅仅使中止事由延续的时间停止计算，但是中止以前的时效期间依然是有效的，在事由消除后，中止前已经进行的期间继续计算，中断则使以往进行的诉讼时效期间全部中断，即以往的诉讼时效期间全部无效，自中断时起，诉讼时效的重新计算。需要注意的是，根据最高人民法院《关于贯彻执行〈中华人民共和国民法通则〉若干问题的意见（试行）》第174条的规定，诉讼时效的中止和中断制度只能适用于普通诉讼时效和短期诉讼时效，而不适用于最长诉讼时效。

在通常情况下，时效中断的直接结果是自中断事由结束时起重新开始计算时效，但根据最高人民法院《关于贯彻执行〈中华人民共和国民法通则〉若干问题的意见（试行）》第174条的规定，诉讼外调解不能达成调处协议的，诉讼时效期间即重新计算；达成调处协议但义务人未按照协议所定期限履行义务的，诉讼时效期间从期限届满时重新计算。

3. 诉讼时效延长

诉讼时效延长是指权利人在诉讼时效期间有正当理由而未行使请求权的，人民法院可适当延长已完成的诉讼时效期间。民法通则第137条规定，有特殊情况的，法院可以延长诉讼时效期间。诉讼时效延长的特性在于：（1）适用范围有限，即只能适用于期间已经届满的诉讼时效，在诉讼时效期间的进行过程中不适用时效延长，但可以广泛适用于普通诉讼时效、短期诉讼时效和最长诉讼时效。（2）法院主导，即能够引起诉讼时效延长的"特殊情况"由法院认定，对此，最高人民法院《关于贯彻执行〈中华人民共和国民法通则〉若干问题的意见（试行）》第169条提供的意见是：权利人由于客观的障碍在法定诉讼时效期间不能行使请求权的，属于特殊情况；在特殊情况出现后，是否延长诉讼时效以及延长的期间完全由法院依职权确认。

（六）诉讼时效的法律效力

民法通则并未明文规定诉讼时效期间届满，将具体影响到当事人的什么权利，学界有不同看法，有观点认为请求权在诉讼时效完成后，其实体本身虽然存在，但请求权人的诉权消灭；[1] 有观点认为诉讼时效完成不消灭当事人的诉权，而是使义务人取得拒绝履行抗辩权。[2] 由于诉讼时效旨在防止"在权利上睡觉"的情形，但并不直接剥夺那些休眠的权利，否则，就会对权利人造成实质上的不公平，故诉讼时效届满并不消灭实体权利，也不消灭起诉权；同时，诉讼时效在原有的但已经被当事人怠于积极涉足的旧秩序和因此生成的社会新秩序之中，更侧重于保护新秩序，而新秩序值得保护的基础在于因新秩序而得到利益之人主张该利益，故而，诉讼时效期间届满之后，请求权人依然可以向法院提起诉讼，只不过在义务人主张诉讼时效抗辩时，权利人的请求就不能得到满足；如果义务人不主张诉讼时效抗辩，请求权人仍然可以胜诉。在请求权附有担保物权时，请求权诉讼时效期间的届满，也会影响到担保物权的效力，比如，物权法第202条规定："抵押权人应当在主债权诉讼时效期间内行使抵押权；未行使的，人民法院不予保护。"

诉讼时效并不消灭请求权，故义务人在时效期间届满后，仍向权利人履行义务的，权利人能以请求权实体存在为正当理由来保有该权利实现的结果，对此，民法通则第138条规定："超过诉讼时效期间，当事人自愿履行的，不受诉讼时效限制。"这意味着，在诉讼时效完成后，义务人自愿履行义务，即使其并不知诉讼时效期间已经届满，也不得以不当得利为

---

[1]　参见梁慧星著《民法总论》，法律出版社1996年版，第240页。
[2]　参见龙卫球著《民法总论》，中国法制出版社2001年版，第708页。

由请求返还。这样的规则延伸及保证，最高人民法院《关于适用〈中华人民共和国担保法〉若干问题的解释》第 35 条即规定："保证人对已经超过诉讼时效期间的债务承担保证责任或者提供保证的，又以超过诉讼时效为由抗辩的，人民法院不予支持。"

（七）诉讼时效与除斥期间的区别

在我国现行民法规定的时间制度中，因为期间经过而对民事权利产生实质影响的，有诉讼时效与除斥期间制度，它们各有不同的制度宗旨、适用客体、期间设计和法律效力，主要表现为：

第一，在制度宗旨方面，诉讼时效旨在维持新生成的秩序，如甲借款给乙，在还款期间届满的 10 年内，甲未向乙主张还款请求权，乙即可基于诉讼时效期间经过为由，维持甲不及时行使权利而形成的新秩序；除斥期间则以维持原有的秩序为宗旨，如甲通过胁迫手段迫使乙将家传宝物出卖给甲，但乙在该买卖行为发生一年内怠于行使撤销权，则该权利就消灭，双方的买卖行为具有确定的法律效力。

第二，在适用客体方面，诉讼时效的客体为特定范围内的请求权，除斥期间的客体则主要为形成权以及为法律所明定的其他权利类型。

第三，在期间设计方面，它们的区别主要有：诉讼时效是可变期间，适用中止，中断或延长的规定；除斥期间则一般是不变期间，不因任何事由而中止，中断或者延长。此外，诉讼时效期间从权利人能够行使请求权或者行为时起算，而除斥期间则自相应的实体权利产生之时起算。

第四，在法律效力方面，当诉讼时效期间经过而请求权没有被主张时，请求权本身并不消灭，仍可以行使，但义务人能以诉讼时效期间经过而提出抗辩，这也意味着法院不能主动适用诉讼时效，只有当事人才可以请求适用；而除斥期间的经过直接导致实体权利消灭，无论当事人是否主张，法院都可以主动适用除斥期间。

（八）诉讼时效与权利失效的区别

权利失效是诚实信用原则的体现，是指"权利者在相当期间内不行使其权利，依特别情事足以使义务人正当信任债权人不欲使其履行义务时，则基于诚信原则不得再为主张"。① 权利失效与诉讼时效是两种不同的制度，它们的区别主要有：第一，诉讼时效仅以债权人一定期间内不

---

① 参见王泽鉴著《权利失效》，载王泽鉴著《民法学说与判例研究》第 1 册，中国政法大学出版社 1997 年版，第 309 页；〔德〕迪特尔·梅迪库斯著《德国民法总论》，邵建东译，法律出版社 2001 年版，第 115—117 页。

行使权利的事实为要件；在权利失效，除权利人经过相当期间不为权利行使的事实外，还须有特别事实，足以导致义务人信赖该项权利不再为主张。第二，诉讼时效的适用对象限于请求权；权利失效的适用对象包括一切权利。第三，请求权罹于诉讼时效的，债务人须主张时效消灭的抗辩，法院始予采用；对于权利失效问题，法院应依职权审查。权利失效与权利抛弃也不同，后者基于权利人的意思表示，至于权利人不作为可否认为是一种漠视的抛弃，应斟酌情况，探求当事人真意来决定；抛弃的认定，必须以权利人知悉其权利及认识沉默将构成抛弃为要件。反之，权利失效并非基于法律行为，而是基于诚信原则，权利人是否有所认识，在所不问。①

　　权利失效制度并未为我国法律所明确规定，德国法上的判例可资参照：原告向不动产登记机关请求更正登记，因为其父于 1926 年在其母亲死后，未经其同意——此同意依法是必需的——就将属于夫妻共有财产的一块土地转让给原告的一位兄弟。由于原告在 20 多年的时间内压根儿不提及此事，在表面上已经同意该转让行为，故其更正请求权失效。② 权利失效源于诚实信用原则，但仅用该原则进行衡量就过于抽象而不易把握，而且，权利失效将导致真实权利人不能实现权利，故在适用时，应严格按照其具体要件进行，即权利人在适当的期限内不作为，使人产生了"将来也不再行使此项权利"的印象，而且，对方应特别受到保护，即对方必须已经具体感受到了权利人制造的表象，并信赖了这一表象，将表象作为其自身从事行为的出发点。③ 上述判例就符合这些条件：原告在相当长的时期内不行使更正请求权，基于一般亲情的考虑，也基于兄弟之间交往的密切程度，其兄弟很难想象原告不同意发生已久的土地转让行为；而且，其兄弟在此期间内一直拥有土地所有权，并可能基于此进行与生活利益相关的交易行为，如果肯定原告的更正请求权，势必破坏其兄弟基于生活情理所产生的预期，也会影响其正常生活。

---

① 参见王泽鉴著《权利失效》，载王泽鉴著《民法学说与判例研究》第 1 册，中国政法大学出版社 1997 年版，第 312—313 页。

② 参见［德］鲍尔/施蒂尔纳著《德国物权法》上册，张双根译，法律出版社 2004 年版，第 84 页。

③ 参见［德］迪特尔·梅迪库斯著《德国民法总论》，邵建东译，法律出版社 2000 年版，第 115—116 页。

二　取得时效

取得时效的目的是为了满足促使物尽其用的社会功能，和保持长久形成的事实状态以维持社会经济秩序的稳定。依取得时效取得不动产所有权，其主要法律要件有：第一，所占有的不动产的所有权一般是未经登记的所有权。这样规定的理由在于，不动产的取得采取登记实质主义，如果他人已登记的不动产可以经过取得时效取得，会导致登记与法律事实的不一致。但是，《德国民法典》第 927 条规定，占有人自主占有达 30 年的，可依公示催告程序提请消除所有人已登记之所有权，并经登记取得所有权。第二，取得人必须公开、和平、继续地占有。所谓公开，是指不以秘密隐藏的方式对不动产进行占有，即并不特意地使他人不知道占有这种事实，是否为公开占有，应依据一般社会观念进行判断。所谓和平，指的是不以暴力或胁迫手段取得或维持的占有，这种和平针对的是所有人本人。所谓继续，是指占有人对不动产的占有一直持续进行而没有中断。第三，遵守时效期间的规定，时效取得不动产所有权的期间，取得人为善意的，各国法律一般规定为 10 年；取得人为非善意的，《瑞士民法典》第 662 条规定为 30 年，我国旧民法典第 76 条规定为 20 年。

动产的时效取得，同不动产不同之处在于动产的取得时效一般比不动产的取得时效要短，如《德国民法典》中规定的不动产取得时效是 30 年，而动产的取得时效是 20 年。

三　时效制度的立法模式

民法中的时效分为取得时效和诉讼时效两大类，我国民法通则仅仅认可了诉讼时效制度，这种立法不仅与传统民法的规定不合，即从罗马法以来的大陆法系主要国家民法均规定了取得时效，它的正当性已经为几千年来的人类生活经验和法律活动经验所证明，我国立法对它的贸然放弃显然不太妥当；而且，这也导致相应的生活或者交易现象不能得到法律调整。因此，我国的民法学界和立法、司法实务界均要求在民法典中规定取得时效制度，在 2002 年底由全国人民代表大会常务委员会第三十一次会议审议的《中华人民共和国民法（草案）》（以下称草案）对此就有明显的体现，该草案第八章"时效"第一节是"诉讼时效"，第二节是"取得时效"。问题也随之而来，一旦我国民法典要规定取得时效，那么，就会形成取得时效和诉讼时效并驾齐驱的局面，那么，如何安排它们的位置呢，草案的这种编排方式是否合理？

从主要国家和地区的民法规定来看，时效制度的立法模式有两种：一是如同德国和我国台湾地区民法典所规定的那样，在民法典总则中规定诉讼时效制度，在物权法中规定取得时效制度，其理由是诉讼时效可以比较普遍地适用于民法典的各个部分，而取得时效仅仅是通过一定期间取得物权的制度，属于物权变动的规则，故应规定在民法典物权编之中；另一是如同日本民法典那样，在民法典总则中统一规定包括诉讼时效和取得时效在内的时效制度。

应当承认，诉讼时效和取得时效无论在适用范围上，还是在法律结果上，都有很大的差异；而且，受制于其自身特性，取得时效的适用范围也仅仅在物权法之中。从这些差异性出发，在我国未来民法典中采用德国和我国台湾地区民法典的立法模式，所以合理。

不过，如果换个角度思考，就会发现，取得时效和诉讼时效的实质机理基本相同，它们均强调原权利在法定期间不积极行使即被法律强制予以限制或者消灭的后果，体现了"法律帮助勤勉人，不帮助睡眠人"、"不让权利人枕着权利睡觉"的基本立场，因此，这两者实为一体之两面，将它们合并规定在民法典总则之中，也能体现两者的相互协调、相辅相成关系。故而，从这些共性和协调性出发考虑的话，草案的做法也值得赞赏。不过，它仅仅是把消灭时效和取得时效简单地拼凑在"时效"中，看不出两者之间的有机联系，在这方面，日本民法典的规定值得借鉴，即先总结两者的共性，再分别规定取得时效和诉讼时效，它的基本结构如下：总则第六章"时效"第一节"总则"、第二节"取得时效"、第三节"消灭时效"。

本章小结

在民法的时间制度中，期日和期间属于最基础的知识，前者虽然有独立的存续意义，但主要依附于后者，用以确定期间的起点和终点。在期间中，除斥期间的意义最为显著，能产生消灭权利的效力，它在我国有广泛的适用范围，如形成权、债权请求权等。

时效包括诉讼时效和取得时效两类。我国民法通则第七章规定了诉讼时效制度，根据其规定，并参照相关的立法例，诉讼时效适用于基于债权请求权、基于人身权产生具有财产权性质的请求权。在普通诉讼时效和特殊诉讼时效，诉讼时效期间应从请求权人知道或应当知道权利被侵害时开始计算；最长诉讼时效要从权利被侵害之时开始计算，即使权利人不知道其权利被侵害，也只能在 20 年内获取法律保护。在诉讼时效期间内，因发生法律规定的事由而阻碍权利人行使请求权时，如不可抗力等，诉讼时效依法暂时停止进行，并在法定事由消失之日起继续进行，此谓诉讼时效中止；与此不同，诉讼时效中断是指已开始的诉讼时效期间因发生法定事由不再进行，已经经过的时效期间因此丧失效力，并在法定事由消除后重新计算诉讼时效期间的制度。在诉讼时效期间届满后，请求权人可以向法院提起诉讼，除非义务人不主张诉讼时效抗辩，否则，其胜诉权无法律保障。由于诉讼时效并不消灭请求权，故义务人在时效期间届满后，仍向权利人履行义务的，权利人能以请求权实体存在为正当理由来保有该权利实现的结果。从法律构造上看，诉讼时效既不同于除斥期间，也不同于权利失效制度。取得时效是物权变动的一种方式，我国法律对此没有规定。

思 考 题

一、名词解释

（1）期日　　　　　　　　（2）期间

（3）除斥期间　　　　　　（4）权利失效

（5）诉讼时效　　　　　　（6）取得时效

二、简答题

1. 简析诉讼时效与除斥期间的区别。

2. 简述诉讼时效中止和诉讼时效中断的区别。

3. 简述权利失效制度的意义。

4. 简述取得时效的构造。

三、论述题

1. 试论时间在民法中的意义。

2. 试论时效制度的立法构造。

阅读参考文献

［德］迪特尔·梅迪库斯著：《德国民法总论》，邵建东译，法律出版社 2001 年版。

史尚宽著：《民法总论》，中国政法大学出版社 2000 年版。

王泽鉴著：《民法总则》，中国政法大学出版社 2001 年版。

王泽鉴著：《权利失效》，载王泽鉴：《民法学说与判例研究》第 1 册，中国政法大学出版社 1997 年版。

梁慧星著：《民法总论》，法律出版社 1996 年版。

王利明著：《民法总则研究》，中国人民大学出版社 2003 年版。

龙卫球著：《民法总论》，中国法制出版社 2001 年版。

［德］鲍尔/施蒂尔纳：《德国物权法》上册，张双根译，法律出版社 2004 年版。

孙宪忠著：《德国当代物权法》，法律出版社 1997 年版。

孙宪忠著：《中国物权法总论》，法律出版社 2003 年版。